Anton Liebetrau

Turbo Pascal 4.0 von A . . Z

Anton Liebetrau

Turbo Pascal 4.0 von A..Z

Ein alphabetisches Nachschlagewerk
zur Programmiersprache
mit Beispielen und Querverweisen

Springer Fachmedien Wiesbaden GmbH

CIP-Titelaufnahme der Deutschen Bibliothek

Liebetrau, Anton:
Turbo Pascal 4.0 von A ... Z: e. alphabet. Nachschlagewerk zur Programmiersprache; mit Beispielen u. Querverweisen / Anton Liebetrau. – Braunschweig; Wiesbaden: Vieweg, 1988

NE: HST

Ursprünglich erschienen bei Friedr. Vieweg & Sohn Verlagsgesellschaft mbH, Braunschweig 1988.

Umschlaggestaltung: Graphik-Design Wittholz & Seewald, Taunusstein-Bleidenstadt

ISBN 978-3-528-04613-2 ISBN 978-3-663-13899-0 (eBook)
DOI 10.1007/978-3-663-13899-0

Vorwort

In der aktuellen Fachliteratur mangelt es an Büchern, die ausführlich auf die Besonderheiten der einzelnen Prozeduren und Funktionen von Turbo Pascal eingehen. Aus diesem Grund begann ich, Erfahrungen aus meiner Programmierpraxis in einem kleinen Heft zu sammeln, und als ich bereits das zweite und dritte mit Hinweisen und Ideen beschrieben hatte, beschloß ich, dieses Buch zu schreiben.
Es kann nicht die Aufgabe dieses Buches sein, Ihnen die Grundlagen der Programmiersprache Pascal beizubringen oder das Systemhandbuch von Turbo Pascal zu ersetzen. Dieses Buch versteht sich als umfassendes Nachschlagewerk, das Ihnen bei Fragen (Prozeduren, Funktionen, Datentypen ... betreffend) Antwort geben soll, so daß Sie neue (und noch unbekannte) Möglichkeiten kennenlernen und keine Zeit beim eigenen Experimentieren verlieren.
Den einzelnen Begriffen sind, wo nötig, kurze Programme hinzugefügt, um die einzelnen Erläuterungen zu verdeutlichen. Sie sind alle auf einem Olivetti M24 erprobt worden.
Jedem Begriff im lexikalischen Teil ist eine Befehlsgruppe zugeordnet, die darüber Aufschluß gibt, zu welchem Einsatzgebiet sich eine Prozedur oder Funktion zuordnen läßt. Daneben wird vermerkt, wenn ein Begriff nur in einer bestimmten Version Gültigkeit hat.
Dieses Buch ist in zwei Teile gegliedert. Im lexikalischen Teil finden Sie die einzelnen Begriffe des gesamten Sprachumfanges von Turbo Pascal alphabetisch geordnet, im Anhang werden nützliche Tabellen aufgeführt und die Umwelt des gesamten Programmiersystems beschrieben.
Ich hoffe, daß Ihnen dieses Buch bei vielen Fragen weiterhelfen kann.

Dank

Ganz besonders möchte ich meinem Vater danken, der mir als erster Leser viele Anregungen und Verbesserungsvorschläge unterbreitet und als interessanter Gesprächspartner viel zu diesem Buch beigetragen hat.
Herzlich danken möchte ich auch Regina, die mich so oft entbehren mußte und mir nach arbeitsreichen Stunden die üble Laune mit guten Worten und starkem Kaffee zu vertreiben suchte.
Meinem Mitstudenten Marc Otto, der mir selbstlos seine Festplatte zur Verfügung gestellt hat, und den Mitarbeitern des Vieweg-Verlags, die immer für mich Zeit hatten, möchte ich an dieser Stelle meinen Dank bekunden.

Winterthur, April 1988 Anton Liebetrau

Inhaltsübersicht

Lexikalischer Teil

Abs

Arithmetik

Zweck
Berechnet den absoluten Betrag einer Zahl.

Struktur

```
FUNCTION Abs(x:typ):wie_argument;
```

Bemerkung
Falls x>=0, dann ist *Abs(x)*=x,
falls x<0, dann ist *Abs(x)*=-x.

Beispiel

```
Abs(4.3)  = 4.3
Abs(-4.3) = 4.3
```

Siehe auch
Frac, Int, Odd, Round, Trunc

ABSOLUTE

Reserviertes Wort

Zweck
Ermöglicht es dem Programmierer, Variablen bei der Deklaration an eine bestimmte Speicherstelle zu legen.

Bemerkung
Variablen können so deklariert werden, daß sie bei einer bestimmten Speicheradresse verbleiben.
Bei der Variablendeklaration wird das reservierte Wort ABSOLUTE angefügt, dem zwei WORD-Konstanten (für 3.0: INTEGER-Konstanten) folgen. Die erste Konstante bezeichnet eine Segmentbasisadresse, die zweite das Offset innerhalb dieses Segmentes.

Version 3.0: Die Standardfunktion *CSeg* (Codesegment) und *DSeg* (Datensegment) können nur in der Version 3.0 zusammen mit ABSOLUTE benutzt werden:

```
VAR
  parameter:STRING[128] ABSOLUTE CSeg:$80;
```

ABSOLUTE kann auch zur Überlagerung von Variablen benutzt werden. Wenn auf ABSOLUTE der Name einer Variablen oder eines Parameters folgt, beginnt die neue Variable bei der Adresse dieser Variablen oder dieses Parameters.

Beispiel
Folgendes Programm demonstriert die beiden Anwendungsmöglichkeiten von ABSOLUTE. Die Variable *bildschirm* liegt genau auf dem Bildschirmspeicher (beim Monochrom-Bildschirm muß die Segmentadresse auf $B000 geändert werden).
Die lokale Variable *linie* der Prozedur *upper* benutzt die gleiche Speicheradresse wie der untypisierte Parameter *zeile*.
Drücken Sie bitte <ESC>, um das laufende Programm abzubrechen.

```
PROGRAM ABSOLUTE_Test;
USES           { für 3.0: Diese beiden Zeilen ... }
  Crt;         { ... ohne Ersatz streichen.       }
TYPE
  screen=ARRAY [1..2000] OF INTEGER;
VAR
  bildschirm:screen ABSOLUTE $B800:$0000;  { $B000 für Monochrom-Bildschirm }
  save:screen;
  txt:STRING[255];
  ch:CHAR;

  PROCEDURE upper(VAR zeile);
  VAR
    linie:STRING[255] ABSOLUTE zeile;
    i:BYTE;
  BEGIN
    FOR i:=1 to Length(linie) DO
      linie[i]:=UpCase(linie[i])
  END;

BEGIN
  Write('Wort: ');
  ReadLn(txt);
  upper(txt);
  WriteLn(txt);
  save:=bildschirm;
  REPEAT
    ClrScr;
```

```
      ch:=ReadKey;           { für 3.0: Read(KBD,ch); }
      bildschirm:=save;
      ch:=ReadKey            { für 3.0: Read(KBD,ch)  }
    UNTIL ch=#27
  END.
```

Addr

System

Zweck
Ermittelt die Speicher-Adresse einer Variablen.

Struktur

```
FUNCTION Addr(VAR:variable):zeiger;
FUNCTION Addr(VAR:bezeichner):POINTER; { nur 4.0 }
```

Bemerkung
Die Funktion *Addr* zeigt auf das erste Byte einer Variablen. Ist die Variable ein Array, kann sie indiziert werden; ist sie ein Record, können einzelne Felder ausgewählt werden:

```
VAR
  brett:ARRAY [1..8,1..8] OF BYTE;
  akte:RECORD
    name,
    vorname:STRING[20]
  END;
  p:^INTEGER;
BEGIN
  p:=Addr(brett[2,3]);
  p:=Addr(akte.name)
END.
```

Der Funktionswert ist ein 32-Bit Zeiger, bestehend aus einer Segment- und einer Offset-Adresse. Er stellt eine Speicheradresse dar.

Version 4.0: Als Argument kann auch ein Bezeichner einer Prozedur oder Funktion angegeben werden, die nicht als INLINE deklariert ist. Die Funktion *Addr* kann durch das Symbol @ ersetzt werden:

```
VAR
  i:^INTEGER;
  k:INTEGER;
```

```
BEGIN
  k:=123;
  i:=@k;
  WriteLn(i^)
END.
```

Beispiel
Der Zeigervariablen *r* vom Type REAL wird die Speicheradresse des Arrays *s* übergeben.

```
PROGRAM Addr_Test;
VAR
  r:^REAL
  s:ARRAY [0..5] OF CHAR;
BEGIN
  s:='Hierzu';
  r:=Addr(s);
  WriteLn(r^)
END.
```

Siehe auch
CSeg, DSeg, Ofs, Seg, SSeg

AND

Operator

Zweck
Arithmetisches oder logisches UND.

Bemerkung
Der Operator AND verknüpft zwei Werte folgender Typen:

Typ der Operanden	Ergebnistyp	
BOOLEAN	BOOLEAN	
BYTE	BYTE	
INTEGER	INTEGER	
SHORTINT	SHORTINT	(nur 4.0)
WORD	WORD	(nur 4.0)
LONGINT	LONGINT	(nur 4.0)

AND liegt folgender Logiktabelle zugrunde:

Operand 1	Operand 2	Ergebnis
TRUE	TRUE	TRUE
TRUE	FALSE	FALSE
FALSE	TRUE	FALSE
FALSE	FALSE	FALSE

AND wird meist bei Verknüpfungen von Tests verwendet:

```
IF (a=11) AND (c=b) THEN ...
WHILE (i<Length(s)) AND (p<>NIL) DO ...
REPEAT ... UNTIL (i>endwert) AND verlassen;
```

AND wird immer vor den Relations-Operatoren (z.B. =, <) ausgeführt, deshalb müssen in den obigen Beispielen Klammern gesetzt werden (siehe Anhang G).
Mit AND können auch zwei Zahlen-Werte miteinander verknüpft werden (siehe Tabelle oben). In diesem Falle werden die einzelnen Bits der beiden Werte nach obiger Logiktabelle verknüpft (TRUE entspricht 1, FALSE entspricht 0):

Bit-Nummer	7	6	5	4	3	2	1	0
Operand 1	1	1	0	1	1	0	0	1
Operand 2	0	1	0	0	1	1	0	0
Ergebnis	0	1	0	0	1	0	0	0

MOD kann in gewissen Fällen durch AND ersetzt werden: *i1* MOD *i2* entspricht *i1* AND *(i2-1)*, wenn sich *i2* aus 2^x (*x* ganzzahlig) bilden läßt (Beispiel: 27 MOD 16 entspricht 27 AND 15). Der dadurch erzielte Geschwindigkeitsvorteil ist enorm.

Version 4.0: Mit dem Compilerbefehl **B** kann festgelegt werden, wie Boolesche Ausdrücke (verknüpft mit AND) ausgewertet werden (siehe Anhang D.2).

Beispiel
Folgendes Programm ermittelt die gesetzten Bits einer beliebigen INTEGER-Variablen.

```
PROGRAM AND_Test;

  FUNCTION BitTest(zahl,nr:INTEGER):BOOLEAN;
  BEGIN
    BitTest:=zahl AND (1 SHL nr)=(1 SHL nr)
  END;

VAR
  eingabe,i:INTEGER;
BEGIN
  Write('Bitte Zahl eingeben: ');
  ReadLn(eingabe);
  FOR i:=0 TO 15 DO
    WriteLn('Bit Nr. ',i:2,': ',Ord(BitTest(eingabe,i)))
END.
```

Siehe auch
NOT, OR, XOR

Append

Textdatei

Zweck
Erlaubt das Anhängen neuer Komponenten an eine Textdatei.

Struktur

```
PROCEDURE Append(VAR f:TEXT);
```

Bemerkung
Die Prozedur *Append* öffnet die der Dateivariablen *f* zugeordneten Textdatei und setzt den Datenzeiger an deren Ende.
Nach dem Aufruf der Prozedur *Append* kann eine bestehende Textdatei erweitert werden; es ist nur das Anfügen neuer Komponenten erlaubt (mittels *Write* oder *WriteLn*), deshalb führt der Versuch, Daten zu lesen, zu einem I/O-Fehler.
Bei typisierten Dateien kann *Append* durch folgenden Prozeduraufruf ersetzt werden:

```
Seek(f,FileSize(f));
```

Beispiel
Dieses Programm erweitert die bereits existierende Textdatei GRUSS.BRF um eine von Ihnen eingegebene Zeile.

```
PROGRAM Append_Test;
VAR
  f:TEXT;
  zeile:STRING[80];
BEGIN
  Assign(f,'GRUSS.BRF');
  {$I-}
  Append(f);
  {$I+}
  IF IOresult<>0 THEN Rewrite(f);
  Write('>');
  ReadLn(zeile);
  WriteLn(f,zeile);
  Close(f);
  Reset(f);
  WHILE NOT Eof(f) DO BEGIN
    ReadLn(f,zeile);
    WriteLn(zeile)
  END
END.
```

Siehe auch
EoLn, Flush

Arc

Erweiterte Graphik

Zweck
Zeichnet einen Kreisbogen.

Struktur

```
PROCEDURE Arc(x,y,winkel,radius,farbe:INTEGER);      { nur 3.0 }
PROCEDURE Arc(x,y:INTEGER; start,ende,radius:WORD); { nur 4.0 }
```

Bemerkung
Bitte beachten Sie, daß die Prozedur *Arc* in der Version 3.0 etwas anders arbeitet als in der Version 4.0.

Version 3.0: Die Prozedur *Arc* ist erst durch das Einbinden der Datei GRAPH.P verfügbar. Die Version 4.0 stellt diese Prozedur in der Unit **Graph3** mit derselben Funktionsweise zur Verfügung, um zur Version 3.0 kompatibel zu bleiben.
Arc zeichnet einen Kreisbogen um das Zentrum *(x,y)*. Der Winkel ist in Grad anzugeben. Bei positivem Winkel dreht sich der Bogen im Uhrzeigersinn, bei negativem in entgegengesetzter Richtung.
Der von *Arc* gezeichnete Kreisbogen beginnt immer bei 0° und endet bei *winkel*. Falls Sie jedoch einen Kreisbogen benötigen, der nicht bei 0° beginnt, gehen Sie wie folgt vor:

```
BEGIN
  GraphColorMode;
  Palette(3);
  Arc(100,100,120,50,3);  { zeichnet von 0° bis 120° }
  Arc(100,100,70,50,0);   { löscht von 0° bis 70°    }
```

Im Graphik-Modus 320x200 wird ein Kreisbogen von 360° zum Kreis, im Graphik-Modus 640x200 hingegen zu einer Ellipse.
Für die Bestimmung der Farben lesen Sie bitte *HiResColor*, *Palette* und *ColorTable*.

Version 4.0: *Arc* ist erst durch das Einbinden der Unit **Graph** verfügbar. Die Prozedur *Arc* der Version 4.0 unterscheidet sich stark von derjenigen der Version 3.0.
Arc zeichnet einen Kreisbogen um den Mittelpunkt *(x,y)*. *start* und *ende* legen den Start- und Endwinkel des Kreisbogens fest und sind in Grad anzugeben.
90° bezeichnet einen Punkt, der sich senkrecht über dem Mittelpunkt befindet. Eine Vergrößerung des Winkels entspricht einer Drehung gegen den Uhrzeigersinn.
Die Zeichenfarbe kann mit *SetColor*, der Linientyp mit *SetLineStyle* festgelegt werden.
Für jeden Graphiktreiber und -modus ist ein Wert so bestimmt, daß *Arc(x,y,0,360,radius);* optisch als Kreis (und nicht als Ellipse) erscheint (siehe hierzu auch *GetAspectRatio*).

Beispiel
Dieses Programm zeichnet einen gelben Kreisbogen von 90° im Uhrzeigersinn mit dem Mittelpunkt (50,50) und dem Radius von 25.

```
PROGRAM Arc_Test_Turbo3;
{$I graph.p }
BEGIN
  GraphColorMode;
```

```
    Palette(2);
    Arc(50,50,90,25,3);
    REPEAT UNTIL KeyPressed;
    TextMode
  END.
```

Dieses Programm zeichnet mehrere Kreisbogen.

```
  PROGRAM Arc_Test_Turbo4;
  USES
    Graph;
  VAR
    gr,mo,i,
    mx,my:INTEGER;
  BEGIN
    gr:=Detect;
    InitGraph(gr,mo,'');
    mx:=GetMaxX DIV 2;
    my:=GetMaxY DIV 2;
    FOR i:=0 TO 35 DO BEGIN
      Arc(mx,my,i*30,Succ(i)*30,Succ(i)*5);
      Arc(mx,my,360-Succ(i)*30,360-i*30,Succ(i)*5)
    END;
    ReadLn;
    CloseGraph
  END.
```

Siehe auch
Circle, Ellipse, GetArcCoords, PieSlice

ArcTan

Arithmetik

Zweck
Berechnet den Arcustangens.

Struktur

```
FUNCTION ArcTan(r:REAL):REAL;
```

Bemerkung
Das Argument der Funktion *ArcTan* ist im Bogenmaß anzugeben.

```
Bogenmaß    = Grad*Pi/180
Tangens(x) = Sin(x)/Cos(x)
```

Siehe auch
Cos, Exp, Ln, Sin, Sqr, Sqrt

ARRAY

Reserviertes Wort

Zweck
Ermöglicht das Bilden eines strukturierten Datentyps mit einer festgelegten Anzahl von Komponenten, die alle vom gleichen Typ sind.

Bemerkung
Auf jede einzelne Komponente eines Arrays (Feldes) kann mit dem entsprechenden Index zugegriffen werden.
Ein Index ist ein skalarer Ausdruck, der in eckigen Klammern hinter dem Arraybezeichner steht.
Die Definition eines Arrays besteht aus dem reservierten Wort ARRAY, dem der Indextyp in eckigen Klammern folgt. Danach steht das reservierte Wort OF, dem der Grundtyp folgt:

```
VAR
  feld1,feld2:ARRAY [1..10] OF INTEGER;
```

Da eine Zuweisung zwischen zwei beliebigen Variablen erlaubt ist, solange sie vom gleichen Datentyp sind, können ganze Arrays mit einer einzigen Zuweisung kopiert werden:

```
feld1:=feld2;
```

Folgender Prozeduraufruf zeigt die gleiche Wirkung:

```
Move(feld2,feld1,SizeOf(feld2));
```

Der Compilerbefehl **R** kontrolliert bei der Codegenerierung, ob die Arrays im zulässigen Bereich liegen. Nach Voreinstellung ist er inaktiv (siehe Anhang D.1 und D.2). {**$R+**} verursacht eine Überprüfung aller Indexausdrücke auf die Einhaltung der Grenzen ihres Indextypes.
Die Komponenten eines Arrays können beliebigen Datentyps sein, aus diesem Grund können die Komponenten wiederum Arrays sein. Eine solche Struktur wird multidimensionaler Array genannt.

```
VAR
  quader:ARRAY [1..10,1..3,1..6] OF BOOLEAN;
```

Zeichenarrays sind Arrays, deren Komponenten vom Typ CHAR sind. Sie können als Strings mit konstanter Länge angesehen werden.
Mit der Prozedur *FillChar* können Arrays ohne Aufwand initialisiert werden. Folgendes Programm setzt alle Komponenten der Variablen *kilometer* auf null.

```
VAR
  kilometer:ARRAY [0..MaxInt] OF INTEGER;
BEGIN
  FillChar(kilometer,SizeOf(kilometer),0)
END.
```

Die Komponenten mit dem niedrigsten Indexwert werden an der niedrigsten Speicheradresse abgelegt. Ein mehrdimensionaler Array wird der Wertigkeit nach abgespeichert, d.h. die rechteste Dimension nimmt als erstes zu:

```
VAR brett:ARRAY [1..8,1..8] of BYTE;

brett[1,1]  niedrigste Speicher-Adresse
brett[1,2]
.
brett[1,8]
brett[2,1]
.
brett[8,8]  höchste Speicher-Adresse
```

Beispiel

```
PROGRAM ARRAY_Test;
VAR
  zeile:ARRAY [1..10] OF CHAR;
  feld1,feld2:ARRAY [-10..100] OF INTEGER;
  tictac:ARRAY [0..2,0..2] OF BYTE;
  i,x,y:INTEGER;
BEGIN
  FillChar(tictac,9,0);              { Alle Komponenten ... }
  FillChar(feld1,SizeOf(feld1),0);   { ... auf 0 setzen.    }
  feld2:=feld1;
  zeile:='1234567890';
  FOR i:=10 DOWNTO 1 DO Write(zeile[i]);WriteLn;
  WriteLn(zeile);WriteLn;
```

```
    WriteLn('Welches Feld wollen Sie besetzen?');
    Write('X-Koordinate (0..2): ');ReadLn(x);
    Write('Y-Koordinate (0..2): ');ReadLn(y);
    tictac[x,y]:=5
  END.
```

Siehe auch
RECORD

Assign

Datei

Zweck
Ordnet einer Dateivariablen einen Dateinamen zu.

Struktur

```
PROCEDURE Assign(VAR f:dateityp; dateiname:STRING);
```

Bemerkung
Das Argument *dateiname* enthält einen (unter MS-DOS) gültigen Dateinamen.
Die Prozedur *Assign* ordnet der Dateivariablen *f* das Argument *dateiname* zu.
Alle folgenden Datei-Prozeduren und -Funktionen beziehen sich nun auf die Datei *dateinamen*.
Wenn eine Datei in Bearbeitung ist, darf derselben Dateivariablen kein neuer Dateiname zugeordnet werden.

Beispiel
Dieses Programm weist der Dateivariablen *f* den Dateinamen DEMO.DAT zu. *Rewrite(f)* eröffnet die Datei DEMO.DAT, und *Close(f)* schließt sie wieder.

```
PROGRAM Assign_Test;
VAR
  f:TEXT;
BEGIN
  Assign(f,'DEMO.DAT');
  Rewrite(f);
  Close(f)
END.
```

Siehe auch
Close, Eof, Erase, Rename, Reset, Rewrite, Truncate

AssignCrt

Textbildschirm (nur Version 4.0)

Zweck
Ordnet dem Bildschirm eine Textdatei zu.

Struktur

```
PROCEDURE AssignCrt(VAR f:TEXT);
```

Bemerkung
AssignCtr ist erst durch das Einbinden der Unit **Crt** verfügbar.
AssignCtr arbeitet ähnlich wie Assign, es wird jedoch kein Dateiname angegeben, da der Bildschirm der Dateivariablen zugeordnet wird. Um Daten in den Bildschirm zu schreiben, muß dieser zuerst mit *Rewrite* geöffnet werden.
Falls die Systemvariable *DirectVideo* den Wert TRUE enthält (entspricht der Standardeinstellung), wird direkt in den Bildschirmspeicher geschrieben. Mit Hilfe der Systemvariablen *CheckSnow* (TRUE ist Standardeinstellung) kann der dabei entstehende "Schnee" unterdrückt werden.

Beispiel
Folgendes Programm schreibt den Inhalt einer Diskettendatei auf den Bildschirm.

```
PROGRAM AssignCrt_Test;
USES
  Crt;
VAR
  bild,disk:TEXT;
  datei,zeile:STRING;
  ch:CHAR;
BEGIN
  Write('Dateiname: ');
  ReadLn(datei);
  Assign(disk,datei);
  Reset(disk);
  AssignCrt(bild);
  Rewrite(bild);
  WHILE NOT Eof(disk) DO BEGIN
    ReadLn(disk,zeile);
```

```
      WriteLn(bild,zeile)
    END;
    Close(disk);
    Close(bild)
  END.
```

AUX

Standarddatei (nur Version 3.0)

Zweck
Bezeichnet die serielle Schnittstelle.

Bemerkung
Eine logische Geräteeinheit wird wie eine Textdatei behandelt; auf sie kann über die vorbezeichneten Dateien zugegriffen werden.
AUX entspricht der seriellen Schnittstelle COM1:. Die Prozedur *Close* zeigt keine Wirkung.
Der Versuch, eine Standarddatei zu löschen, erzeugt eine I/O-Fehlermeldung.
Die Standardfunktionen *Eof* und *EoLn* arbeiten bei Standarddateien anders als bei Diskettendateien.
AUX benützt die beiden Gerätetreiber *AuxIn* und *AuxOut* (siehe hierzu *AuxInPtr* und *AuxOutPtr*).

Version 4.0: Obwohl hier AUX nicht definiert ist, besteht dennoch die Möglichkeit, mit der seriellen Schnittstelle zu arbeiten:

```
VAR
  AUX:TEXT;
BEGIN
  Assign(AUX,'AUX');    { oder: Assign(AUX,'COM1'); }
```

Rewrite öffnet die serielle Schnittstelle für Schreib-, *Reset* für Lesevorgänge.

Beispiel

```
Read(AUX,ch);            { liest von COM1: ein Zeichen     }
Write(AUX,ch);           { schreibt ein Zeichen nach COM1: }
```

Siehe auch
CON, INPUT, KBD, LST, OUTPUT, TRM, USR

AuxInPtr

I/O-Treiber (nur Version 3.0)

Zweck
Zeigt auf die Funktion *AuxIn*, die für das Einlesen der Daten, die von der seriellen Schnittstelle kommen, verantwortlich ist.

Struktur

```
VAR
  AuxInPtr:INTEGER;
```

Bemerkung
Die Variable *AuxInPtr* enthält die Offset-Adresse der Funktion *AuxIn*.
AuxIn hat folgende Struktur:

```
FUNCTION AuxIn:CHAR;
```

AuxIn ist dem DOS-System-Aufruf 03H zugeordnet.
AuxIn wartet auf die Eingabe eines Zeichens. Sie gibt keinen Geräte- oder Fehler-Status zurück, was unter Umständen nicht besonders nützlich ist (hier helfen aber ROM-BIOS-Routinen weiter).
Die Funktion *AuxIn* kann vom Programmierer geändert werden, indem die Offset-Adresse einer selbstdefinierten Treiberfunktion der Standardvariablen *AuxInPtr* zugewiesen wird.
Die Treiberfunktion muß die gleiche Struktur wie *AuxIn* haben.

Beispiel
Dieses Programm zeigt, wie ein eigener I/O-Treiber installiert wird.

```
PROGRAM AuxInPtr_Test;

  FUNCTION AuxIn_Treiber:CHAR;
  BEGIN
    { Hier steht der Programmcode. }
  END;

BEGIN
  AuxInPtr:=Ofs(AuxIn_Treiber)
END.
```

Siehe auch
AUX, AuxOutPtr, ConInPtr

AuxOutPtr

I/O-Treiber (nur Version 3.0)

Zweck

Zeigt auf die Prozedur *AuxOut*, die für die Ausgabe der Daten, die über die serielle Schnittstelle gehen, verantwortlich ist.

Struktur

```
VAR
  AuxOutPtr:INTEGER;
```

Bemerkung

Die Variable *AuxOutPtr* enthält die Offset-Adresse der Prozedur *AuxOut*.
AuxOut gibt ein Zeichen auf den Ausgang AUX: aus.
AuxOut hat folgende Struktur:

```
PROCEDURE AuxOut(ch:CHAR);
```

AuxOut ist dem DOS-System-Aufruf 04H zugeordnet.
Die Prozedur *AuxOut* kann vom Programmierer geändert werden, indem die Offset-Adresse einer selbstdefinierten Treiberprozedur der Standardvariablen *AuxOutPtr* zugewiesen wird.
Die Treiberprozedur muß die gleiche Struktur wie *AuxOut* haben.

Beispiel

Dieses Programm zeigt, wie ein eigener I/O-Treiber installiert wird.

```
PROGRAM AuxOutPtr_Test;

  PROCEDURE AuxOut_Treiber(ch:CHAR);
  BEGIN
    { Hier steht der Programmcode. }
  END;

BEGIN
  AuxOutPtr:=Ofs(AuxOut_Treiber)
END.
```

Siehe auch

AUX, AuxInPtr, ConOutPtr

Back

Turtle-Graphik (nur Version 3.0)

Zweck
Bewegt die Schildkröte rückwärts.

Struktur

```
PROCEDURE Back(distanz:INTEGER);
```

Bemerkung
Die Prozedur *Back* ist erst durch das Einbinden der Datei GRAPH.P verfügbar. Die Version 4.0 stellt *Back* in der Unit **Graph3** zur Verfügung, um zur Version 3.0 kompatibel zu bleiben.
Back bewegt die Schildkröte von der augenblicklichen Position rückwärts um *distanz*.
Ist das Argument *distanz* negativ, wird die Schildkröte vorwärts bewegt.
Die Zeichenfarbe wird durch die Prozedur *SetPenColor* definiert.

Beispiel
Dieses Programm zeichnet einen Stern.

```
PROGRAM Back_Test;
{$I graph.p }
VAR
  i:INTEGER;
BEGIN
  GraphColorMode;
  i:=0;
  FOR i:=0 TO 90 DO BEGIN
    SetHeading(i*4);
    IF Odd(i) THEN
      Back(40)
    ELSE
      Forwd(40)
  END;
  REPEAT UNTIL KeyPressed;
  TextMode
END.
```

Siehe auch
Forwd, Home, PenDown, PenUp, SetHeading, SetPencolor, SetPosition, TurnLeft, TurnRight, Xcor, Ycor

Bar

Graphik (nur Version 4.0)

Zweck
Zeichnet ein Rechteck, gefüllt mit einem Muster.

Struktur

```
PROCEDURE Bar(x1,y1,x2,y2:INTEGER);
```

Bemerkung
Bar ist in der Unit **Graph** enthalten.
Mit *Bar* wird ein Balken gezeichnet mit den beiden Diagonal-Eckpunkten *(x1,y1)* und *(x2,y2)*.
Das gezeichnete Rechteck wird mit dem aktuellen Füllmuster und der momentan gesetzten Zeichenfarbe (siehe *SetFillStyle* und *SetFillPattern*) ausgefüllt.
Die Prozedur *Bar* beeinflußt den Funktionswert von *GraphResult* nicht, da während der Ausführung dieser Graphik-Routine kein Fehler auftreten kann.

Beispiel
Folgendes Programm zeichnet mehrere Balken mit verschiedenen Füllmustern.

```
PROGRAM Bar_Test;
USES
  Graph;
VAR
  gr,mo,
  dx,dy,i:INTEGER;
BEGIN
  gr:=Detect;
  InitGraph(gr,mo,'');
  dx:=GetMaxX DIV 10;
  dy:=GetMaxY DIV 10;
  Rectangle(0,0,10*dx,10*dy);
  SetLineStyle(DottedLn,0,NormWidth);
  FOR i:=1 TO 9 DO
    Line(0,i*dy,10*dx,i*dy);
  Randomize;
  FOR i:=1 TO 8 DO BEGIN
    SetFillStyle(i,GetMaxColor);
    Bar(i*dx,Random(10*dy),Succ(i)*dx,10*dy)
  END;
  ReadLn;
```

```
  CloseGraph
END.
```

Siehe auch
Bar3D, Rectangle

Bar3D

Graphik (nur Version 4.0)

Zweck
Ermöglicht das Zeichnen eines dreidimensionalen Balkens.

Struktur

```
PROCEDURE Bar3D(x1,y1,x2,y2:INTEGER; tiefe:INTEGER; deckel:BOOLEAN);
```

Bemerkung
Bar3D ist in der Unit **Graph** enthalten.
Der dreidimensionale Balken wird durch ein gefülltes Rechteck mit den Diagonal-Eckpunkten *(x1,y1)* und *(x2,y2)* dargestellt.
Das Füllmuster kann mit den Prozeduren *SetFillStyle* und *SetFillPattern*, die Linienart mit *SetLineStyle* bestimmt werden.
Die Balkentiefe (in Punkten) wird mit dem Parameter *tiefe* bestimmt.
Falls der Parameter *deckel* den Wert TRUE übermittelt, erhält der dreidimensionale Balken einen Deckel. Hierzu sind in der Unit *Graph* die folgenden Konstanten definiert:

TopOn	=TRUE;
TopOff	=FALSE;

Die Prozedur *Bar3D* beeinflußt den Funktionswert von *GraphResult* nicht, da während der Ausführung dieser Graphik-Routine kein Fehler auftreten kann.

Beispiel
Folgendes Programm zeichnet einen einzelnen Balken.

```
PROGRAM Bar3D_Test;
USES
  Graph;
VAR
  gr,mo:INTEGER;
BEGIN
  gr:=Detect;
```

```
    InitGraph(gr,mo,'');
    SetFillStyle(LineFill,GetMaxColor);
    Bar3D(100,GetMaxY DIV 2,200,GetMaxY,30,TopOff);
    SetFillStyle(SlashFill,GetMaxColor);
    Bar3D(100,50,200,GetMaxY DIV 2,30,TopOn);
    ReadLn;
    CloseGraph
  END.
```

Siehe auch
Bar, PieSlice

BEGIN ... END

Reserviertes Wort

Zweck
BEGIN und END umschließen einen zusammenhängenden Block.

Bemerkung
Der Anweisungsteil eines Programmes beginnt mit einem BEGIN und endet mit einem END, dem ein Punkt (.) folgen muß.
In einer benutzerdefinierten Prozedur oder Funktion beginnt der Anweisungsteil mit einem BEGIN und endet mit END, dem ein Strichpunkt folgt.
Ganz allgemein umschließen BEGIN und END mehrere Anweisungen, die zusammengehören. Hierzu weiteres bei:

```
FOR ... TO/DOWNTO ... DO
IF ... THEN ... ELSE
WHILE ... DO
```

Bitte beachten Sie, daß vor dem reservierten Wort END kein Strichpunkt (;) gesetzt werden muß.

BlockRead

Datei

Zweck
Liest aus einer untypisierten Datei Blöcke von 128 Bytes.

Struktur

```
PROCEDURE BlockRead(VAR f:FILE; VAR puffer:bel_typ;
                    anzahl:INTEGER);
PROCEDURE BlockRead(VAR f:FILE; VAR puffer:bel_typ;
                    anzahl:INTEGER; VAR gelesen:INTEGER);
```

Bemerkung
Die Prozedur *BlockRead* liest aus einer Datei Blöcke von 128 Bytes.
puffer ist eine Variable beliebigen Typs, in die die gelesenen Blöcke geschrieben werden. Der Programmierer ist dafür verantwortlich, daß die Größe von *puffer* für ein Lesen ausreicht.
anzahl legt fest, wieviele Blöcke aus einer Datei gelesen werden sollen.
Der fakultative Parameter *gelesen* gibt an, wieviele Blöcke wirklich gelesen wurden. Somit läßt sich das Ende einer Datei erkennen, wenn *gelesen* nicht mit *anzahl* übereinstimmt. Das Lesen von Blöcken wird am Ende einer Datei selbständig unterbunden.
BlockRead bewegt den Dateizeiger nach jedem Aufruf um *anzahl* Blöcke weiter.
Die Standardfunktionen *Eof*, *FilePos* und *FileSize*, sowie die Standardprozedur *Seek* funktionieren auch bei untypisierten Dateien. Hier wird jedoch einheitlich mit einer Komponentengröße von 128 Bytes gearbeitet (außer die Blockgröße wird verändert, wie im folgenden Absatz beschrieben).
Bei untypisierten Dateien besteht die Möglichkeit, die Größe des zu lesenden Blockes zu verändern. Dies wird dann erreicht, wenn bei den Prozeduren *Reset* oder *Rewrite* ein zweiter Parameter angegeben wird, der die Blockgröße (in Bytes) festlegt:

```
VAR
  f:FILE;
  ch:CHAR;
BEGIN
  Assign(f,'test.pas');
  Reset(f,1);       { legt eine Blockgröße von 1 Byte fest }
  BlockRead(f,ch,1);
  Write(ch);
  Close(f)
END.
```

Version 4.0: Bitte beachten Sie, daß *BlockRead* unvollständige Blöcke am Dateiende nicht liest (im Gegensatz zur Version 3.0).

Beispiel
Dieses Programm liest aus einer Datei Blöcke von 128 Bytes und schreibt diese auf den Bildschirm.

```
PROGRAM BlockRead_Test;
VAR
  puffer:ARRAY [1..128] OF CHAR;
  f:FILE;
  gelesen:INTEGER;
  datei:STRING[128];
BEGIN
  Write('Dateiname: ');
  ReadLn(datei);
  Assign(f,datei);
  Reset(f,1);
  REPEAT
    BlockRead(f,puffer,128,gelesen);
    IF gelesen<>0 THEN
      Write(puffer)
  UNTIL gelesen<>128;
  Close(f)
END.
```

Siehe auch
BlockWrite

BlockWrite **Datei**

Zweck
Schreibt in eine untypisierte Datei Blöcke von 128 Bytes.

Struktur

```
PROCEDURE BlockWrite(VAR f:FILE; VAR puffer:bel_typ;
                     anzahl:INTEGER);
PROCEDURE BlockWrite(VAR f:FILE; VAR puffer:bel_typ;
                     anzahl:INTEGER; VAR uebertr:INTEGER);
```

Bemerkung
Die Prozedur *BlockWrite* schreibt in eine Datei Blöcke von 128 Bytes.
puffer ist eine Variable beliebigen Typs, aus deren Inhalt Blöcke von 128 Bytes in die Datei geschrieben werden. Der Programmierer ist dafür ver-

antwortlich, daß die Größe von *puffer* ein Übertragen von Blöcken mit 128 Bytes ermöglicht.
anzahl legt fest, wieviele Blöcke in eine Datei geschrieben werden sollen.
Der fakultative Parameter *uebertr* gibt an, wieviele Blöcke wirklich in eine Datei geschrieben worden sind.
BlockWrite bewegt den Dateizeiger nach jedem Aufruf um *anzahl* Blöcke weiter.
Die Standardfunktionen *Eof*, *FilePos* und *FileSize*, sowie die Standardprozedur *Seek* funktionieren auch bei untypisierten Dateien. Hier wird jedoch einheitlich mit einer Komponentengröße von 128 Bytes gearbeitet. Diese kann aber, wie im folgenden Absatz erwähnt, beliebig verändert werden.
Bei untypisierten Dateien besteht die Möglichkeit, die Größe des zu schreibenden Blockes zu verändern. Hierzu muß lediglich bei den Prozeduren *Reset* oder *Rewrite* ein zweiter Parameter angegeben werden, der für die Blockgröße (in Bytes) steht (Beispiel siehe *BlockRead*). Dieser Dateizugriff ist immer schneller als ein vergleichbarer mit der Prozedur *Write*.

Beispiel

Dieses Programm liest den Inhalt einer Diskettendatei und kopiert deren Inhalt in eine andere Datei.

```
PROGRAM BlockWrite_Test;
CONST
  anzahl=MaxInt;
VAR
  quelle,
  ziel:FILE;
  puffer:ARRAY [1..anzahl] OF CHAR;
  gelesen:INTEGER;
  datei:STRING[128];
BEGIN
  Write('Quelldatei: ');
  ReadLn(datei);
  Assign(quelle,datei);
  Reset(quelle,1);
  Write('Zieldatei: ');
  ReadLn(datei);
  Assign(ziel,datei);
  Rewrite(ziel,1);
  REPEAT
    BlockRead(quelle,puffer,anzahl,gelesen);
    BlockWrite(ziel,puffer,gelesen)
  UNTIL gelesen<>anzahl;
```

```
    Close(quelle);
    Close(ziel)
  END.
```

Siehe auch
BlockRead

BOOLEAN

Datentyp

Zweck
Datentyp, der die beiden Wahrheitswerte WAHR und FALSCH zuläßt.

Bemerkung
Ein Datentyp definiert die Beschaffenheit der Werte, die eine Variable annehmen kann.
In einem Programm kann jeder Variablen nur ein einziger Datentyp zugeordnet werden.
Der Datentyp BOOLEAN bezeichnet einen der beiden Wahrheitswerte TRUE oder FALSE.
BOOLEAN kann auch als Umwandlungsfunktion verwendet werden:

```
BOOLEAN(0) = FALSE
BOOLEAN(1) = TRUE
```

Aus Vergleichen resultiert ein BOOLEAN-Wert:

```
IF a=b THEN ...
```

Dieser Wert kann einer Variablen übergeben werden:

```
VAR
  ok:BOOLEAN;
  a,b:INTEGER;
BEGIN
  a:=Random(2);
  b:=Random(2);
  ok:=(a=b);            { ok:=a=b; zeigt die gleiche Wirkung }
  IF ok THEN
    WriteLn('a und b enthalten dieselbe Zahl.')
END.
```

Eine Variable des Typs BOOLEAN belegt ein Byte im Arbeitsspeicher.

Siehe auch
BYTE, CHAR, INTEGER, REAL, STRING, TYPE

BufLen

Konstante (nur Version 3.0)

Zweck
Die typisierte Konstante *BufLen* gibt die Größe des Eingabepuffers (der bei Tastatureingaben verwendet wird) an.

Struktur

```
CONST
  BufLen:INTEGER=127;
```

Bemerkung
Mit *BufLen* kann die Größe des Tastatur-Eingabepuffers, der bei den Prozeduren *Read* und *ReadLn* verwendet wird, verändert werden.
Nach jedem Aufruf von *Read* oder *ReadLn* wird *BufLen* wieder auf 127 gesetzt.

Beispiel

```
PROGRAM BufLen_Test;
VAR
  zeile:string[255];
BEGIN
  Write('Eingabe (max. 10 Zeichen): ');
  BufLen:=10;
  ReadLn(zeile);
  WriteLn(zeile)
END.
```

Siehe auch
Read, ReadLn

BYTE

Datentyp

Zweck
Datentyp, der ganze Zahlen im Bereich 0..255 zuläßt.

Bemerkung

Ein Datentyp definiert die Beschaffenheit der Werte, die eine Variable annehmen kann.
In einem Programm kann jeder Variablen nur ein einziger Datentyp zugeordnet werden.
Der Datentyp BYTE ist ein Teilbereich des Typs INTEGER. Aus diesem Grund sind die Typen BYTE und INTEGER miteinander kompatibel. Wenn ein Wert vom Typ BYTE erwartet wird, kann ein INTEGER-Wert angegeben werden und umgekehrt; bei der Übergabe von Variablenparametern ist dies jedoch nicht erlaubt.
BYTE kann auch als Umwandlungsfunktion verwendet werden (vergleichbar mit der Funktion *Ord*):

```
BYTE('A') = 65
```

Der Datentyp BYTE belegt ein Byte im Arbeitsspeicher.

Beispiel

Folgendes Programm zeigt mögliche Typumwandlungen. Bitte beachten Sie, daß einige Zuweisungen nur in der Version 4.0 möglich sind.

```
PROGRAM BYTE_Test;
VAR
  b:BYTE;
  s:SHORTINT;  { nur 4.0 }
  i:INTEGER;
  w:WORD;      { nur 4.0 }
  l:LONGINT;   { nur 4.0 }
  r:REAL;
BEGIN
  b:=255;
  s:=b;

  s:=-127;
  b:=s;

  i:=12345;
  b:=i; s:=i;

  i:=-12345;
  b:=i; s:=i; w:=i;

  l:=123456;
  w:=l; i:=l; b:=l; s:=l;
```

```
    r:=123;
    l:=trunc(r); i:=trunc(r); w:=trunc(r);
    r:=l; r:=i; r:=w;
  end.
```

Siehe auch
BOOLEAN, CHAR, INTEGER, REAL, STRING, TYPE

CASE ... OF

Reserviertes Wort

Zweck
Auswahl unter mehreren Möglichkeiten (Selektion).

Bemerkung
Die CASE-Anweisung besteht aus einem Sortierer und einer Liste von Anweisungen, denen jeweils ein Label vom Typ des Sortierers vorausgeht. Der Sortierer (eine Variable) wird von den reservierten Wörtern CASE und OF umschlossen. Das Label wird durch einen Doppelpunkt (:) von der Anweisung getrennt.
Es wird diejenige Anweisung ausgeführt, deren vorangehendes Label dem Sortierer entspricht. Wenn kein Label dem Wert des Sortieres entspricht, wird einer der beiden Fälle angesprochen:

a) Es wird keine Anweisung ausgeführt
b) Es wird diejenige Anweisung ausgeführt, die dem reservierten Wort ELSE folgt (eine Besonderheit von Turbo Pascal). Es ist zu beachten, daß vor dem Wort ELSE kein Strichpunkt (;) stehen darf.

Ein CASE-Label besteht aus einer beliebigen Anzahl von Konstanten, die durch ein Komma (,) voneinander getrennt werden. Das Ende einer Label-Liste wird mit einem Doppelpunkt (:) gebildet.
Zwei Konstanten, getrennt durch zwei Punkte (..), bilden einen Teilbereich. Sie können ebenfalls als Label benützt werden:

```
CASE ch OF
  #0..#31:WriteLn('Steuerzeichen');
  'A'..'Z','Ä','Ö','Ü':WriteLn('Großbuchstaben')
END;
```

Sollen bei einem Label mehrere Anweisungen ausgeführt werden, sind diese mit BEGIN und END zu umschließen.
Das Ende einer CASE-Anweisung muß mit dem reservierten Wort END gekennzeichnet werden.
CASE-Anweisungen werden mit Vorteil bei Menüs eingesetzt, wo viele verschiedene Aktionen, je nach Wunsch des Benutzers, ausgeführt werden sollen.
Das reservierte Wort CASE wird auch bei Varianten-Records gebraucht, um gewisse Fälle zu unterscheiden (siehe RECORD).

Beispiel

```
PROGRAM CASE_Test;
USES              { für 3.0: Diese beiden Zeilen ... }
  Crt;            { ... ohne Ersatz streichen.       }
VAR
  ch:CHAR;
  i:INTEGER;
BEGIN
  REPEAT
    WriteLn;
    WriteLn('Ein kleines Menü');
    WriteLn;
    WriteLn('1) Musik');
    WriteLn('2) Mathematik');
    WriteLn('3) Deutsche Sprachlehre');
    WriteLn;
    WriteLn('0) Ende');
    WriteLn;
    Write('Ihre Wahl: ');
    ch:=ReadKey;     { für 3.0: Read(KBD,ch); }
    CASE ch OF
      '1':FOR i:=1 TO 10 DO BEGIN
            Sound(Random(10)*100);
            Delay(500);
            NoSound
          END;
      '2':WriteLn('a^2+b^2 = c^2');
      '3':BEGIN
            WriteLn('Welches Wort ist falsch geschrieben?')
            WriteLn(;
            WriteLn('A) leeren');
            WriteLn('B) lehren');
            WriteLn('C) lernen');
            WriteLn;
            Write('Ihre Wahl: ');
            ch:=ReadKey;    { für 3.0: Read(KBD,ch); }
            WriteLn(ch, 'Bravo, sehr gut!')
          END
      ELSE WriteLn('Diese Menüauswahl existiert nicht.')
    END
  UNTIL ch='0'
END.
```

Siehe auch
IF ... THEN ... ELSE

CBreak

Systemvariable (nur Version 3.0)

Zweck
Ermöglicht das lokale Ausschalten von Ctrl-C.

Struktur

```
VAR
  CBreak:BOOLEAN;
```

Bemerkung
Mit dem Compilerbefehl {$C-} kann das Programm nicht mehr mit der Tastenkombination Ctrl-C abgebrochen werden. Dieser Compilerbefehl gilt für das gesamte Programm und kann nicht aufgehoben werden (siehe Anhang D.1).
Die typisierte Konstante *CBreak* ermöglicht es dennoch, ein Programm an gewissen Stellen mit Ctrl-C zu unterbrechen.
Enthält *CBreak* den Wert TRUE, kann das Programm mit Ctrl-C gestoppt werden.

Beispiel

```
PROGRAM CBreak_Test;
{$C-}
VAR
  ch:CHAR;
BEGIN
  WriteLn('CBreak ist ',CBreak);
  WriteLn('Programm kann nicht unterbrochen werden.');
  REPEAT
    WriteLn('Bitte drücken Sie CTRL-C ...');
    Read(KBD,ch);
  UNTIL ch=^C;
  CBreak:=TRUE;
  WriteLn('CBreak ist ',CBreak);
  WriteLn('Programm kann unterbrochen werden.');
```

```
    REPEAT
      WriteLn('Bitte drücken Sie CTRL-C ...');
      Read(KBD,ch)
    UNTIL FALSE
  END.
```

Chain

System (nur Version 3.0)

Zweck
Ermöglicht das Ausführen von Turbo Pascal-Programmen mit der Dateierweiterung .CHN.

Struktur

```
PROCEDURE Chain(VAR f:dateivariable);
```

Bemerkung
Eine Datei mit der Erweiterung .CHN wird mit Hilfe des Untermenüs *Compiler Options* erzeugt (siehe Anhang B.1). Eine solche Datei enthält nur den Programmcode, denn sie benützt die bereits im Speicher befindliche Pascal Library.
Daten können vom laufenden Programm an ein .CHN-Programm übergeben werden. Dies ist mit globalen oder absolut adressierten Variablen möglich (siehe ABSOLUTE). Um Überlappungen zu vermeiden, muß jedoch darauf geachtet werden, daß gemeinsame globale Variablen als erste Variablen in beiden Programmen definiert werden, sie müssen also in gleicher Reihenfolge aufgeführt werden.
Beide Programme müssen die gleichen Code- und Datensegment-Startadressen besitzen (siehe Anhang B.1), damit die Variablen an gleicher Stelle im Speicher abgelegt werden.
Da Turbo Pascal Variablen nicht automatisch initialisiert (auf Null setzt), können sie von mehreren Programmen gemeinsam benutzt werden.
.CHN-Programme lassen sich nur von einem .COM-Programm aufrufen. Ein in den Speicher compiliertes Programm kann die Prozedur *Chain* nicht verwenden.
Die Anwendung von *Chain* verändert die Struktur der Speicherorganisation nicht. Die Basisadresse und die Größe des Code-, Daten- und Stacksegmentes werden nicht verändert. Es wird lediglich der Code im Codesegment ersetzt.
Das erste Programm, das die Prozedur *Chain* enthält, muß genügend Platz für den Code, die Daten und den Stack reservieren, so daß auch das größte .CHN-Programm darin Platz findet (siehe Anhang B.1).

Beispiel
Dieses Programm liest eine Zeile ein und startet schließlich ein .CHN-Programm, das die eingegebene Zeile bearbeiten wird.

```
PROGRAM Chain_Test;
VAR
  zeile:STRING[80];
  f:FILE;
BEGIN
  Write('Wie geht es Ihnen? ');
  Read(zeile);
  Assign(f,'DOKTOR.CHN');
  Chain(f)
END.
```

Siehe auch
Execute

CHAR

Datentyp

Zweck
Datentyp, der die Menge aller ASCII-Zeichen zuläßt.

Bemerkung
Ein Datentyp definiert die Beschaffenheit der Werte, die eine Variable annehmen kann. In einem Programm kann jeder Variablen nur ein einziger Datentyp zugeordnet werden.
Der Datentyp CHAR bezeichnet den Zeichensatz (ASCII-Zeichen) des Computers. Die ordinalen Werte der Zeichen liegen im Bereich 0..255.
CHAR kann auch als Umwandlungsfunktion verwendet werden (zu vergleichen mit der Funktion *Chr*):

```
CHAR(65) = 'A'
```

Eine Variable des Datentypes CHAR belegt ein Byte im Arbeitsspeicher; ihnen können auch Kontrollzeichen zugeordnet werden. Diese werden wie folgt gebildet:

a) Das Symbol #, gefolgt von einem Wert im Bereich 0..255, bezeichnet ein Zeichen mit dem entsprechenden ASCII-Wert.
b) Das Symbol ^, gefolgt von einem Zeichen, bezeichnet das entsprechende Kontrollzeichen.

Beispiel

```
#65 entspricht 'A'
^G  entspricht #7  (Klingel)
^[  entspricht #27 (Escape)
```

Siehe auch
BOOLEAN, BYTE, INTEGER, REAL, STRING, TYPE

ChDir

System

Zweck
Wechselt das aktuelle Verzeichnis.

Struktur

```
PROCEDURE ChDir(pfad:STRING);
```

Bemerkung
Das aktuelle Verzeichnis wird durch ein neues ersetzt.
Einzelne Verzeichnisse müssen durch den Backslash (\) getrennt werden.
Die Angabe eines Laufwerkes zu Beginn des Pfadnamens ist erlaubt.
Falls nur der Laufwerkname als Parameter eingegeben wird, ändert sich das aktuelle Laufwerk:

```
ChDir('A:');   { nun ist Laufwerk A: voreingestellt }
```

Wenn ein Verzeichnis nicht existiert, wird ein I/O-Fehler ausgegeben (siehe hierzu auch *IOresult*).
Falls der Parameter *pfad* den String '..' enthält, wird das aktuelle Directory geschlossen:

```
BEGIN
  ChDir('C:\WORD\LEX');
  ChDir('..')       { nun ist C:\WORD aktiv }
END.
```

Wenn der angegebene Pfadname mit einem Backslash beginnt, bezieht dieser sich auf das Wurzelverzeichnis, andernfalls auf das momentan gesetzte Verzeichnis:

```
BEGIN
  ChDir('C:\WORD\LEX');   { diese Zeile entspricht den unteren beiden }

  ChDir('C:\WORD');
  ChDir('LEX')
END.
```

Siehe auch
GetDir, MkDir, RmDir

CheckBreak

Systemvariable (nur Version 4.0)

Zweck
Ermöglicht das Ein- und Ausschalten der Prüfung auf Ctrl-Break.

Struktur

```
VAR
  CheckBreak:BOOLEAN;
```

Bemerkung
CheckBreak ist in der Unit **Crt** enthalten.
Wenn die Systemvariable *CheckBreak* den Wert TRUE enthält (entspricht der Standardeinstellung), ist es möglich, ein laufendes Programm bei der Ein- und Ausgabe (betrifft nur den Bildschirm) mit Ctrl-Break zu unterbrechen. Soll dies unterbunden werden, ist *CheckBreak* der Wert FALSE zu übergeben.
In der Systemvariablen *SaveInt1B* ist der Original-Interrupt-Vektor von DOS gespeichert (Interrupt $1B behandelt Ctrl-Break), da Turbo Pascal bei Ctrl-Break eine eigene Routine anspringt.

Siehe auch
CheckEof, CheckSnow, DirectVideo

CheckEof

Systemvariable (nur Version 4.0)

Zweck
Ermöglicht das Ein- und Ausschalten der Erzeugung von Ctrl-Z.

Struktur

```
VAR
  CheckEof:BOOLEAN;
```

Bemerkung

CheckEof ist in der Unit **Crt** enthalten.
Falls die Systemvariable *CheckEof* den Wert TRUE enthält (FALSE entspricht der Standardeinstellung), bewirkt Ctrl-Z bei der Bildschirmeingabe (Standarddatei INPUT) ein Dateiende. Neue Daten können erst wieder nach einem erneuten Öffnen von INPUT (mittels *Reset*) eingegeben werden.

Siehe auch

CheckBreak, CheckSnow, DirectVideo, Eof

CheckSnow

Systemvariable (nur Version 4.0)

Zweck

Zeigt an, ob bei der Ausgabe ohne Rücksicht auf Störungen in den Bildschirmspeicher geschrieben werden soll.

Struktur

```
VAR
  CheckSnow:BOOLEAN;
```

Bemerkung

CheckSnow ist in der Unit **Crt** enthalten.
Da die Bildschirmausgabe unter DOS nicht gerade zu den schnellsten Operationen gehört, kann bei Turbo Pascal eine Bildschirmausgabe-Routine verwendet werden, die die Daten direkt in den Bildschirmspeicher schreibt (siehe hierzu *DirectVideo*). Dieser Vorgang führt bei älteren Bildschirmen (CGA) zu lästigen Bildschirmstörungen (Schneegestöber), da der Prozessor und die Video-Elektronik gleichzeitig auf dieselben Speicherstellen zugreifen (dieses Problem war bereits beim Computer-Gevatter PET zu beobachten).
Falls die Systemvariable *CheckSnow* den Wert TRUE enthält (entspricht der Standardeinstellung), verursacht der direkte Zugriff auf den Bildschirmspeicher keine Bildstörungen mehr, da jetzt erst geschrieben wird, wenn sich der Elektronenstrahl des Bildschirmes im horizontalen Rücklauf befindet.

Wichtig: Die Wertveränderung der Variablen *CheckSnow* zeigt nur dann eine Wirkung, wenn die Systemvariable *DirectVideo* den Wert TRUE enthält.

Siehe auch
CheckBreak, CheckEof, DirectVideo

Chr

Zweck
Wandelt einen ASCII-Code in das entsprechende ASCII-Zeichen um.

Struktur

```
FUNCTION Chr(i:INTEGER):CHAR;
```

Bemerkung
Für das Argument der Funktion *Chr(x)* muß gelten: 0 x 255
Die ersten 32 ASCII-Zeichen (0 <= x <= 31) werden als Steuerzeichen für Datenübertragung und Peripheriegeräte verwendet.
CHAR(x) ist mit *Chr(x)* identisch.

Beispiel

```
Chr(65) ergibt 'A'
Write(chr(7));     { erzeugt einen kurzen Signalton }
```

Siehe auch
Ord

Circle

Erweiterte Graphik

Zweck
Zeichnet einen Kreis.

Struktur

```
PROCEDURE Circle(x,y,radius,farbe:INTEGER);
PROCEDURE Circle(x,y:INTEGER; radius:WORD); { nur 4.0 }
```

Bemerkung
Bitte beachten Sie, daß die Prozedur *Circle* in der Version 3.0 etwas anders arbeitet als in der Version 4.0.

Version 3.0: Die Prozedur *Circle* ist erst durch das Einbinden der Datei GRAPH.P verfügbar. Die Version 4.0 stellt *Circle* mit derselben Funktionsweise in der Unit **Graph3** zur Verfügung, um zur älteren Version kompatibel zu bleiben.
Circle zeichnet einen Kreis um den Mittelpunkt *(x,y)*.
Im Graphik-Modus 320x200 zeichnet *Circle* einen exakten Kreis, im Graphik-Modus 640x200 hingegen eine Ellipse.
Für die Bestimmung der Farben lesen Sie bitte *HiResColor*, *Palette* und *ColorTable*.

Version 4.0: Die Prozedur *Circle* ist in der Unit **Graph** enthalten und unterscheidet sich von *Circle* in der Unit **Graph3**.
Circle zeichnet einen Kreis mit der momentan gesetzten Farbe (siehe *SetColor*) um den Mittelpunkt *(x,y)* und dem angegebenen Radius. Der Linientyp kann mit *SetLineStyle* festgelegt werden.
Für jeden Graphiktreiber und -modus ist ein Wert so bestimmt, daß *Circle(x,y,radius);* optisch als Kreis (und nicht als Ellipse) erscheint (siehe hierzu auch *GetAspectRatio*).

Beispiel
Dieses Programm zeichnet einen gelben Kreis um den Mittelpunkt (50,50) und dem Radius von 25.

```
PROGRAM Circle_Test_Turbo3;
{$I graph.p }
BEGIN
  GraphColorMode;
  Palette(2);
  Circle(50,50,25,3);
  REPEAT UNTIL KeyPressed;
  TextMode
END.
```

Folgendes Programm zeichnet solange Kreise, bis eine Taste betätigt wird.

```
PROGRAM Circle_Test_Turbo4;
USES
  Crt,Graph;
VAR
  gr,mo,
  mx,my,r:INTEGER;
```

```
BEGIN
  gr:=Detect;
  InitGraph(gr,mo,'');
  mx:=GetMaxX-100;
  my:=GetMaxY-100;
  REPEAT
    Circle(Random(mx)+50,Random(my)+50,Random(50))
  UNTIL KeyPressed;
  CloseGraph
END.
```

Siehe auch
Arc

ClearDevice

Graphik (nur Version 4.0)

Zweck
Löscht den gesamten Graphikbildschirm.

Struktur

```
PROCEDURE ClearDevice;
```

Bemerkung
ClearDevice ist in der Unit **Graph** enthalten.
Die Prozedur *ClearDevice* löscht den gesamten Bildschirm und setzt den Graphikcursor in die obere linke Ecke des aktuell gesetzten Graphikfensters (entspricht dem Punkt *(0,0)*).
Mit der Prozedur *GraphDefaults* können alle Parameter (Zeichenfarbe, Palette etc.) des Graphikpaketes zurückgesetzt werden.

Siehe auch
ClearViewPort, CloseGraph, GraphDefaults, RestoreCrtMode

ClearScreen

Erweiterte Graphik (nur Version 3.0)

Zweck
Löscht das aktive Bildschirmfenster im Graphikmodus und setzt die Schildkröte an ihre Ausgangsposition.

Struktur

```
PROCEDURE ClearScreen;
```

Bemerkung
Die Prozedur *ClearScreen* ist erst durch das Einbinden der Datei GRAPH.P verfügbar. Die Version 4.0 stellt *ClearScreen* in der Unit **Graph3** zur Verfügung, um zur Version 3.0 kompatibel zu bleiben. *ClearScreen* löscht das aktive Fenster und setzt die Schildkröte an den Punkt (0,0), also in die Mitte des Fensters.

ClearViewPort

Graphik (nur Version 4.0)

Zweck
Löscht das aktuell gesetzte Graphikfenster.

Struktur

```
PROCEDURE ClearViewPort;
```

Bemerkung
ClearViewPort ist in der Unit **Graph** enthalten.
Die Prozedur *ClearViewPort* löscht das aktuelle Graphikfenster und füllt es mit der momentanen Hintergrundfarbe (siehe *GetBkColor*). Falls dieser Füllvorgang nicht fehlerfrei ausgeführt werden konnte, liefert *GraphResult* den Wert -6.
Nach dem Löschen befindet sich der Graphikcursor in der oberen linken Ecke (Punkt *(0,0)*) des Graphikfensters.

Siehe auch
ClearDevice, GetViewSettings, SetViewPort

Close

Datei

Zweck
Schließt eine Datei.

Struktur

```
PROCEDURE Close(VAR f:dateivariable);
```

Bemerkung
Schließt eine Datei und bringt das Directory auf den neuesten Stand.
In Multi-User Umgebungen ist es oft notwendig, eine Datei auch dann zu schließen, wenn nur in ihr gelesen worden ist.

Version 4.0: Falls Sie versuchen, mit *Close* eine bereits geschlossene Datei zu schließen, wird eine Fehlermeldung ausgegeben (im Gegensatz zur Version 3.0).

Beispiel
Dieses Programm öffnet eine Datei, liest einen Wert heraus und schreibt diesen in den Bildschirm. Mit *Close* wird die eröffnete Datei wieder geschlossen.

```
PROGRAM Close_Test;
VAR
  f:FILE OF BYTE;
  b:BYTE;
begin
  Assign(f,'TEST.ASC');
  Reset(f);
  Read(f,b);
  WriteLn(b:4);
  Close(f)
END.
```

Siehe auch
Assign, Eof, Erase Rename, Reset, Rewrite, Truncate

CloseGraph

Graphik (nur Version 4.0)

Zweck
Beendet den Graphikmodus und kehrt in den Textmodus zurück.

Struktur

```
PROCEDURE CloseGraph;
```

Bemerkung
CloseGraph ist in der Unit **Graph** enthalten.
Die Prozedur *CloseGraph* entfernt den Graphiktreiber (.BGI-Datei) und die Zeichensätze (.CHR-Datei) vom Heap und kehrt zu demjenigen Textmodus zurück, der vor dem Aufruf von *InitGraph* aktiv war. Die Proze-

dur *RestoreCrtMode* verläßt den Graphikmodus, ohne den Graphiktreiber und die Zeichensätze zu entfernen.
Falls Sie Graphik-Treiber und Zeichensätze mit den beiden Funktionen *RegisterBGIdriver* und *RegisterBGIfont* in den Programmcode integriert haben, bleiben diese auch nach dem Aufruf von *CloseGraph* fester Bestandteil des Programmes.

Siehe auch
InitGraph, RestoreCrtMode, SetGraphMode

ClrEol

Textbildschirm

Zweck
Löscht alle Zeichen von der Cursorposition bis zum Ende der Zeile.

Struktur

```
PROCEDURE ClrEol;
```

Bemerkung
Am Bildschirm werden alle Zeichen von der augenblicklichen Cursorposition bis ans Ende der Zeile gelöscht.
Der Cursor befindet sich nach dem Löschen an seinem ursprünglichen Platz.

Version 4.0: *ClrEol* ist in der Unit **Crt** enthalten.

Beispiel
Dieses Programm zeichnet mit Hilfe des Zeichens '*' ein Dreieck.

```
PROGRAM ClrEol_Test;
USES          { für 3.0: Diese beiden Zeilen ... }
  Crt;        { ... ohne Ersatz streichen.       }
VAR
  i:INTEGER;
BEGIN
  FOR i:=1 TO 1999 DO
    Write('*');
```

```
    FOR i:=1 TO 25 DO BEGIN
      GotoXY(26-i,i);
      Delay(1000);
      ClrEol
    END
  END.
```

Siehe auch
ClrScr, DelLine, InsLine

ClrScr

Textbildschirm

Zweck
Löscht das aktuelle Bildschirmfenster im Textmodus.

Struktur

```
PROCEDURE ClrScr;
```

Bemerkung
Nach dem Löschen des aktuellen Bildschirmfensters befindet sich der Cursor in der oberen linken Ecke.
Bei manchen Bildschirmen werden auch die Videoeigenschaften zurückgesetzt, d.h. der Bildschirm befindet sich wieder im voreingestellten Zustand (*NormVideo* wieder aktiv etc.).

Version 4.0: *ClrScr* ist in der Unit **Crt** enthalten. Das zu löschende Fenster wird mit der aktuellen Hintergrundfarbe gefüllt.

Siehe auch
ClrEol, DelLine, InsLine

ColorTable

Erweiterte Graphik (nur Version 3.0)

Zweck
Definiert die Reihenfolge der Farben neu, die durch die Prozedur *Palette* bestimmt worden ist.

Struktur

```
PROCEDURE ColorTable(i1,i2,i3,i4:INTEGER);
```

Bemerkung
Die Prozedur *ColorTable* ist erst durch das Einbinden der Datei GRAPH.P verfügbar. Die Version 4.0 stellt *ColorTable* in der Unit **Graph3** zur Verfügung, um zur Version 3.0 kompatibel zu bleiben.
Die Prozedur *ColorTable* definiert eine Farbübersetzungstafel, die im *GraphColorMode* Anwendung findet.
Die gegenwärtige Farbe eines Punktes kann verändert werden, indem er nochmals geschrieben wird, nun aber mit der Farbangabe 1. Der Wert 1 veranlaßt Turbo Pascal, in der Farbübersetzungstafel nachzuschauen, welche Farbe der des gewählten Punktes entspricht. Wurde beispielsweise die Farbübersetzungstafel mit *ColorTable(3,2,1,0)* definiert, erscheint nun die ursprüngliche Farbe 2 als Farbe 1.
Voreingestellt ist *ColorTable(0,1,2,3)*, d.h. also, daß sich die Farbe nicht verändert, wenn der Farbwert 1 auftritt.
Die Prozedur *PutPic* verwendet immer die mit *ColorTable* definierten Farben, alle anderen Zeichen-Prozeduren nur, wenn die Farbangabe 1 angegeben wird.
Mit *FillScreen* kann der gesamte Bildschirm umgefärbt werden.

Beispiel
Dieses Programm benützt die Farbübersetzungstafel. Die Prozedur *Palette(0)* definiert die Farben wie folgt: 0=Hintergrundfarbe, 1=Grün, 2=Rot und 3=Braun. Durch die Farbübersetzungstafel bleibt 0 die Hintergrundfarbe, 1 wird zu Rot, 2 zu Braun und 3 zu Grün.

```
PROGRAM ColorTabel_Test;
{$I graph.p }
VAR
  ch:CHAR;
BEGIN
  GraphColorMode;
  Palette(0);
  ColorTable(0,2,3,1);
  Circle(70,70,50,1);                    { grüner Kreis  }
  Draw(20,20,150,150,2);                 { rote Linie    }
  Plot(80,90,3);                         { brauner Punkt }
  GotoXY(1,25);
  Write('Weiter mit jeder Taste ...');
  Read(Kbd,ch);
  Circle(70,70,50,-1);                   { roter Kreis   }
  Draw(20,20,150,150,-1);                { braune Linie  }
  Plot(80,90,-1)                         { grüner Punkt  }
END.
```

Siehe auch
Palette

COMP

Datentyp (nur Version 4.0)

Zweck
Datentyp, der ganze Zahlen im Bereich -9.2e18..9.2e18 zuläßt.

Bemerkung
Ein Datentyp definiert die Beschaffenheit der Werte, die eine Variable annehmen kann. Dieser kann in einem Programm nur ein einziger Datentyp zugeordnet werden.
Der Datentyp COMP ist nur bei vorhandenem mathematischen Coprozessor verfügbar (siehe Compiler-Befehl **N** im Anhang D.2).
COMP speichert ganzzahlige Werte im Bereich von -2^{63} bis $2^{63}-1$ (entspricht etwa -9.2e18 bis 9.2e18); eine Variable diesen Types belegt 8 Bytes Speicher und kann als LONGINT mit doppelter Genauigkeit betrachtet werden (besonders geeignet für Berechnungen, die eine hohe Präzision verlangen, z.B. im Finanzbereich).
Folgende Regeln sind beim Typ COMP zu beachten:

a) Die Funktionen *Pred* und *Succ* sowie die Prozeduren *Dec* und *Inc* sind nicht erlaubt.
b) Der Datentyp COMP kann nicht als Kontrollvariable in den Anweisungen FOR oder CASE verwendet werden.
c) Der Datentyp COMP darf nicht als Index eines Arrays verwendet werden.
d) Teilbereiche des Typs COMP sind nicht erlaubt.

Siehe auch
DOUBLE, EXTENDED, LONGINT, REAL

CON

Standarddatei (nur Version 3.0)

Zweck
Bezeichnet die Konsole.

Struktur

```
VAR
  CON:TEXT;
```

Bemerkung

Write ohne Angabe einer Zieldatei schreibt die auszugebenden Daten auf den Bildschirm. *Read* ohne Angabe einer Quelldatei liest die eingegebenen Daten von der Tastatur. Der gleiche Effekt wird auch dann erreicht, wenn CON als Ziel- oder Quelldatei angegeben wird.
Der Unterschied zu TRM (Terminal) besteht darin, daß bei CON die Tastatureingabe gepuffert wird.
Eine logische Geräteeinheit wird wie eine Textdatei behandelt, auf sie kann über die vorbezeichneten Dateien (z.B. CON) zugegriffen werden.
Die Prozedur *Close* zeigt keine Wirkung.
Der Versuch, eine Standarddatei zu löschen, erzeugt eine I/O-Fehlermeldung.
Die beiden Standardfunktionen *Eof* und *EoLn* arbeiten bei Standarddateien anders als bei Diskettendateien.
CON benützt die beiden Gerätetreiber *ConIn* und *ConOut* (siehe hierzu *ConInPtr* und *ConOutPtr*).

Beispiel

```
Read(CON,a);
Write(CON,a);
```

Siehe auch

AUX, INPUT, KBD, LST, OUTPUT, TRM, USR

Concat

String

Zweck

Fügt Zeichenketten zu einer Gesamt-Zeichenkette zusammen.

Struktur

```
FUNCTION Concat(s1,s2..sn:STRING):STRING;
```

Bemerkung

Die Funktion *Concat* fügt Teil-Strings in der angegebenen Reihenfolge zu einem Gesamt-String zusammen.
Überschreitet der Gesamt-String die Länge von 255 Zeichen, wird eine Laufzeitfehlermeldung ausgegeben.
Der Operator '+' verbindet wie *Concat* Strings miteinander.

Beispiel

```
Concat('Haus','hund') ergibt 'Haushund'
'Haus'+'hund' ergibt 'Haushund'

S1:='A'; S2:='ls'; S3:='sprach';
Concat(S1,S2,'o ',S3) = 'Also sprach'
S1+S2+'o '+S3 = 'Also sprach'
```

Siehe auch
Copy, Delete, Insert, Length, Pos

ConInPtr

I/O-Treiber (nur Version 3.0)

Zweck
Zeigt auf die interne Funktion *ConIn*, die für das Einlesen der Daten, die von der Tastatur kommen, verantwortlich ist.

Struktur

```
VAR
  ConInPtr:INTEGER;
```

Bemerkung
Die Variable *ConInPtr* enthält die Offset-Adresse der internen Funktion *ConIn*.
ConIn hat folgende Struktur:

```
FUNCTION ConIn:CHAR;
```

ConIn ist dem DOS-System-Aufruf 08H zugeordnet.
ConIn wartet auf die Eingabe eines Zeichens der Tastatur. Das Zeichen wird nicht am Bildschirm angezeigt.
Die Funktion *ConIn* kann vom Programmierer geändert werden, indem die Offset-Adresse einer selbstdefinierten Treiberfunktion der Standardvariablen *ConInPtr* zugewiesen wird.
Die Treiberfunktion muß die gleiche Struktur wie *ConIn* haben.

Beispiel
Dieses Programm zeigt, wie ein eigener I/O-Treiber installiert wird. Es ertönt nun ein Klicken, wenn eine Taste gedrückt wird.

```
PROGRAM ConInPtr_Test;
VAR
  pack:RECORD
    ax,bx,cx,dx,bp,si,di,ds,es,flags:INTEGER
  END;
  zeile:STRING[255];
  altptr:INTEGER;

  FUNCTION ConIn_Treiber:CHAR;
  BEGIN
    pack.ax:=$0800;
    MsDos(pack);
    Sound(440);
    Delay(50);
    NoSound;
    ConIn_Treiber:=CHAR(Lo(pack.ax))
  END;

BEGIN
  altptr:=ConInPtr;
  ConInPtr:=Ofs(ConIn_Treiber);
  Write('Eingabe: ');
  ReadLn(zeile);
  ConInPtr:=altptr;
  Write('Eingabe ohne Klicken: ');
  ReadLn(zeile)
END.
```

Siehe auch
ConOutPtr

ConOutPtr

I/O-Treiber (nur Version 3.0)

Zweck
Zeigt auf die interne Prozedur *ConOut*, die für die Ausgabe der Daten, die auf dem Bildschirm erscheinen sollen, verantwortlich ist.

Struktur

```
VAR
  ConOutPtr:INTEGER;
```

Bemerkung
Die Variable *ConOutPtr* enthält die Offset-Adresse der internen Prozedur *ConOut*.
ConOut schreibt ein Zeichen auf den Bildschirm.
ConOut hat folgende Struktur:

```
PROCEDURE ConOut(ch:CHAR);
```

ConOut ist dem DOS-System-Aufruf 02H zugeordnet.
Die Prozedur *ConOut* kann vom Programmierer geändert werden, indem die Offset-Adresse einer selbstdefinierten Treiberprozedur der Standardvariablen *ConOutPtr* zugewiesen wird.

Beispiel
Dieses Programm wandelt Kleinbuchstaben, bevor sie am Bildschirm angezeigt werden, in Großbuchstaben um.

```
PROGRAM ConOut_Test;
VAR
  pack:RECORD
    ax,bx,cx,dx,bp,si,di,ds,es,flags:INTEGER
  END;
  zeile:STRING[255];
  altptr:INTEGER;

  PROCEDURE ConOut_Treiber(ch:CHAR);
  BEGIN
    ch:=UpCase(ch);
    pack.ax:=$0200;
    pack.dx:=BYTE(ch);
    MsDos(pack)
  END;

BEGIN
  altptr:=ConOutPtr;
  ConOutPtr:=Ofs(ConOut_Treiber);
  Writeln('ab nun wird alles groß geschrieben');
  Write('eingabe: ');
  ReadLn(zeile);
  WriteLn(zeile);
  ConOutPtr:=altptr
END.
```

Siehe auch
ConInPtr

CONST

Reserviertes Wort

Zweck
Erlaubt das Definieren von Konstanten.

Bemerkung
Der Konstanten-Definitionsteil führt Bezeichner als Synonyme für die konstanten Werte ein.
Das reservierte Wort CONST steht am Anfang des Konstanten-Definitionsteils, dem eine Liste von Konstantenzuweisungen folgt, die durch einen Strichpunkt (;) voneinander getrennt sind.
Jede Konstantenzuweisung besteht aus einem Bezeichner, dem ein Gleichheitszeichen und eine Konstante folgt:

```
CONST
  MaxX=639;
  MaxY=199;
  Version='3.00A';
  Schritt=0.5;
```

Es ist nicht erlaubt, einer solchen Konstanten im Anweisungsteil einen Wert zuzuweisen.

Turbo Pascal läßt auch **typisierte Konstanten** zu. Sie können wie Variablen des gleichen Typs verwendet werden. Im Grunde sind typisierte Konstanten initialisierte Variablen, die beim Programmstart bereits einen festgelegten Wert enthalten (im Gegensatz zu den Variablen).
Bei der Definition von typisierten Konstanten wird nicht nur der Wert, sondern auch der Typ angegeben:

```
CONST
  drucken:BOOLEAN=TRUE;
  RandOben:BYTE=5;
```

Array-Konstanten werden wie folgt gebildet:

```
CONST
  menu:ARRAY [1..4] OF STRING[10]=
    ('Block','Datei','Laufwerk','Spezial');
  quadrat:ARRAY[1..2,1..2] OF BYTE=
    ((1,2),(3,4));
```

Record-Konstanten werden wie folgt gebildet:

```
TYPE
  akte=RECORD
  name,
  str,
  ort:STRING[10]
END;
CONST
  einer:akte=
    (name:'Gürtel';str:'Gasse';ort:'WeitWeg');
```

Mengenkonstanten werden wie folgt gebildet:

```
CONST
  Satzzeichen:SET OF CHAR=['.',',','?','!',':',';'];
  Ziffern:SET OF CHAR=['0'..'9'];
```

Typisierte Konstanten können auch bei Prozeduren und Funktionen verwendet werden, die mit sich laufend ändernden Werten arbeiten müssen:

```
PROCEDURE test;
  { Diese Prozedur wird erst beim 10. Aufruf ausgeführt. }
CONST
  i:INTEGER=0;
BEGIN
  i:=Succ(i);
  IF i<10 THEN exit;
  Sound(440);
  Delay(100);
  NoSound;
  i:=0
END;
```

Obige Methode hat den Vorteil, daß keine globalen Variablen eingesetzt werden müssen (die an beliebigen Stellen irrtümlicherweise verändert werden können). Andere Programmiersprachen (z.B. C) kennen solche statischen Variablen ganz offiziell.

Version 3.0: Ein Programm, das in den Arbeitsspeicher compiliert worden ist, setzt seine typisierten Konstanten nicht auf den angegebenen Wert zurück, wenn diese verändert worden sind. Ein neu gestartetes Programm wird also mit den veränderten Werten weiterarbeiten. Wenn dies nicht erwünscht ist, muß das Programm nochmals compiliert oder als .COM-Datei gestartet werden.
Typisierte Konstanten liegen immer im Codesegment und sind deshalb fester Bestandteil des Programmcodes. Dies ermöglicht es, Voreinstellun-

gen, die als typisierte Konstanten abgelegt worden sind, direkt im Programmtext zu ändern.

Version 4.0: Typisierte Konstanten liegen im Datensegment.

Beispiel (nur für Version 3.0)
Dieses Programm, einmal als .COM-Datei auf der Diskette vorhanden, ändert den Wert im Programmtext.
Geben Sie diesem Programm bitte den Dateinamen SERIE.PAS, und compilieren Sie es dann als .COM-Datei. Dieses Programm muß als .COM-Programm gestartet werden, wenn eine Veränderung ersichtlich sein soll.

```
PROGRAM CONST_Test;
CONST
  serienr:STRING[11]='870825-1405';
VAR
  f:FILE OF CHAR;
  i,adresse:INTEGER;
  eingabe:STRING[11];
BEGIN
  WriteLn('Dieses Programm hat die Serie-Nr. ',serienr);
  Assign(f,'SERIE.COM');
  Reset(f);
  eingabe:='';
  BufLen:=11;
  Write('Neue Serie-Nr.: ');
  ReadLn(eingabe);
  adresse:=Ofs(serienr)-$100;
  Seek(f,adresse);
  FOR i:=0 to 11 DO Write(f,eingabe[i]);
  WriteLn('Neue Serie-Nr. ist nun abgespeichert.')
END.
```

Siehe auch
FUNCTION, LABEL, PROCEDURE, PROGRAM, TYPE, VAR

ConStPtr

I/O-Treiber (nur Version 3.0)

Zweck
Zeigt auf die interne Funktion *ConSt*, die von der Funktion *KeyPressed* aufgerufen wird.

Struktur

```
VAR
  ConStPtr:INTEGER;
```

Bemerkung
Die Variable *ConStPtr* enthält die Offset-Adresse der internen Funktion ConSt.
ConSt hat folgende Struktur:

```
FUNCTION ConSt:BOOLEAN;
```

ConSt ist dem DOS-System-Aufruf 0BH zugeordnet.
Die Prozedur *ConSt* kann vom Programmierer geändert werden, indem die Offset-Adresse einer selbstdefinierten Treiberfunktion der Standardvariablen *ConSt* zugewiesen wird.
Die Treiberfunktion muß die gleiche Struktur wie *ConSt* aufweisen.

Beispiel
Dieses Programm greift direkt auf den Programmspeicher zu und beschleunigt deshalb die Funktion KeyPressed.

```
PROGRAM ConStPtr_Test;

  FUNCTION ConSt_Treiber:BOOLEAN;
  BEGIN
    ConSt_Treiber:=memw[0:$41a]<>memw[0:$41c]
  END;

BEGIN
  ConStPtr:=Ofs(ConSt_Treiber);
  WriteLn('Nun ist ConSt_Treiber installiert');
  Write('Bitte drücken Sie eine Taste ...');
  REPEAT UNTIL KeyPressed
END.
```

Siehe auch
KeyPressed

Copy

String

Zweck
Stellt eine bestimmte Teil-Zeichenkette aus einer Zeichenkette zur Verfügung.

Struktur

```
FUNCTION Copy(s:STRING; pos,len:INTEGER):STRING;
```

Bemerkung
Copy(s,pos,len) gibt einen Teil-String aus, der bei der Stelle *pos* des Gesamt-Strings *s* beginnt und die Länge *len* besitzt.
Übersteigt *pos* die Länge des Gesamt-Strings *s*, wird ein Leer-String ausgegeben.
Wird versucht, Zeichen jenseits des rechten Endes von *s* zu erhalten, werden nur Zeichen innerhalb von *s* übergeben.
Liegt *pos* außerhalb des Bereiches 0..255, wird eine Laufzeitfehlermeldung ausgegeben.

Beispiel

```
s:='Hundehaus';

Copy(s,6,4) = 'haus'
Copy(s,1,4) = 'Hund'
Copy(s,7,7) = 'aus'
```

Siehe auch
Concat, Delete, Insert, Length, Pos

Cos

Arithmetik

Zweck
Berechnet den Cosinus.

Struktur

```
FUNCTION Cos(r:REAL):REAL;
```

Bemerkung
Der Funktionswert von *Cos* wird im **Bogenmaß** angegeben.

```
Bogenmaß        = Grad*Pi/180
ArcusCosinus(x) = Pi/2-ArcTan(x/Sqrt(1-Sqr(x))
```

Siehe auch
ArcTan, Exp, Ln, Sin, Sqr, Sqrt

Crt

Unit (nur Version 4.0)

Zweck
Enthält Prozeduren und Funktionen, die den Bildschirm, die Tastatur und den Tongenerator kontrollieren.

Bemerkung
Folgende Prozeduren und Funktionen sind in der Unit **Crt** deklariert:

AssignCrt	Erlaubt, den Bildschirm wie eine Textdatei zu verwenden.
ClrEol	Löscht die Bildschirmzeile rechts des Cursors
ClrScr	Löscht den Bildschirm
Delay	Zeitverzögerung
DelLine	Löscht die Bildschirmzeile, in der sich der Cursor befindet.
GotoXY	Setzt den Cursor an eine bestimmte Position
HighVideo	Eine Textfarbe im Bereich 0..7 wird in die entsprechende Farbe 8..15 gesetzt (hohe Intensität der Textfarbe wird gesetzt).
InsLine	Fügt an der aktuellen Cursorposition eine Leerzeile ein.
KeyPressed	WAHR, wenn sich ein Zeichen im Tastaturpuffer befindet.
LowVideo	Eine Textfarbe im Bereich 8..15 wird in die entsprechende Farbe 0..7 gesetzt (hohe Intensität der Textfarbe wird gelöscht).
NormVideo	Setzt die Textfarbe auf den Anfangswert (der beim Start des Programmes aktiv war) zurück.
NoSound	Schaltet den Tongenerator aus
ReadKey	Falls sich ein Zeichen im Tastaturpuffer befindet, wird dieses gelesen, sonst wartet *ReadKey*, bis eine Taste gedrückt wird.
Sound	Schaltet den Tongenerator ein.
TextBackground	Setzt die Hintergrundfarbe eines Zeichens
TextColor	Setzt die Farbe eines Zeichens
TextMode	Setzt einen Textmodus

WhereX	Ermittelt die aktuelle Spalten-Position des Cursors
WhereY	Ermittelt die aktuelle Zeilen-Position des Cursors
Window	Legt ein Textfenster fest

Folgende Konstanten sind für die Prozedur *TextMode* deklariert:

BW40	=0, 40x25 Zeichen S/W, CGA-Karte
CO40	=1, 40x25 Zeichen farbig, CGA-Karte (identisch mit C40)
BW80	=2, 80x25 Zeichen S/W, CGA-Karte
CO80	=3, 80x25 Zeichen farbig, CGA-Karte (identisch mit C80)
Mono	=7, 80x25 Zeichen, Monochrom-Karte
Font8x8	=256, 80x43 Zeichen für EGA oder 80x50 Zeichen für VGA (z.B. *TextMode(CO80+Font8x8);*)

Folgende Konstanten sind für die beiden Prozeduren *TextColor* und *Textbackground* (hier nur *Black* .. *LightGray*) deklariert:

Black	=0, Schwarz
Blue	=1, Blau
Green	=2, Grün
Cyan	=3, Türkis
Red	=4, Rot
Magenta	=5, Lila
Brown	=6, Braun
LightGray	=7, Hellgrau
DarkGray	=8, Dunkelgrau
LightBlue	=9, Hellblau
LightGreen	=10, Hellgrün
LightCyan	=11, Helltürkis
LightRed	=12, Hellrot
LightMagenta	=13, Rosa
Yellow	=14, Gelb
White	=15, Weiß
Blink	=128, Blinkender Text (z.B. *TextColor(Red+Blink);*)

Folgende globale Variablen sind in der Unit **Crt** deklariert (lesen Sie bitte die ausführlichen Beschreibungen im lexikalischen Teil dieses Buches):

CheckBreak	:BOOLEAN; Zeigt an, ob sich ein Programm bei der Bildschirm-Ein- oder Ausgabe mit Ctrl-Break unterbrechen läßt (standardmäßig TRUE, Unterbrechung erlaubt).

CheckEof	:BOOLEAN; Falls auf TRUE gesetzt, erzeugt die Tastenfolge Ctrl-Z bei der Bildschirmeingabe ein Dateiende-Zeichen (und Eof(INPUT) liefert TRUE); im andern Fall wird Ctrl-Z ignoriert (FALSE entspricht der Standardeinstellung).
CheckSnow	:BOOLEAN; Falls die Variable DirectVideo auf TRUE gesetzt ist, wird bei der Textausgabe direkt in den Bildschirmspeicher geschrieben. Dies kann zu unerwünschtem Flimmern auf dem Bildschirm führen. Enthält CheckSnow den Wert TRUE, wird diesen Flimmern unterdrückt (entspricht der Voreinstellung).
DirectVideo	:BOOLEAN; Enthält *DirectVideo* den Wert TRUE (Voreinstellung), wird bei der Textausgabe (mit *Write*) direkt in den Bildschirmspeicher geschrieben (siehe auch *CheckSnow*), andernfalls werden BIOS-Routinen für die Textausgabe verwendet (vergleichsweise langsame Ausgabe).
LastMode	:WORD; Enthält den zuletzt gewählten Textmodus.
SaveInt1B	:POINTER; Enthält den originalen Vektor der Routine, die üblicherweise aufgerufen wird, wenn Ctrl-Break gedrückt wird.
TextAttr	:BYTE; Enthält das aktuelle Textattribut, das die Textfarbe und die Hintergrundfarbe bestimmt.
WindMax	:WORD; Enthält den unteren rechten Eckpunkt des aktuellen Textfensters.
WindMin	:WORD; Enthält den oberen linken Eckpunkt des aktuellen Textfensters.

Bitte beachten Sie, daß DOS-Umleitungen nicht mehr unterstützt werden, sobald die Unit **Crt** in ein Programm eingebunden wird (siehe auch *Read* und *Write*).

Siehe auch
Graph, Graph3, Printer, System, Turbo3

CrtExit

Textbildschirm (nur Version 3.0)

Zweck
Schickt den 'Terminal Reset String'.

Struktur

```
PROCEDURE CrtExit;
```

Bemerkung
Beim Aufruf der Prozedur *CrtExit* wird der Bildschirm zurückgesetzt, d.h. alle Voreinstellungen sind wieder aktiv.
Diese Prozedur wird gebraucht, wenn die Kontrolle über den Bildschirm verlorengegangen ist.

Siehe auch
CrtInit

CrtInit

Textbildschirm (nur Version 3.0)

Zweck
Schickt den 'Terminal Initialization String'.

Struktur

```
PROCEDURE CrtInit;
```

Bemerkung
Beim Aufruf der Prozedur *CrtInit* wird der Bildschirm zurückgesetzt, in den Urzustand zurückgebracht, d.h. alle Voreinstellungen sind wieder aktiv.

Siehe auch
CrtExit

CSeg

System

Zweck
Bestimmt das Segment des Pascal-Programmes.

Struktur

```
FUNCTION CSeg:INTEGER;  { für 3.0 }
FUNCTION CSeg:WORD;     { für 4.0 }
```

Bemerkung
Jede Speicherstelle des RAM-Bereichs ist durch ein Segment und ein Offset definiert.

Version 3.0: Die Funktion *CSeg* ermittelt das Segment, bei dem das eigentliche Pascal-Programm beginnt. Typisierte Konstanten werden ebenfalls im Code-Segment abgelegt.

Version 4.0: Die Funktion *CSeg* ermittelt das Segment, bei dem der Programm-Code einer Unit oder des Hauptprogrammes beginnt. Typisierte Konstanten werden im Datensegment abgelegt (siehe *DSeg*).

Beispiel
Dieses Programm bestimmt die Speicheradressen einer Prozedur und einer Funktion.

```
PROGRAM CSeg_Test;

  PROCEDURE Schreib;
  BEGIN
    Write('Bitte nicht stören!')
  END;

  FUNCTION Wirklich:BOOLEAN;
  BEGIN
    Wirklich:=(Random(2)=1)
  END;

BEGIN
  WriteLn('Segment von <Schreib> : ',CSeg);
  WriteLn('Offset von <Schreib>  : ',Ofs(Schreib));
  WriteLn;
  WriteLn('Segment von <Wirklich>: ',CSeg);
  WriteLn('Offset von <Wirklich> : ',Ofs(Wirklich))
END.
```

Siehe auch
Addr, DSeg, Ofs, Seg, SSeg

Dec **(nur Version 4.0)**

Zweck
Subtrahiert einen Wert von einer Variablen.

Struktur

```
PROCEDURE Dec(VAR x:ordinaler_typ);
PROCEDURE Dec(VAR x:ordinaler_typ; n:LONGINT);
```

Bemerkung
Der Parameter *x* ist von ordinalem Typ (BYTE, CHAR, LONGINT ..., **nicht** aber REAL, POINTER und STRING) und wird um den Wert *n* erniedrigt. *Dec(x);* entspricht dem Prozeduraufruf *Dec(x,1);*.
Bei den vordefinierten Datentypen (BYTE, CHAR ...) tritt kein Fehler auf, wenn für einen Wert kein Vorgänger existiert; bei selbst definierten ordinalen Typen nur dann, wenn der Compiler-Befehl **R** aktiv ist (siehe hierzu Anhang D.2).
Dec ist besonders in engen Schleifen und bei komplexer Adressierung der konventionellen Subtraktion (z.B. i:=i-4;) überlegen.

Beispiel
Folgendes Programm erniedrigt die beiden Variablen *t* und *b* solange, bis Sie eine Taste drücken. Wenn Sie den Compiler-Befehl **{$R+}** vor der USES-Anweisung einfügen, bricht das Programm mit einem Laufzeit-Fehler ab.

```
PROGRAM Dec_Test;
USES
  Crt;
VAR
  t:(hier,da,und,dort);
  b:BYTE;
BEGIN
  t:=dort;
  b:=Random(256);
  ClrScr;
  REPEAT
    GotoXY(1,1); Write(Ord(t):5);
    GotoXY(1,2); Write(b:5);
    Dec(t);
    Dec(b)
  UNTIL KeyPressed
END.
```

Siehe auch
Inc, Pred, Succ

Delay

Zweck
Erzeugt eine Verzögerung.

Struktur

```
PROCEDURE Delay(zeit:INTEGER);  { für 3.0 }
PROCEDURE Delay(zeit:WORD);     { für 4.0 }
```

Bemerkung
Erzeugt eine Verzögerung von ungefähr *zeit* Millisekunden.
Die Verzögerung ist abhängig von der Betriebsumgebung und muß nicht bei allen Computern gleich sein.
Delay wird häufig im Zusammenhang mit der Prozedur *Sound* gebraucht.

Version 4.0: *Delay* ist in der Unit **Crt** enthalten.

Beispiel
Dieses Programm verzögert jede Bildschirmausgabe um etwa 5 Sekunden.

```
PROGRAM Delay_Test;
USES          { für 3.0: Diese beiden Zeilen ... }
  Crt;        { ... ohne Ersatz streichen.       }
BEGIN
  ClrScr;
  WriteLn('Heute großes Fest ...');
  Delay(5000);
  WriteLn('... Fensterputzen, entschuldige.')
END.
```

Siehe auch
Sound, TurtleDelay

Delete

String

Zweck
Löscht aus einer Zeichenkette eine bestimmte Anzahl Zeichen.

Struktur

```
PROCEDURE Delete(VAR s:STRING; pos,len:INTEGER);
```

Bemerkung
Die Prozedur *Delete* löscht aus dem String *s len* Zeichen ab der Stelle *pos*. Ist *pos* größer als die Länge des Strings *s*, werden keine Zeichen gelöscht. Wird versucht, Zeichen zu löschen, die außerhalb der rechten Begrenzung des Strings *s* liegen, werden nur Zeichen innerhalb des Strings *s* gelöscht. Falls *pos* außerhalb des Bereiches 0..255 liegt, wird ein Laufzeitfehler gemeldet.

Beispiel

```
s:='Windhund';

Delete(s,5,4) ergibt für s den String 'Wind'
Delete(s,2,9) ergibt für s den String 'W'
```

Siehe auch
Concat, Copy, Insert, Length

DelLine

Textbildschirm

Zweck
Löscht eine Zeile am Bildschirm.

Struktur

```
PROCEDURE DelLine;
```

Bemerkung
Die Zeile, in der der Cursor steht, wird gelöscht.
Alle Zeilen unterhalb werden um eine Zeile nach oben geschoben.

Version 4.0: *DelLine* ist in der Unit **Crt** enthalten.

Beispiel
Dieses Programm füllt den Bildschirm mit dem Zeichen '*', um ihn schließlich wieder zeilenweise zu löschen.

```
PROGRAM DelLine_Test;
USES            { für 3.0: Diese beiden Zeilen ... }
  Crt;          { ... ohne Ersatz streichen.       }
VAR
  i:INTEGER;
BEGIN
  FOR i:=1 TO 1999 DO
    Write('*');
  GotoXY(1,1);
  FOR i:=1 TO 25 DO
    DelLine
END.
```

Siehe auch
ClrEol, ClrScr, InsLine

DetectGraph

Graphik (nur Version 4.0)

Zweck
Bestimmt aufgrund der Hardware des Computers, welcher Graphiktreiber und -modus zu verwenden ist.

Struktur

```
PROCEDURE DetectGraph(VAR treiber,modus:INTEGER);
```

Bemerkung
DetectGraph ist in der Unit **Graph** enthalten.
Mit der Prozedur *DetectGraph* kann festgestellt werden, welchen Graphiktreiber der Prozeduraufruf *InitGraph(gr,mo,'');* automatisch verwendet:

```
USES
  Graph;
VAR
  gr,mo:INTEGER;
BEGIN
  gr:=Detect;
  InitGraph(gr,mo,'');
```

DetectGraph wechselt nicht in den Graphikmodus. Falls die Hardware über keine Graphikkarte verfügt, liefert die Funktion *GraphResult* den Wert -2.

Beispiel
Folgendes Programm zeigt Ihnen, welche Graphiktreiber von *InitGraph* verwendet wird.

```
PROGRAM DetectGraph_Test;
USES
  Graph;
VAR
  gr,mo:INTEGER;
BEGIN
  DetectGraph(gr,mo);
  WriteLn('Treiber: ',gr);
  WriteLn('  Modus: ',mo)
END.
```

Siehe auch
GraphResult, InitGraph

DirectVideo

Systemvariable (nur Version 4.0)

Zweck
Legt fest, ob bei der Ausgabe direkt in den Bildschirmspeicher geschrieben werden soll.

Struktur

```
VAR
  DirectVideo:BOOLEAN;
```

Bemerkung
DirectVideo ist in der Unit **Crt** enthalten.
Wenn die Systemvariable *DirectVideo* den Wert TRUE enthält (entspricht der Standardeinstellung), wird mit den Prozeduren *Write* und *WriteLn* direkt in den Bildschirmspeicher geschrieben (wesentlich schneller als mit der üblichen BIOS-Ausgabe). Die dabei auftretenden Bildschirmstörungen können mit der Systemvariablen *CheckSnow* verhindert werden.
Falls die Unit **Crt** nicht in ein Programm eingebunden wird, benützen *Write* und *WriteLn* immer die BIOS-Routinen.
Im Graphikmodus muß *DirectVideo* den Wert FALSE enthalten, wenn mit dem ROM-Zeichensatz geschrieben werden soll.
Die Prozedur *TextMode* setzt *DirectVideo* immer auf TRUE.

Siehe auch
CheckBreak, CheckSnow

DiskFree

MS-DOS (nur Version 4.0)

Zweck
Ermittelt den freien Speicherplatz einer Diskette oder Festplatte.

Struktur

```
FUNCTION DiskFree(laufwerk:BYTE):LONGINT;
```

Bemerkung
DiskFree ist in der Unit **Dos** enthalten.
Die Funktion *DiskFree* ermittelt die freie Speicherkapazität des angegebenen Laufwerkes *laufwerk* (0 entspricht dem aktuellen Laufwerk, 1 dem Laufwerk A, 2 dem Laufwerk B etc.) in Bytes. Falls *laufwerk* eine ungültige Laufwerksnummer enthält, liefert *DiskFree* den Wert -1.

Beispiel

```
PROGRAM DiskFree_Test;
USES
  Dos;
VAR
  pfad:STRING;
BEGIN
  GetDir(0,pfad);
  WriteLn('Freier Speicherplatz in ',Copy(pfad,1,2),' ',DiskFree(0))
END.
```

Siehe auch
DiskSize, GetDir

DiskSize

MS-DOS (nur Version 4.0)

Zweck
Ermittelt den gesamten Speicherplatz einer Diskette oder Festplatte.

Struktur

```
FUNCTION DiskSize(laufwerk:BYTE):LONGINT;
```

Bemerkung
DiskSize ist in der Unit **Dos** enthalten.
Mit Hilfe der Funktion *DiskSize* kann die gesamte Speicherkapazität des Datenträgers *laufwerk* (0 entspricht dem aktuellen Laufwerk, 1 bezeichnet A, 2 bezeichnet B etc.) in Bytes ermittelt werden. Falls *laufwerk* ein nicht vorhandenes Laufwerk bezeichnet, liefert *DiskSize* den Wert -1.

Beispiel

```
PROGRAM DiskSize_Test;
USES
  Dos;
VAR
  total,frei:LONGINT;
BEGIN
  total:=DiskSize(0);
  frei:=DiskFree(0);
  WriteLn('Gesamte Speicherkapazität: ',total)';
  WriteLn('Davon sind frei: ',frei);
  WriteLn('Dies entspricht: ',frei/total*100:1:1,' %')
END.
```

Siehe auch
DiskFree, GetDir

Dispose

Dynamische Speicherung

Zweck
Gibt einen Speicherplatz im Heap frei.

Struktur

```
PROCEDURE Dispose(VAR p:zeigervariable);
```

Bemerkung
Dispose gibt einen dynamischen Speicher, der von einer spezifischen Zeigervariablen benützt wird, wieder frei.
Nach der Anwendung von *Dispose* kann der Heap aus einer Reihe von benützten Speicherelementen und dazwischenliegenden freien Speicher-

blöcken bestehen. Die Prozedur *New* verwendet diese freien Stellen, wenn eine neue Zeigervariable hineinpaßt.
Dispose und *Mark/Release* verwalten den Heap unterschiedlich. Aus diesem Grund ist es nicht empfehlenswert, diese Prozeduren gemeinsam zu verwenden.

Version 4.0: Die von der Prozedur *Dispose* erzeugten Löcher werden in der Fragmentliste gespeichert. Falls diese keine Eintragungen mehr aufnehmen kann, meldet der Compiler einen Fehler (genaueres bei *FreeMin*). Der gesamte Heap läßt sich mit folgendem Prozedur-Aufruf freigeben:

```
Release(HeapOrg);
```

Beispiel

```
PROGRAM Dispose_Test;
VAR
  r:^REAL;

  PROCEDURE frei;
    { Die Einheit der Funktion MemAvail ist von der verwendeten }
    { Pascal-Version abhängig.                                  }
  BEGIN
    WriteLn('Freier Speicherplatz in Bytes/Paragraphen: ',MemAvail)
  END;

BEGIN
  frei;
  New(r);
  frei;
  r^:=Pi;
  WriteLn(r^);
  Dispose(r);
  frei
END.
```

Siehe auch
FreeMem, GetMem, Mark, MaxAvail, MemAvail, New, Release

DIV

Operator

Zweck
Division ohne Rest.

Bemerkung
i1 DIV i2 dividiert *i1* durch *i2*; ein allfälliger Restbetrag, entstanden bei der Division, wird verworfen.

Typ der Operanden <i1> und <i2>	Ergebnistyp	
INTEGER	INTEGER	
WORD	WORD	(nur 4.0)
LONGINT	LONGINT	(nur 4.0)

DIV kann teilweise von SHR ersetzt werden: *i1* DIV *i2* entspricht *i1* SHR *x*, wenn sich *i2* aus 2^x (*x* ganzzahlig) bilden läßt (23 MOD 4 entspricht 23 SHL 2). Der daraus resultierende Geschwindigkeitsvorteil ist enorm.

Beispiel

```
10 DIV 3  = 3
15 DIV 16 = 0
```

Siehe auch
MOD

Dos

Unit (nur Version 4.0)

Zweck
Diese Unit stellt verschiedene Routinen zur Verfügung, die direkt mit dem Betriebssystem kommunizieren.

Bemerkung
Folgende Prozeduren und Funktionen sind in der Unit **Dos** deklariert:

DiskFree Ermittelt den freien Speicherplatz auf einem Laufwerk

DiskSize Ermittelt die Gesamtkapazität eines Laufwerkes

DosExitCode Liefert den Exit-Code eines Programmes, das als Unterprozeß gestartet worden ist.

Exec Startet ein Programm (.COM oder .EXE) als Unterprozeß

FindFirst Sucht in einem Verzeichnis nach dem ersten Dateinamen, der einer bestimmten Maske entspricht

FindNext Sucht einen weiteren Dateinamen

GetDate	Ermittelt das Systemdatum
GetFAttr	Ermittelt das Attribut einer Datei
GetFTime	Ermittelt Datum und Uhrzeit einer Datei
GetIntVec	Ermittelt die Adresse einer Interrupt-Routine
GetTime	Ermittelt die Systemzeit
Intr	Führt einen Software-Interrupt aus
Keep	Beendet ein Programm, wobei der Programmcode resident im Speicher bleibt.
MsDos	Aufruf einer Funktion des Interrupts $21
PackTime	Konvertiert Datum und Uhrzeit in eine kompakte Form (4 Bytes)
SetDate	Ermöglicht das Setzen des Systemdatums
SetFAttr	Ermöglicht das Ändern eines Dateiattributs
SetFTime	Ermöglicht das Setzen des Datums und der Uhrzeit einer Datei
SetIntVec	Setzt den Vektor eines Interrupts neu
SetTime	Setzt die Systemzeit
UnpackTime	Konvertiert die kompakte Form für Datum und Zeit

Für typisierte und untypisierte Dateien wird der in der Unit **Dos** definierte Datentyp *FileRec* verwendet:

```
TYPE
  FileRec=RECORD
    Handle:WORD;
    Mode:WORD;
    RecSize:WORD;
    Private:ARRAY [1..26] OF BYTE;
    UserData:ARRAY [1..16] OF BYTE;
    Name:ARRAY [0..79] OF CHAR
  END;
```

Für Textdateien wird der in der Unit **Dos** definierte Datentyp *TextRec* verwendet:

```
TYPE
  TextBuf=ARRAY [0..127] OF CHAR;
  TextRec=RECORD
    Handle:WORD;
    Mode:WORD;
    BufSize:WORD;
    Private:WORD;
    BufPos:WORD;
    BufEnd:WORD;
    BufPtr:^TextBuf;
```

```
        OpenFunc:POINTER;
        InOutFunc:POINTER;
        FlushFunc:POINTER;
        CloseFunc:POINTER;
        UserDate:ARRAY [1..16] OF BYTE;
        Name:ARRAY [0..79] OF CHAR;
        Buffer:TextBuf
      END;
```

Folgende Konstanten setzen das Feld *Mode* obiger Datentypen und bestimmen so die Art der ausführbaren Datei-Operatoren:

fmClosed	=$D7B0; Datei ist geschlossen
fmInput	=$D7B1; Datei erlaubt nur Schreiboperationen
fmOutput	=$D7B2; Datei erlaubt nur Leseoperationen
fmInOut	=$D7B3; Schreib- und Leseoperationen erlaubt (nicht für Textdateien)

Mit folgenden Konstanten können Dateiattribute gesetzt, gelöscht oder gesucht werden (im Zusammenhang mit *FindFirst*, *FindNext*, *GetFAttr* und *SetFAttr*):

ReadOnly	=$01; Datei kann nur gelesen werden
Hidden	=$02; Versteckte Datei
SysFile	=$04; Systemdatei (gehört zum MS-DOS-Kern)
VolumeID	=$08; Datenträgername
Directory	=$10; Verzeichnis
Archive	=$20; Archivierungsbit
AnyFile	=$3F; Beliebige Datei

Folgender Datentyp kann zusammen mit den Prozeduren *MsDos* und *Intr* verwendet werden:

```
TYPE
  Registers=RECORD
    CASE INTEGER OF
      0:(AX,BX,CX,DX,BP,SI,DI,DS,ES,Flags:WORD);
      1:(AL,AH,BL,BH,CL,CH,DL,DH:BYTE)
    END
  END;
```

Mit folgenden Konstanten kann das obige Feld *Flags* (entspricht dem CPU-Register Flag) getestet werden:

FCARRY =$0001;
FParity =$0004;
FAuxiliary =$0010;
FZero =$0040;
FSign =$0080;
FOverflow =$0800;

Die beiden Prozeduren *FindFirst* und *FindNext* benötigen den in der Unit **Dos** deklarierten Datentyp *SearchRec*:

```
TYPE
  SearchRec=RECORD
    Fill:ARRAY [1..21] OF BYTE;
    Attr:BYTE;
    Time:LONGINT;
    Size:LONGINT;
    Name:STRING[12]
  END;
```

Die Prozedur *UnpackTime* wandelt die kompakte Form Datum/Zeit in eine lesbare Form um und verwendet hierzu den folgenden Datentyp (in der Unit **Dos** definiert) *DateTime*. Umgekehrt komprimiert die Prozedur *PackTime* eine Variable des Typs *DateTime* in einen LONGINT-Wert:

```
TYPE
  DateTime=RECORD
    Year,Month,Day,
    Hour,Min,Sec:WORD
  END;
```

Fehler, die bei der Ausführung von DOS-Routinen entstehen, können mit Hilfe der globalen Variablen *DosError* ermittelt werden (genaueres bei *DosError* im lexikalischen Teil):

```
VAR
  DosError:INTEGER;
```

Siehe auch
Crt, Graph, Graph3, Printer, System, Turbo3

DosError

Systemvariable (nur Version 4.0)

Zweck
Enthält die Nummer eines Fehlers, der während der Ausführung einer Routine in der Unit **Dos** auftreten kann.

Struktur

```
VAR
  DosError:INTEGER;
```

Bemerkung
DosError ist in der Unit **Dos** enthalten.
Die in der Variablen *DosError* enthaltenen Werte entsprechen den vom Betriebssystem MS-DOS her bekannten Fehlernummern. Folgende Werte können in *DosError* enthalten sein:

0	Kein Fehler ist aufgetreten
2	Datei nicht gefunden
3	Suchpfad nicht gefunden
4	Zu viele Dateien eröffnet
5	Zugriff nicht möglich
6	Ungültige Kanalnummer
8	Nicht genügend Platz im Hauptspeicher
10	Umgebung zu groß
11	Ungültiges Befehlsformat
18	Kein weiterer Dateieintrag vorhanden

Siehe auch
Dos, DosExitCode, IOresult

DosExitCode

MS-DOS (nur Version 4.0)

Zweck
Liefert einen Wert, der erkennen läßt, wie ein Unterprozeß abgebrochen worden ist.

Struktur

```
FUNCTION DosExitCode:WORD;
```

Bemerkung
DosExitCode ist in der Unit **Dos** enthalten.

Ein durch die Prozedur *Exec* gestartetes Programm wird Unterprozeß genannt. Dieser übergibt dem Betriebssystem beim Programmende einen Code, der mit der Funktion *DosExitCode* ermittelt werden kann. Das niederwertige Byte von *DosExitCode* (entspricht *Lo(DosExitCode)*) enthält den Exit-Code (siehe *Halt*) des Unterprozesses (auf DOS-Ebene kann dieser Code mit der Systemvariablen ERRORLEVEL abgefragt werden); das höherwertige Byte (entspricht *Hi(DosExitCode)*) kann folgende Werte annehmen:

0 Normales Ende (*Halt* oder END.)
1 Programmabbruch durch Ctrl-C oder Ctrl-Break
2 Programmabbruch aufgrund eines Gerätefehlers
3 Ende durch die Prozedur *Keep*

Siehe auch
DosError, Exec, Halt

DOUBLE

Datentyp (nur Version 4.0)

Zweck
Datentyp, der die Bereiche 5.0e-324 bis 1.7e308 und -5.0e-324 bis -1.7e308 zuläßt.

Bemerkung
Ein Datentyp definiert die Beschaffenheit der Werte, die eine Variable annehmen kann. Dieser kann in einem Programm nur ein einziger Datentyp zugeordnet werden.
Der Datentyp DOUBLE ist nur bei vorhandenem mathematischen Coprozessor verfügbar (siehe Compiler-Befehl N im Anhang D.2).
DOUBLE ist ein reeller Datentyp mit einer Genauigkeit von 15 bis 16 signifikanten Dezimalstellen; eine Variable dieses Typs belegt 8 Bytes Speicher.
Folgende Regeln sind beim Typ DOUBLE zu beachten:

a) Die Funktionen *Pred* und *Succ* sowie die Prozeduren *Dec* und *Inc* sind nicht erlaubt.
b) Der Datentyp DOUBLE kann nicht als Kontrollvariable in den Anweisungen FOR oder CASE verwendet werden.
c) Der Datentyp DOUBLE darf nicht als Index eines Arrays verwendet werden.
d) Teilbereiche des Typs DOUBLE sind nicht erlaubt.

Siehe auch
COMP, EXTENDED, REAL, SINGLE

Draw

Graphik (nur Version 3.0)

Zweck
Zeichnet eine Linie auf den Graphik-Bildschirm.

Struktur

```
PROCEDURE Draw(x1,y1,x2,y2,farbe:INTEGER);
```

Bemerkung
Die Prozedur *Draw* verbindet die beiden Bildschirmpunkte *(x1,y1)* und *(x2,y2)* miteinander in der angegebenen Farbe.
Für die Bestimmung der Farben lesen Sie bitte *HiResColor*, *Palette* und *ColorTable*.

Version 4.0: *Draw* ist in der Unit **Graph3** enthalten, um zur Version 3.0 kompatibel zu bleiben.

Beispiel

```
PROGRAM Draw_Test_1;
BEGIN
  GraphColorMode;
  Palette(0);
  Draw(50,50,100,100,1);     { Zeichnet eine grüne Linie.    }
  REPEAT UNTIL KeyPressed;
  TextMode;
END.

PROGRAM Draw_Test_2;
BEGIN
  Hires;
  HiresColor(15);
  Draw(50,50,100,100,0);     { Zeichnet eine schwarze Linie. }
  Draw(60,50,110,100,1);     { Zeichnet eine weiße Linie.    }
  Draw(70,50,120,100,2);     { Zeichnet eine schwarze Linie. }
  REPEAT UNTIL KeyPressed;
  TextMode
END.
```

Siehe auch
Plot, Arc, Circle

DrawPoly

Graphik (nur Version 4.0)

Zweck
Zeichnet ein Vieleck.

Struktur

```
PROCEDURE DrawPoly(anzahl:WORD; VAR daten);
```

Bemerkung
DrawPoly ist in der Unit **Graph** enthalten.
Mit der Prozedur *DrawPoly* ist es möglich, mehrere Punkte durch eine Linie verbinden zu lassen. Falls der erste Punkt dem letzten entspricht, entsteht ein Vieleck (Polygon). Der Parameter *anzahl* gibt *DrawPoly* die Anzahl der zu verbindenden Punkte bekannt, der Parameter *daten* enthält die einzelnen Koordinaten der Punkte. Hierzu kann der in der Unit **Graph** definierte Datentyp *PointType* verwendet werden:

```
TYPE
  PointType=RECORD
    x,y:INTEGER
  END;
```

Die Prozedur *SetColor* setzt die Zeichenfarbe, *SetLineStyle* die Linienart.

Beispiel
Folgendes Programm zeichnet mehrere Polygone:

```
PROGRAM DrawPoly_Test;
USES
  Crt,Graph;
VAR
  gr,mo:INTEGER;
  koord:ARRAY [1..10] OF PointType;
  i,anz:BYTE;
BEGIN
  gr:=Detect;
  InitGraph(gr,mo,'');
  REPEAT
    anz:=Random(5)+5;
```

```
      FOR i:=1 TO anz DO BEGIN
        koord[i].x:=Random(GetMaxX);
        koord[i].y:=Random(GetMaxY)
      END;
      Inc(anz);
      koord[anz]:=koord[1];
      SetLineStyle(Random(4),0,1);
      DrawPoly(anz,koord)
    UNTIL KeyPressed;
    CloseGraph
  END.
```

Siehe auch
FillPoly, FloodFill

DSeg

System

Zweck
Bestimmt das Segment, bei dem globale Variablen abgelegt werden.

Struktur

```
FUNCTION DSeg:INTEGER;  { für 3.0 }
FUNCTION DSeg:WORD;     { für 4.0 }
```

Bemerkung
Jede Speicherzelle im RAM-Bereich ist durch ein Segment und ein Offset definiert.
Die Funktion *DSeg* bestimmt dasjenige Segment, in dem globale Variablen abgelegt werden.

Version 4.0: Neben den globalen Variablen werden auch typisierte Konstanten im Datensegment abgelegt.

Siehe auch
Addr, CSeg, Ofs, Seg, SSeg

Ellipse

Graphik (nur Version 4.0)

Zweck
Zeichnet eine Ellipse oder einen elliptischen Bogen.

Struktur

```
PROCEDURE Ellipse(xm,ym:INTEGER; start,ende,xrad,yrad:WORD);
```

Bemerkung
Ellipse ist in der Unit **Graph** enthalten.
Die Prozedur *Ellipse* zeichnet um den Punkt *(xm,ym)* einen elliptischen Bogen, der beim Winkel *start* beginnt und bei *ende* endet (*start* und *ende* sind in Grad anzugeben). Der Parameter *xrad* bezeichnet den horizontalen, *yrad* den vertikalen Radius.
90° bezeichnet einen Punkt, der sich senkrecht über dem Mittelpunkt *(mx,my)* befindet. Eine Vergrößerung des Winkels entspricht einer Drehung gegen den Uhrzeigersinn.
Die Zeichenfarbe kann mit *SetColor*, der Linientyp mit *SetLineStyle* festgelegt werden.
Bitte beachten Sie, daß *Ellipse(mx,my,0,360,100,100);* keinen optisch runden Kreis zeichnet (siehe hierzu auch *GetAspectRatio*).

Beispiel
Folgendes Programm zeichnet eingerahmte Ellipsen; manche sind gefüllt, andere nicht.

```
PROGRAM Ellipse_Test;
USES
  Graph,Crt;
VAR
  gr,mo,
  mx,my,
  px,py,dx,dy:INTEGER;
BEGIN
  gr:=Detect;
  InitGraph(gr,mo,'');
  mx:=GetMaxX-60;
  my:=GetMaxY-60;
  Randomize;
  REPEAT
    px:=Random(mx);
    py:=Random(my);
    dx:=(Random(9)+2)*6;
    dy:=(Random(9)+2)*6;
```

```
      SetViewPort(px,py,px+dx,py+dy,TRUE);
      ClearViewPort;
      Rectangle(0,0,dx,dy);
      dx:=dx SHR 1;
      dy:=dy SHR 1;
      Ellipse(dx,dy,0,360,dx,dy);
      IF Random(10)=0 THEN FloodFill(dx,dy,1)
    UNTIL KeyPressed;
    CloseGraph
  END.
```

Siehe auch
Arc, Circle, PieSlice

Eof

Datei

Zweck
Ermittelt, ob das Ende der bearbeiteten Datei erreicht worden ist.

Struktur

```
FUNCTION Eof(VAR f:dateivariable):BOOLEAN;
```

Bemerkung
Die Funktion *Eof* erhält den Wert TRUE, wenn der Zeiger am Ende der Datei steht (hinter der letzten Komponente), andernfalls den Wert FALSE. Wenn *Eof* bei Textdateien angewendet wird, ermittelt sie TRUE, wenn der Dateizeiger auf der 'end-of-file' Markierung positioniert ist (Ctrl Z = char(26) = char($1A)).
Eof arbeitet bei Diskettendateien anders als bei Standarddateien (z.B. AUX, LST):

	Diskettendatei	Standarddatei
Eof ist TRUE	wenn das nächste Zeichen ein Ctrl Z ist, oder wenn das physische Ende der Datei erreicht ist.	wenn das gerade gelesene Zeichen ein Ctrl Z war.

Eof ohne Parameter entspricht *Eof(INPUT)*.

Beispiel
Dieses Programm öffnet eine vorhandene Datei und liest deren Datensätze heraus, bis das Ende der Datei erreicht ist.

```
PROGRAM Eof_Test;
TYPE
  karte=RECORD
    name,
    vorname:STRING[20]
  END;
VAR
  f:FILE OF karte;
  adresse:karte;
BEGIN
  Assign(f,'SCHLITZ.OHR');
  Reset(f);
  WHILE NOT Eof(f) DO BEGIN
    Read(f,adresse);
    WriteLn(adresse.name,' ',adresse.vorname)
  END;
  Close(f)
END.
```

Siehe auch
Eoln, FilePos, FileSize, SeekEoln, SeekEof

EoLn

Textdatei

Zweck
Ermittelt, ob der Dateizeiger am Ende einer Zeile steht.

Struktur

```
FUNCTION EoLn(VAR f:TEXT):BOOLEAN;
```

Bemerkung
Die Funktion *EoLn* gibt den Wert TRUE aus, wenn der Zeiger das Ende einer Zeile (in einer Textdatei) erreicht hat, andernfalls übermittelt sie den Wert FALSE.
Das Ende einer Zeile wird mit der Zeichenfolge CR und LF markiert (CR = char(13), LF = char(10)); *Eoln* wird dann TRUE, wenn der Zeiger auf CR steht.
Wenn *Eof* TRUE ist, ist auch *Eoln* TRUE.

EoLn arbeitet bei Diskettendateien anders als bei Standarddateien (z.B. AUX, LST):

	Diskettendatei	Standarddatei
EoLn ist TRUE	wenn das nächste Zeichen ein Ctrl Z oder ein CR ist, oder wenn Eof TRUE ist.	wenn das gerade gelesene Zeichen ein Ctrl Z oder ein CR war.

EoLn ohne Parameter entspricht *EoLn(INPUT)*.

Beispiel
Dieses Programm öffnet eine Textdatei und liest die erste Zeile (Zeichen für Zeichen).

```
PROGRAM EoLn_Test;
VAR
  f:TEXT;
  ch:CHAR;
BEGIN
  Assign(f,'ABSCHIED.BRF');
  Reset(f);
  WHILE NOT EoLn(f) DO BEGIN
    Read(f,ch);
    Write(ch)
  END;
  Close(f)
END.
```

Siehe auch
Eof, FilePos, FileSize, SeekEoln, SeekEof

Erase

Datei

Zweck
Löscht eine Datei.

Struktur

```
PROCEDURE Erase(VAR f:dateivariable);
```

Bemerkung
Eine Datei sollte vor dem Löschen geschlossen sein. Eine Datei gilt als offen, wenn eine der Prozeduren *Append*, *Reset* oder *Rewrite* ausgeführt worden ist. Eine Datei wird mit *Close* geschlossen.
Zu löschende Dateien brauchen nicht typisiert werden. Folgende Deklaration kann bei allen Dateitypen (auch Textdatei) verwendet werden.

```
VAR
  f:FILE;
```

Wenn die zu löschende Datei nicht existiert, wird ein I/O-Fehler ausgegeben.

Beispiel
Dieses Programm löscht eine Datei.

```
PROGRAM Erase_Test;
VAR
  f:FILE;
BEGIN
  Assign(f,'ADE.OJE');
  Erase(f)
END.
```

Siehe auch
Assign, Close, Eof, Rename, Reset, Rewrite, Truncate

ErrorAddr

Systemvariable (nur Version 4.0)

Zweck
Enthält die Adresse eines aufgetretenen Laufzeitfehlers.

Struktur

```
VAR
  ErrorAddr:POINTER;
```

Bemerkung
Falls ein Programm durch einen Laufzeitfehler abgebrochen wird, zeigt *ErrorAddr* auf denjenigen Befehl, der diesen ausgelöst hat. Andernfalls enthält *ErrorAddr* den Zeigerwert NIL.
Mit der Systemvariablen *ExitProc* wird es möglich, eine eigene Fehlerbehandlungs-Routine zu schreiben; bitte weisen Sie in dieser der Systemvariablen *ErrorAddr* den Wert NIL zu, um weitere Fehlermeldungen zu verhindern.

Siehe auch
ExitCode, ExitProc

ErrorPtr

System (nur Version 3.0)

Zweck
Ermöglicht das Verzweigen zu einer Prozedur, wenn während dem Programmlauf ein Fehler auftritt.

Struktur

```
VAR
  ErrorPtr:INTEGER;
```

Bemerkung
Immer wieder kommt es vor, daß bei einem Turbo Pascal-Programm ein Laufzeitfehler entsteht, der nicht vorauszusehen war. Bei eigenen Programmen mag das ja noch gehen, aber bei kommerziellen Programmen ist es schon etwas peinlich, wenn sich diese mit einer trockenen Fehlermeldung verabschieden.
Mit der Standardvariablen *ErrorPtr* ist es möglich, auf eine Fehlerbehandlungsroutine zu zeigen, zu der bei einem auftretenden Fehler gesprungen werden soll. *ErrorPtr* enthält dann die Offset-Adresse der Fehlerbehandlungsroutine.
Die Fehlerbehandlungsroutine hat folgende Struktur:

```
PROCEDURE fehler(code,pc:INTEGER);
```

Der Prozedur-Name *fehler* kann frei gewählt werden.
Das höherwertige Byte von *code* enthält die Fehlerart, das niederwertige die Fehlernummer:

Hi(code)	Fehlerart
0	Programmabbruch mit Ctrl C
1	I/O-Fehler (z.B. Lesen in geschlossener Datei)
2	Laufzeitfehler (z.B. Division durch Null)

Lo(code) entspricht einer Fehlernummer, die im Anhang E.1 gefunden werden kann.
Der Parameter *pc* enthält die Adresse, bei der der Fehler aufgetreten ist.
Die Fehlerbehandlungsroutine muß mit der Prozedur *Halt* abgeschlossen werden, da nicht ohne weiteres zur Fehlerstelle zurückgefunden werden kann (es ist möglich, aber nicht ganz so einfach). Immerhin können in der Fehlerbehandlungsroutine noch offene Dateien geschlossen oder sich im Arbeitsspeicher befindliche Daten auf Diskette/Platte gebracht werden.
I/O-Fehler können besser mit den Compilerbefehlen {$I-} und {$I+} (genaueres darüber im Anhang D.1) und der Funktion *IOresult* behandelt werden, da in diesem Fall das Programm nicht abgebrochen werden muß.

Beispiel
Dieses Programm zeigt den Umgang mit einer Fehlerbehandlungsroutine.

```
PROGRAM ErrorPtr_Test;
VAR
  i:INTEGER;
  f:TEXT;
  datei:STRING[14];

  PROCEDURE AuffangNetz(code,pc:INTEGER);
  VAR
    ch:CHAR;
  BEGIN
    CASE Hi(code) OF
      0:WriteLn('Abbruch mit Ctrl C');
      1:WriteLn('I/O-Fehler');
      2:WriteLn('Laufzeitfehler')
    END;
    WriteLn('Fehlernummer: ',Lo(code));
    WriteLn('Fehlerstelle: ',pc);
    WriteLn;
    WriteLn('Ende mit jeder Taste ...');
    Read(KBD,ch);
    ClrScr;
```

```
    Halt
  END;

BEGIN
  ErrorPtr:=Ofs(AuffangNetz);
  Write('Bitte Zahl eingeben (Fehler, wenn Zahl<0): ');
  ReadLn(i);
  WriteLn('Quadratwurzel von ',i,': ',sqrt(i):10:5);
  WriteLn;
  Write('Dateiname (Fehler, wenn Datei unbekannt): ');
  ReadLn(datei);
  Assign(f,datei);
  Reset(f);
  Close(f)
END.
```

Siehe auch
IOresult

Exec

MS-DOS (nur Version 4.0)

Zweck
Ruft ein unter DOS ausführbares Programm auf.

Struktur

```
PROCEDURE Exec(programmname,parameter:STRING);
```

Bemerkung
Exec ist in der Unit **Dos** enthalten.
Der Parameter *programmname* enthält das aufzurufende Programm, Laufwerksname und Suchpfad können diesem vorangestellt werden. Dem Argument *parameter* werden Kommandozeilen-Parameter (fakultativ, siehe auch *ParamCount* und *ParamStr*) übergeben.
Fehler, die bei der Ausführung entstehen, sind als Nummer in der Systemvariablen *DosError* enthalten. Die Funktion *DosExitCode* enthält den Exit-Code eines Programmes (siehe *Halt*).
Für Programme, die mit *Exec* gestartet werden, muß die Dateierweiterung (.COM oder .EXE) angegeben werden:

```
Exec('word.com','');
Exec('c:\turbo4\turbo.exe','');
```

Interne DOS-Befehle (z.B. COPY, DIR, ERASE) und .BAT-Dateien sind mit Hilfe des Kommando-Interpreters COMMAND.COM zu starten:

```
Exec('\command.com','/c dir *.*');
```

\command.com gibt an, daß sich der Kommando-Interpreter im Wurzelverzeichnis des aktuellen Laufwerkes befindet. **/c** leitet hier immer das Argument *parameter* ein. Natürlich ist es möglich, auch .COM- oder .EXE-Dateien auf diese Weise zu starten (mit etwas Zeitverlust verbunden):

```
Exec('\command.com','/c c:\turbo4\turbo');
```

wobei Sie nun allfällige Dateierweiterungen getrost weglassen können.
Achtung: Wenn Sie die Prozedur *Exec* aufrufen, denken Sie bitte daran, daß Sie mit dem Compiler-Befehl **M** (siehe Anhang D.2) nur den benötigten Heap reservieren, da Turbo Pascal sonst für das zu startende Programm keinen Speicherplatz zur Verfügung stellen kann (in diesem Fall enthält *DosError* den Wert 8).

Beispiel
Folgendes Programm simuliert den Kommando-Interpreter COMMAND.COM (wobei er nur sechs interne DOS-Befehle kennt und bei den zu startenden Programmen die Dateierweiterung verlangt). Dieses Programm kann durch eine Leereingabe (unmittelbares Drücken der RETURN-Taste) abgebrochen werden.

```
PROGRAM Exec_test1;

{$M 16384,0,0 }

USES
  Dos;
CONST
  max=6;
  befehl:ARRAY [1..max] OF STRING[6]=
    ('DIR','COPY','RENAME','ERASE','CHDIR','TYPE');
VAR
  pfad,zeile,schnitt:STRING;
  i:INTEGER;
  intern:BOOLEAN;
BEGIN
  REPEAT
    GetDir(0,pfad);
    zeile:='';
```

```
      Write(pfad+'>');
      ReadLn(zeile);
      IF zeile='' THEN Halt;
      i:=Pos(' ',zeile);
      IF i=0 THEN
        schnitt:=zeile
      ELSE
        schnitt:=Copy(zeile,1,Pred(i));
      FOR i:=1 TO Length(schnitt) DO schnitt[i]:=UpCase(schnitt[i]);
      intern:=FALSE;
      FOR i:=1 TO max DO IF schnitt=befehl[i] THEN intern:=TRUE;
      IF intern THEN
        Exec('\COMMAND.COM','/C '+zeile)
      ELSE BEGIN
        Delete(zeile,1,i);
        Exec(schnitt,zeile)
      END;
      WriteLn;
      WriteLn(' Exit-Code: ',DosExitCode);
      WriteLn('DOS-Fehler: ',DosError);
      WriteLn
    UNTIL FALSE
  END.
```

Diese Programm verwendet zur Befehlsausführung immer den Kommando-Interpreter COMMAND.COM. Somit können Sie alle DOS-Befehle wie gewohnt verwenden:

```
  PROGRAM Exec_Test2;

  {$M 16384,0,0 }

  USES
    Dos;
  VAR
    pfad,zeile:STRING;
  BEGIN
    REPEAT
      zeile:='';
      GetDir(0,pfad);
      Write(pfad,'>');
      ReadLn(zeile);              { Abbruch durch Leereingabe }
      IF zeile='' THEN Halt;
      Exec('c\command.com','/c '+zeile);
      WriteLn(' Exit-Code: ',DosExitCode);
```

```
    WriteLn('DOS-Fehler: ',DosError)
  UNTIL FALSE
END.
```

Mit *Exec* wird es beinahe ein Kinderspiel, eine Benutzeroberfläche zu schreiben, die alle DOS-Kommandos beherrscht und etwas freundlicher mit dem Anwender umgeht.

Siehe auch
DosError, DosExitCode, Keep

Execute

System (nur Version 3.0)

Zweck
Führt ein als .COM-Datei compiliertes Turbo Pascal-Programm aus.

Struktur

```
PROCEDURE Execute(VAR f:dateivariable);
```

Bemerkung
Execute führt Turbo Pascal-Programme aus, die als .COM-Dateien auf der Diskette vorliegen (siehe im Anhang B.1). Soll ein Programm mit *Execute* ausgeführt werden, ist darauf zu achten, daß bei beiden Programmen die Basisadressen der Code- und Datensegmente identisch sind (siehe auch hierzu Anhang B.1).
Die Anwendung von *Execute* verändert bei Turbo pascal-Programmen die Struktur der Speicherorganisation nicht. Die Basisadressen und die Größen des Codes, der Daten und des Stacks werden also nicht verändert. *Execute* ersetzt lediglich den alten Programmcode durch den neuen. Aus diesem Grund ist ersichtlich, daß *Execute* nur Turbo Pascal-Programme ausführen kann.
Die Prozedur *Execute* läßt sich nicht im Direktmodus ausführen, d.h. *Execute* kann nur von einem Programm benützt werden, das selbst als .COM-Datei vorliegt und vom DOS aus gestartet worden ist.
An der Speicherstelle *CSeg:$80* steht geschrieben, ob ein Turbo Pascal-Programm durch Execute (Wert 128..255) oder direkt von der DOS-Befehlszeile aus (Wert 0..127) aufgerufen worden ist (wie dieser Wert genau zu erhalten ist, lesen Sie bitte unter ABSOLUTE oder *Mem*).

Beispiel
Dieses Programm führt ein anderes Turbo-Programm aus, das als .COM-Datei vorliegt.

```
PROGRAM Execute_Test;
VAR
  f:FILE;
  i:INTEGER;
BEGIN
  WriteLn('Menü');
  WriteLn;
  WriteLn('1) Schach');
  WriteLn('2) Mühle');
  WriteLn;
  Write('Ihre Wahl: ');
  Read(i);
  IF i=1 THEN
    Assign(f,'SCHACH.COM');
  ELSE
    Assign(f,'MUEHLE.COM');
  Execute(f)
END.
```

Siehe auch
Chain

Exit

Zweck
Verläßt den aktuellen Programm-Block.

Struktur

```
PROCEDURE Exit;
```

Bemerkung
Exit, aufgerufen in einem Unterprogramm (Prozedur oder Funktion), verläßt dieses augenblicklich; im Hauptprogramm bewirkt *Exit* einen Programmabbruch.

Beispiel
In diesem Programm wird eine Prozedur mit *Exit* verlassen.

```
PROGRAM Exit_Test;
VAR
  n:INTEGER;
```

```
FUNCTION Fac(i:INTEGER):INTEGER;
BEGIN
  IF i<0 THEN BEGIN
    Write(#7);
    Fac:=-99;
    Exit
  END;
  IF i=0 THEN
    Fac:=1
  ELSE
    Fac:=i*Fac(i-1)
END;

BEGIN
  Write('Fakultät von welcher Zahl? ');
  ReadLn(n);
  Write('Fac(',n,')=',Fac(n))
END.
```

Siehe auch
Halt

ExitCode

Systemvariable (nur Version 4.0)

Zweck
Enthält die Nummer eines aufgetretenen Laufzeitfehlers.

Struktur

```
VAR
  ExitCode:INTEGER;
```

Bemerkung
In einer eigenen Fehlerbehandlungs-Routine (siehe hierzu *ExitProc*) kann mit Hilfe der Systemvariablen *ExitCode* die Fehlerursache ermittelt werden, denn die in *ExitCode* enthaltenen Werte entsprechen den im Anhang E.2 beschriebenen Fehlernummern.
Die Systemvariable *ErrorAddr* enthält die Speicheradresse der fehlerhaften Programmstelle.
Falls kein Laufzeitfehler aufgetreten ist (*ErrorAddr* gleich NIL), enthält *ExitCode* das Argument der Prozedur *Halt*.

Siehe auch
ErrorAddr, ExitProc

ExitProc

Systemvariable (nur Version 4.0)

Zweck
Ermöglicht das Definieren einer eigenen Fehlerbehandlungs-Routine.

Struktur

```
VAR
  ExitProc:POINTER;
```

Bemerkung
Die Systemvariable *ExitProc* enthält die Speicheradresse einer Routine, die bei einem Laufzeitfehler, beim Prozeduraufruf *Halt* oder beim Programmende aufgerufen werden soll. Turbo Pascal selbst hat für einige Units Exit-Prozeduren definiert, die geöffnete Dateien (z.B. LST, INPUT) schließen, Interrupt-Vektoren zurücksetzen oder vom aktuellen Graphik-Modus in einen Textmodus schalten.
Eine eigene Exit-Prozedur muß folgende Voraussetzungen erfüllen:

- Parameterlose Prozedur
- Als far deklariert (siehe Compiler-Befehl **F** im Anhang D.2)

Bevor *ExitProc* die Speicheradresse Ihrer eigenen Exit-Prozedur *ExitProc* übergeben wird, muß zuerst der alte Inhalt dieser Systemvariablen gerettet werden, da ja *ExitProc* bereits auf eine von Turbo Pascal definierte Exit-Prozedur zeigt, die natürlich nach unserer eigenen ausgeführt werden soll (hierzu setzen Sie *ExitProc* am Ende Ihrer Exit-Prozedur auf ihren alten Wert zurück, somit werden weitere Exit-Prozeduren automatisch ausgeführt).
Wenn die Systemvariable *ExitProc* den Wert NIL enthält, wird die Kette der Exit-Prozeduren abgebrochen. Aus diesem Grund wird ihr vor jedem Aufruf einer Exit-Prozedur selbständig der Wert NIL zugeordnet, damit keine ungewollten Endlosschleifen entstehen können.
Es ist möglich, für jede Programmeinheit (für jede Unit) eine oder mehrere Exit-Prozeduren zu schreiben (siehe hierzu folgendes Beispiel).

Beispiel
Dieses Programm installiert zur Demonstration zwei Exit-Prozeduren.

```
PROGRAM ExitProc_Test;
USES
  Crt;
VAR
  alt_exit:POINTER;

{$F+}
  PROCEDURE exit2;
  VAR
    ch:CHAR;
  BEGIN
    WriteLn('Dies ist die zweite Exit-Prozedur');
    WriteLn('Weiter mit jeder Taste ...');
    ch:=ReadKey;
    ExitProc:=alt_exit  { Aufruf der Turbo Pascal-Exit-Prozeduren }
  END;

  PROCEDURE EndeDerDebatte;
    { Aufgerufen bei Laufzeitfehler oder Programmende }
  BEGIN
    IF ErrorAddr<>NIL THEN BEGIN
      Sound(440);
      Delay(100);
      NoSound;
      WriteLn('Laufzeitfehler Nr. ',ExitCode);
      WriteLn('Fehlerstelle (Segment): ',Seg(ErrorAddr));
      WriteLn('Fehlerstelle (Offset): ',Ofs(ErrorAddr));
      ErrorAddr:=NIL
    END;
    ExitProc:=Addr(exit2)  { Bewirkt die Ausführung von <exit2> }
  END;
{$F-}

BEGIN
  alt_exit:=ExitProc;
  ExitProc:=Addr(EndeDerDebatte);
  WriteLn('Diese Zeile erzeugt einen Laufzeitfehler: ',0/0)
END.
```

Siehe auch
ErrorAddr, ExitCode

EXTENDED

Datentyp (nur Version 4.0)

Zweck
Datentyp, der die Bereiche 1.9e-4951 bis 1.1e4932 und -1.9e-4951 bis -1.1e4932 zuläßt.

Bemerkung
Ein Datentyp definiert die Beschaffenheit der Werte, die eine Variable annehmen kann. Dieser kann in einem Programm nur ein einziger Datentyp zugeordnet werden.
Der Datentyp EXTENDED ist nur bei vorhandenem mathematischen Coprozessor verfügbar (siehe Compiler-Befehl **N** im Anhang D.2).
EXTENDED ist ein reeller Datentyp mit einer Genauigkeit von 19 bis 20 signifikanten Dezimalstellen; eine Variable dieses Typs belegt 10 Bytes Speicher.
Folgende Regeln sind beim Typ EXTENDED zu beachten:

a) Die Funktionen *Pred* und *Succ* sowie die Prozeduren *Dec* und *Inc* sind nicht erlaubt.
b) Der Datentyp EXTENDED kann nicht als Kontrollvariable in den Anweisungen FOR oder CASE verwendet werden.
c) Der Datentyp EXTENDED darf nicht als Index eines Arrays verwendet werden.
d) Teilbereiche des Typs EXTENDED sind nicht erlaubt.

Siehe auch
COMP, DOUBLE, REAL, SINGLE

EXTERNAL

Reserviertes Wort

Zweck
Ermöglicht das Aufrufen von Assembler-Routinen.

Bemerkung
Version 3.0: Externe Funktionen und Prozeduren werden dadurch definiert, daß auf den Kopf das reservierte Wort EXTERNAL und ein Stringausdruck folgt. Dieser bezeichnet die Datei, in der die Assembler-Routine zu finden ist.

```
PROCEDURE Graphics; EXTERNAL 'GRAPH.BIN';
```

Eine externe Datei kann für mehrere Unterprogramme Codes enthalten. Das erste Unterprogramm wird wie oben deklariert. Bei den weiteren

Unterprogrammen fehlt die Angabe des Dateinamens, an seiner Stelle steht der Name der ersten Routine, dem in eckigen Klammern eine Offsetadresse folgt. Diese bezeichnet die Einsprungsstelle:

```
PROCEDURE Graphics; EXTERNAL 'GRAPH.BIN';
PROCEDURE GraphColorMode; EXTERNAL Graphics[3];
PROCEDURE HiRes; EXTERNAL Graphics[6];
```

Wenn eine Datei mehrere Unterprogramme enthält, ist ihr erster Teil typischerweise eine Sprungtabelle, wie es im obigen Beispiel der Fall ist. Wenn einzelne Routinen modifiziert werden, bleibt so die Einsprungsstelle unverändert.
Während der Compilierung eines Programmes, das externe Prozeduren oder Funktionen enthält, werden die entsprechenden Dateien geladen und in den Objektcode plaziert. Da es nicht möglich ist, im voraus zu wissen, wo der Code der externen Routinen plaziert wird, muß dieser Code verschiebbar sein. Außerdem muß der externe Code die CPU-Register BP, CS, DS und SS sichern und vor der Rückkehr wiederherstellen.
Es ist möglich, Parameter an externe Unterprogramme zu übergeben. Der Syntax ist genauso wie bei Aufrufen von gewöhnlichen Prozeduren und Funktionen:

```
PROCEDURE Plot(x,y,farbe:INTEGER); EXTERNAL Graphics[21];
```

Parameter werden den Prozeduren und Funktionen mit Hilfe des Stacks übergeben, der durch die CPU-Register SS:SP adressiert ist. Zu Beginn einer EXTERNAL-Routine enthält die Spitze des Stacks immer die Rückkehradresse innerhalb des Codesegmentes (ein Wort = 2 Bytes). Die Parameter, falls vorhanden, liegen unterhalb der Rückkehradresse.
Ein Variablenparameter überträgt zwei Worte auf den Stack, die das Segment und das Offset des ersten Bytes des Variablenparameters enthalten.
INTEGER, BOOLEAN, CHAR und eigene Skalare (außer REAL) werden als ein Wort auf den Stack übertragen.
REAL-Werte beanspruchen 6 Bytes im Stack.
Beim STRING werden die einzelnen Zeichen auf den Stack gebracht (je ein Byte), zum Schluß wird die Länge des Strings übertragen (die Länge wird also beim Entleeren des Stacks vor den einzelnen Zeichen gelesen).
Mengen belegen immer 32 Bytes im Stack.
Zeigerwerte werden als zwei Worte übertragen, die das Segment und das Offset einer dynamischen Variablen bezeichnen.
ARRAY- und RECORD-Parameter werden nie auf den Stack übertragen (es wären sehr große Umladezeiten nötig, wenn ein Array viele Komponenten enthielte). Stattdessen werden wieder nur zwei Worte übertragen, die das Segment und das Offset enthalten. Array- und Record-Parameter sind deshalb normalerweise nicht lokal zu gebrauchen.

Externe Funktionen müssen vor ihrem Rücksprung erst alle Parameter und das Funktionsergebnis vom Stack entfernen.
Funktionsergebnisse werden wie folgt weitergegeben: Werte wie INTEGER, CHAR und eigene skalare Typen werden in das AX-Register übertragen. Besteht das Ergebnis nur aus einem Byte, ist AH auf null zu setzen. BOOLEAN-Werte werden mit dem Z-Flag an das Hauptprogramm übergeben (0=FALSE, 1=TRUE). REAL-Zahlen werden auf den Stack gelegt. Der Exponent hat die niedrigste Adresse. Zeigerwerte werden an die CPU-Register DX und AX übergeben. NIL entspricht zwei Nullwörtern.

Prozeduren und Funktionen, die Sie in Pascal geschrieben haben, können sehr einfach in ein bestehendes Programm mit EXTERNAL eingebunden werden. Dies erlaubt es Ihnen (ähnlich wie in MODULA-2 oder in Turbo Pascal 4.0), ganze Module einzeln zu compilieren und sie schließlich zu einem Ganzen zusammenzufügen.

Gehen Sie wie folgt vor:

a) Schreiben Sie in einer Programmdatei mehrere Prozeduren und Funktionen.
b) Ermitteln Sie von jeder Prozedur oder Funktion die Offsetadresse innerhalb des Codesegmentes. Von dieser Offsetadresse muß 256 subtrahiert werden, da der Programmvorspann im Arbeitsspeicher 256 Bytes beträgt.
c) Notieren Sie sich die berichtigten Offsetadressen, denn sie bezeichnen die Einsprungsstelle.
d) Compilieren Sie Ihr Modul in eine .COM-Datei (siehe Anhang B.1).
e) Binden Sie Ihre gewünschten Prozeduren und Funktionen mit dem reservierten Wort EXTERNAL in ein neues Programm ein (siehe Beispiel).

Leider ist es nicht möglich, in solchen Modulen globale Variablen zu verwenden (z.B. Bildschirmspeicher für eine Fensterverwaltung), was das Einsatzgebiet dieser Methode etwas einschränkt. Jedoch ist es erlaubt, Datentypen zu definieren; sie müssen lediglich im Hauptprogramm auch definiert werden.

Der Compiler-Befehl **L** (siehe auch Anhang D.2) bindet Maschinen-Code (.OBJ-Datei) in ein Pascal-Programm ein.
Routinen, geschrieben in Maschinen-Code, erhalten in einem Pascal-Programm einen Prozedur- oder Funktionskopf, dem das reserviert Wort EXTERNAL folgt:

```
PROCEDURE Upper(VAR s:STRING); EXTERNAL;
```

In der Version 4.0 ist es möglich, Programme in einzelne Units zu zergliedern (siehe UNIT).

Version 4.0: Der Compiler-Befehl **L** (siehe auch Anhang D.2) bindet Maschinen-Code (.OBJ-Datei) in ein Pascal-Programm ein.
Routinen, geschrieben in Maschinen-Code, erhalten in einem Pascal-Programm einen Prozedur- oder Funktionskopf, dem das reserviert Wort EXTERNAL folgt:

```
PROCEDURE Upper(VAR s:STRING); EXTERNAL;
```

Alle Routinen des Assembler-Quelltextes, die von Turbo Pascal aufgerufen werden sollen, müssen in einem Segment mit dem Namen CODE als PUBLIC definiert sein.
Variablen sind in einem Segment mit dem Namen DATA zu deklarieren.
Entnehmen Sie bitte weitere Einzelheiten aus dem Systemhandbuch zu Turbo Pascal (Kapitel 25, Band 2).

Beispiel
Bitte beachten Sie, daß folgendes Programm nur mit Turbo Pascal **3.0** funktionieren wird.
Diese hier aufgeführten Prozeduren und Funktionen werden in einem anderen Programm mit dem reservierten Wort EXTERNAL eingebunden.
Starten Sie dieses Programm und schreiben Sie sich die ermittelten Offsetadressen heraus. Diese entsprechen den Einsprungsadressen.
Dieses Programm muß anschließend als .COM-Datei auf der Diskette verfügbar sein (z.B. MODUL.COM).

```
PROGRAM Modul;
  { Nur für Version 3.0 }
PROCEDURE Upper(VAR zeile);
VAR
  linie:STRING[255] ABSOLUTE zeile;
  i:INTEGER;
BEGIN
  FOR i:=1 TO Length(linie) DO
    linie[i]:=UpCase(linie[i])
END;

PROCEDURE Beep;
VAR
  i:INTEGER;
BEGIN
  FOR i:=1 TO 4 DO BEGIN
```

```
      Sound(880);
      Delay(100);
      NoSound;
      Delay(100)
    END
  END;

  BEGIN
    WriteLn('Upper: ',Ofs(Upper)-256);
    WriteLn(' Beep: ',Ofs(Beep)-256)
  END.
```

Die erste Prozedur *nichts* in folgendem Programm wird benötigt, um dem Compiler die Dateinamen mit den Routinen bekanntzugeben.
Achtung: Die Prozedur *nichts* darf nicht aufgerufen werden, da sonst der Computer abstürzt.
Die Werte 11423 (für *Upper*) und 11510 (für *Beep*) hat mir das obenstehende Programm ermittelt. Es kann durchaus sein, daß diese Werte mit den Ihren nicht übereinstimmen.

```
PROGRAM EXTERNAL_Test;
  { Nur für Version 3.0 }
PROCEDURE nichts;               EXTERNAL 'MODUL.COM';
PROCEDURE Upper(VAR zeile); EXTERNAL nichts[11423];
PROCEDURE Beep;                 EXTERNAL nichts[11510];
VAR
  eingabe:STRING[255];
BEGIN
  ClrScr;
  Write('Eingabe: ');
  ReadLn(eingabe);
  Upper(eingabe);
  WriteLn(eingabe);
  Beep
END.
```

Siehe auch
INLINE

Exp

Arithmetik

Zweck
Exponentialfunktion, berechnet e^x.

Struktur

```
FUNCTION Exp(r:REAL):REAL;
```

Bemerkung
Exp(x) berechnet e^x, wobei e dem Wert 2.718... (Eulersche Konstante) entspricht.

y^x = Exp(x*Ln(y))
$^x y$ = Exp(1/x*Ln(y))

Siehe auch
ArcTan, Cos, Ln, Sin, Sqr, Sqrt

FALSE

Konstante

Zweck
Entspricht dem Wahrheitswert FALSCH.

Bemerkung
FALSE ist vom Typ BOOLEAN.

```
Ord(FALSE) = 0.
```

Siehe auch
BOOLEAN, TRUE

FILE

Reserviertes Wort

Zweck
Ermöglicht das Definieren von Disketten- oder Festplattendateien.

Bemerkung
Eine Datei kann aus einer Folge von Komponenten des gleichen Typs bestehen. Die Anzahl der Datei-Komponenten (Datensätze) kann zu- oder abnehmen; sie wird nicht festgelegt.
Pascal benutzt einen Dateizeiger, der angibt, an welcher Stelle gelesen oder geschrieben werden muß. Der Zeiger rückt selbständig nach jedem Lesen oder Schreiben zur nächsten Komponente vor.
Wenn alle Komponenten die gleiche Länge haben, kann die Position einer bestimmten Komponente berechnet werden. Aus diesem Grund ist ein direkter Zugriff auf alle Komponenten gewährleistet (engl. random access).
Eine solche Datei wird mit den reservierten Worten FILE OF definiert. Ihnen folgt der Komponententyp der Datei:

```
TYPE
  akte=RECORD
    name:STRING[20];
    steuerschuld:REAL
  END;
VAR
  industrie:FILE OF akte;
  datensatz:akte;
  messwerte:FILE OF REAL;
  r:REAL;
```

Eine untypisierte Datei wird nur mit dem reservierten Wort FILE definiert. Die Angabe des Komponententyps entfällt:

```
VAR
  f:FILE;
```

Bei den Ein- und Ausgabevorgängen mit untypisierten Dateien werden die Daten (Blöcke von 128 Bytes) direkt von der Disketten- oder Festplattendatei zur Variablen übertragen. Eine Sektorpufferung entfällt. Es ist möglich, die Blockgröße zu verändern (siehe hierzu *BlockRead* und *BlockWrite*).
Auf untypisierte Dateien kann nur mit den beiden Prozeduren *BlockRead* und *BlockWrite* zugegriffen werden. Wenn eine Datei nur gelöscht oder umbenannt werden soll, genügt es, sie als untypisierte Datei zu deklarieren.
Textdateien werden anders definiert (siehe TEXT).

Beispiel

```
PROGRAM FILE_Test;
TYPE
  str79=STRING[79];
  satz=RECORD
    autor,
    titel:str79
  END;

  FUNCTION Exist(dateiname:str79):BOOLEAN;
  VAR
    f:FILE;
  BEGIN
    Assign(f,dateiname);
    {$I-}
    Reset(f);
    {$I+}
    Exist:=FALSE;
    IF IOresult=0 THEN BEGIN
      Exist:=TRUE;
      Close(f)
    END
  END;

VAR
  f:FILE OF satz;
  buch:satz;
```

```
BEGIN
  WriteLn('Eine kleine Datenbank');
  WriteLn;
  IF Exist('BUCHDATA.DBF') THEN BEGIN
    Assign(f,'BUCHDATA.DBF');
    Reset(f);
    Seek(f,FileSize(f)) END
  ELSE BEGIN
    Assign(f,'BUCHDATA.DBF');
    Rewrite(f)
  END;
  WriteLn('Eingabe der Daten');
  WriteLn;
  REPEAT
    buch.autor:='';
    buch.titel:='';
    Write('Name des Autors: '); ReadLn(buch.autor);
    IF buch.autor<>'' THEN BEGIN
      Write('      Buchtitel: '); ReadLn(buch.titel);
      Write(f,buch);
      WriteLn
    END
  UNTIL buch.autor='';
  Seek(f,0);
  WHILE NOT Eof(f) DO BEGIN
    Read(f,buch);
    WriteLn(buch.autor:20,buch.titel:20)
  END;
  Close(f)
END.
```

Siehe auch
TEXT

FileMode

Systemvariable (nur Version 4.0)

Zweck
Legt den Zugriffscode bei typisierten und untypisierten Dateien fest.

Struktur

```
VAR
  FileCode:BYTE;
```

Bemerkung
Wenn typisierte (z.B. FILE OF REAL;) oder untypisierte (FILE;) Dateien mit *Reset* geöffnet werden, legt *FileMode* fest, welche Dateizugriffe möglich sind. Den einzelnen Werten von *FileMode* kommen folgende Bedeutungen zu:

0 Nur Lesen möglich
1 Nur Schreiben erlaubt
2 Lesen und Schreiben zulässig

Diese Werte sind ab DOS 2.0 definiert; für die DOS-Versionen ab 3.0 sind weitere Werte möglich (im Zusammenhang mit Netzwerken, siehe hierzu im DOS-Handbuch).
FileMode erhält beim Start eines Programmes automatisch den Wert 2. Falls eine Datei mit *Rewrite* erzeugt wird oder es sich bei der zu öffnenden Datei um eine Textdatei handelt, zeigt eine Wertveränderung in *FileMode* keine Wirkung.

Beispiel

```
PROGRAM FileMode_Test;
VAR
  f:FILE OF INTEGER;
  i,z:INTEGER;
BEGIN
  Assign(f,'TEST.INT');
  Rewrite(f);
  WriteLn('Datei mit 100 INTEGER-Werten wird erzeugt ...');
  FOR i:=1 TO 100 DO BEGIN
    z:=Random(MaxInt);
    Write(f,z)
  END;
  Close(f);
  FileMode:=1;    { Nur Schreiben ist erlaubt }
  Reset(f);
  Read(f,i)       { I/O-Fehler wird erzeugt   }
END.
```

Siehe auch
Reset

FilePos

Datei mit direktem Zugriff

Zweck
Ermittelt den augenblicklichen Ort des Datenzeigers.

Struktur

```
FUNCTION FilePos(VAR f:FILE OF dateityp):INTEGER;  { nur 3.0 }
FUNCTION FilePos(VAR f:FILE):INTEGER;              { nur 3.0 }
FUNCTION FilePos(VAR f:FILE OF dateityp):LONGINT;  { nur 4.0 }
FUNCTION FilePos(VAR f:FILE):LONGINT;              { nur 4.0 }
```

Bemerkung
FilePos gibt die aktuelle Position des Datenzeigers aus.
Die erste Komponente einer Datei hat die Nummer 0.

Version 3.0: Die Funktion *LongFilePos* arbeitet wie *FilePos*, übergibt jedoch einen Real-Wert (und kann somit größere Dateien bearbeiten).

Beispiel
Dieses Programm generiert eine Datei mit 100 Werten und schreibt sie schließlich auf den Bildschirm.

```
PROGRAM FilePos_Test;
VAR
  f:FILE OF INTEGER;
  i,z:INTEGER;
BEGIN
  Assign(f,'TEST.INT');
  Rewrite(f);
  WriteLn('Datei mit 100 INTEGER-Werten wird erzeugt ...');
  FOR i:=1 TO 100 DO BEGIN
    z:=Random(MaxInt);
    Write(f,z)
  END;
  WriteLn('Anzahl Komponenten: ',FileSize(f));
  Seek(f,0);
  FOR i:=1 TO FileSize(f) DO BEGIN
    Write(FilePos(f),'. Komponente: ');
    Read(f,z);
    WriteLn(z)
  END;
  Close(f)
END.
```

Siehe auch
FileSize, LongFilePos, LongFileSize, LongSeek, Seek

FileSize

Datei mit direktem Zugriff

Zweck
Übermittelt die Anzahl der Komponenten, die sich in einer Datei befinden.

Struktur

```
FUNCTION FileSize(VAR f:FILE OF typ):INTEGER;  { nur 3.0 }
FUNCTION FileSize(VAR f:FILE):INTEGER;         { nur 3.0 }
FUNCTION FileSize(VAR f:FILE OF typ):LONGINT;  { nur 4.0 }
FUNCTION FileSize(VAR f:FILE):LONGINT;         { nur 4.0 }
```

Bemerkung
Falls eine Datei leer ist, übermittelt *FileSize* den Wert 0.

Version 3.0: Die Funktion *LongFileSize* arbeitet wie *FileSize*, übergibt jedoch einen Real-Wert (und kann somit größere Dateien bearbeiten).

Beispiel
Dieses Programm vergleicht die Größe zweier Dateien miteinander.

```
PROGRAM FileSize_Test;
VAR
  f:FILE OF CHAR;
  g1,g2:LONGINT;  { für 3.0: g1,g1:INTEGER; }
  name:STRING[80];
BEGIN
  Write('1. Datei: '); ReadLn(name);
  Assign(f,name);
  Reset(f);
  g1:=FileSize(f);
  Close(f);
  Write('2. Datei: '); ReadLn(name);
  Assign(f,name);
  Reset(f);
  g2:=FileSize(f);
  Close(f);
  IF g1<g2 THEN
    WriteLn('1. Datei ist kleiner als 2. Datei')
```

```
    ELSE IF g1>g2 THEN
      WriteLn('1. Datei ist größer als 2. Datei')
    ELSE
      WriteLn('Beide Dateien enthalten ',g2,' Zeichen')
  END.
```

Siehe auch
FilePos, LongFilePos, LongFileSize, LongSeek, Seek

FillChar

Zweck
Initialisiert eine Variable mit einem Wert.

Struktur

```
PROCEDURE FillChar(VAR variable; anzahl:INTEGER; wert:CHAR);
PROCEDURE FillChar(VAR variable; anzahl:INTEGER; wert:BYTE);
```

Bemerkung
Die Prozedur *FillChar* greift direkt in den RAM-Bereich des Computers ein.
Der Speicherbereich wird mit einem beliebigen Zeichen initialisiert (überschrieben).
Der Prozedur-Parameter *variable* ist eine Variable beliebigen Typs.
anzahl gibt an, wieviele Bytes hintereinander überschrieben werden sollen. Als erstes Byte gilt dasjenige der Variablen *variable.*
wert ist entweder vom Typ CHAR oder BYTE. Mit diesem Zeichen wird der Speicher überschrieben.
FillChar ist besonders dann praktisch, wenn ein großes Feld (Array) gelöscht werden soll:

```
VAR
  feld:ARRAY [0..7,0..7,0..7] OF INTEGER;
BEGIN
  FillChar(feld,SizeOf(feld),0)
END.
```

Beispiel
Dieses Programm füllt die String-Variable mit dem Zeichen '-'; die Variable *zeile* besitzt 81 Bytes, denn zeile[0] gehört auch zur Variablen, diese Stelle enthält die Länge der String-Variablen. Mit *zeile[0]:=CHAR(80);* wird der String auf die richtige Länge gesetzt.

```
PROGRAM FillChar_Test;
VAR
  zeile:STRING[80];
BEGIN
  FillChar(zeile,81,'-');
  zeile[0]:=CHAR(80);      { zeile[0]:=#80; bewirkt dasselbe }
  Write(zeile);
  FillChar(zeile,81,45);
  zeile[0]:=CHAR(80);
  Write(zeile)
END.
```

Siehe auch
Move, SizeOf

FillPattern

Erweiterte Graphik (nur Version 3.0)

Zweck
Füllt ein Viereck mit einem Muster.

Struktur

```
PROCEDURE FillPattern(x1,y1,x2,y1,farbe:INTEGER);
```

Bemerkung
Die Prozedur *FillPattern* ist erst durch das Einbinden der Datei GRAPH.P verfügbar. Die Version 4.0 stellt *FillPattern* in der Unit **Graph3** zur Verfügung, um zur Version 3.0 kompatibel zu bleiben.
Die linke, obere Ecke des Vierecks entspricht dem Punkt *(x1,y1)*, die rechte untere Ecke dem Punkt *(x2,y2)*.
Das zu zeichnende Muster wird mit der Prozedur *Pattern* definiert.
Der Parameter *farbe* gibt an, mit welcher Farbe das Muster gezeichnet werden soll.
FillPattern füllt die bestimmte Fläche sowohl horizontal als auch vertikal mit dem angegebenen Muster.
Bits des Musters, die auf 0 gesetzt sind, verändern den Bildschirm nicht, während Bits mit dem Wert 1 einen Punkt in der gewählten Farbe zeichnen.
Für die Bestimmung der Farben lesen Sie bitte *HiResColor*, *Palette* und *ColorTable*.

Beispiel
Dieses Programm füllt ein Rechteck mit Notenzeichen.

```
PROGRAM FillPattern;
{$I graph.p }
CONST
  muster:ARRAY [0..7] OF BYTE=
    ($00,$20,$30,$28,$28,$E8,$E0,$E0);
BEGIN
  GraphColorMode;
  Palette(2);
  Pattern(muster);
  FillPattern(0,0,100,100,1);
  FillPattern(100,0,200,100,2);
  FillPattern(200,0,300,100,3);
  REPEAT UNTIL KeyPressed;
  TextMode
END.
```

Siehe auch
FillScreen, FillShape, Pattern

FillPoly

Graphik (nur Version 4.0)

Zweck
Zeichnet ein mit einem Muster gefülltes Vieleck.

Struktur

```
PROCEDURE FillPoly(anzahl:WORD; VAR daten);
```

Bemerkung
FillPoly ist in der Unit **Graph** enthalten.
Die Prozedur *FillPoly* verbindet mehrere Punkte zu einem Vieleck (Polygon) und füllt es mit einem Muster. Der Parameter *anzahl* legt die Anzahl der verfügbaren Punkte fest, *daten* enthält die einzelnen Koordinaten der Punkte. Verwenden Sie hierzu bitte den in der Unit **Graph** definierten Datentyp *PointType*:

```
TYPE
  PointType=RECORD
    x,y:INTEGER
  END;
```

FillPoly zeichnet auch dann ein Vieleck, wenn der erste Punkt mit dem letzten nicht identisch ist (im Gegensatz zu *DrawPoly*).
Die Prozedur *SetColor* setzt die Zeichenfarbe der Umrißlinie, *SetLineStyle* die Linienart und *SetFillStyle* das Füllmuster.
Beim Zeichnen eines Polygons, daß viele Eckpunkte besitzt, kann ein Fehler (Wert -6, siehe *GraphResult*) auftreten. Durch eine Vergrößerung des Graphik-Puffers (siehe *SetGraphBufSize*) kann dieser jedoch unterbunden werden.

Beispiel
Folgendes Programm zeichnet mehrere gefüllte Vielecke:

```
PROGRAM FillPoly_Test;
USES
  Crt,Graph;
VAR
  gr,mo:INTEGER;
  koord:ARRAY [1..10] OF PointType;
  i,anz:BYTE;
BEGIN
  gr:=Detect;
  InitGraph(gr,mo,'');
  REPEAT
    anz:=Random(7)+4;
    FOR i:=1 TO anz DO BEGIN
      koord[i].x:=Random(GetMaxX);
      koord[i].y:=Random(GetMaxY)
    END;
    SetFillStyle(Random(12),GetMaxColor);
    FillPoly(anz,koord)
  UNTIL KeyPressed;
  CloseGraph
END.
```

Siehe auch
DrawPoly, FloodFill

FillScreen

Erweiterte Graphik (nur Version 3.0)

Zweck
Füllt das ganze aktive Fenster mit einer Farbe.

Struktur

```
PROCEDURE FillScreen(farbe:INTEGER);
```

Bemerkung
Die Prozedur *FillScreen* ist erst durch das Einbinden der Datei GRAPH.P verfügbar. Die Version 4.0 stellt *FillScreen* in der Unit **Graph3** zur Verfügung, um zur Version 3.0 kompatibel zu bleiben.
Falls der Parameter *farbe* den Wert 1 erhält und die Farbübersetzungstafel mit *ColorTabel(3,2,1,0);* definiert ist, wird das gesamte aktive Fenster invertiert (auch sich darin befindliche Graphiken werden invertiert). Auf diese Weise sind eindrucksvolle Effekte möglich.
Für die Bestimmung der Farben lesen Sie bitte *HiResColor*, *Palette* und *ColorTable*.

Beispiel
Dieses Programm zeichnet einige Kreise und invertiert schließlich das gesamte Bild. Das Programm wird mit einem beliebigen Tastendruck abgebrochen.

```
PROGRAM FillScreen_Test;
{$I graph.p }
BEGIN
  GraphColorMode;
  Palette(3);
  ColorTable(3,2,1,0);
  Circle(80,100,50,1);
  Circle(160,100,50,2);
  Circle(240,100,50,3);
  Circle(120,130,50,3);
  Circle(200,130,50,1);
  REPEAT
    FillScreen(-1)
  UNTIL Keypressed;
  TextMode
END.
```

Siehe auch
FillPattern, FillShape, GraphBackground

FillShape

Erweiterte Graphik (nur Version 3.0)

Zweck

Füllt eine Fläche beliebiger Form mit einer Farbe.

Struktur

```
PROCEDURE FillShape(x,y,füllfarbe,randfarbe:INTEGER);
```

Bemerkung

Die Prozedur *FillShape* ist erst durch das Einbinden der Datei GRAPH.P verfügbar. Die Version 4.0 stellt *FillShape* in der Unit **Graph3** zur Verfügung, um zur Version 3.0 kompatibel zu bleiben.
Die Parameter *x* und *y* bestimmen einen Punkt innerhalb der Fläche, die zu füllen ist.
Mit *randfarbe* wird festgelegt, welche Farbe als Begrenzung der zu füllenden Fläche gilt.
Die zu füllende Form muß vollständig von der Randfarbe umgeben sein, da sonst die Füllfarbe auch zu den Bereichen außerhalb der gewünschten Form gelangt.
Die Farbübersetzungstafel (siehe *ColorTable*) wird von dieser Prozedur nicht unterstützt.
Für die Bestimmung der Farben lesen Sie bitte *HiResColor* und *Palette*.

Beispiel

Dieses Programm füllt einen Kreis.

```
PROGRAM FillShape_Test;
{$I graph.p }
BEGIN
  GraphColorMode;
  Palette(0);
  GraphBackGround(15);
  Circle(160,100,90,2);
  FillShape(160,100,2,2);
  REPEAT UNTIL KeyPressed;
  TextMode
END.
```

Siehe auch

FillPattern, FillScreen, GraphBackground

FindFirst

MS-DOS (nur Version 4.0)

Zweck
Sucht in einem Verzeichnis nach einem Dateinamen.

Struktur

```
PROCEDURE FindFirst(maske:STRING; attr:WORD; VAR ergebnis:SearchRec);
```

Bemerkung
FindFirst ist in der Unit **Dos** enthalten.
Der Parameter *maske* enthält den zu suchenden Dateinamen, dem ein Laufwerkname und/oder ein Suchpfad vorangestellt werden kann. Der zu suchende Dateiname kann mit den Stellvertreterzeichen ? und * nach den Regeln von DOS versehen werden.
Jeder Dateieintrag ist durch ein Attribut gekennzeichnet. Dieses legt fest, zu welcher Art ein Dateieintrag gehört (Directory, Systemdatei, Diskettenname, normale Datei etc.). Mit *attr* geben Sie deshalb an, nach welchen Einträgen gesucht werden soll. Folgende Konstanten sind hierzu in der Unit **Dos** deklariert:

ReadOnly	=$01; Datei kann nur gelesen werden
Hidden	=$01; Versteckte Datei
SysFile	=$04; Systemdatei (gehört zum MS-DOS-Kern)
VolumeID	=$08; Name des Datenträgers
Directory	=$10; Verzeichnis
Archive	=$20; Archivierungsbit
AnyFile	=$3F; Beliebiger Dateieintrag

Bei einer Datendatei (Texte, Programme ...) ist meist das Archivierungsbit gesetzt; jedoch ist es auch durchaus üblich, bei diesen Dateien das Attribut auf 0 zu setzen.
Falls mit *FindFirst* ein entsprechender Dateieintrag gefunden worden ist, wird dieser mit Hilfe des Parameters *ergebnis* zugänglich gemacht. Der dabei notwendige Datentyp *SearchRec* ist im Unit **Dos** deklariert und sieht folgendermaßen aus:

```
TYPE
  SearchRec=RECORD
    fill:ARRAY [1..21] OF BYTE;  { reserviert für MS-DOS              }
    attr:BYTE;                   { Datei-Attribut                     }
    time:LONGINT;                { Datum, Uhrzeit (siehe UnpackTime)  }
    size:LONGINT;                { Dateigröße in Bytes                }
    name:STRING[12]              { Dateiname                          }
  END;
```

Fehler, die während der Prozedur *FindFirst* auftreten, können mit der Systemvariablen *DosError* ermittelt werden. Die Prozedur *FindNext* sucht nach weiteren Dateieinträgen, die den mit *FindFirst* gesetzten Eigenschaften entsprechen.

Beispiel
Folgendes Programm zeigt alle im aktuellen Verzeichnis enthaltenen Dateieinträge an.

```
PROGRAM FindFirst_Test;
USES
  Dos;
VAR
  datei:SearchRec;
  zeit:DateTime;
  i:INTEGER;
BEGIN
  FindFirst('*.*',AnyFile,datei);
  WHILE DosError=0 DO BEGIN
    WriteLn;
    WITH datei,zeit DO BEGIN
      UnpackTime(time,zeit);
      Write(name:12,size:10,day:4,'.',month:2,'.',year,'  ');
      FOR i:=0 TO 5 DO BEGIN
        CASE attr AND (1 SHL i) OF
          ReadOnly:Write('ReO ');
          Hidden:Write('Hid ');
          SysFile:Write('Sys ');
          VolumeID:Write('Vol ');
          Directory:Write('Dir ');
          Archive:Write('Arch')
        END  { CASE }
      END  { FOR }
    END; { WITH }
    FindNext(datei)
  END
END.
```

Siehe auch
FindNext

FindNext

MS-DOS (nur Version 4.0)

Zweck
Sucht nach weiteren Dateieinträgen.

Struktur

```
PROCEDURE FindNext(VAR ergebnis:SearchRec);
```

Bemerkung
FindNext ist in der Unit **Dos** enthalten.
Die Prozedur *FindNext* setzt die mit *FindFirst* eingeleitete Suche nach Dateieinträgen fort. Der Parameter *ergebnis* enthält nach dem Prozeduraufruf die Daten des gefundenen Eintrages, der hierzu notwendige Datentyp *SearchRec* ist in der Unit **Dos** deklariert. Ein Fehler, der bei der Ausführung von *FindNext* auftritt, kann mit der Systemvariablen *DosError* ermittelt werden.

Siehe auch
FindFirst

FloodFill

Graphik (nur Version 4.0)

Zweck
Füllt eine Fläche beliebiger Form mit einem Muster.

Struktur

```
PROCEDURE FloodFill(x,y:INTEGER; rand:WORD);
```

Bemerkung
FloodFill ist in der Unit **Graph** enthalten.
Der Punkt *(x,y)* liegt innerhalb der zu füllenden Fläche, *rand* legt die Randfarbe der Figur fest. Falls diese nicht geschlossen ist, füllt *FloodFill* auch den Bereich außerhalb der zu füllenden Form.
Das aktuelle Füllmuster kann mit der Prozedur *SetFillStyle* und *SetFillPattern* verändert werden.
Ein Fehler, der während der Ausführung der Prozedur *FloodFill* auftritt, kann mit *GraphResult* ermittelt werden (Wert -7 möglich).
Achtung: *FloodFill* scheint in gewissen Fällen den Heap an unerwünschten Stellen zu zerstören. Wurde mit *GetMem* auf dem Heap Speicherplatz reserviert und dieser mit Daten belegt, überschreibt *FloodFill* diese, wie folgendes Programm zeigt:

```
USES
  Graph;
VAR
  gr,mo:INTEGER;
  bild:POINTER;
  gross:WORD;
BEGIN
  gr:=Detect;
  InitGraph(gr,mo,'');
  GetMem(bild,ImageSize(10,10,90,90));
  Circle(50,50,40);
  GetImage(10,10,90,90,bild^);
  FloodFill(50,50,1);          { Überschreibt die Bilddaten in bild^ }
  PutImage(10,100,bild^,0);
END.
```

Um diesem Problem aus dem Weg zu gehen, darf der Heap erst nach einem Aufruf von *FloodFill* mit Daten belegt werden.

Beispiel
Folgendes Programm zeigt, wie eindrücklich *FloodFill* komplizierte Gebilde füllt.

```
PROGRAM FloodFill_Test;
USES
  Graph;
VAR
  gr,mo,
  mx,my,
  i,e,s:INTEGER;
BEGIN
  gr:=Detect;
  InitGraph(gr,mo,'');
  Randomize;
  mx:=GetMaxX DIV 2;
  my:=GetMaxY DIV 2;
  FOR i:=mx DOWNTO 2 DO BEGIN
    CASE Random(4) OF
      0:e:=90;
      1:e:=180;
      2:e:=270;
      3:e:=360
    END;
    s:=e-90;
```

```
      setcolor(random(2));
      Ellipse(mx,my,s,e,i,my)
    END;
    FloodFill(mx,my,1);
    ReadLn;
    CloseGraph
  END.
```

Siehe auch
FillPoly, SetFillPattern, SetFillStyle

Flush

Textdatei

Zweck
Entleert den Textpuffer und schreibt den Inhalt auf Diskette oder Festplatte.

Struktur

```
PROCEDURE Flush(VAR f:TEXT);
```

Bemerkung
Wenn Daten in eine Text-Datei geschrieben werden (mit *Write* oder *WriteLn*), gelangen sie zuerst in einen Puffer, der erst dann auf die Diskette/Festplatte geschrieben wird, wenn er voll ist. Diese Organisation erspart langsame Disketten- oder Festplattenzugriffe.
Die Prozedur *Flush* erzwingt ein Entleeren des Textpuffers. Wenn eine Textdatei mit *Close* geschlossen wird, ruft Turbo Pascal *Flush* selbständig auf.
Die voreingestellte Größe des Puffers für Textdateien ist 128 Byte. Der Puffer kann vergrößert werden (siehe TEXT und *SetTextBuf*), was besonders dann wichtig ist, wenn viele Ein- und Ausgaben gemacht werden müssen (wie zum Beispiel bei Kopierprogrammen).
Flush hat bei typisierten Dateien (FILE OF REAL usw.) keine Wirkung, da MS-DOS für sie keine Sektorpuffer verwendet.
Flush sollte nicht verwendet werden, wenn keine Datei offen ist.

Siehe auch
TEXT

FOR ... TO/DOWNTO ... DO

Reserviertes Wort

Zweck
Ermöglicht es, Anweisungen mehrmals hintereinander ausführen zu lassen.

Bemerkung
Die FOR-Anweisung enthält eine Laufvariable (auch Kontrollvariable), deren Wert bei jedem Durchlauf der Schleife verändert wird.
Die Werte der Laufvariablen können aufsteigen (TO) oder absteigen (DOWNTO).
In der FOR-Anweisung werden zusätzlich zwei Grenz-Werte angegeben, der Anfangswert und der Endwert. Sie sind durch das reservierte Wort TO oder DOWNTO getrennt.
Als Laufvariable sind alle einfachen skalaren Typen erlaubt (z.B. BYTE, CHAR, INTEGER, auch eigene ordinale Typen), REAL, POINTER und STRING sind nicht erlaubt.
Die beiden Grenzwerte müssen vom gleichen Typ sein wie die Laufvariable.
Innerhalb der Schleife ist es nicht erlaubt, die Laufvariable zu verändern.
Eine FOR-Schleife kann frühzeitig mit GOTO verlassen werden.
Die Schleife wird nicht ausgeführt, wenn der Anfangswert bereits zu Beginn kleiner ist als der Endwert (wenn TO verwendet wird; entsprechend bei DOWNTO).
Beim ordnungsgemäßen Verlassen der Schleife enthält die Laufvariable den angegebenen Endwert. Wird die Schleife nicht ausgeführt, wird der Laufvariablen kein Wert zugewiesen. Es ist nicht zu empfehlen, sich auf den Endwert einer Laufvariablen zu verlassen, da jeder Pascal-Compiler anders reagieren kann.
Sollen mehrere Anweisungen mehrmals ausgeführt werden, sind diese mit den reservierten Worten BEGIN und END zu umschließen.

Beispiel

```
PROGRAM FOR_Test;
VAR
  i:INTEGER;
  ch:CHAR;
BEGIN
  WriteLn('-- n ---- n  --');
  FOR i:=1 to 100 DO
    WriteLn(i:4,'  ',i*i:7);
  WriteLn;
  WriteLn('Das Alphabet rückwärts:');
  FOR ch:='z' DOWNTO 'a' DO BEGIN
    Write(UpCase(ch));
```

```
    Write(ch);
    Write(' ')
  END
END.
```

Siehe auch
REPEAT ... UNTIL, WHILE ... DO

FORWARD

Reserviertes Wort

Zweck
Ermöglicht den gegenseitigen Aufruf zweier Prozeduren oder Funktionen.

Bemerkung
Laut Definition müssen Prozeduren oder Funktionen im Programmtext vor dem ersten Aufrufen geschrieben werden:

```
PROCEDURE nr1(b:BOOLEAN);
BEGIN
  WriteLn('Prozedur 1')
END;

PROCEDURE nr2(b:BOOLEAN);
BEGIN
  WriteLn('Prozedur 2');
  IF b THEN
    nr1(TRUE)
END;
```

nr2 ist es möglich, *nr1* aufzurufen, nicht aber umgekehrt. Aus diesem Grund kann *nr2* FORWARD deklariert werden:

```
PROCEDURE nr2(b:BOOLEAN); FORWARD;

PROCEDURE nr1(b:BOOLEAN);
BEGIN
  WriteLn('Prozedur 1');
  IF b THEN
    nr2(FALSE)
END;
```

```
PROCEDURE nr2;
BEGIN
  WriteLn('Prozedur 2');
  IF b THEN
    nr1(TRUE)
END;
```

Eine Prozedur oder Funktion ist FORWARD deklariert, wenn ihr Kopf getrennt vom Block deklariert ist. Dieser separate Kopf entspricht dem eigentlichen Prozedur- oder Funktions-Kopf, er wird aber zusätzlich mit dem reservierten Wort FORWARD abgeschlossen.
Die eigentliche Prozedur oder Funktion besitzt einen etwas verstümmelten Kopf. Er enthält nur noch den Namen, die Parameterliste muß weggelassen werden.

Beispiel

```
PROGRAM FORWARD_Test;

  PROCEDURE nr2(b:BOOLEAN); FORWARD;

  PROCEDURE nr1(b:BOOLEAN);
  BEGIN
    WriteLn('Prozedur 1');
    IF b THEN
      nr2(FALSE)
  END;

  PROCEDURE nr2;
  BEGIN
    WriteLn('Prozedur 2');
    IF b THEN
      nr1(TRUE)
  END;

BEGIN
  nr2(TRUE)
END.
```

Siehe auch
FUNCTION, OVERLAY, PROCEDURE

Forwd

Turtle-Graphik (nur Version 3.0)

Zweck
Bewegt die Schildkröte nach vorn.

Struktur

```
PROCEDURE Forwd(strecke:INTEGER);
```

Bemerkung
Die Prozedur *Forwd* ist erst durch das Einbinden der Datei GRAPH.P verfügbar. Die Version 4.0 stellt *Forwd* in der Unit **Graph3** zur Verfügung, um zur Version 3.0 kompatibel zu bleiben.
Die Schildkröte bewegt sich von der augenblicklichen Position in die aktuelle Richtung um *strecke* nach vorn.
Falls das Prozedur-Argument *strecke* negativ ist, bewegt sich die Schildkröte rückwärts.

Beispiel
Dieses Programm steuert die Schildkröte ziellos durch den Bildschirm. Das Programm wird mit einem beliebigen Tastendruck unterbrochen.

```
PROGRAM Forwd_Test;
{$I graph.p }
BEGIN
  GraphColorMode;
  Wrap;
  REPEAT
    SetHeading(Random(360));
    Forwd(2)
  UNTIL Keypressed;
  TextMode
END.
```

Siehe auch
Back, NoWrap, PenDown, PenUp, SetHeading, ,SetPosition, Wrap

Frac

Arithmetik

Zweck
Gibt den Dezimalbruch einer Zahl aus.

Struktur

```
FUNCTION Frac(r:REAL):REAL;
```

Bemerkung
Der ganzzahlige Teil eines reellen Wertes wird abgeschnitten.

Beispiel

```
Frac(3.141) = 0.141
Frac(-3.11) = -0.11
```

Siehe auch
Abs, Int, Round, Trunc

FreeMem

Dynamische Speicherung

Zweck
Gibt einen Speicherblock auf dem Heap wieder frei.

Struktur

```
PROCEDURE FreeMem(VAR p:zeigervariable; groesse:INTEGER);  { nur 3.0 }
PROCEDURE FreeMem(VAR p:POINTER; groesse:WORD);            { nur 4.0 }
```

Bemerkung
groesse bestimmt die Anzahl Bytes, die auf dem Heap freizugeben sind. *groesse* muß exakt der Anzahl Bytes entsprechen, die zuvor mit der Prozedur *GetMem* reserviert worden sind.

Version 4.0: Falls die Fragmentliste keine Eintragung mehr aufnehmen kann, wird ein Laufzeitfehler erzeugt (siehe auch *FreeMin*).

Beispiel
Dieses Programm liest eine Zeile ein und legt sie auf dem Heap ab. Anschließend wird der reservierte Speicherplatz wieder freigegeben.

```
PROGRAM FreeMem_Test;
TYPE
  str255=STRING[255];
```

```
  zeile=RECORD
    lang:BYTE;
    linie:^str255;
  END;
VAR
  eingabe:str255;
  txt:^zeile;
BEGIN
  Write('Text: ');
  ReadLn(eingabe);
  New(txt);
  txt^.lang:=Succ(Length(eingabe));
  GetMem(txt^.linie,txt^.lang);
  txt^.linie^:=eingabe;
  WriteLn('Ihr Text: ',txt^.linie^);
  FreeMem(txt^.linie,txt^.lang);
  Dispose(txt)
END.
```

Siehe auch
GetMem, MaxAvail, MemAvail

FreeMin

Systemvariable (nur Version 4.0)

Zweck
Legt den minimalen Speicherplatz für die Fragmentliste fest.

Struktur

```
VAR
  FreeMin:WORD;
```

Bemerkung
Die beiden Prozeduren *New* und *FreeMem* geben irgendwo auf dem Heap Speicher frei und erzeugen somit Löcher, die nicht mehr mit verwendbaren Daten belegt sind. Diese freien Stellen werden in der Fragmentliste registriert (maximal 8191 Eintragungen, jede belegt 8 Bytes), damit sie zu einem späteren Zeitpunkt wieder mit Daten belegt werden können.
Da der Heap und die Fragmentliste gegeneinander wachsen, kann es zu einer Kollision kommen. Mit der Systemvariablen *FreeMin* aber läßt sich die minimale Größe der Fragmentliste festlegen. Folgende Anweisung:

```
FreeMin:=8000;   { 8000 Bytes }
```

ermöglicht also 1000 Einträge in der Fragmentliste, da jeder 8 Bytes belegt.

Siehe auch
FreePtr, HeapError, HeapPtr

FreePtr

Systemvariable (nur Version 4.0)

Zweck
Zeigt auf die Fragmentliste.

Struktur

```
VAR
  FreePtr:POINTER;
```

Bemerkung
Die Systemvariable *FreePtr* zeigt auf das erste freie Element der Fragmentliste, die folgendermaßen definiert ist:

```
TYPE
  FreeRec=RECORD
    OrgPtr,EndPtr:POINTER
  END;
  FreeList=ARRAY [0..8190] OF FreeRec;
  FreeListP=^FreeList;
```

Somit berechnet sich die Anzahl der bestehenden Einträge (maximal 8191):

```
Eintraege:=(8192-Ofs(FreePtr^) DIV 8) MOD 8192;
```

Die beiden Datenfelder *OrgPtr* und *EndPtr* enthalten die Start- und Endadresse eines Loches (entstanden durch das Freigeben von Speicherplatz mit einer der Prozeduren *New* oder *FreeMem*) des Heaps. Jeder Eintrag in der Fragmentliste belegt 8 Bytes.
Falls die Fragmentliste voll ist, erzeugt das Freigeben eines weiteren Speicherplatzes einen Laufzeitfehler. Jedoch müßten in diesem Fall 8191 voneinander getrennte Löcher auf dem Heap bestehen (was auch bei intensivem Gebrauch des Heaps unwahrscheinlich ist). Um kleinste Löcher von wenigen Bytes zu verhindern, sollte die Prozedur *GetMem* nur ein Vielfaches von 8 oder 16 Bytes reservieren (wichtig bei Programmen, die

verschieden große Blöcke reservieren und wieder freigeben, z.B. bei Textverarbeitung):

```
PROCEDURE GetMem(VAR p:POINTER; groesse:WORD);
BEGIN
  groesse:=(groesse DIV 16+1)*16;  { Ein Vielfaches von 16           }
  System.GetMem(p,groesse)         { Ruft GetMem in der Unit System auf }
END;
```

Mit der Systemvariablen *FreeMin* läßt sich die minimale Fragmentlistengröße (in Bytes) festlegen.

Siehe auch
FreeMin, HeapError, HeapPtr

FUNCTION

Reserviertes Wort

Zweck
Ermöglicht das Schreiben von Funktionen.

Bemerkung
Mit einer Funktions-Vereinbarung wird eine vom Benutzer definierte Funktion vereinbart. Sie wird im Programm mit ihrem Namen aufgerufen.
Die Funktion kann in dem Block verwendet werden, in dessen Deklarationsteil sie definiert wurde.
Eine Funktion kann sich selbst aufrufen (Rekursion).
Funktionen, die im selben Deklarationsteil definiert worden sind, können sich gegenseitig aufrufen.
Variablen, Label, Konstanten, Prozeduren und Funktionen, die im Deklarationsteil einer Funktion definiert worden sind, sind lokal, d.h. in der höheren Blockebene sind sie alle unbekannt.
Der Funktionskopf besteht aus dem reservierten Wort FUNCTION, dem Funktionsnamen, einer optionalen Parameterliste und einem Datentyp, der die Art der Funktionswerte beschreibt.
Jeder einzelne Parameter muß eine Typangabe enthalten, mehrere Parameter werden durch einen Strichpunkt (;) voneinander getrennt:

```
FUNCTION z(x,y:INTEGER; hide:BOOLEAN):INTEGER;
```

Prinzipiell existieren bei Turbo-Pascal drei verschiedene Variablentypen (siehe PROCEDURE), es wird häufig aber nur der Wertparameter verwendet (wie oben).

Ein Wertparameter übergibt der Funktion eine Größe, aufgrund der die Funktion einen weiteren Wert berechnet.
Parameter können in der Funktion wie Variablen verwendet werden.
Das Resultat der Funktion wird dem Funktionsnamen zugewiesen, vergleichbar der Zuweisung einer Variablen.

Beispiel

```
PROGRAM FUNCTION_Test;
USES              { für 3.0: Diese beiden Zeilen ... }
  Crt,Dos;        { ... ersatzlos streichen.         }

  FUNCTION Rnd(a,b:INTEGER):INTEGER;
    { Ermittelt eine Zufallszahl im Bereich a..b }
  BEGIN
    Rnd:=Random(succ(b-a))+a
  END;

  FUNCTION LstOk:BOOLEAN;
    { Wird TRUE, wenn der Drucker an LPT1: aufnahmebereit ist }
  VAR
    pack:Registers;
      { für 3.0:                                 }
      {   pack:RECORD                            }
      {     ax,bx,cx,dx,bp,si,di,ds,es,flags:INTEGER }
      {   END;                                   }
    i:INTEGER;
  BEGIN
    pack.dx:=0;
    pack.ax:=$0200;
    Intr($17,pack);
    LstOk:=Hi(pack.ax)=144
  END;

VAR
  i:INTEGER;
BEGIN
  FOR i:=1 TO 10 DO
    WriteLn(i,'. Wurf: ',Rnd(1,6));
  IF LstOk THEN
    WriteLn('Drucker bereit.')
  ELSE
    WriteLn('Drucker nicht bereit.')
END.
```

Siehe auch
EXTERNAL, FORWARD, OVERLAY, PROCEDURE, PROGRAM

GetArcCoords

Graphik (nur Version 4.0)

Zweck
Ermittelt die Daten des letzten Aufrufes von *Arc*.

Struktur

```
PROCEDURE GetArcCoords(VAR daten:ArcCoordsType);
```

Bemerkung
GetArcCoords ist in der Unit **Graph** enthalten.
Die Werte werden dem Parameter *daten* vom Typ *ArcCoordsType* übergeben. Dieser Datentyp ist in der Unit **Graph** folgendermaßen definiert:

```
TYPE
  ArcCoordsType=RECORD
    x,y:INTEGER;        { Mittelpunkt }
    xstart,ystart,      { Startpunkt  }
    xend,yend:WORD      { Endpunkt    }
  END;
```

Bei den mit *GetArcCoords* ermittelten Werten handelt es sich um die Eckpunkte des Kreisbogens und den Kreisbogenmittelpunkt. Somit bleibt es dem Programmierer erspart, diese bei Bedarf selbst zu berechnen (mittels Trigonometrie). Die Eckpunkte eines Kreisbogens sind besonders dann von Bedeutung, wenn er mit Linien erweitert werden soll.
Vor dem ersten Aufruf der Prozedur *Arc* sind die mit *GetArcCoords* ermittelten Werte undefiniert.

Beispiel

```
PROGRAM GetArcCoords_Test;
USES
  Graph;
VAR
  gr,mo:INTEGER;
  daten:ArcCoordsType;
BEGIN
  gr:=Detect;
  InitGraph(gr,mo,'');
  Arc(100,100,45,135,80);
  GetArcCoords(daten);
  WITH daten DO BEGIN
    Line(xstart,ystart,xend,yend);
    Line(x,y,xstart,ystart);
```

```
      Line(x,y,xend,yend)
    END;
    Write('Weiter mit RETURN ...');
    ReadLn;
    CloseGraph
  END.
```

Siehe auch
Arc, Ellipse,

GetAspectRatio

Graphik (nur Version 4.0)

Zweck
Ermittelt das Höhen-/Seitenverhältnis eines Bildschirmes in Abhängigkeit des gewählten Graphiktreibers und modus.

Struktur

```
PROCEDURE GetAspectRatio(VAR x,y:WORD);
```

Bemerkung
GetAspectRatio ist in der Unit **Graph** enthalten.
Jeder Graphiktreiber und modus besitzt sein eigenes Seiten-/Höhenverhältnis. Aus diesem Grund würden Graphikroutinen, die ohne dieses Wissen Kreise oder Quadrate zeichneten, nicht auf jedem Gerät dieselben Resultate (Proportionen) liefern.
GetAspectRatio ermittelt für die gewählte Graphikkarte das entsprechende Seiten-/Höhenverhältnis, das von den Prozeduren *Arc*, *Circle* und *PieSlice* verwendet wird, um Kreise wirklich völlig rund darzustellen.
Die von *GetAspectRatio* ermittelten Werte sind besonders dann wichtig, wenn übereinstimmende Seitenverhältnisse auf dem Bildschirm eine wesentliche Rolle spielen (beispielsweise bei CAD-Anwendungen).

Beispiel
Folgendes Programm zeichnet in jedem Graphikmodus echte Quadrate:

```
PROGRAM GetAspectRatio_Test;
USES
  Graph;
CONST
  gross=100;
VAR
  gr,mo:INTEGER;
```

```
    x,y:WORD;
  BEGIN
    gr:=Detect;
    InitGraph(gr,mo,'');
    GetAspectRatio(x,y);
    Rectangle(0,0,Round(gross/x*y),gross);
    Rectangle(0,0,gross,Round(gross/y*x));
    ReadLn;
    CloseGraph
  END.
```

Siehe auch
GetMaxX, GetMaxY

GetBkColor

Graphik (nur Version 4.0)

Zweck
Ermittelt die aktuelle Hintergrundfarbe.

Struktur

```
FUNCTION GetBkColor:WORD;
```

Bemerkung
GetBkColor ist in der Unit **Graph** enthalten.
GetBkColor ermittelt einen Wert im Bereich von 0..15, der darauf hinweist, welcher Eintrag in der Farb-Palette als Hintergrundfarbe gilt.
0 entspricht dem ersten Eintrag in der Farb-Palette.
Zu Beginn ist automatisch der erste Eintrag der Farbpalette als Hintergrundfarbe aktiv.
Die Hintergrundfarbe kann mit *SetBkColor* verändert werden.

Siehe auch
GetColor, GetPalette, SetAllPalette, SetBkColor, SetColor, SetPalette

GetColor

Graphik (nur Version 4.0)

Zweck
Ermittelt die aktuelle Zeichenfarbe.

Struktur

```
FUNCTION GetColor:WORD;
```

Bemerkung
GetColor ist in der Unit **Graph** enthalten.
GetColor ermittelt einen Wert im Bereich von 0..15, der darauf hinweist, welcher Eintrag in der Farb-Palette als Zeichenfarbe gilt.
0 entspricht dem ersten Eintrag in der Farb-Palette.
Wenn die Zeichenfarbe nicht gesetzt wird (mittels *SetColor*), verwendet Turbo Pascal den höchste Eintrag in der Palette als Zeichenfarbe.

Siehe auch
GetBkColor, GetPalette, SetBkColor, SetColor, SetPalette

GetDate

MS-DOS (nur Version 4.0)

Zweck
Ermittelt das aktuelle Systemdatum.

Struktur

```
PROCEDURE GetDate(VAR ja,mo,tg,wt:WORD);
```

Bemerkung
GetDate ist in der Unit **Dos** enthalten.
Der Parameter *ja* enthält das Jahr (1980..2099), *mo* den Monat (1..12), *tg* den Tag (1..31) und *wt* den daraus resultierenden Wochentag (0..6, wobei 0=Sonntag, 1=Montag)

Beispiel
Folgendes Programm schreibt das aktuelle Datum auf den Bildschirm:

```
PROGRAM GetDate_Test;
USES
  Dos;
CONST
  monat:STRING[36]='JanFebMärAprMaiJunJulAugSepOktNovDez';
  wtag:STRING[14]='SoMoDiMiDoFrSa';
VAR
  ja,mo,tg,wt:WORD;
BEGIN
  GetDate(ja,mo,tg,wt);
```

```
  Write('Heute ist ',Copy(wtag,wt*2+1,2),', ',tg,'. ');
  WriteLn(Copy(monat,(mo-1)*3+1,3),'. ',ja)
END.
```

Siehe auch
GetTime, SetDate, SetTime

GetDir

MS-DOS

Zweck
Ermittelt das aktuelle Verzeichnis.

Struktur

```
PROCEDURE GetDir(lauf:BYTE; VAR pfad:STRING);
```

Bemerkung
Übergibt der String-Variablen *pfad* das aktuelle Directory des Laufwerkes *lauf*.
lauf enthält die Angabe des Laufwerkes, wobei gilt:

```
0 = aktuelles Laufwerk
1 = Laufwerk A:
2 = Laufwerk B:
usw.
```

Beispiel
Dieses Programm schreibt das Directory des aktuellen Laufwerkes auf den Bildschirm.

```
PROGRAM GetDir_Test;
VAR
  dir:STRING[80];
BEGIN
  GetDir(0,dir);
  WriteLn('    Laufwerk: ',Copy(dir,1,2));
  WriteLn('Verzeichnis: ',dir)
END.
```

Siehe auch
ChDir, MkDir, OvrPath, RmDir

GetDotColor

Erweiterte Graphik (nur Version 3.0)

Zweck
Bestimmt die Farbe eines Bildschirmpunktes.

Struktur

```
FUNCTION GetDotColor(x,y:INTEGER):INTEGER;
```

Bemerkung
Die Prozedur *GetDotColor* ist erst durch das Einbinden der Datei GRAPH.P verfügbar. Die Version 4.0 stellt *GetDotColor* in der Unit **Graph3** zur Verfügung, um zur Version 3.0 kompatibel zu bleiben.
GetDotColor gibt die Farbe des Bildschirmpunktes *(x,y)* aus. Folgende Funktionswerte sind denkbar:

```
320x200 Graphik-Modus: 0..4
640x200 Graphik-Modus: 0..1
```

Der Wert -1 wird dann ausgegeben, wenn sich ein Punkt nicht im aktuellen Fenster befindet.
Für die Bestimmung der Farben lesen Sie bitte *HiResColor*, *GraphBackground* und *Palette*.

Beispiel
Dieses Programm füllt den Bildschirm Punkt um Punkt. Bevor ein Punkt gesetzt wird, überprüft *GetDotColor*, ob er nicht schon besetzt ist. In der oberen linken Ecke des Bildschirmes wird die Anzahl der bereits gesetzten Punkte angezeigt. Das Programm wird mit jeder beliebigen Taste gestoppt.

```
PROGRAM GetDotColor_Test;
{$C-}
{$I graph.p  }
VAR
  i,x,y:INTEGER;
BEGIN
  GraphColorMode;
  Palette(3);
  i:=0;
  REPEAT
    x:=Random(100)+160;
    y:=Random(100);
    IF GetDotColor(x,y)=0 THEN BEGIN
      Plot(x,y,3);
      i:=i+1;
```

```
      GotoXY(1,1);
      Write(i)
    END
  UNTIL Keypressed;
  TextMode
END.
```

Siehe auch
Plot, GetPic, PutPic

GetFAttr

MS-DOS (nur Version 4.0)

Zweck
Ermittelt das Attribut einer Datei.

Struktur

```
PROCEDURE GetFAttr(VAR f; VAR attr:WORD);
```

Bemerkung
GetFAttr ist in der Unit **Dos** enthalten.
Die Datei *f*, von der das Attribut *attr* gelesen wird, darf nicht geöffnet sein.
Fehler, die während der Ausführung von *GetFAttr* auftreten, können mit der Systemvariablen *DosError* ermittelt werden.
Folgende Konstanten sind in der Unit **Dos** deklariert und erleichtern die Attributabfrage:

ReadOnly	=$01;
Hidden	=$02;
SysFile	=$04;
VolumeID	=$08;
Directory	=$10;
Archive	=$20;
AnyFile	=$3F;

Beispiel
Folgendes Programm erläutert das Attribut einer beliebigen Datei:

```
PROGRAM GetFAttr_Test;
USES
  Dos;
```

```
VAR
  f:FILE;
  attr:WORD;
  datei:STRING;
BEGIN
  Write('Dateiname: ');
  ReadLn(datei);
  Assign(f,datei);
  GetFAttr(f,attr);
  IF DosError<>0 THEN
    Write('Fehler ...')
  ELSE BEGIN
    IF attr AND 1=1 THEN WriteLn('Schreibgeschützte Datei');
    IF attr AND 2=2 THEN WriteLn('Versteckte Datei');
    IF attr AND 4=4 THEN WriteLn('Systemdatei');
    IF attr AND 8=8 THEN WriteLn('Disketten-Name');
    IF attr AND 16=16 THEN WriteLn('Verzeichnis');
    IF attr AND 32=32 THEN WriteLn('Archivierte Datei')
  END
END.
```

Siehe auch
GetFTime, SetFAttr, SetFTime

GetFillPattern

Graphik (nur Version 4.0)

Zweck
Ermittelt das aktuelle Füllmuster.

Struktur

```
PROCEDURE GetFillPattern(VAR FillPattern:FillPatternType);
```

Bemerkung
GetFillPattern ist in der Unit **Graph** enthalten.
Das zuletzt mit der Prozedur *SetFillPattern* gesetzte Füllmuster kann mit *GetFillPattern* ermittelt werden. Der dafür notwendige Datentyp *FillPatternType* ist in der Unit **Graph** definiert:

```
TYPE
  FillPatternType=ARRAY [1..8] OF BYTE;
```

Siehe auch
SetFillPattern

GetFillSettings

Graphik (nur Version 4.0)

Zweck
Ermittelt die aktuellen Werte des Füllmusters und der Zeichenfarbe.

Struktur

```
PROCEDURE GetFillSettings(VAR daten:FillSettingsType);
```

Bemerkung
GetFillSettings ist in der Unit **Graph** enthalten.
Die von *GetFillSettings* ermittelten Daten werden dem Parameter daten vom Typ *FillSettingsType* übergeben. *FillSettingsType* ist in der Unit **Graph** wie folgt deklariert:

```
TYPE
  FillSettingsType=RECORD
    pattern,
    color:WORD
  END;
```

Im Feld *pattern* ist die Nummer des aktuellen Füllmusters enthalten (siehe hierzu *SetFillStyle*), das Feld *color* enthält die aktuelle Zeichenfarbe (0..15).

Beispiel

```
PROGRAM GetFillSettings_Test;
USES
  Graph;
VAR
  gr,mo:INTEGER;
  daten:FillSettingsType;
BEGIN
  gr:=Detect;
  InitGraph(gr,mo,'');
  GetFillSettings(daten);
  WriteLn('Füllmuster-Nr.: ',daten.pattern);
  WriteLn('   Musterfarbe: ',daten.color);
  IF daten.pattern=UserFill THEN
```

```
    WriteLn('Muster von Ihnen entworfen ...');
  WriteLn;
  WriteLn('Weiter mit RETURN ...');
  ReadLn;
  CloseGraph
END.
```

Siehe auch
SetFillPattern, SetFillStyle

GetFTime

MS-DOS (nur Version 4.0)

Zweck
Ermittelt Datum und Uhrzeit einer Datei.

Struktur

```
PROCEDURE GetFTime (VAR f; VAR zeit:LONGINT);
```

Bemerkung
GetFTime ist in der Unit **Dos** enthalten.
f bezeichnet eine Disketten-Datei, die geöffnet sein muß.
zeit enthält nach dem Aufruf von *GetFTime* das Datum und die Uhrzeit der Datei *f*. Dieser Wert steht in kompakter Form und kann mit der Prozedur *UnpackTime* lesbar gemacht werden.
Der Datentyp *DateTime* (von *UnpackTime* verwendet) ist in der Unit **Dos** deklariert:

```
TYPE
  DateTime=RECORD
    year,month,day,
    hour,min,sec:INTEGER
  END;
```

Fehler, die während der Ausführung von *GetFTime* auftreten, können mit der Systemvariablen *DosError* ermittelt werden.

Beispiel
Folgendes Programm liest Datum und Uhrzeit einer beliebigen Datei:

```
PROGRAM GetFTime_Test;
USES
  Dos;
```

```
VAR
  zeit:LONGINT;
  norm:DateTime;
  f:FILE;
  datei:STRING;
BEGIN
  Write('Dateiname: ');
  ReadLn(datei);
  Assign(f,datei);
  Reset(f);
  GetFTime(f,zeit);
  UnpackTime(zeit,norm);
  WITH norm DO BEGIN
    WriteLn('Datum: ',day,'.',month,'.',year);
    WriteLn(' Zeit: ',hour,':',min,':',sec)
  END;
  Close(f)
END.
```

Siehe auch
GetFAttr, SetFAttr, SetFTime, UnpackTime

GetGraphMode

Graphik (nur Version 4.0)

Zweck
Ermittelt den aktuell gesetzten Graphikmodus.

Struktur

```
FUNCTION GetGraphMode:INTEGER;
```

Bemerkung
GetGraphMode ist in der Unit **Graph** enthalten.
Das von *GetGraphMode* ermittelte Funktionsergebnis liegt im Bereich von 0..5. Dieses hat bei jedem Graphiktreiber eine andere Bedeutung.
Folgende Konstanten, definiert in der Unit **Graph**, können verwendet werden:

CGAC0	=0; 320x200 Punkte, Farbpalette 0 (Hintergrundfarbe, grün, rot, braun), 1 Seite
CGAC1	=1; 320x200 Punkte, Farbpalette 1 (Hintergrundfarbe, türkis, lila, hellgrau), 1 Seite

CGAC2	=2; 320x200 Punkte, Farbpalette 2 (Hintergrundfarbe, hellgrün, hellrot, gelb), 1 Seite
CGAC3	=3; 320x200 Punkte, Farbpalette 3 (Hintergrundfarbe, helltürkis, rosa, weiß), 1 Seite
CGAHi	=4; 640x200 Punkte, schwarz-weiß, 1 Seite
MCGAC0	=0; 320x200 Punkte (wie CGAC0)
MCGAC1	=1; 320x200 Punkte (wie CGAC1)
MCGAC2	=2; 320x200 Punkte (wie CGAC2)
MCGAC3	=3; 320x200 Punkte (wie CGAC3)
MCGAMed	=4; 640x200 Punkte (wie CGAHi)
MCGAHi	=5; 640x480 Punkte, schwarz-weiß, 1 Seite
EGALo	=0; 640x200 Punkte, 16 beliebige Farben, 4 Seiten
EGAHi	=1; 640x350 Punkte, 16 beliebige Farben, 2 Seiten
EGA64Lo	=0; 640x200 Punkte, 16 beliebige Farben, 1 Seite
EGA64Hi	=1; 640x350 Punkte, 4 beliebige Farben, 1 Seite
EGAMonoHi	=3; 640x350 Punkte, schwarz-weiß, 1 Seite bei 64 KBytes, 4 Seiten bei 256 KBytes
HercMonoHi	=0; 720x348 Punkte, schwarz-weiß, 2 Seiten
ATT400C0	=0; 320x200 Punkte (wie CGAC0)
ATT400C1	=1; 320x200 Punkte (wie CGAC1)
ATT400C2	=2; 320x200 Punkte (wie CGAC2)
ATT400C3	=3; 320x200 Punkte (wie CGAC3)
ATT400Med	=4; 640x200 Punkte (wie CGAHi)
ATT400Hi	=5; 640x400 Punkte, schwarz-weiß, 1 Seite
VGALo	=0; 640x200 Punkte, 16 beliebige Farben, 4 Seiten
VGAMed	=1; 640x350 Punkte, 16 beliebige Farben, 2 Seiten
VGAHi	=2; 640x480 Punkte, 16 beliebige Farben, 1 Seite
PC3270Hi	=0; 720x350 Punkte

Siehe auch
DetectGraph, InitGraph, SetGraphMode

GetImage

Graphik (nur Version 4.0)

Zweck
Kopiert einen rechteckigen Bildausschnitt in eine Puffervariable.

Struktur

```
PROCEDURE GetImage(x1,y1,x2,y2:INTEGER; VAR puffer);
```

Bemerkung
GetImage ist in der Unit **Graph** enthalten.
(x1,y1) bezeichnet den oberen linken, *(x2,y2)* den unteren rechten Eckpunkt des zu kopierenden Bildausschnittes.
puffer nimmt die Bilddaten auf, wobei die ersten 4 Bytes für die Maße der Höhe und Breite des zu kopierenden Bildes reserviert sind. Es ist darauf zu achten, daß *puffer* genügend Platz für die Bilddaten reserviert (siehe hierzu *ImageSize*).
Da nicht immer vorausgesagt werden kann, wieviele Bytes ein bestimmtes Bild belegen wird, ist es zu empfehlen, *puffer* mit der Prozedur *GetMem* dynamisch zu erzeugen:

```
USES
  Graph;
VAR
  bild:POINTER;
  gr,mo:INTEGER;
  gross:WORD;
BEGIN
  gr:=Detect;
  InitGraph(gr,mo,'');
  Circle(100,100,50);
  gross:=ImageSize(50,50,150,150);
  GetMem(bild,gross);             { reserviert Speicher auf dem Heap }
  GetImage(50,50,150,150,bild^);
  PutImage(100,50,bild^,NormalPut);
  FreeMem(bild,gross)             { gibt reservierten Speicher frei  }
END.
```

Achtung: Falls Sie vor dem Aufruf der Prozedur *FloodFill* Speicher auf dem Heap reservieren lassen und diesen mit Daten belegen, besteht die Möglichkeit, daß *FloodFill* diese Daten überschreibt (siehe auch *FloodFill*).

Siehe auch
ImageSize, PutImage

GetIntVec

MS-DOS (nur Version 4.0)

Zweck
Ermittelt die Adresse einer Interrupt-Routine.

Struktur

```
PROCEDURE GetIntVec(nr:BYTE; VAR adresse:POINTER);
```

Bemerkung
GetIntVec ist in der Unit **Dos** enthalten.
Interrupt-Vektoren (Adressen von Interrupt-Routinen) sind bei maschinennaher Programmierung von wesentlicher Bedeutung. Ein Interrupt wird beispielsweise dann ausgelöst, wenn Sie die Taste **<PrtScr>** drücken oder ein Programm eine Zahl durch null dividiert. Falls ein Interrupt ausgelöst worden ist, führt das System eine besondere Routine aus. Die Speicheradresse einer solchen Routine wird Interrupt-Vektor genannt und befindet sich in dem ersten kByte des Arbeitsspeichers.
Oft ist es interessant, einen Interrupt-Vektor so zu verändern, daß bei einem Interrupt eine vom Programmierer geschriebene Prozedur ausgeführt wird (in der Fachwelt wird vom "Verbiegen des Interrupt-Vektors" gesprochen).
GetIntVec liest den aktuellen Interrupt-Vektor *nr* und übergibt den ermittelten Wert dem Parameter *adresse*. Falls ein Interrupt-Vektor verbogen wird, sollte er am Ende eines Programmes wieder auf den ursprünglichen Wert zurückgesetzt werden.

Beispiel
Folgendes Programm verbiegt den Interrupt-Vektor $05. Der Interrupt $05 wird ausgelöst, wenn Sie die Taste **<PrtScr>** drücken.

```
PROGRAM GetIntVec_Test;
USES
  Dos,Crt;
VAR
  alt:POINTER;

{$F+}
  PROCEDURE prtscr; INTERRUPT;
  BEGIN
    Sound(440);
    Delay(10);
    NoSound
  END;
{$F-}
```

```
BEGIN
  GetIntVec($05,alt);
  SetIntVec($05,@prtscr);          { @ entspricht Addr      }
  WriteLn('Bitte drücken Sie <PrtScr>.');
  WriteLn('Ende mit jeder anderen Taste ...');
  REPEAT UNTIL KeyPressed;
  SetIntVec($05,alt)               { Original-Vektor zurück }
END.
```

Siehe auch
INTERRUPT, Keep, SetIntVec

GetLineSettings

Graphik (nur Version 4.0)

Zweck
Ermittelt die aktuell gesetzte Linienart, das Muster und die Zeichendicke.

Struktur

```
PROCEDURE GetLineSettings(VAR daten:LineSettingsType);
```

Bemerkung
GetLineSettings ist in der Unit **Graph** enthalten.
Der Datentyp *LineSettingsType* ist in der Unit **Graph** wie folgt definiert:

```
TYPE
  LineSettingsType=RECORD
    LineStyle,
    Pattern,
    Thickness:WORD
  END;
```

Folgende Konstanten (definiert in der Unit **Graph**) können verwendet werden:

SolidLn =0; Durchgezogene Linie
DottedLn =1; Gepunktete Linie
CenterLn =2; Punkt-Strich-Punkt-Linie
DashedLn =3; Gestrichelte Linie
UserBitLn =4; Benutzerdefinierte Linie. Wenn das Feld *Line-Style* diesen Wert enthält, wird mit dem Bitmuster

des Feldes *Pattern* eine Linie gezeichnet, andernfalls ist *Pattern* ohne Bedeutung.

NormWidth	=1; Normale Dicke
ThickWidth	=3; Breite Linie

Siehe auch
SetLineStyle

GetMaxColor

Graphik (nur Version 4.0)

Zweck
Ermittelt die höchste Farbnummer, die verwendet werden kann.

Struktur

```
FUNCTION GetMaxColor:WORD;
```

Bemerkung
GetMaxColor ist in der Unit **Graph** enthalten.
Je nach Graphiktreiber und modus kann die Anzahl der verfügbaren Farben verschieden sein. *GetMaxColor* ermittelt bei den einzelnen Graphiktreibern folgende Werte:

CGA, 320x200	3
CGA, 640x200	1
MCGA, 320x200	3
MCGA, 640x200	1
MCGA, 640x480	1
EGA	15, 3 oder 1 (je nach Modus)
Hercules	1
ATT, 320x200	3
ATT, 640x200	1
ATT, 640x400	1
VGA	15

Siehe auch
SetColor

GetMaxX/GetMaxY

Graphik (nur Version 4.0)

Zweck
Ermittelt die größtmögliche X- oder Y-Koordinate des Graphikbildschirmes.

Struktur

```
FUNCTION GetMaxX:WORD;
FUNCTION GetMaxY:WORD;
```

Bemerkung
GetMaxX und *GetMaxY* sind in der Unit **Graph** enthalten.
Die von *GetMaxX* und *GetMaxY* ermittelten Werte sind abhängig vom aktuellen Graphiktreiber und modus.
Mit Hilfe dieser beiden Funktionen wird es möglich, Programme zu schreiben, die sich automatisch an die Gegebenheiten eines Bildschirmes anpassen können.

Beispiel
Dieses Programm zeichnet für jeden Graphiktreiber einen Rahmen, der das Zeichenfeld begrenzt:

```
PROGRAM GetMaxX_GetMaxY_Test;
USES
  Crt,Graph;
VAR
  gr,mo:INTEGER;
  ch:CHAR;
BEGIN
  gr:=Detect;
  InitGraph(gr,mo,'');
  Rectangle(0,0,GetMaxX,GetMaxY);
  Rectangle(2,2,GetMaxX-2,GetMaxY-2);
  ch:=ReadKey;
  CloseGraph
END.
```

Siehe auch
GetMaxColor

GetMem

Dynamische Speicherung

Zweck
Reserviert auf dem Heap einen Bereich beliebiger Größe.

Struktur

```
PROCEDURE GetMem(VAR p:zeigervariable; groesse:INTEGER);  { nur 3.0 }
PROCEDURE GetMem(VAR p:POINTER; groesse:WORD);            { nur 4.0 }
```

Bemerkung
Im Gegensatz zur Prozedur *New*, die nur soviel Platz auf dem Heap reserviert, wie ein bestimmter Variablen-Typ benötigt, kann mit *GetMem* die zu reservierende Größe selbst bestimmt werden. Dies verhindert in bestimmten Fällen (z.B. Textverarbeitung, wo die Längen der einzelnen Zeilen variieren können) Speicherplatzverschwendung.
Die Prozedur *FreeMem* gibt den reservierten Speicherbereich wieder frei.

Beispiel
Dieses Programm liest Zeilen unterschiedlicher Länge ein und legt sie auf dem Heap ab. Bei der Eingabe einer Leerzeile werden alle Zeilen auf dem Bildschirm angezeigt.

```
PROGRAM GetMem_Test;
TYPE
  str255=STRING[255];
  wo=^zeile;
  zeile=RECORD
    next:wo;
    lang:BYTE;
    linie:^str255
  END;
VAR
  txt,start:wo;
  eingabe:str255;
BEGIN
  New(txt);
  start:=txt;
  txt^.next:=NIL;
  txt^.lang:=0;
  txt^.linie:=NIL;
  REPEAT
    Write('Text: ');
    eingabe:='';
    ReadLn(eingabe);
```

```
    IF eingabe<>'' THEN BEGIN
      txt^.lang:=Succ(Length(eingabe));
      GetMem(txt^.linie,txt^.lang);
      txt^.linie^:=eingabe;
      New(txt^.next);
      txt:=txt^.next;
      txt^.next:=NIL;
      txt^.lang:=0;
      txt^.linie:=NIL
    END
  UNTIL eingabe='';
  txt:=start;
  WHILE txt<>NIL DO BEGIN
    IF txt^.lang<>0 THEN WriteLn(txt^.linie^);
    txt:=txt^.next
  END
END.
```

Siehe auch
FreeMem, MaxAvail, MemAvail

GetModeRange

Graphik (nur Version 4.0)

Zweck
Ermittelt die möglichen Graphikmodi.

Struktur

```
PROCEDURE GetModeRange(treiber:INTEGER; VAR min,max:INTEGER);
```

Bemerkung
GetModeRange ist in der Unit **Graph** enthalten.
Für jeden Graphiktreiber können verschiedene Modi gewählt werden. *GetModeRange* ermittelt für den Treiber *treiber* den kleinsten (*min*) und den größten (*max*) Graphikmodus, ein Graphiktreiber braucht nicht unbedingt installiert zu sein.
Falls der Parameter *treiber* einen ungültigen Wert enthält, liefern *min* und *max* den Wert -1.

Beispiel
Folgendes Programm führt die gültigen Graphikmodi der einzelnen Treiber auf.

```
PROGRAM GetModeRange_Test;
USES
  Graph;
VAR
  i,min,max:INTEGER;
BEGIN
  FOR i:=1 TO 10 DO BEGIN
    GetModeRange(i,min,max);
    WriteLn('Treiber: ',i:3,' Graphikmodus: ',min,'..',max)
  END
END.
```

Siehe auch
DetectGraph, GetGraphMode

GetPalette

Graphik (nur Version 4.0)

Zweck
Ermittelt die aktuell gesetzte Farb-Palette.

Struktur

```
PROCEDURE GetPalette(VAR palette:PaletteType);
```

Bemerkung
GetPalette ist in der Unit **Graph** enthalten.
Mit *GetPalette* können die einzelnen Einträge der aktuellen Farbpalette ermittelt werden. Der dazu notwendige Typ *PaletteType* ist im Unit **Graph** definiert:

```
CONST
  MaxColors=15;
TYPE
  PaletteType=RECORD
    size:BYTE;
    colors:ARRAY [0..MaxColors] OF SHORTINT
  END;
```

Das Feld *size* zeigt, wieviele Einträge die Farbpalette enthält, *colors[0] .. colors[size-1]* enthalten die einzelnen Farben. *size* hängt vom verwendeten Graphiktreiber und modus ab und entspricht dem Wert der Funktion *GetMaxColor*.

Siehe auch
SetAllPalette, SetPalette

GetPic

Erweiterte Graphik (nur Version 3.0)

Zweck
Speichert im Graphik-Modus einen Bildschirmausschnitt.

Struktur

```
PROCEDURE GetPic(VAR puffer:beliebiger Typ; x1,y1,x2,y2:INTEGER);
```

Bemerkung
Die Prozedur *GetPic* ist erst durch das Einbinden der Datei GRAPH.P verfügbar. Die Version 4.0 stellt *GetPic* in der Unit **Graph3** zur Verfügung, um zur Version 3.0 kompatibel zu bleiben.
GetPic kopiert den Inhalt einer rechteckigen Bildschirmfläche in die Variable *puffer*.
Die linke obere Ecke des zu speichernden Rechteckes hat die Koordinate *(x1,y1)*, die rechte untere Ecke *(x2,y2)*. Die minimale Puffergröße in Bytes beträgt:

```
320x200 Modus: Puffergröße=((Breite+3) div 4)*Höhe*2+6
640x200 Modus: Puffergröße=((Breite+7) div 8)*Höhe+6
```

wobei gilt:

```
Breite:=Abs(x1-x2)+1
Hoehe :=Abs(y1-y2)+1
```

Es liegt in der Verantwortung des Programmierers, eine ausreichende Puffergröße bereitzustellen. Der Puffer kann immer größer als verlangt angelegt werden.
Die ersten 6 Bytes des Puffers enthalten 3 Integer-Werte. Sie sind wie folgt festgelegt:

	Graphikmodus 320x200	Graphikmodus 640x200
1. Integer-Wert	2	1
2. Integer-Wert	Breite des Bildes	
3. Integer-Wert	Länge des Bildes	

Die folgenden Bytes der Puffervariablen enthalten die Daten des Bildes. Bitte beachten Sie, daß der Graphik-Modus 320x200 rund vier Mal mehr Speicherplatz benötigt als der Graphik-Modus 640x200. Dies liegt daran, daß ein Punkt im Graphik-Modus 320x200 vier verschiedene Farben annehmen kann.

Beispiel
Dieses Programm zeichnet einen ausgefüllten gelben Kreis, den es wegspeichert und schließlich (mit *PutPic*) zehn Mal auf den Bildschirm zurückspeichert. Unser Bild mit den Eckpunkten (10,10) und (90,90) benötigt 3408 BYTE, was der Deklaration *VAR puffer:ARRAY [1..1704] OF INTEGER;* entspricht, da ein Integer-Wert 2 BYTE beansprucht.

```
PROGRAM GetPic_Test;
{$I graph.p }
VAR
  puffer:ARRAY [1..1704] OF INTEGER;
  i:INTEGER;
BEGIN
  GraphColorMode;
  Palette(2);
  FOR i:=1 TO 40 DO Circle(50,50,i,3);
  GetPic(puffer,10,10,90,90);
  FOR i:=1 TO 10 DO PutPic(puffer,50+10*i,50+10*i);
  REPEAT UNTIL KeyPressed;
  TextMode
END.
```

Siehe auch
PutPic

GetPixel

Graphik (nur Version 4.0)

Zweck
Ermittelt die Farbe eines Bildschirmpunktes.

Struktur

```
FUNCTION GetPixel(x,y:INTEGER):WORD;
```

Bemerkung
GetPixel ist in der Unit **Graph** enthalten.
Mit *GetPixel* kann die Farbe des Bildpunktes *(x,y)* ermittelt werden. Der Funktionswert entspricht dem Farb-Paletten-Eintrag und nicht der effektiven Farb-Nummer.

Siehe auch
PutPixel

GetTextSettings

Graphik (nur Version 4.0)

Zweck
Ermittelt Daten der aktuellen Schrift (z.B. Richtung und Schriftart).

Struktur

```
PROCEDURE GetTextSettings(VAR daten:TextSettingsType);
```

Bemerkung
GetTextSettings ist in der Unit **Graph** enthalten.
Der für *GetTextSettings* notwendige Typ *TextSettingsType* ist in der Unit **Graph** deklariert:

```
TYPE
  TextSettingsType=RECORD
    font,           { Nummer des Zeichensatzes }
    direction,      { Schreibrichtung          }
    charsize,       { Zeichengröße             }
    horiz,          { Zeichenbreite            }
    vert:WORD       { Zeichenhöhe              }
  END;
```

Folgende Konstanten, definiert in der Unit **Graph**, können verwendet werden:

DefaultFont	=0; 8x8 Punkte-Raster
TriplexFont	=1; Vektor-Zeichensatz, Schrift "Triplex"
SmallFont	=2; Vektor-Zeichensatz, kleine Schrift
SansSerifFont	=3; Vektor-Zeichensatz, Schrift "Sans Serif"
GothicFont	=4; Vektor-Zeichensatz, gotische Schrift

HorizDir	=0; Schreibrichtung von links nach rechts
VertDir	=1; Schreibrichtung von unten nach oben

UserCharSize	=0; Falls *charsize* diesen Wert enthält, wurde die Zeichengröße mit *SetUserCharSize* gesetzt.

Siehe auch
SetTextJustify, SetTextStyle, TextHeight, TextWidth

GetTime

MS-DOS (nur Version 4.0)

Zweck
Ermittelt die aktuelle Systemzeit.

Struktur

```
PROCEDURE GetTime(VAR std,min,sek,sek100:WORD);
```

Bemerkung
GetTime ist in der Unit **Dos** enthalten.
Nach dem Aufruf von *GetTime* enthalten die Parameter *std* die Stunden (0..23), *min* die Minuten (0..59), *sek* die Sekunden (0..59) und *sek100* die Hundertstelsekunden (0..99) der internen Systemuhr.

Beispiel
Folgendes Programm ermittelt Ihre Reaktionszeit. Nach dem Start erfolgt zufällig ein Piepston, der Sie auffordert, so schnell wie möglich eine Taste zu drücken.

```
PROGRAM GetTime_Test;
USES
  Crt,Dos;
VAR
  std1,min1,sek1,h1,
  std2,min2,sek2,h2:WORD;
  reaktion:INTEGER;
```

```
    ch:CHAR;
  BEGIN
    WriteLn('Aufgepaßt!');
    Delay((Random(6)+1)*500);
    GetTime(std1,min1,sek1,h1);
    Sound(440);
    ch:=ReadKey;
    NoSound;
    GetTime(std2,min2,sek2,h2);
    reaktion:=(sek2-sek1)*100+h2-h1;
    Write('Ihre Reaktionszeit (inklusiv Schreckmoment) in Sekunden: ');
    WriteLn(reaktion/100:5:3)
  END.
```

Siehe auch
GetDate, SetDate, SetTime

GetViewSettings

Graphik (nur Version 4.0)

Zweck
Ermittelt die Daten des aktuellen Graphikfensters.

Struktur

```
PROCEDURE GetViewSettings(VAR daten:ViewPortType);
```

Bemerkung
GetViewSettings ist in der Unit **Graph** enthalten.
Mit *GetViewSettings* können die Grenzen des Graphikfensters und der Wert der Clip-Funktion ermittelt werden.
Der Datentyp *ViewPortType* ist in der Unit **Graph** deklariert:

```
TYPE
  ViewPortType=RECORD
    x1,y1,           { obere linke Ecke            }
    x2,y2:WORD;      { untere rechte Ecke          }
    clip:BOOLEAN     { TRUE, wenn Abschneiden aktiv }
  END;
```

Die beiden Konstanten (in der Unit **Graph** definiert) können verwendet werden:

ClipOn	=TRUE; Abschneiden am Rande eines Fensters aktiv
ClipOff	=FALSE; Graphiken werden ab Rande des Fensters nicht abgeschnitten

Siehe auch
SetViewPort

GetX/GetY

Graphik (nur Version 4.0)

Zweck
Ermittelt die aktuelle X-, Y-Koordinate des Graphikcursors.

Struktur

```
FUNCTION GetX:INTEGER;
FUNCTION GetY:INTEGER;
```

Bemerkung
GetX und *GetY* sind in der Unit **Graph** enthalten.
Die mit *GetX* und *GetY* ermittelten Werte beziehen sich immer auf das aktuelle Graphikfenster (so entspricht der Punkt (0,0) der linken oberen Fensterecke).
Viele Graphikroutinen verschieben den Graphikcursor, mit *MoveTo* kann er an einen bestimmten Punkt gesetzt werden.

Siehe auch
GetMaxX, GetMaxY

GOTO

Reserviertes Wort

Zweck
Ermöglicht Sprünge innerhalb eines Struktur-Blockes.

Bemerkung
Eine GOTO-Anweisung besteht aus dem reservierten Wort GOTO und dem folgenden Labelbezeichner.
GOTO wird gebraucht, um im Programm an bestimmte Stellen zu springen, die mit einem Label gekennzeichnet sind.
Vor dem Gebrauch müssen die Labels deklariert werden. Dies geschieht im Deklarationsteil eines Programmes, einer Prozedur oder Funktion.

Ein Label ist nur in dem Block gültig, in dem er deklariert wurde (nur bei Turbo Pascal). Aus diesem Grund ist es nicht möglich, aus einer Prozedur oder Funktion zu springen.
GOTO ist sehr umstritten, da es der strukturierten Programmierung entgegenwirkt (falls Sie GOTO-Anweisungen in Ihren Programmen benützen, verschweigen Sie es lieber, wenn Sie langen Diskussionen aus dem Weg gehen wollen). Es ist jedoch ohne weiteres möglich, ohne eine einzige GOTO-Anweisung schlecht strukturierte Programme zu schreiben.

Beispiel

```
PROGRAM GOTO_Test;
USES        { für 3.0: Diese beiden Zeilen ... }
  Crt;      { ... ersatzlos streichen.         }

  PROCEDURE warten_auf_G;
  LABEL
    aus;
  VAR
    ch:CHAR;
  BEGIN
    REPEAT
      WriteLn('Bitte drücken Sie die Taste <G> ...');
      ch:=ReadKey;  { für 3.0: Read(KBD,ch); }
      ch:=UpCase(ch)
      IF ch='G' THEN
        GOTO aus;
      WriteLn('Das war leider die falsche Taste ...')
    UNTIL FALSE;
aus:
  END;

BEGIN
  warten_auf_G
END.
```

Siehe auch
LABEL

GotoXY

Textbildschirm

Zweck
Bringt den Cursor an eine beliebige Stelle des Textbildschirmes.

Struktur

```
PROCEDURE GotoXY(x,y:BYTE);
```

Bemerkung
GotoXY setzt den Cursor auf den Bildschirmpunkt *(x,y)*; *x* entspricht den Spalten, *y* den Zeilen.
Die linke obere Ecke des Bildschirms bezeichnet den Punkt (1,1).

Version 4.0: *GotoXY* ist in der Unit **Crt** enthalten.

Beispiel
Dieses Programm zeichnet Rechtecke, bestehend aus Textzeichen.

```
PROGRAM GotoXY_Test;
USES            { für 3.0: Diese beiden Zeilen ... }
  Crt;          { ... ersatzlos streichen.         }
CONST
  lo=#218;
  ro=#191;
  lu=#192;
  ru=#217;
  ho=#196;
  ve=#179;
VAR
  i:INTEGER;

  PROCEDURE Box(x1,y1,x2,y2:INTEGER);
  VAR
    i:INTEGER;
  BEGIN
    GotoXY(x1,y1);
    Write(lo);
    FOR i:=x1+1 TO x2-1 DO
      Write(ho);
    Write(ro);
    FOR i:=y1+1 TO y2-1 DO BEGIN
      GotoXY(x1,i);
      Write(ve);
      GotoXY(x2,i);
      Write(ve)
    END;
    GotoXY(x1,y2);
    Write(lu);
    FOR i:=x1+1 TO x2-1 DO
```

```
      Write(ho);
    Write(ru)
  END;

BEGIN
  ClrScr;
  FOR i:=1 TO 12 DO
    Box(2*i,i,80-2*i,26-i)
END.
```

Siehe auch
WhereX, WhereY

Graph

Unit (nur Version 4.0)

Zweck
In der Unit **Graph** wird ein umfangreiches Graphikpaket zur Verfügung gestellt, das die meisten der handelsüblichen Graphikkarten unterstützt.

Bemerkung
Wird ein Programm compiliert, das die Unit **Graph** benützt, muß die Datei GRAPH.TPU in einem Unit-Directory (siehe Anhang B.2) oder im aktuellen Directory vorhanden sein.
Beim Start eines Graphik-Programmes werden Graphik-Treiber (Dateien mit der Erweiterung .BGI) und verwendete Zeichensätze (Dateien mit der Erweiterung .CHR) im aktuellen Directory gesucht. Diese sind frei von Lizenzgebühren und können mit dem selbst entwickelten Programm weitergegeben werden.
Es besteht die Möglichkeit, Treiber und Zeichensätze direkt ins Programm einzubinden (siehe hierzu *RegisterBGIdriver* und *RegisterBGIfont*), so daß diese bei Bedarf nicht mehr von der Diskette in den Heap geladen werden müssen.
Folgende Funktionen und Prozeduren sind in der Unit **Graph** enthalten:

Arc	Zeichnet einen Kreisbogen
Bar	Zeichnet einen Balken
Bar3D	Zeichnet einen dreidimensionalen Balken
Circle	Zeichnet einen Kreis
ClearDevice	Löscht den gesamten Bildschirme
ClearViewPort	Löscht das aktuelle Graphikfenster
CloseGraph	Beendet den Graphikmodus
DetectGraph	Bestimmt einen möglichen Graphikmodus
DrawPoly	Zeichnet ein Vieleck

Ellipse	Zeichnet eine Ellipse
FillPoly	Zeichnet ein ausgefülltes Vieleck
FloodFill	Füllt eine Figur beliebiger Form
GetArcCoords	Ermittelt die Endpunkte und den Mittelpunkt eines Kreisbogens
GetAspectRatio	Ermittelt das Höhen-/Seitenverhältnis eines Bildschirmes
GetBkColor	Ermittelt die aktuelle Hintergrundfarbe
GetColor	Ermittelt die aktuelle Zeichenfarbe
GetFillPattern	Ermittelt ein vom Benutzer definiertes Füllmuster
GetFillSettings	Ermittelt das aktuelle Füllmuster und die Füllfarbe
GetGraphMode	Ermittelt den aktuellen Graphik-Modus
GetImage	Kopiert einen rechteckigen Bildschirmausschnitt in eine Puffervariable
GetLineSettings	Ermittelt die aktuelle Linienart
GetMaxColor	Liefert die höchste Farbnummer
GetMaxX	Ermittelt die größte X-Koordinate des Bildschirmes
GetMaxY	Ermittelt die größte Y-Koordinate des Bildschirmes
GetModeRange	Ermittelt die möglichen Graphikmodi
GetPalette	Ermittelt Daten der gesetzten Farbpalette
GetPixel	Ermittelt die Farbe eines Punktes
GetTextSettings	Ermittelt Daten der aktuellen Schrift (Zeichensatz, Schreibrichtung, Zeichengröße)
GetViewSettings	Ermittelt die Eckpunkte des aktuellen Graphik-Fensters
GetX	Übergibt X-Koordinate des Graphik-Cursors
GetY	Übergibt Y-Koordinate des Graphik-Cursors
GraphDefaults	Setzt alle Parameter des Graphikpaketes auf die Standardwerte zurück
GraphErrorMsg	Übergibt eine Zeichenkette, die einer Fehlermeldung entspricht
GraphResult	Übergibt eine Fehlernummer, falls ein Graphikfehler aufgetreten ist
ImageSize	Berechnet die Größe einer Puffervariablen zur Speicherung von Bildern
InitGraph	Setzt einen Graphikmodus
Line	Zeichnet eine Linie
LineRel	Zeichnet eine Linie relativ zum aktuellen Graphik-Cursor
LineTo	Zeichnet eine Linie von der aktuellen Cursorposition zu einem Punkt
MoveRel	Bewegt den Graphik-Cursor relativ zur aktuellen Cursorposition (ohne zu zeichnen)
MoveTo	Setzt den Graphik-Cursor an einen bestimmten Punkt (ohne zu zeichnen)

OutText	Schreibt einen Text an der aktuellen Cursorposition
OutTextXY	Schreibt einen Text an der angegebenen Position
PieSlice	Zeichnet ein gefülltes Kuchenstück
PutImage	Kopiert den Inhalt einer Puffervariablen als Bild in den Bildschirm
PutPixel	Zeichnet einen Punkt
Rectangle	Zeichnet ein Rechteck
RegisterBGIdriver	Registriert einen Graphiktreiber
RegisterBGIfont	Registriert einen Zeichensatz
RestoreCrtMode	Schaltet den Bildschirm in den ursprünglichen Textmodus zurück
SetActivePage	Legt die aktuelle Graphikseite fest
SetAllPalette	Ermöglicht das Setzen einer Farb-Palette
SetBkColor	Setzt die Hintergrundfarbe
SetColor	Setzt die Zeichenfarbe
SetFillPattern	Ermöglicht die Definition eigener Füllmuster
SetFillStyle	Setzt ein Füllmuster
SetGraphBufSize	Reserviert auf dem Heap einen Puffer für Graphikdaten
SetGraphMode	Schaltet in einen Graphikmodus um
SetLineStyle	Setzt eine Linienart
SetPalette	Ändert einen Eintrag der aktuellen Farb-Palette
SetTextJustify	Bestimmt die Ausrichtung eines Textes
SetTextStyle	Legt Zeichensatz, Schreibrichtung und Zeichengröße fest
SetUserCharSize	Ermöglicht das Setzen beliebig großer Zeichen
SetViewPort	Definiert einen Teil des gesamten Bildschirmes als Fenster
SetVisualPage	Bringt eine von mehreren Graphik-Seiten zur Anzeige
TextHeight	Ermittelt die Texthöhe (in Punkten) einer Zeichenkette
TextWidth	Ermittelt die Textbreite (in Punkten) einer Zeichenkette

Folgende Konstanten sind in der Unit **Graph** deklariert und arbeiten mit der Funktion *GraphResult* zusammen:

grOk	=0; Kein Fehler aufgetreten
grNoInitGraph	=-1; Kein Graphiktreiber (.BGI) installiert
grNotDetected	=-2; Gewünschter Graphikmodus ist nicht möglich
grFileNotFound	=-3; Graphiktreiber-Datei (.BGI) nicht vorhanden
grInvalidDriver	=-4; Graphiktreiber defekt, Datei zerstört
grNoLoadMem	=-5; Graphiktreiber findet keinen Platz im Hauptspeicher

grNoScanMem	=-6; Nicht genügend Speicherplatz für *FillPoly*
grNoFloodMem	=-7; *FloodFill* konnte nicht korrekt ausgeführt werden, zu wenig Hauptspeicher
grFontNotFound	=-8; Zeichensatz-Datei (.CHR) nicht gefunden
grNoFontMem	=-9; Zeichensatz findet keinen Platz im Hauptspeicher
grInvalidMode	=-10; Graphikmodus und Treiber passen nicht zusammen
grError	=-11; Unbekannter Fehler
grIOError	=-12; Ein-/Ausgabefehler beim Laden einer .BGI- oder .CHR-Datei
grInvalidFont	=-13; Zeichensatzdatei defekt, Datei zerstört
grInvalidFontNum	=-14; Ungültige Zeichensatznummer
grInvalidDeviceNum	=-15; Ungültige Gerätenummer

Folgende Konstanten sind in der Unit **Graph** deklariert und bezeichnen jeweils einen Graphiktreiber. Sie können zusammen mit *InitGraph* verwendet werden:

Detect	=0; Sucht automatisch einen passenden Graphiktreiber
CGA	=1;
MCGA	=2;
EGA	=3;
EGA64	=4;
EGAMono	=5;
RESERVED	=6; Nicht verwendet
HercMono	=7; Hercules
ATT400	=8; Treiber für Olivetti und AT&T, wird nicht automatisch erkannt
VGA	=9; PS/2
PC3270	=10;

Folgende Konstanten sind in der Unit **Graph** deklariert und bezeichnen einen von mehreren Graphikmodi für einen gewählten Graphiktreiber:

CGAC0	=0; 320x200 Punkte, Farbpalette 0 (Hintergrundfarbe, grün, rot, braun), 1 Seite
CGAC1	=1; 320x200 Punkte, Farbpalette 1 (Hintergrundfarbe, türkis, lila, hellgrau), 1 Seite
CGAC2	=2; 320x200 Punkte, Farbpalette 2 (Hintergrundfarbe, hellgrün, hellrot, gelb), 1 Seite
CGAC3	=3; 320x200 Punkte, Farbpalette 3 (Hintergrundfarbe, helltürkis, rosa, weiß), 1 Seite
CGAHi	=4; 640x200 Punkte, schwarz-weiß, 1 Seite

MCGAC0	=0; 320x200 Punkte (wie CGAC0)
MCGAC1	=1; 320x200 Punkte (wie CGAC1)
MCGAC2	=2; 320x200 Punkte (wie CGAC2)
MCGAC3	=3; 320x200 Punkte (wie CGAC3)
MCGAMed	=4; 640x200 Punkte (wie CGAHi)
MCGAHi	=5; 640x480 Punkte, schwarz-weiß, 1 Seite
EGALo	=0; 640x200 Punkte, 16 beliebige Farben, 4 Seiten
EGAHi	=1; 640x350 Punkte, 16 beliebige Farben, 2 Seiten
EGA64Lo	=0; 640x200 Punkte, 16 beliebige Farben, 1 Seite
EGA64Hi	=1; 640x350 Punkte, 4 beliebige Farben,1 Seite
EGAMonoHi	=3; 640x350 Punkte, schwarz-weiß, 1 Seite bei 64 KBytes, 4 Seiten bei 256 KBytes
HercMonoHi	=0; 720x348 Punkte, schwarz-weiß, 2 Seiten
ATT400C0	=0; 320x200 Punkte (wie CGAC0)
ATT400C1	=1; 320x200 Punkte (wie CGAC1)
ATT400C2	=2; 320x200 Punkte (wie CGAC2)
ATT400C3	=3; 320x200 Punkte (wie CGAC3)
ATT400Med	=4; 640x200 Punkte (wie CGAHi)
ATT400Hi	=5; 640x400 Punkte, schwarz-weiß, 1 Seite
VGALo	=0; 640x200 Punkte, 16 beliebige Farben, 4 Seiten
VGAMed	=1; 640x350 Punkte, 16 beliebige Farben, 2 Seiten
VGAHi	=2; 640x480 Punkte, 16 beliebige Farben, 1 Seite
PC3270Hi	=0; 720x350 Punkte

Folgende Konstanten können bei Farbangaben verwendet werden:

Black	=0; Schwarz
Blue	=1; Blau
Green	=2; Grün
Cyan	=3; Türkis
Red	=4; Rot
Magenta	=5; Lila
Brown	=6; Braun
LightGray	=7; Hellgrau
DarkGray	=8; Dunkelgrau
LightBlue	=9; Hellblau
LightGreen	=10; Hellgrün
LightCyan	=11; Helltürkis
LightRed	=12; Hellrot

LightMagenta	=13; Rosa
Yellow	=14; Gelb
White	=15; Weiß

Folgende Konstanten können zusammen mit den Prozeduren *GetLineSettings* und *SetLineStyle* verwendet werden:

SolidLn	=0; Durchgezogene Linie
DottedLn	=1; Gepunktete Linie
CenterLn	=2; Punkt-Strich-Punkt-Linie
DashedLn	=3; Gestrichelte Linie
UserBitLn	=4; Benutzerdefinierte Linie
NormWidth	=1; Normale Dicke
ThickWidth	=3; Breite Linie

Folgende Konstanten arbeiten zusammen mit den beiden Prozeduren *GetTextSettings* und *SetTextStyle*:

DefaultFont	=0; 8x8 Punkte-Raster
TriplexFont	=1; Vektor-Zeichensatz, Schrift "Triplex"
SmallFont	=2; Vektor-Zeichensatz, kleine Schrift
SansSerifFont	=3; Vektor-Zeichensatz, Schrift "Sans Serif"
GothicFont	=4; Vektor-Zeichensatz, gotische Schrift
HorizDir	=0; Schreibrichtung von links nach rechts
VertDir	=1; Schreibrichtung von unten nach oben
UserCharSize	=0; Zeichengröße ist mit *SetUserCharSize* gesetzt worden

Folgende Konstanten arbeiten mit der Prozedur *SetTextJustify* zusammen und legen fest, wie Text (geschrieben mit *OutText*) bezüglich den Fensterrändern ausgerichtet werden soll:

LeftText	=0; Horizontale Richtung, linksbündig
CenterText	=1; Horizontale Richtung, zentriert
RightText	=2; Horizontale Richtung, rechtsbündig
BottomText	=0; Vertikale Richtung, nach unten ausgerichtet
CenterText	=1; Vertikale Richtung, eingemittet
TopText	=2; Vertikale Richtung, nach oben ausgerichtet

Folgende Konstanten werden zusammen mit *SetViewPort* und *GetViewSettings* verwendet:

ClipOn =TRUE; Abschneiden am Rande eines Fensters aktiv
ClipOff =FALSE; Graphiken werden am Rande eines Fensters nicht abgeschnitten

Folgende Konstanten arbeiten mit der Prozedur *Bar3D* zusammen:

TopOn =TRUE; Ein dreidimensionaler Balken erhält einen oberen Abschluß (Deckel)
TopOff =FALSE; Ein dreidimensionaler Balken erhält keinen Deckel

Folgende Konstanten können zusammen mit *SetFillStyle* und *GetFill-Settings* verwendet werden und bezeichnen ein vordefiniertes Füll-Muster:

EmptyFill =0; Hintergrundfarbe
SolidFill =1; Zeichenfarbe
LineFill =2; Horizontale Linien
LtSlashFill =3; Leichtes ///-Muster
SlashFill =4; Dichtes ///-Muster
BkSlashFill =5; Dichtes \\\-Muster
LtBkSlashFill =6; Leichtes \\\-Muster
HatchFill =7; Leicht schraffiert
XHatchFill =8; Stark schraffiert
InterleaveFill =9; Abwechselnde Linien
WideDotFill =10; Dünne Punktwolke
CloseDotFill =11; Dichte Punktwolke
UserFill =12; Benutzerdefiniertes Muster (siehe *SetFillpAttern*)

Folgende Konstanten werden zusammen mit *PutImage* verwendet und bestimmen, auf welche Art ein Bild mit dem vorhandenen Hintergrund verknüpft werden soll:

NormalPut =0; MOV, Hintergrund wird überschrieben
XORPut =1; XOR-Operation mit Bild und Hintergrund
OrPut =2; OR-Operation mit Bild und Hintergrund
AndPut =3; AND-Operation mit Bild und Hintergrund
NotPut =4; NOT, Hintergrund wird mit invertiertem Wert überschrieben

Die Konstante *MaxColors* (=15;) wird hauptsächlich für die weiter unten aufgeführten Typ-Deklarationen verwendet.
In der Unit **Graph** sind eine ganze Reihe von Datentypen deklariert, die zusammen mit den Graphik-Routinen verwendet werden können (auf sie

wird im lexikalischen Teil bei den entsprechenden Graphik-Routinen hingewiesen):

```
CONST
  MaxColor=15;
TYPE
  PaletteType=RECORD
    Size:BYTE;
    Colors:ARRAY [0..MaxColors] OF SHORTINT
  END;

  LineSettingsType=RECORD
    LineStyle,
    Pattern,
    Thickness:WORD
  END;

  TextSettingsType=RECORD
    Font,
    Direction,
    CharSize,
    Horiz,
    Vert:WORD
  END;

  FillSettingsType=RECORD
    Pattern,
    Color:WORD
  END;

  FillPatternType=ARRAY [1..8] OF BYTE;

  PointType=RECORD
    X,
    Y:INTEGER
  END;

  ViewPortType=RECORD
    x1,y1,x2,y2:INTEGER;
    Clip:BOOLEAN
  END;
```

```
ArcCoordsType=RECORD
  X,Y,
  Xstart,Ystart,
  Xend,Yend:INTEGER
END;
```

Folgende Systemvariablen werden eingehend im lexikalischen Teil dieses Buches beschrieben:

GraphGetMemPtr :POINTER; Zeigt auf die Prozedur *GraphGetMem*, die Speicherplatz für Graphiktreiber und Zeichensatz auf dem Heap reserviert.

GraphFreeMemPtr :POINTER; Zeigt auf die Prozedur *GraphFreeMem*, die den reservierten Speicherplatz für Graphiktreiber und Zeichensatz wieder frei gibt.

Siehe auch
Crt, Dos, Graph3, Printer, System, Turbo3

Graph3

Unit (nur Version 4.0)

Zweck
Stellt alle Graphikroutinen der Version 3.0 zur Verfügung, um kompatibel zu bleiben.

Bemerkung
Sollen Graphik-Programme, die mit Turbo Pascal 3.0 geschrieben worden sind, auch unter Turbo Pascal 4.0 lauffähig sein, müssen folgende zwei Schritte beachtet werden:

a) Entfernen des Compilerbefehls {$I graph.p }
b) Einfügen der Anweisung USES Crt,Graph3;

Die meisten in der Unit **Graph3** enthaltenen Prozeduren und Funktionen werden durch weit verbesserte Routinen in der Unit **Graph** ersetzt.
Folgende Prozeduren und Funktionen sind in der Unit **Graph3** integriert:

Arc Kreisbogen zeichnen
Back Rückwärtsgehen
Circle Kreis zeichnen
ClearScreen Löschen des Graphik-Fensters
ColorTable Farb-Übersetzungstafel definieren
Draw Zeichnen einer Linie

FillPattern	Rechteck mit Muster füllen
FillScreen	Aktuelles Fenster mit einer Farbe füllen
FillShape	Beliebige Form mit einer Farbe füllen
Forwd	Vorwärtsgehen
GetDotColor	Ermittelt, ob ein Punkt gesetzt ist
GetPic	Lesen eines Bildes
GraphBackground	Hintergrundfarbe
GraphColorMode	Graphikmodus, 320x200 Punkte (farbig)
GraphMode	Graphikmodus, 320x200 Punkte (schwarz-weiß)
GraphWindow	Festlegen eines Graphikfensters
Heading	Aktuelle Richtung der Schildkröte
HideTurtle	Verstecken der Schildkröte
HiRes	Hochauflösende Graphik, 640x200 Punkte (schwarz-weiß)
HiResColor	Zeichenfarbe für hochauflösende Graphik
Home	Setzt Schildkröte auf den Punkt (0,0)
NoWrap	Schildkröte verschwindet, wenn sie sich außerhalb des aktuellen Randes befindet
Palette	Festlegen einer Farbpalette
Pattern	Festlegen eines Musters
PenDown	Zeichenstift ab
PenUp	Zeichenstift auf
Plot	Setzen eines Punktes
PutPic	Schreiben eines Bildes
SetHeading	Richtung der Schildkröte festlegen
SetPenColor	Festlegen der Zeichenfarbe
SetPosition	Position der Schildkröte festlegen
ShowTurtle	Schildkröte anzeigen
TurnLeft	Drehung nach links
TurnRight	Drehung nach rechts
TurtleDelay	Verzögerung
TurtleThere	TRUE, wenn Schildkröte sichtbar
TurtleWindow	Graphikfenster festlegen
Wrap	Schildkröte erscheint auf der gegenüberliegenden Fensterseite, wenn man sie aus dem Bild führen will
Xcor	Aktuelle X-Koordinate der Schildkröte
Ycor	Aktuelle Y-Koordinate der Schildkröte

Folgende Konstanten können zusammen mit *SetHeading* verwendet werden:

North	=0; Norden
East	=90; Osten
South	=180; Süden
West	=270; Westen

Siehe auch
Crt, Dos, Graph, Printer, System, Turbo3

GraphBackground

Graphik (nur Version 3.0)

Zweck
Aktiviert eine Hintergrundfarbe im *GraphColorMode*.

Struktur

```
PROCEDURE GraphBackground(farbe:INTEGER);
```

Bemerkung
Mit *GraphBackground* läßt sich im *GraphColorMode* eine Hintergrundfarbe für den gesamten Bildschirm bestimmen. Folgende Farben stehen zur Verfügung:

Farbe	Konstante	Wert	Farbe	Konstante	Wert
Schwarz	Black	0	Dunkelgrau	DarkGray	8
Blau	Blue	1	Hellblau	LightBlue	9
Grün	Green	2	Hellgrün	LightGreen	10
Türkis	Cyan	3	Helltürkis	LightCyan	11
Rot	Red	4	Hellrot	LightRed	12
Lila	Magenta	5	Rosa	LightMagenta	13
Braun	Brown	6	Gelb	Yellow	14
Hellgrau	LightGray	7	Weiß	White	15

Manche Monitoren erkennen das Intensitätssignal zur Erzeugung der hellen Farben (8..15) nicht; diese werden deshalb wie die entsprechenden dunklen Farben (0..7) dargestellt.
Black, *Blue*, ..., *White* sind vordefinierte Konstanten und können zur Farbangabe verwendet werden.

Version 4.0: *GraphBackground* ist in der Unit **Graph3** enthalten, um zur Version 3.0 kompatibel zu bleiben.

Beispiel

```
GraphBackground(Black);  { Schwarzer Hintergrund }
GraphBackground(15);     { Weißer Hintergrund    }
```

Siehe auch
GraphColorMode, GraphMode, Hires, HiresColor, Palette

GraphColorMode

Graphik (nur Version 3.0)

Zweck
Aktiviert den Farbgraphikbildschirm mit einer Auflösung von 320x200 Punkten.

Struktur

```
PROCEDURE GraphColorMode;
```

Bemerkung
Die linke obere Ecke des Bildschirms entspricht dem Punkt mit den Koordinaten (0,0), die rechte untere Ecke demjenigen mit den Koordinaten (319,199).
GraphColorMode löscht beim Aufruf den Bildschirm.
Es ist möglich, Text mit Graphik zu mischen. Es werden 40 Zeichen x 25 Zeilen angezeigt. Die Textfarbe ist mit der Prozedur *TextColor* zu bestimmen.
Ein Graphik-Programm sollte mit der Prozedur *TextMode* abgeschlossen werden.

Version 4.0: *GraphColorMode* ist in der Unit **Graph3** enthalten, um zur Version 3.0 kompatibel zu bleiben.

Siehe auch
GraphBackground, GraphMode, Hires, HiresColor, Palette

GraphDefaults

Graphik (nur Version 4.0)

Zweck
Setzt alle Parameter im Graphikmodus zurück.

Struktur

```
PROCEDURE GraphDefaults;
```

Bemerkung
GraphDefaults ist in der Unit **Graph** enthalten.
Beim Aufruf von *GraphDefaults* werden folgende Graphik-Parameter auf ihre Standardwerte zurückgesetzt:

- Zeichenfenster (maximale Größe)
- Graphik-Cursor (0,0)
- Zeichenfarbe (höchste Farbnummer)
- Hintergrundfarbe (schwarz)
- Linienart (durchgezogen, normale Dicke)
- Zeichensatz (8x8-Matrix)
- Zeichengröße (1)
- Schreibrichtung (horizontal)
- Justierung (linksbündig)
- Füllmuster (Solid, Zeichenfarbe entspricht höchster Farbnummer)

Siehe auch
ClearDevice, InitGraph

GraphErrorMsg

Graphik (nur Version 4.0)

Zweck
Liefert einen Text, der einen aufgetretenen Graphikfehler beschreibt.

Struktur

```
FUNCTION GraphErrorMsg(fehler:INTEGER):STRING;
```

Bemerkung
GraphErrorMsg ist in der Unit **Graph** enthalten.
Mit *GraphErrorMsg* können bei Graphikfehlern aussagekräftige Meldungen ausgegeben werden. *GraphErrorMsg* arbeitet sinnvollerweise mit der Funktion *GraphResult* (die den Fehlercode liefert) zusammen.

Beispiel
Folgendes Programm schreibt alle möglichen Fehlermeldungen auf den Bildschirm:

```
PROGRAM GraphErrorMsg_Test;
USES
  Graph;
VAR
  i:INTEGER;
BEGIN
  FOR i:=0 DOWNTO -15 DO WriteLn(i:3,': ',GraphErrorMsg(i))
END.
```

Siehe auch
GraphResult

GraphFreeMemPtr

Systemvariable (nur Version 4.0)

Zweck
Enthält die Adresse einer Routine, die beim Verlassen des Graphikmodus ausgeführt wird.

Struktur

```
VAR
  GraphFreeMemPtr:POINTER;
```

Bemerkung
GraphFreeMemPtr ist in der Unit **Graph** verfügbar.
Die Zeigervariable *GraphFreeMemPtr* zeigt auf die interne Prozedur *GraphFreeMem*, die den für Graphiktreiber und Zeichensätze reservierten Bereich auf dem Heap wieder frei gibt.
GraphGetMem hat folgende Struktur:

```
PROCEDURE GraphFreeMem(VAR p:POINTER; gross:WORD);
```

Es ist möglich, *GraphFreeMem* durch eine eigene Prozedur zu ersetzen; diese braucht lediglich dieselben Parameter aufzuweisen und als *far* (siehe Anhang D.2) deklariert zu sein.
Bitte beachten Sie, daß Sie auf dem Heap keinen Speicherbereich freigeben dürfen, wenn der Parameter *p* den Zeigerwert NIL enthält.

Beispiel

```
PROGRAM GraphFreeMemPtr_Test;
USES
  Crt,Graph;
VAR
  gr,mo:INTEGER;

{$F+}
  PROCEDURE Neu_GraphFreeMem(VAR p:POINTER; gross:WORD);
  BEGIN
    DirectVideo:=FALSE;
    Sound(440);
    Delay(100);
    NoSound;
    IF p<>NIL THEN FreeMem(p,gross);  { Speicher freigeben   }
    p:=NIL;
    WriteLn('Freigegebene Speichergröße: ',gross,' Bytes')
  END;
{$F-}

BEGIN
  GraphFreeMemPtr:=Addr(Neu_GraphFreeMem);
  gr:=Detect;
  InitGraph(gr,mo,'');
  CloseGraph            { ruft Neu_GraphFreeMem auf }
END.
```

Siehe auch
GraphGetMemPtr

GraphGetMemPtr

Systemvariable (nur Version 4.0)

Zweck
Enthält die Speicheradresse einer Routine, die beim Initialisieren der Graphik ausgeführt wird.

Struktur

```
VAR
  GraphGetMemPtr:POINTER;
```

Bemerkung
GraphGetMemPtr ist in der Unit **Graph** enthalten.
Die Zeigervariable *GraphGetMemPtr* zeigt auf die interne Prozedur *GraphGetMem*, die auf dem Heap Platz für den Graphiktreiber und die Zeichensätze reserviert.
GraphGetMem hat folgende Struktur:

```
PROCEDURE GraphGetMem(VAR p:POINTER; gross:WORD);
```

Es ist möglich, *GraphGetMem* durch eine eigene Prozedur zu ersetzen, diese braucht lediglich dieselben Parameter aufzuweisen und als **far** (siehe Anhang D.2) deklariert zu sein.

Beispiel

```
PROGRAM GraphGetMemPtr_Test;
USES
  Crt,Graph;
VAR
  gr,mo:INTEGER;

{$F+}
  PROCEDURE Neu_GraphGetMem(VAR p:POINTER; gross:WORD);
  BEGIN
    DirectVideo:=FALSE;
    Sound(880);
    Delay(100);
    NoSound;
    WriteLn('Zu reservieren: ',gross,' Bytes');
    Write('Weiter mit <RETURN> ...');
    ReadLn;
    GetMem(p,gross)    { Reserviert Speicherplatz auf dem Heap }
  END;
{$F-}

BEGIN
  GraphGetMemPtr:=Addr(Neu_GraphGetMem);
  gr:=Detect;
  InitGraph(gr,mo,'');    { ruft Neu_GraphGetMem auf }
  CloseGraph
END.
```

Siehe auch
GraphFreeMemPtr

Graphics

Erweiterte Graphik (nur Version 3.0)

Zweck
Aktiviert den Schwarz-Weiß-Graphikbildschirm mit einer Auflösung von 320x200 Punkten.

Struktur

```
PROCEDURE Graphics;
```

Bemerkung
Die Prozedur *Graphics* ist erst durch das Einbinden der Datei GRAPH.P verfügbar.
Graphics entspricht der Prozedur *GraphMode*.

Siehe auch
GraphMode

GraphMode

Graphik (nur Version 3.0)

Zweck
Aktiviert den Schwarz-Weiß-Graphikbildschirm mit einer Auflösung von 320x200 Punkten.

Struktur

```
PROCEDURE GraphMode;
```

Bemerkung
Wird *GraphMode* aufgerufen, sind die Koordinaten wie folgt definiert:

```
obere linke Ecke  : (0,0)
untere rechte Ecke: (319,199)
```

Beim Aufrufen von *GraphMode* wird der Bildschirm gelöscht.
Es ist möglich, Text mit Graphik zu mischen; es werden 40 Zeichen x 25 Zeilen angezeigt.
Im *GraphMode* können auf einem Farb-Bildschirm auch Farben dargestellt werden.
Ein Graphik-Programm sollte mit *TextMode* abgeschlossen werden.

Version 4.0: *GraphMode* ist in der Unit **Graph3** enthalten, um zur Version 3.0 kompatibel zu bleiben.

Siehe auch
GraphBackground, GraphColorMode, Hires, HiresColor, Palette

GraphResult

Graphik (nur Version 4.0)

Zweck
Ermittelt einen Fehlercode, der bei Graphik-Routinen auftreten kann.

Struktur

```
FUNCTION GraphResult:INTEGER;
```

Bemerkung
GraphResult ist in der Unit **Graph** enthalten.
Der Fehlerstatus wird nach jedem Aufruf von *GraphResult* auf 0 zurückgesetzt, deshalb muß der Funktionswert bei mehrfachem Gebrauch einer Variablen übergeben werden.
Folgende Routinen können einen Graphikfehler hervorrufen:

DetectGraph	RegisterBGIdriver	SetGraphMode
FillPoly	RegisterBGIfont	SetLineStyle
FloodFill	SetAllPalette	SetPalette
ImageSize	SetFillPattern	SetTextJustify
InitGraph	SetFillStyle	SetTextStyle
PieSlice	SetGraphBufSize	SetViewPort

Folgende Konstanten, definiert in der Unit **Graph**, können zur Fehlerermittlung verwendet werden:

grOk	=0; Kein Fehler aufgetreten
grNoInitGraph	=-1; Kein Graphiktreiber (.BGI) installiert
grNotDetected	=-2; Gewünschter Graphikmodus ist nicht möglich
grFileNotFound	=-3; Graphiktreiber-Datei (.BGI) nicht vorhanden
grInvalidDriver	=-4; Graphiktreiber defekt, Datei zerstört
grNoLoadMem	=-5; Graphiktreiber findet keinen Platz im Hauptspeicher
grNoScanMem	=-6; Nicht genügend Speicherplatz für *FillPoly*
grNoFloodMem	=-7; *FloodFill* konnte nicht korrekt ausgeführt werden, zu wenig Hauptspeicher
grFontNotFound	=-8; Zeichensatz-Datei (.CHR) nicht gefunden

grNoFontMem	=-9; Zeichensatz findet keinen Platz im Hauptspeicher
grInvalidMode	=-10; Graphikmodus und Treiber passen nicht zusammen
grError	=-11; Unbekannter Fehler
grIOError	=-12; Ein-/Ausgabefehler beim Laden einer .BGI- oder .CHR-Datei
grInvalidFont	=-13; Zeichensatzdatei defekt, Datei zerstört
grInvalidFontNum	=-14; Ungültige Zeichensatznummer
grInvalidDeviceNum	=-15; Ungültige Gerätenummer

Mit der Funktion *GraphErrorMsg* kann für jeden aufgetretenen Graphikfehler eine Fehlermeldung (als STRING) ermittelt werden.

Siehe auch
GraphErrorMsg

GraphWindow **Graphik (nur Version 3.0)**

Zweck
Bestimmt einen Bereich des Bildschirmes als Graphik-Fenster.

Struktur

```
PROCEDURE GraphWindow(x1,y1,x2,y2:INTEGER);
```

Bemerkung
x1 und *y1* sind die absoluten Koordinaten der linken oberen Ecke des neuen Graphik-Fensters.
x2 und *y2* sind die absoluten Koordinaten der rechten unteren Ecke des neuen Graphik-Fensters.
Das voreingestellte Graphik-Fenster entspricht der Bildschirmgröße und ist wie folgt festgelegt:

```
Im 320x200 Punkte-Modus: GraphWindow(0,0,319,199);
Im 640x200 Punkte-Modus: GraphWindow(0,0,639,199);
```

Graphiken werden abgeschnitten, wenn sie über das aktive Bildschirm-Fenster reichen.
Die obere linke Ecke eines Fensters erhält nach dem Aktivieren die Koordinaten (0,0).

Version 4.0: *GraphWindow* ist in der Unit **Graph3** enthalten, um zur Version 3.0 kompatibel zu bleiben.

Beispiel

```
PROGRAM GraphWindow_Test;
{$I graph.p  }
VAR
  i:INTEGER;
BEGIN
  GraphColorMode;
  Palette(3);
  FOR i:=1 TO 50 DO
    Draw(Random(320),Random(200),Random(320),Random(200),3);
  GraphWindow(50,50,150,150);
  ClearScreen;
  Draw(0,0,100,0,3);
  Draw(100,0,100,100,3);
  Draw(100,100,0,100,3);
  Draw(0,100,0,0,3);
  FOR i:=1 TO 50 DO
    Draw(i+i,0,0,101-i-i,3);
  REPEAT UNTIL KeyPressed;
  TextMode
END.
```

Siehe auch
ClearScreen, Window

Halt

Zweck
Beendet die Programmausführung.

Struktur

```
PROCEDURE Halt;
PROCEDURE Halt(i:INTEGER);  { nur 3.0 }
PROCEDURE Halt(i:WORD);     { nur 4.0 }
```

Bemerkung
Halt kann wahlweise einen Parameter übertragen, der den Return-Code des Programmes spezifiziert. *Halt* ohne Parameter entspricht *Halt(0)*.
Der Return-Code kann in einer MS-DOS Batchdatei mit der Systemvariablen ERRORLEVEL überprüft werden (oder in der Version 4.0 mit der Funktion *DosExitCode*).

Beispiel
Dieses Programm läßt den Benutzer einen Menüpunkt auswählen und übergibt der Batchdatei PROG.BAT (siehe weiter unten) den entsprechenden Return-Code.
Dieses Programm muß als .EXE- oder .COM-Datei vorliegen mit dem Namen TEST.EXE (bzw. TEST.COM).

```
PROGRAM Halt_Test;
USES         { für 3.0: Diese beiden Zeilen ... }
  Crt;       { ... ersatzlos streichen.         }
VAR
  ch:CHAR;
  returncode:INTEGER;
BEGIN
  ClrScr;
  WriteLn('Menüübersicht');
  WriteLn;
  WriteLn('A) Mein erstes Programm');
  WriteLn('B) Variablen');
  WriteLn('C) Ein- und Ausgabe');
  WriteLn;
  Write('Ihre Wahl: ');
  ch:=ReadKey;  { für 3.0: Read(KBD,ch); }
  ch:=UpCase(ch);
  returncode:=pos(ch,'ABC');
  Halt(returncode)
END.
```

```
rem ---------------------------------------- Anfang PROG.BAT -
:start
echo off
rem >> Dies ist die Batch-Datei PROG.BAT. Sie übernimmt die
rem >> Return-Codes vom Turbo Pascal-Programm TEST.EXE (TEST.COM)

test.exe
rem >> Bei Turbo Pascal 3.0 obere Zeile durch "test.com" ersetzen

if errorlevel 3 goto pktc
if errorlevel 2 goto pktb
if errorlevel 1 goto pkta
if errorlevel 0 goto ende
:pktc
echo Menüpunkt C) Ein- und Ausgabe
pause
goto start
:pktb
echo Menüpunkt B) Variablen
pause
goto start
:pkta
echo Menüpunkt A) Mein erstes Programm
pause
goto start
:ende
echo on
cls
rem ------------------------------------------ Ende PROG.BAT -
```

Siehe auch
Exit

Heading

Turtle-Graphik (nur Version 3.0)

Zweck
Ermittelt die Richtung, in die die Schildkröte schaut.

Struktur

```
FUNCTION Heading:INTEGER;
```

Bemerkung
Die Funktion *Heading* ist erst durch das Einbinden der Datei GRAPH.P verfügbar. Die Version 4.0 stellt *Heading* in der Unit **Graph3** zur Verfügung, um zur Version 3.0 kompatibel zu bleiben.
Übergibt einen Wert im Bereich von 0..359.
Ein Winkel von 0 entspricht der Richtung nach oben. Zunehmende Winkel entsprechen einer Drehung im Uhrzeigersinn.

Siehe auch
SetHeading, TurnLeft, TurnRight

HeapError

Systemvariable (nur Version 4.0)

Zweck
Zeigt auf eine Fehler-Behandlungs-Routine.

Struktur

```
VAR
  HeapError:POINTER
```

Bemerkung
Wenn *New* oder *GetMem* keinen Platz auf dem Heap finden können, ruft Turbo Pascal die interne Funktion *HeapFunc* auf, deren Adresse in der Systemvariablen *HeapError* enthalten ist. *HeapFunc* ist folgendermaßen definiert:

```
{$F+}
  FUNCTION HeapFunc(groesse:WORD):INTEGER;
{$F-}
```

Folgende Funktionswerte sind möglich:

- 0; Dieser Wert bricht das laufende Programm ab und gibt eine Fehlermeldung aus.
- 1; Ein aufgetretener Fehler bricht das laufende Programm nicht ab, jedoch erhalten die Parameter der Prozeduren *New* oder *GetMem* den Zeigerwert NIL.
- 2; Es ist ein Fehler aufgetreten, jedoch versuchen *New* oder *GetMem* erneut, Speicherplatz auf dem Heap zu reservieren (kann zu einer Endlos-Schleife führen).

Die von Turbo Pascal installierte Funktion *HeapFunc* liefert immer den Wert 0, der einen Programmabbruch bewirkt. Wie im folgenden Beispiel gezeigt, können Sie eine eigene Funktion definieren, die einen anderen Funktionswert zurückliefert und das Programm nicht stoppt.

Beispiel

```
PROGRAM HeapError_Test;
VAR
  p:POINTER;

{$F+}
  FUNCTION HeapFehler(groesse:WORD):INTEGER;
    { Diese Funktion muß als "far" definiert sein (Compiler-Befehl F). }
  BEGIN
    HeapFehler:=1
  END;
{$F-}

BEGIN
  HeapError:=Addr(HeapFehler);    { Übergibt die Speicheradresse }
  REPEAT
    GetMem(p,1024)
  UNTIL p=NIL;
  WriteLn('Auf dem Heap findet sich kein freier Speicherplatz mehr.')
END.
```

Siehe auch
ExitProc, FreeMin, HeapOrg, HeapPtr

HeapOrg

Systemvariable (nur Version 4.0)

Zweck
Zeigt auf den Beginn des Heaps.

Struktur

```
VAR
  HeapOrg:POINTER;
```

Bemerkung
Der Heap wird von dynamisch erzeugten Variablen belegt. Die Systemvariable *HeapOrg* zeigt auf den Beginn des Heaps und wird während eines Programmlaufes nicht verändert.
Mit folgendem Prozedur-Aufruf:

```
Release(HeapOrg);
```

wird der gesamte Heap auf einen Schlag freigegeben.

Siehe auch
HeapPtr

HeapPtr

Dynamische Speicherung

Zweck
Enthält den Wert des Heapzeigers.

Struktur

```
FUNCTION HeapPtr:zeigerwert;   { nur 3.0 }
VAR HeapPtr:POINTER;           { nur 4.0 }
```

Bemerkung
Der Heap wird benutzt, um dynamische Variablen zu speichern. Er wird mit den Prozeduren *New*, *Dispose*, *GetMem*, *FreeMem*, *Mark* und *Release* kontrolliert.
Stack und Heap sind bei der Version 4.0 anders organisiert als bei der Version 3.0.

Version 3.0: Beim Programmstart wird der Heapzeiger *HeapPtr* auf eine niedrige Stelle des Speichers im Stacksegment gesetzt. Der Heap wächst aufwärts gegen das Stackende.
Die Funktion *HeapPtr* ermittelt den Wert des Heapzeigers (4 Bytes) und ermöglicht so die Kontrolle des Heaps.
Bei einem Zusammenstoß zwischen Heap und Stack wird ein Fehler gemeldet, der sich aber mit dem Compiler-Befehl **K** (siehe Anhang D.1) ausschalten läßt.

Version 4.0: Der Stack besitzt eine vorgegebene Größe, die sich mit dem Compiler-Befehl **M** setzen läßt (siehe Anhang D.2), somit kann es nicht mehr zu einer Kollision zwischen Heap und Stack kommen.

Für die Heap-Verwaltung ist eine Fragmentliste hinzugekommen (siehe auch *FreeMin*), die entstandene Löcher im Heap registriert, um sie später wieder mit Daten aufzufüllen. Es kann geschehen, daß der Heap mit der Fragmentliste zusammenstößt (siehe hierzu *HeapError*).
Die Systemvariable *HeapPtr* enthält die Adresse der Heapspitze und verändert ihren Wert dann, wenn Speicherplatz auf dem Heap reserviert oder freigegeben wird, es sei denn, die Freigabe eines Speicherplatzes reißt irgendwo zwischen den Daten ein Loch in den Heap oder das Reservieren füllt ein solches.
Der noch verfügbare Speicherplatz auf dem Heap liegt zwischen den beiden Speicheradressen *HeapPtr* und *FreePtr*.

Siehe auch
Dispose, New, Mark, MemAvail, Release, Sseg

Hi

Zweck
Bestimmt das höherwertige Byte einer ganzen Zahl.

Struktur

```
FUNCTION Hi(i:INTEGER):INTEGER;
FUNCTION Hi(w:WORD):WORD;          { nur 4.0 }
```

Bemerkung
Ein WORD- oder INTEGER-Ausdruck besteht aus zwei Bytes. Die Funktion *Hi(i)* gibt das höherwertige Byte seines Argumentes aus.

Beispiel

```
Hi($1133) = $0011
Hi($1234) = $0012
```

Siehe auch
Lo, Swap

HideTurtle

Turtle-Graphik (nur Version 3.0)

Zweck
Die Schildkröte wird nicht am Bildschirm gezeigt.

Struktur

```
PROCEDURE HideTurtle;
```

Bemerkung
Die Prozedur *HideTurtle* ist erst durch das Einbinden der Datei GRAPH.P verfügbar. Die Version 4.0 stellt *HideTurtle* in der Unit **Graph3** zur Verfügung, um zur Version 3.0 kompatibel zu bleiben.
Die Schildkröte, ein kleines Dreieck, wird nicht angezeigt (dies entspricht auch dem Anfangszustand).
Turtle-Graphiken werden auch dann gezeichnet, wenn die sich bewegende Schildkröte nicht sichtbar ist (vorausgesetzt, die Prozedur *SetPenDown* ist aktiv).

Siehe auch
ShowTurtle

HighVideo

Textbildschirm

Zweck
Darstellen einer hellen Schrift.

Struktur

```
PROCEDURE HighVideo;
```

Bemerkung
Die Prozedur *HighVideo* arbeitet in der Version 3.0 anders als in der Version 4.0.

Version 3.0: *HighVideo* entspricht der Prozedur *NormVideo* und wählt die Textfarbe 14 und die Hintergrundfarbe 0. Die Version 4.0 stellt in der Unit **Turbo3** die Prozedur *HighVideo* mit derselben Funktionsweise zur Verfügung, um zur Version 3.0 kompatibel zu bleiben.

Version 4.0: *HighVideo* ist in der Unit **Crt** enthalten und addiert zur aktuellen Textfarbe den Wert 8, wenn diese im Bereich 0..7 liegt. Somit erscheinen die nun geschriebenen Zeichen heller als zuvor.

Siehe auch
LowVideo, NormVideo

HiRes

Graphik (nur Version 3.0)

Zweck
Aktiviert den Graphik-Modus mit der Auflösung von 640x200 Punkten.

Struktur

```
PROCEDURE HiRes;
```

Bemerkung
Im *HiRes*-Modus ist das Koordinatensystem wie folgt definiert:

```
Obere linke Ecke: (0,0)
Untere rechte Ecke (639,199)
```

Beim Aufruf von *HiRes* wird der Bildschirm gelöscht.
Es ist möglich, Text mit Graphik zu mischen; es werden 80 Zeichen x 25 Zeilen angezeigt. Die Textfarbe ist mit der Prozedur *TextColor* zu bestimmen.
Ein Graphik-Programm sollte mit der Prozedur *TextMode* abgeschlossen werden.

Version 4.0: *HiRes* ist in der Unit *Graph3* enthalten, um zur Version 3.0 kompatibel zu bleiben.

Siehe auch
GraphColorMode, GraphMode, HiResColor, Palette

HiResColor

Graphik (nur Version 3.0)

Zweck
Wählt die Zeichenfarbe bei hochauflösender Graphik.

Struktur

```
PROCEDURE HiResColor(Farbe:INTEGER);
```

Bemerkung
Folgende Farben können bei hochauflösender Graphik verwendet werden:

Farbe	Konstante	Wert	Farbe	Konstante	Wert
Schwarz	Black	0	Dunkelgrau	DarkGray	8
Blau	Blue	1	Hellblau	LightBlue	9
Grün	Green	2	Hellgrün	LightGreen	10
Türkis	Cyan	3	Helltürkis	LightCyan	11
Rot	Red	4	Hellrot	LightRed	12
Lila	Magenta	5	Rosa	LightMagenta	13
Braun	Brown	6	Gelb	Yellow	14
Hellgrau	LightGray	7	Weiß	White	15

Manche Monitoren erkennen das Intensitätssignal zur Erzeugung der hellen Farben (8..15) nicht; diese werden deshalb wie die entsprechenden dunklen Farben (0..7) dargestellt.
Black, Blue, ..., White sind vordefinierte Konstanten und können zur Farbangabe verwendet werden.
Der Hintergrund im *HiRes*-Modus bleibt immer schwarz.
Wird mit *HiResColor* die momentane Farbe verändert, nehmen die bereits gezeichneten Graphiken die neu gewählte Farbe an. Es kann also mit Schwarz gezeichnet und dann mit einer Farbveränderung die gesamte Graphik sichtbar gemacht werden.

Version 4.0: *HiResColor* ist in der Unit *Graph3* enthalten, um zur Version 3.0 kompatibel zu bleiben.

Beispiel

```
HiResColor(LightGray);          { hellgraue Zeichenfarbe }
HiResColor(12);                 { hellrote Zeichenfarbe  }
```

Siehe auch
GraphColorMode, GraphMode, Hires, Palette

Home

Turtle-Graphik (nur Version 3.0)

Zweck
Setzt die Schildkröte in die Mitte des aktuellen Fensters.

Struktur

```
PROCEDURE Home;
```

Bemerkung
Die Prozedur *Home* ist erst durch das Einbinden der Datei GRAPH.P verfügbar. Die Version 4.0 stellt *Home* in der Unit **Graph3** zur Verfügung, um zur Version 3.0 kompatibel zu bleiben.
Die Mitte des Bildschirmes entspricht dem Turtle-Punkt (0,0).
Die Schildkröte schaut nach oben, die Funktion *Heading* hat also den Wert 0.

Siehe auch
SetPosition, Xcor, Ycor

IF ... THEN ... ELSE

Reserviertes Wort

Zweck
Bedingte Ausführung von Anweisungen.

Bemerkung
Mit der IF-Anweisung kann unter bestimmten Bedingungen eine Anweisung ausgeführt werden.
Wenn die Bedingung (sie ist vom Typ BOOLEAN) wahr ist, wird eine Anweisung ausgeführt. Wenn nicht, stehen zwei Wege offen:

a) Es wird keine Anweisung ausgeführt.
b) Eine alternative Anweisung wird ausgeführt.

Die alternative Anweisung folgt dem reservierten Wort ELSE.
ELSE darf kein Strichpunkt (;) vorausgehen.
Sollen mehrere Anweisungen ausgeführt werden, sind diese mit den beiden reservierten Worten BEGIN und END einzuschließen. Folgendes Konstrukt:

```
IF a=b THEN
IF a=c THEN
  d:=24
ELSE
  d:=56;
```

wird wie folgt interpretiert:

```
IF a=b THEN BEGIN
  IF a=c THEN
    d:=24
  ELSE
    d:=56
END;
```

ELSE gehört also generell zur letzten IF-Anweisung, die kein ELSE besitzt.

Beispiel
Dies ist ein kleines Spiel. Sie sollen eine Zahl zwischen 1 und 100 erraten.

```
PROGRAM IF_Test;
USES      { für 3.0: Diese beiden Zeilen ... }
  Crt;    { ... ersatzlos streichen.         }
```

```
VAR
  i,anzahl,zufall:INTEGER;
BEGIN
  zufall:=Random(100)+1;
  anzahl:=1;
  REPEAT
    WriteLn('Zahlenraten, ',anzahl,'. Versuch');
    Write('Bitte geben Sie eine Zahl ein: ');
    ReadLn(i);
    IF i<zufall THEN
      WriteLn('Ihre Zahl ist zu klein')
    IF i>zufall THEN
      WriteLn('Ihre Zahl ist zu groß');
    anzahl:=Succ(anzahl)
  UNTIL (i=zufall) OR (anzahl>10);
  IF i=zufall THEN
    WriteLn('Bravo, geschafft!')
  ELSE BEGIN
    WriteLn('Leider muß ich dieses Spiel abbrechen,');
    WriteLn('da ich noch andere Aufgaben zu erledigen');
    WriteLn('habe. Bis zum nächsten Mal ...')
  END
END.
```

Siehe auch
CASE ... OF

ImageSize

Graphik (nur Version 4.0)

Zweck
Berechnet den Speicherbedarf eines rechteckigen Bildausschnittes.

Struktur

```
FUNCTION ImageSize(x1,y1,x2,y2:INTEGER);
```

Bemerkung
ImageSize ist in der Unit **Graph** enthalten.
Die Prozedur *GetImage* ermöglicht das Lesen eines rechteckigen Bereiches; *ImageSize* berechnet hierzu den Speicherbedarf in Abhängigkeit des aktiven Graphik-Treibers und -Modus.
(x1,y1) entspricht der linken oberen, *(x2,y2)* der rechten unteren Ecke des gewünschten Bildausschnittes.

Siehe auch
GetImage

IMPLEMENTATION

Reserviertes Wort (nur Version 4.0)

Zweck
Enthält den Code der im INTERFACE-Teil einer Unit deklarierten Funktionen und Prozeduren.

Bemerkung
Das reservierte Wort IMPLEMENTATION leitet die Code-Definition der Unit ein. Alle Variablen, Konstanten, Datentypen, Prozeduren und Funktionen, die in diesem Teil deklariert werden (und nicht bereits im INTERFACE-Teil stehen), sind unsichtbar, d.h. sie können von einem Programm, das die Unit einbindet, nicht verwendet werden.
Der Kopf der einzelnen Routinen, die bereits im INTERFACE-Teil deklariert sind, ist im IMPLEMENTATION-Teil verstümmelt, denn ihm fehlt die Parameterliste oder der Funktionstyp (siehe auch FORWARD).

Siehe auch
UNIT

IN

Operator

Zweck
Ermöglicht das Prüfen, ob ein Element in einer Menge vorhanden ist.

Bemerkung
Überprüft, ob ein bestimmtes Element in einer Menge enthalten ist. Der erste Operand ist ein Element, der zweite bezeichnet eine Menge:

```
IF i IN [65..90] THEN ...
```

Mit IN können komplizierte Tests wesentlich vereinfacht werden:

```
IF ((a>=10) AND (a<=20)) OR (A=45) THEN ...
IF a IN [10..20,45] THEN ...
```

Beide Tests bewirken dasselbe.

Bitte beachten Sie, daß eine Menge unter Turbo Pascal maximal 256 Elemente enthalten kann. Aus diesem Grund wäre folgender Test falsch:

```
IF a IN [543..999] THEN ...   { falsch! }
```

Wichtig: Tests mit Mengen beanspruchen wesentlich mehr Rechner-Zeit als solche mit Booleschen Operatoren. Deshalb ist es zu empfehlen, Tests mit Mengen nur dann einzusetzen, wenn die Effizienz keine Rolle spielt:

```
IF ch IN ['A'..'Z'] THEN ...          { Übersichtlich, langsam    }
IF (ch>='A') AND (ch<='Z') THEN ...   { Schnell, unübersichtlich }
```

Siehe auch
SET

Inc

(nur Version 4.0)

Zweck
Addiert einen Wert zu einer Variablen.

Struktur

```
PROCEDURE Inc(VAR x:ordinaler_typ);
PROCEDURE Inc(VAR x:ordinaler_typ; n:LONGINT);
```

Bemerkung
Der Parameter *x* ist von ordinalem Typ (BYTE, CHAR, LONGINT ..., **ohne** REAL, POINTER und STRING) und wird um den Wert *n* erhöht. *Inc(x);* entspricht dem Prozeduraufruf *Inc(x,1);*.
Bei den vordefinierten Datentypen (BYTE, CHAR ...) tritt kein Fehler auf, wenn für einen Wert kein Nachfolger existiert; bei selbst definierten ordinalen Typen nur dann, wenn der Compiler-Befehl **R** aktiv ist (siehe hierzu Anhang D.2).
Inc ist besonders in engen Schleifen und bei komplexer Adressierung der konventionellen Addition (z.B. i:=i+4;) überlegen.

Beispiel
Folgendes Programm erhöht die beiden Variablen *t* und *ch* solange, bis Sie eine Taste drücken. Durch das Einfügen des Compiler-Befehls **{$R+}** (vor der USES-Anweisung) bricht das Programm mit einem Laufzeit-Fehler ab.

```
PROGRAM Inc_Test;
USES
  Crt;
VAR
  t:(neben,uns,ein,kleiner,zwerg);
  ch:CHAR;
BEGIN
  t:=neben;
  ch:='A';
  ClrScr;
  REPEAT
    GotoXY(1,1); Write(Ord(t):5);
    GotoXY(1,2); IF ch<#32 THEN Write(Ord(ch):5) ELSE Write(ch:5);
    Inc(t);
    Inc(ch)
  UNTIL KeyPressed
END.
```

Siehe auch
Dec, Pred, Succ

InitGraph

Graphik (nur Version 4.0)

Zweck
Bereitet das System für Graphik-Ausgabe vor.

Struktur

```
PROCEDURE InitGraph(VAR treiber,modus:INTEGER; pfad:STRING);
```

Bemerkung
InitGraph ist in der Unit **Graph** verfügbar.
Die Prozedur *InitGraph* sucht aufgrund des Parameters *treiber* im Verzeichnis *pfad* nach einer .BGI-Datei, legt deren Inhalt auf dem Heap ab und setzt den Graphik-Modus *modus*.
Folgende Konstanten sind für den Parameter *treiber* in der Unit **Graph** definiert:

Detect	=0; Sucht automatisch einen passenden Treiber
CGA	=1;
MCGA	=2;
EGA	=3;
EGA64	=4;

EGAMono	=5;
RESERVED	=6; Nicht benutzt
HercMono	=7; Hercules
ATT400	=8; Olivetti und AT&T
VGA	=9; PS/2
PC3270	=10;

Folgende Konstanten (definiert in der Unit **Graph**) können zusammen mit dem Parameter *modus* verwendet werden:

CGAC0	=0; 320x200 Punkte, Farbpalette 0 (Hintergrundfarbe, grün, rot, braun), 1 Seite
CGAC1	=1; 320x200 Punkte, Farbpalette 1 (Hintergrundfarbe, türkis, lila, hellgrau), 1 Seite
CGAC2	=2; 320x200 Punkte, Farbpalette 2 (Hintergrundfarbe, hellgrün, hellrot, gelb), 1 Seite
CGAC3	=3; 320x200 Punkte, Farbpalette 3 (Hintergrundfarbe, helltürkis, rosa, weiß), 1 Seite
CGAHi	=4; 640x200 Punkte, schwarz-weiß, 1 Seite
MCGAC0	=0; 320x200 Punkte (wie CGAC0)
MCGAC1	=1; 320x200 Punkte (wie CGAC1)
MCGAC2	=2; 320x200 Punkte (wie CGAC2)
MCGAC3	=3; 320x200 Punkte (wie CGAC3)
MCGAMed	=4; 640x200 Punkte (wie CGAHi)
MCGAHi	=5; 640x480 Punkte, schwarz-weiß, 1 Seite
EGALo	=0; 640x200 Punkte, 16 beliebige Farben, 4 Seiten
EGAHi	=1; 640x350 Punkte, 16 beliebige Farben, 2 Seiten
EGA64Lo	=0; 640x200 Punkte, 16 beliebige Farben, 1 Seite
EGA64Hi	=1; 640x350 Punkte, 4 beliebige Farben, 1 Seite
EGAMonoHi	=3; 640x350 Punkte, schwarz-weiß, 1 Seite bei 64 KBytes, 4 Seiten bei 256 KBytes
HercMonoHi	=0; 720x348 Punkte, schwarz-weiß, 2 Seiten
ATT400C0	=0; 320x200 Punkte (wie CGAC0)
ATT400C1	=1; 320x200 Punkte (wie CGAC1)
ATT400C2	=2; 320x200 Punkte (wie CGAC2)
ATT400C3	=3; 320x200 Punkte (wie CGAC3)
ATT400Med	=4; 640x200 Punkte (wie CGAHi)
ATT400Hi	=5; 640x400 Punkte, schwarz-weiß, 1 Seite

VGALo	=0; 640x200 Punkte, 16 beliebige Farben, 4 Seiten
VGAMed	=1; 640x350 Punkte, 16 beliebige Farben, 2 Seiten
VGAHi	=2; 640x480 Punkte, 16 beliebige Farben, 1 Seite
PC3270Hi	=0; 720x350 Punkte

Falls der Parameter *treiber* den Wert null (=*Detect*) enthält, sucht sich *InitGraph* selbständig einen passenden Graphik-Treiber aus und setzt den höchstmöglichen Graphik-Modus. Bitte beachten Sie, daß *InitGraph* nicht immer den für einen Computer besten Graphik-Treiber installiert (z.B. ATT400). In diesem Fall weisen Sie dem Parameter *treiber* einen Wert ungleich null zu.
Fehler, die während der Prozedur *InitGraph* auftreten, können mit der Funktion *GraphResult* ermittelt werden.
Falls der Parameter *pfad* einen leeren String enthält (*pfad:='';*), sucht *InitGraph* im aktuellen Directory nach der gewünschten .BGI-Datei.
Mit Hilfe der Funktion *RegisterBGIdriver* ist es möglich, einen Graphik-Treiber in den Programmcode einzubinden, so daß das Einlesen einer .BGI-Datei entfällt.

Beispiel
Folgendes Programm ermittelt alle auf einem Computer lauffähigen Graphik-Treiber.

```
PROGRAM InitGraph_Test;
USES
  Crt,Graph;
VAR
  gr,mo:INTEGER;
  g,m:INTEGER;
  ch:CHAR;
BEGIN
  g:=1;
  m:=0;
  DirectVideo:=FALSE;
  REPEAT
    gr:=g;
    mo:=m;
    InitGraph(gr,mo,'');
    IF GraphResult=0 THEN BEGIN
      WriteLn('Treiber: ',gr,'  Modus: ',mo);
      ch:=ReadKey END
    ELSE BEGIN
      Inc(g);
      m:=-1
```

```
      END;
      Inc(m)
    UNTIL g>10;
    CloseGraph
  END.
```

Siehe auch
CloseGraph, DetectGraph, GetModeRange, RestoreCrtMode, SetGraph-Mode

INLINE

Reserviertes Wort

Zweck
Ermöglicht das Einbinden von Maschinencode.

Bemerkung
Mit Hilfe des reservierten Wortes INLINE können direkt im Programmtext Assembleranweisungen eingefügt werden.
Eine Inline-Anweisung setzt sich aus dem Wort INLINE und mehreren Codeelementen zusammen, die durch einen Schrägstrich (/) voneinander getrennt sind. Der gesamte Code ist von runden Klammern umschlossen.
Ein Codeelement besteht aus einem oder mehreren Datenelementen, getrennt durch eines der Zeichen Plus (+) oder Minus (-). Als Datenelement gilt:

- eine INTEGER-Konstante,
- der Name einer Variablen, Prozedur oder Funktion,
- eine Kommandozählerreferenz (geschrieben als Stern (*)).

INLINE-Anweisungen können alle CPU-Register benützen. Es muß jedoch darauf geachtet werden, daß die Register BP, SP, DS und SS nach Abschluß der Operation wieder dem Urzustand entsprechen.

Version 4.0: Falls auf einen Prozedur-Kopf unmittelbar das reservierte Wort INLINE folgt, wird die gesamte Anweisung als Assembler-Makro behandelt:

```
PROCEDURE CLI; INLINE($FA);
PROCEDURE STI; INLINE($FB);
```

Eine als INLINE deklarierte Prozedur wird bei Bedarf nicht angesprungen, sondern ihr Code direkt an der Aufrufsstelle eingefügt:

```
PROCEDURE beispiel;
BEGIN
  CLI;  { Fügt direkt den Assembler-Befehl $FA ein }
  { Code }
  STI
END;
```

Beispiel
Dieses Programm ermöglicht das flimmerfreie Lesen eines gesamten Bildschirmes. Dieses Program ist **nur** mit CGA-Karte lauffähig! Die folgende Prozedur *ScreenTrans* wurde der Turbo Editor Toolbox (Version 1.0) von Heimsoeth/Borland entnommen.

```
PROGRAM INLINE_Test;
  { Nur für CGA-Karte }
  PROCEDURE ScreenTrans(VAR quelle,ziel; lang:INTEGER);
  BEGIN
    INLINE($1e/               {      push  ds             }
           $55/               {      push  bp             }
           $ba/$da/$03/       {      mov   dx,3da         }
           $c5/$b6/quelle/    {      lds   si,quelle[bp]  }
           $c4/$be/ziel/      {      les   di,ziel[bp]    }
           $8b/$8e/lang/      {      mov   cx,lang[bp]    }
           $fc/               {      cld                  }
           $ad/               { .0:  lodsw                }
           $89/$c5/           {      mov   bp,ax          }
           $b4/$09/           {      mov   ah,9           }
           $ec/               { .1:  in    al,dx          }
           $d0/$d8/           {      rcr   al,1           }
           $72/$fb/           {      jb    .1             }
           $fa/               {      cli                  }
           $ec/               { .2:  in    al,dx          }
           $20/$e0/           {      and   al,ah          }
           $74/$fb/           {      jnz   .2             }
           $89/$e8/           {      mov   ax,bp          }
           $ab/               {      stosw                }
           $fb/               {      sti                  }
           $e2/$ea/           {      loop  .0             }
           $5d/               {      pop   bp             }
           $1f)               {      pop   ds             }
  END;
```

```
    PROCEDURE ReadScr(VAR puffer);
    BEGIN
      ScreenTrans(Mem[$B800:0],puffer,4000)
    END;

    PROCEDURE WriteScr(VAR puffer);
    BEGIN
      ScreenTrans(puffer,Mem[$B800:0],4000)
    END;

  VAR
    puf1,puf2:ARRAY [1..2000] OF INTEGER;
    i:INTEGER;
  BEGIN
    FOR i:=1 TO 1999 DO Write('*');
    ReadScr(puf1);
    FOR i:=1 TO 1999 DO Write('.');
    ReadScr(puf2);
    REPEAT
      WriteScr(puf1);
      Delay(200);
      WriteScr(puf2);
      Delay(200)
    UNTIL Keypressed
  END.
```

Siehe auch
EXTERNAL

INPUT

Standarddatei

Zweck
Inputdatei erster Ordnung.

Struktur

```
  VAR
    INPUT:TEXT;
```

Bemerkung
INPUT ist der Standarddatei CON (bei der Version 3.0 auch TRM möglich) zugeordnet und wird bei der Eingabe von Daten automatisch gewählt, wenn keine Standarddatei angegeben wird:

```
Read(ch); entspricht Read(INPUT,ch);
```

Eine logische Geräteeinheit wird wie eine Textdatei behandelt, auf sie kann über die vorbezeichneten Dateien (z.B. INPUT) zugegriffen werden. Der Versuch, eine Standarddatei zu löschen, erzeugt eine I/O-Fehlermeldung.
Die beiden Standardfunktionen *Eof* und *EoLn* arbeiten bei Standarddateien anders als bei Diskettendateien.

Version 3.0: Normalerweise ist CON der Standarddatei INPUT zugeordnet. Mit dem Compilerbefehl {$B-} (siehe Anhang D.1) aber wird TRM der Standarddatei zugewiesen. Dieser Compilerbefehl muß ganz am Anfang des Programmes stehen.
Die Prozedur *Close* zeigt keine Wirkung.
INPUT benutzt die beiden Gerätetreiber ConIn und ConOut (siehe hierzu *ConInPtr* und *ConOutPtr*).

Siehe auch
AUX, CON, KBD, LST, OUTPUT, TRM, USR

InsLine **Textbildschirm**

Zweck
Fügt auf dem Bildschirm eine Leerzeile ein.

Struktur

```
PROCEDURE InsLine;
```

Bemerkung
An der Cursorposition wird eine Leerzeile eingefügt. Alle Zeilen unterhalb werden nach unten verschoben, wobei die letzte vom Bildschirm verschwindet.

Version 4.0: *InsLine* ist in der Unit **Crt** enthalten.

Beispiel
Dieses Programm verschiebt eine Zeile, bis sie aus dem Bildschirm rutscht.

```
PROGRAM InsLine_Test;
USES            { für 3.0: Diese beiden Zeilen ... }
  Crt;          { ... ersatzlos streichen.        }
VAR
  i:INTEGER;
BEGIN
  ClrScr;
  FOR i:=1 TO 80 DO
    Write('*');
  GotoXY(1,1);
  FOR i:=1 TO 25 DO
    InsLine
END.
```

Siehe auch
ClrEol, ClrScr, DelLine, GotoXY

Insert

String

Zweck
Fügt in eine Zeichenkette eine andere ein.

Struktur

```
PROCEDURE Insert(objekt:STRING; VAR ziel:STRING; p:INTEGER);
```

Bemerkung
Die Prozedur *Insert* fügt in den String *ziel* an der Stelle *p* den String *objekt* ein.
Ist *p* größer als die Länge von *ziel*, werden *ziel* und *objekt* ohne Zwischenraum zusammengefügt.
Ist das Ergebnis länger als die angegebene Maximallänge von *ziel*, werden die überzähligen Buchstaben rechts abgeschnitten.
Falls sich *p* außerhalb des Bereiches 0..255 befindet, wird ein Laufzeitfehler gemeldet.

Beispiel

```
objekt:='Bart';
ziel:='BlauStoppel';
```

Nach dem Prozedur-Aufruf *Insert(objekt,ziel,5);* enthält *ziel* die Zeichenkette 'BlauBartStoppel'.

Siehe auch
Concat, Copy, Delete, Length

Int

Arithmetik

Zweck
Gibt den ganzzahligen Wert einer Zahl aus.

Struktur

```
FUNCTION Int(r:REAL):REAL;
```

Bemerkung
Schneidet die Kommastellen einer reellen Zahl ab:

```
0<=x, dann ist Int(x)<=x, ganzzahlig
0>x, dann ist Int(x)>=x, ganzzahlig
```

Mit der Funktion *Int* können Integer-Werte in Real-Werte verwandelt werden.

Beispiel

```
Int(3.7)  =  3.0
Int(-3.7) = -3.0
Int(-3.1) = -3.0
```

Siehe auch
Abs, Frac, Odd, Round, Trunc

INTEGER

Datentyp

Zweck
Datentyp, der einen Bereich von -32768..32767 zuläßt.

Bemerkung
Ein Datentyp definiert die Beschaffenheit der Werte, die eine Variable annehmen kann.
In einem Programm kann jeder Variablen nur ein einziger Datentyp zugeordnet werden.
Der Datentyp INTEGER bezeichnet ganze Zahlen.

Ein Überlauf von arithmetischen Operationen mit ganzen Zahlen wird nicht entdeckt.
Teilergebnisse in ganzzahligen Ausdrücken müssen in den Bereichsgrenzen liegen, da sonst unbemerkt ein Überlauf stattfindet, der das Endresultat falsch werden läßt: 2'000*400+4 ergibt nicht 800'004, da die erste Multiplikation zu einem Überlauf führt. Diese Multiplikation muß im REAL-Bereich ausgeführt werden (also: 2'000.0*400+4).

INTEGER kann auch als Umwandlungsfunktion verwendet werden (zu vergleichen mit der Funktion *Ord*):

```
INTEGER('A') = 65
```

Zahlen im INTEGER-Wertebereich können auch hexadezimal geschrieben werden; ihnen wird ein Dollar-Zeichen ($) vorangestellt:

```
$A2B
```

Der hexadezimale INTEGER-Bereich ist $0000..$7FFF (für die Version 3.0: $0000..$FFFF, negative Werte existieren nicht).
Der Datentyp INTEGER belegt zwei aufeinanderfolgende Bytes im Arbeitsspeicher, wobei das niederwertige Byte an der niedrigeren Speicherstelle liegt.

Siehe auch
BOOLEAN, BYTE, CHAR, REAL, STRING, TYPE

INTERFACE

Reserviertes Wort (nur Version 4.0)

Zweck
Deklariert alle Bezeichner einer Unit, die der Außenwelt bekannt sein sollen.

Bemerkung
Im INTERFACE-Teil werden alle Prozeduren, Funktionen, Konstanten, Datentypen und Variablen deklariert, die von Programmen verwendet werden dürfen und somit öffentlich sind. Prozeduren und Funktionen werden hier nur mit ihren Namen und den Parameter-Listen aufgeführt, der eigentliche Programmcode wird im INTERFACE-Teil geschrieben.

Siehe auch
UNIT

INTERRUPT

Reserviertes Wort (nur Version 4.0)

Zweck

Definiert eine Prozedur als Interrupt-Routine.

Bemerkung

Interrupts (deutsch: Unterbrechungen) sind Signale, die den Mikroprozessor auf eine Gegebenheit aufmerksam machen wollen. Jeder Tastendruck beispielsweise löst einen Interrupt aus und veranlaßt eine nötige Reaktion der CPU. Wenn diese das Signal erhalten hat, unterbricht sie ihre momentane Arbeit und ruft eine Routine auf, die den Tastendruck bearbeitet. Sobald dies geschehen ist, wird die alte Arbeit wieder an derselben Stelle aufgenommen.
Der von Turbo Pascal erzeugt Code und die Laufzeitbibliothek können beliebig durch Interrupts unterbrochen werden. Daneben sind viele Routinen reentrant, somit ist es möglich, in Turbo Pascal Interrupt-Routinen zu schreiben, die diejenigen des Betriebssystems ersetzten oder erweitern.
Eine Prozedur mit einer optionalen Parameterliste, der das reservierte Wort INTERRUPT folgt, definiert in Turbo Pascal eine Interrupt-Routine:

```
PROCEDURE jetztkommich; INTERRUPT;
```

Alle Register des Mikroprozessors können in die Parameterliste aufgenommen und innerhalb der Prozedur verändert werden:

```
PROCEDURE stop(flags,cs,ip,ax,bx,cx,dx,si,di,ds,es,bp:WORD); INTERRUPT;
```

Es ist möglich, diese Parameterliste zu kürzen:

```
PROCEDURE stop(             ax,bx,cx,dx,si,di,ds,es,bp:WORD); INTERRUPT;
PROCEDURE stop(                         si,di,ds,es,bp:WORD); INTERRUPT;
PROCEDURE stop(                                  es,bp:WORD); INTERRUPT;
```

Ein Kürzen beginnt also von vorne nach hinten. Bitte beachten Sie, daß es nicht empfehlenswert ist, nur einzelne Parameter in der Liste auszulassen, da somit die einzelnen Parameter-Namen nicht mehr mit den CPU-Registern übereinstimmen würden (so entspricht beispielsweise in folgender Liste der Parameter *si* dem CPU-Register *di*):

```
PROCEDURE stop(flags,cs,   ax,bx,   dx,si,   ds,es,bp:WORD); INTERRUPT;
  { Falsch }
```

Jede als INTERRUPT deklarierte Prozedur speichert alle CPU-Register auf dem Stack und setzt das DS-Register auf das erforderliche Datensegment. Programmteile, die nicht durch einem Interrupt unterbrochen werden sollen, sind von den beiden CPU-Befehlen CLI und STI (z.B.: INLINE($FA); <Pascal-Code>; INLINE($FB);) einzuschließen. Am Prozedurende werden alle auf dem Stack gesicherten Werte in die entsprechenden CPU-Register zurückgeschrieben. Wenn Sie innerhalb der Interrupt-Prozedur einen Parameter verändern, sprechen Sie direkt den Stack an, so daß beim Prozedurende ein CPU-Register einen anderen Wert erhält:

```
ax:=$1234;  { Verändert den Stack, den alten Wert des AX-Registers }
```

Bitte beachten Sie, daß eine Interrupt-Routine keine von Turbo Pascal zur Verfügung gestellte Routine zur Ein- und Ausgabe sowie Befehle für die Heap-Verwaltung enthalten sollte, da diese nicht reentrant sind (siehe auch *Keep*). Ein- und Ausgaben lassen sich aber mit den Interrupts $10 (Bildschirm) und $17 (Drucker) verwirklichen (siehe Beispiel bei *Keep*).

Siehe auch
GetIntVec, Intr, Keep, MsDos, SetIntVec

Intr

MS-DOS

Zweck
Ruft eine Interrupt-Routine auf.

Struktur

```
PROCEDURE Intr(nr:BYTE; VAR pack:Registers);
```

Bemerkung
Die Prozedur *Intr* ruft einen Software-Interrupt auf. Zahlenwerte werden mit der Variablen *pack* übergeben.
Nach dem Beenden des Software-Interrupts stehen die Ergebniswerte in der Variablen *pack*.
Genaue Angaben über die einzelnen Software-Interrupts finden sich in Büchern über das Betriebssystem MS-DOS.

Version 3.0: Der für den Parameter *pack* notwendigen Datentyp *registers* ist wie folgt zu definieren:

```
TYPE
  Registers=RECORD
    ax,bx,cx,dx,bp,si,di,ds,es,flags:INTEGER
  END;
```

Version 4.0: Die Prozedur *Intr* und der Datentyp *registers* sind in der Unit **Dos** enthalten. *registers* hat folgende Struktur:

```
TYPE
  Registers=RECORD
    CASE INTEGER OF
      0:(ax,bx,cx,dx,bp,si,di,ds,es,flags:WORD);
      1:(al,ah,bl,bh,cl,ch,dl,dh:BYTE)
  END;
```

Beispiel
Dieses Programm zeigt an, welche der Steuertasten (Ctrl, Alt, Ins ...) gedrückt werden oder aktiv sind.

```
PROGRAM Intr_Test_Turbo3;  { Für Turbo Pascal 3.0 }
{$C-}

  FUNCTION KeyStatus:INTEGER;
  VAR
    pack:RECORD
      ax,bx,cx,dx,bp,si,di,ds,es,flags:INTEGER
    END;
  BEGIN
    pack.ax:=$0200;           { Funktion 2 des Interrupts    }
    Intr($16,pack);           { $16 = Interrupt für Tastatur }
    KeyStatus:=Lo(pack.ax)
  END;

VAR
  i,s:INTEGER;
  ch:CHAR;
BEGIN
  ClrScr;
  Write('Steuertasten-Übersicht. Ende mit <ESC> ...');
  ch:='?';
  REPEAT
    s:=KeyStatus;
    FOR i:=0 TO 7 DO BEGIN
      GotoXY(1,i+3);
      CASE (s AND (1 SHL i) OF
          0:ClrEol;
          1:Write('Shift rechts');
          2:Write('Shift links');
          4:Write('Ctrl-Taste');
          8:Write('Alt-Taste');
```

```
          16:Write('Scroll on');
          32:Write('Ziffernblock aktiv');
          64:Write('Caps Lock aktiv');
         128:Write('INS aktiv')
       END
     END;
     WHILE KeyPressed DO Read(KBD,ch)
   UNTIL ch=#27
 END.
```

Folgendes Programm invertiert beliebige Bildschirmbereiche:

```
PROGRAM Intr_Test_Turbo4;  { Für Turbo Pascal 4.0 }
USES
  Crt,Dos;

  PROCEDURE Invert(x1,y1,x2,y2:BYTE);
  VAR
    x,y,at:BYTE;
    pack:Registers;
  BEGIN
    FOR y:=y1 TO y2 DO BEGIN
      FOR x:=x1 TO x2 DO BEGIN
        GotoXY(x,y);
        WITH pack DO BEGIN
          ah:=$08;             { Funktionsnummer                 }
          bh:=0;               { 1. Bildschirmseite              }
          Intr($10,pack);      { Zeichen und Attribut lesen      }
          at:=ah;              { Attribut ermitteln              }
          ah:=$09;
          bh:=0;
          bl:=at XOR 127;      { Attribut invertieren            }
          cx:=1;               { Zeichenanzahl                   }
          Intr($10,pack);      { Zeichen und Attribut schreiben }
        END { WITH }
      END { FOR x }
    END { FOR y }
  END;

VAR
  i:INTEGER;
BEGIN
  ClrScr;
  FOR i:=1 TO 1999 DO BEGIN
    TextColor(Random(16));
```

```
    Write(CHAR(Random(26)+65))
  END;
  REPEAT
    Invert(Random(40)+1,Random(12)+1,Random(40)+41,Random(12)+14)
  UNTIL KeyPressed;
  NormVideo
END.
```

Siehe auch
GetIntVec, MsDos, SetIntVec

IOresult

System

Zweck
Übergibt die Nummer eines aufgetretenen Ein- oder Ausgabefehlers.

Struktur

```
FUNCTION IOresult:INTEGER;  { nur 3.0 }
FUNCTION IOresult:WORD;     { nur 4.0 }
```

Bemerkung
Ein- und Ausgabefehler entstehen oft im Zusammenhang mit den Diskettenstationen oder Festplatten und werden von folgenden Prozeduren ausgelöst:

```
Append       Close      Read      Seek
Assign       Erase      ReadLn    Write
BlockRead    Execute    Rename    WriteLn
BlockWrite   Flush      Reset
Chain        GetDir     Rewrite
ChDir        MkDir      RmDir
```

Um mögliche Fehlermeldungen zu verhindern, kann der Compiler-Befehl {$I-} (siehe Anhang D.1 und D.2) benutzt werden. Es ist empfehlenswert, diesen nur gezielt einzusetzen.
Die Fehlernummern der Ein- und Ausgabe können mit der Funktion *IOresult* abgefragt werden (siehe Anhang E.1 und E.2).
Der Wert von *IOresult* wird nach dem Aufrufen auf 0 zurückgesetzt und muß deshalb bei Bedarf gespeichert werden.

Ein- und Ausgabefehler entstehen auch, wenn beim Einlesen von Zahlenwerten (INTEGER oder REAL) vom Anwender ungültige Zeichen eingegeben werden:

```
VAR
  zahl:INTEGER;
BEGIN                 { Bei der Eingabe von Buchstaben ...   }
  Read(zahl);         { ... wird hier ein Fehler entstehen.  }
```

Dieser Eingabefehler läßt sich ebenfalls mit dem Compiler-Befehl {$I-} ausschalten:

```
{$I-}
REPEAT
  Write('Zahl: ');
  ReadLn(zahl)
UNTIL IOresult=0;
{$I+}
```

Version 4.0: Mit dem Compiler-Befehl **I** lassen sich auch kritische Fehler (Laufwerksklappe offen, Drucker nicht bereit ...) abfangen. Dies ist dadurch möglich, daß Turbo Pascal den Interrupt $24 umleitet.

Beispiel

```
PROGRAM Test_IOresult;
VAR
  textdatei:TEXT;
  dateiname:STRING[14];
BEGIN
  Write('Bitte Name der Datei eingeben: ');
  ReadLn(dateiname);
  Assign(textdatei,dateiname);
  {$I-}                    { I/O-Fehlermeldung ausschalten }
  Reset(textdatei);
  {$I+}                    { I/O-Fehlermeldung einschalten }
  IF IOresult=0 THEN
    WriteLn('Datei bekannt.')
  ELSE BEGIN
    WriteLn('Neue Datei.');
    Rewrite(textdatei);
  END;
  Close(textdatei)
END.
```

KBD

Standarddatei (nur Version 3.0)

Zweck
Bezeichnet die Tastatur.

Bemerkung
Die Eingabe von Daten ist ohne Echo, d.h. die Tastatureingaben werden nicht am Bildschirm angezeigt:

```
Read(KBD,ch);
```

Mit KBD können einzelne Zeichen ohne das abschließende Drücken der Return-Taste eingelesen werden.
Eine logische Geräteeinheit wird wie eine Textdatei behandelt, auf sie kann über die vorbezeichneten Dateien (z.B. KBD) zugegriffen werden.
Die Prozedur *Close* zeigt keine Wirkung.
Der Versuch, eine Standarddatei zu löschen, erzeugt eine I/O-Fehlermeldung.
Die beiden Standardfunktionen *Eof* und *EoLn* arbeiten bei Standarddateien anders als bei Diskettendateien.
KBD benützt die beiden Gerätetreiber ConIn und ConOut (siehe hierzu *ConInPtr* und *ConOutPtr*).

Version 4.0: KBD ist in der Unit **Turbo3** enthalten, um zur Version 3.0 kompatibel zu bleiben.
Die Funktion *ReadKey* ersetzt den Prozeduraufruf *Read(KBD,ch);*.

Beispiel
Dieses Programm wartet, bis die ESC-Taste gedrückt wird.

```
PROGRAM KBD_Test;
VAR
  ch:CHAR;
BEGIN
  REPEAT
    Write('Bitte drücken Sie die Taste <ESC> ...');
    Read(KBD,ch)
  UNTIL ch=#27
END.
```

Siehe auch
AUX, CON, INPUT, LST, OUTPUT, TRM, USR

Keep

MS-DOS (nur Version 4.0)

Zweck
Beendet ein Programm und läßt dessen Code im Speicher.

Struktur

```
PROCEDURE Keep(exitcode:WORD);
```

Bemerkung
Keep ist in der Unit **Dos** enthalten.
Falls die Prozedur *Keep* in einem laufenden Programm ausgeführt wird, beendet Turbo Pascal dieses, ohne dabei aber den Programmcode, das Datensegment, den Stack und den Heap freizugeben (das Programm bleibt also speicherresident). Der Parameter *exitcode* kann mit der DOS-Variablen ERRORLEVEL oder der Turbo Pascal-Systemvariablen *DosExitCode* ermittelt werden.
Achtung: Ein Programm, das durch die Prozedur *Keep* beendet wird, darf nicht den gesamten Speicher belegen (siehe Compiler-Befehl **M** im Anhang D.2), da sonst nicht einmal mehr für den Kommando-Interpreter COMMAND.COM Speicherplatz übrig bleibt und das System deswegen abstürzt.
Speicherresidente Programme schlummern meist im Hintergrund und warten auf einen Tastendruck, der sie zum Leben erweckt (z.B. SideKick). Jedoch ist es nicht ganz leicht, solche Programme zu schreiben, da viele Regeln beachtet werden müssen, um den Schwierigkeiten aus dem Wege zu gehen (an dieser Stelle möchte ich auf die hervorragende Artikelserie "Speicherresidente Programme selbstgemacht" des Autors Thomas Little verweisen, der kompetent und mit viel didaktischen Geschick alle Einzelheiten der speicherresidenten Programme erläutert; DOS International, Ausgaben 2.1988 bis 5.1988, Elfenstr. 40, 8000 München 83, BRD).
Bitte achten Sie darauf, daß ein durch *Keep* beendetes Programm nur als .EXE-Datei gestartet werden soll, da sonst die Möglichkeit eines Systemabsturzes bestehen kann.
Eine Routine, die von einem Interrupt aufgerufen wird, muß immer als **far** deklariert (siehe Compiler-Befehl F im Anhang D.2) und mit dem reservierten Wort INTERRUPT gekennzeichnet werden.

Beispiel
Folgendes Programm ersetzt die alte Routine, die, ausgelöst durch die Taste <PrtScr>, den aktuellen Bildschirminhalt ausdruckt. Unsere neue Prozedur *PrtScr* ignoriert Zeichen mit einem ASCII-Code kleiner als 32 und schreibt hell dargestellte Zeichen (Textfarbe 8..15) fett; hierzu wird der Interrupt-Vektor $05 verbogen.

Bitte beachten Sie, daß die absolute Variable *screen* bei einem Monochrom-Bildschirm an die Adresse $B000:0 gelegt werden muß.

```
PROGRAM Keep_Test1;

{$M 16384,0,0}

USES
  Crt,Dos;

{$F+}
  PROCEDURE PrtScr; INTERRUPT;

    PROCEDURE print(zeichen:STRING);
    VAR
      pack:Registers;
      i:INTEGER;
    BEGIN
      FOR i:=1 TO Length(zeichen) DO BEGIN
        WITH pack DO BEGIN
          ah:=00;                { Routine 0 des Interrupts $17 }
          al:=BYTE(zeichen[i]);
          dx:=0;                           { 0=LPT1, 1=LPT2 ... }
          Intr($17,pack)        { Druckerausgabe eines Zeichens }
        END
      END
    END;

  CONST
    druck:BOOLEAN=FALSE;
    fettein=#27'G';
    fettaus=#27'H';
  VAR
    screen:ARRAY [0..24,0..79,0..1] OF CHAR ABSOLUTE $B800:0;
    x,y:INTEGER;    { Für Monochrom-Bildschirm $B000 ^^^^^ }
    mode,altmode:BYTE;
    ch:CHAR;
    attr:BYTE;
  BEGIN
    IF druck THEN Exit;
    druck:=TRUE;
    altmode:=0;
    FOR y:=0 TO 24 DO BEGIN
      FOR x:=0 TO 79 DO BEGIN
        ch:=screen[y,x,0];
```

```
        IF ch<#32 THEN ch:=#32;
        attr:=BYTE(screen[y,x,1]) AND 15;
        CASE attr OF
          0..7:mode:=1;     { normal }
          8..15:mode:=2     { fett   }
        END;
        IF mode<>altmode THEN BEGIN
          altmode:=mode;
          CASE mode OF
            1:print(fettaus);
            2:print(fettein)
          END
        END;
        print(ch)
      END;
      print(#10)
    END;
    druck:=FALSE
  END;
{$F-}

BEGIN
  SetIntVec($05,Addr(PrtScr));
  Keep(3)
END.
```

Folgendes Programm installiert eine Prozedur, die sich vom Interrupt $1C aufrufen läßt. Dieser Interrupt ist ausschließlich für den Anwender gedacht und wird in der Sekunde 18.2 Mal aufgerufen.
Nach dem Start dieses Programmes wird Ihre Arbeit am Computer von einer nervtötenden Melodie begleitet, die nur durch einen Neustart des Systems unterbrochen werden kann.

```
PROGRAM Keep_Test2;

{$M 16384,0,0}

USES
  Dos,Crt;
CONST
  ton:ARRAY [1..10,1..2] OF INTEGER=
    ((440,10),(880,10),(0,10),(440,5),(554,5),
    (659,5),(784,5),(988,10),(880,10),(0,20));
    { Die 1. Zahl entspricht der Tonhöhe, die 2. der Tondauer }
```

```
{$F+}
  PROCEDURE musik; INTERRUPT;
  CONST
    d:INTEGER=0;
    i:INTEGER=0;
  BEGIN
    IF d=0 THEN BEGIN
      Inc(i);
      IF i>10 THEN i:=1;
      IF ton[i,1]=0 THEN
        NoSound
      ELSE
        Sound(ton[i,1]);
      d:=ton[i,2]
    END;
    IF d=1 THEN NoSound;
    Dec(d)
  END;
{$F-}

BEGIN
  SetIntVec(28,Addr(musik));
  Keep(3)
END.
```

Siehe auch
GetIntVec, INTERRUPT, SetIntVec

KeyPressed

Zweck
Ermittelt, ob eine Taste gedrückt worden ist.

Struktur

```
FUNCTION KeyPressed:BOOLEAN;
```

Bemerkung
KeyPressed überprüft, ob sich im Tastaturspeicher ein Zeichen befindet:

```
KeyPressed ergibt TRUE, wenn Zeichen im Tastaturspeicher
KeyPressed ergibt FALSE, wenn kein Zeichen im Tastaturspeicher
```

Der Tastaturspeicher wird beim Funktionsaufruf *KeyPressed* nicht entleert.
Funktionstasten und einige weitere Tasten erzeugen zwei Einträge in den Tastaturspeicher (siehe Anhang H).

Version 3.0: Der Prozedur-Aufruf *Read(KBD,ch);* liest ein Zeichen aus dem Tastaturspeicher (*ch* ist eine Variable des Typs CHAR, KBD ist eine Standarddatei und bezeichnet die Tastatur).
Die Prozeduren *Write* und *Writeln* löschen den Tastaturspeicher, wenn nicht der Compilerbefehl {$C-} (siehe Anhang D.1) geschrieben wird.

Version 4.0: *KeyPressed* ist in der Unit **Crt** enthalten.
Mit Hilfe der Funktion *ReadKey* können einzelne Zeichen des Tastaturpuffers gelesen werden.

Beispiel

```
PROGRAM KeyPressed_Test_Turbo3;
{$C-}
VAR
  ch:CHAR;
BEGIN
  WriteLn('Bitte eine Taste drücken ...');
  REPEAT UNTIL KeyPressed;
  Read(KBD,ch);
  IF (ch=#27) AND KeyPressed THEN
    WriteLn('Funktionstaste gedrückt.');
  IF (ch=#27) AND NOT KeyPressed THEN
    WriteLn('ESC gedrückt.');
  IF ch<>#27 THEN
    WriteLn('Taste [',ch,'] gedrückt.')
END.
```

Folgendes Programm wartet fünf Sekunden und schreibt dann alle Zeichen, die sich im Tastaturpuffer befinden, auf den Bildschirm:

```
PROGRAM KeyPressed_Test_Turbo4;
USES
  Crt;
VAR
  ch:CHAR;
  i:INTEGER;
BEGIN
  ClrScr;
  Write('Bitte mehrere Tasten drücken ... ');
```

```
    FOR i:=5 DOWNTO 1 DO BEGIN
      Write(i:2);
      Delay(1000)
    END;
    GotoXY(1,1);
    WriteLn('Folgende Codes befinden sich im Tastaturpuffer: ');
    WHILE KeyPressed DO BEGIN
      ch:=ReadKey;
      Write(BYTE(ch):4);
      IF ch<>#0 THEN WriteLn
    END
  END.
```

Siehe auch
ConStPtr, KBD, ReadKey

LABEL

Reserviertes Wort

Zweck
Definiert Marken, die innerhalb des Programmes angesprungen werden können.

Bemerkung
LABEL steht im Deklarationsteil eines Programmes oder von Prozeduren und Funktionen.
Einer Anweisung kann ein Label (eine Marke) vorangestellt werden. Mit der Anweisung GOTO ist es dann möglich, direkt zu dieser bezeichneten Stelle zu springen.
Das reservierte Wort LABEL steht am Anfang der Deklaration, gefolgt von einer Liste mit Bezeichnern. Einzelne Bezeichner werden mit einem Komma (,) voneinander getrennt. Die gesamte Liste wird mit einem Strichpunkt (;) abgeschlossen:

```
LABEL
  ausgang, fehler, spaghetti;
```

Im Standard-Pascal sind Labelnamen auf maximal 4 Zeichen beschränkt, bestehend aus Ziffern. In Turbo Pascal sind für den Labelnamen sowohl Buchstaben als auch Ziffern erlaubt; die Länge des Labelnamens ist nicht beschränkt.

Version 4.0: Falls ein definiertes LABEL im Programm nicht verwendet wird, meldet der Compiler einen Fehler.

Siehe auch
CONST, FUNCTION, GOTO, PROCEDURE, PROGRAM, TYPE, VAR

LastMode

Systemvariable (nur Version 4.0)

Zweck
Enthält den aktuellen Textmodus.

Struktur

```
VAR
  LastMode:WORD;
```

Bemerkung
LastMode ist in der Unit **Crt** enthalten.

Folgende Werte sind für die Systemvariable *LastMode* definiert:

BW40	=0; 40x25 S/W für Farbbildschirm
CO40	=1; 40x25 farbig
BW80	=2; 80x25 S/W für Farbbildschirm
CO80	=3; 80x25 farbig
Mono	=7; 80x25 für Monochrom-Bildschirm
Font8x8	=256; ermöglicht 43 (EGA) oder 50 (VGA) Textzeilen (z.B. *TextMode(CO80+Font8x8);*)

Wenn *LastMode* den Wert 7 enthält, befindet sich der Bildschirmspeicher an der Stelle $B000:$0000, andernfalls an der Stelle $B800:$0000.
Mit Prozeduraufruf *TextMode(LastMode);* kann von einem Graphikmodus in den zu Beginn aktuellen Textmodus zurückgekehrt werden.

Siehe auch
RestoreCrtMode, SetGraphMode, TextMode

Length — String

Zweck
Bestimmt die Länge einer Zeichenkette.

Struktur

```
FUNCTION Length(s:STRING):INTEGER;
```

Bemerkung
Für einen leeren String gibt die Funktion *Length* 0 aus.
Das Zeichen an der Stelle Null eines Strings enthält genauso die Länge des Strings.

Beispiel

```
Length('1234') = 4

s:='Hausherd';
Length(s) = 8;
Ord(s[0]) = 8;
```

Siehe auch
Concat, Copy, Delete, Insert, Pos

Line **Graphik (nur Version 4.0)**

Zweck
Verbindet zwei Punkte miteinander.

Struktur

```
PROCEDURE Line(x1,y1,x2,y2:INTEGER);
```

Bemerkung
Line ist in der Unit **Graph** enthalten.
Die Prozedur *Line* verbindet die beiden Punkte *(x1,y1)* und *(x2,y2)* miteinander. Dabei wird die mit *SetLineStyle* und *SetColor* gesetzte Linienart und Zeichenfarbe verwendet. Der Graphik-Cursor wird durch *Line* nicht verschoben.

Beispiel
Folgendes Programm zeichnet zufällige Geraden. Es kann mit einer beliebigen Taste abgebrochen werden.

```
PROGRAM Line_Test;
USES
  Crt,Graph;
VAR
  gr,mo,mx,my:INTEGER;
BEGIN
  gr:=Detect;
  InitGraph(gr,mo,'');
  mx:=GetMaxX;
  my:=GetMaxY;
  REPEAT
    Line(Random(mx),Random(my),Random(mx),Random(my))
  UNTIL KeyPressed;
  CloseGraph
END.
```

Siehe auch
LineRel, LineTo, MoveRel, MoveTo

LineRel **Graphik (nur Version 4.0)**

Zweck
Verbindet die aktuelle Position des Graphik-Cursors mit einem zu diesem relativ gesetzten Punkt.

Struktur

```
PROCEDURE LineRel(xrel,yrel:INTEGER);
```

Bemerkung
LineRel ist in der Unit **Graph** enthalten.
Die Koordinaten des Graphik-Cursors können mit den beiden Funktionen *GetX* und *GetY* ermittelt werden; deshalb entspricht *LineRel(xrel,yrel);* dem Prozeduraufruf *Line(GetX,GetY,GetX+xrel,GetY+ yrel);*. Die Linienart kann mit *SetLineStyle*, die Zeichenfarbe mit *SetColor* festgelegt werden. *LineRel* verschiebt den Graphik-Cursor.

Beispiel
Folgendes Programm zeichnet kongruente Dreiecke. Es kann mit einem beliebigen Tastendruck abgebrochen werden.

```
PROGRAM LineRel_Test;
USES
  Crt,Graph;
VAR
  gr,mo,mx,my:INTEGER;

  PROCEDURE dreieck(x,y:INTEGER);
  BEGIN
    MoveTo(x,y);
    LineRel(20,0);
    LineRel(-20,20);
    LineRel(0,-20)
  END;

BEGIN
  gr:=Detect;
  InitGraph(gr,mo,'');
  mx:=GetMaxX-20;
  my:=GetMaxY-20;
  REPEAT
    dreieck(Random(mx),Random(my))
  UNTIL KeyPressed;
```

```
  CloseGraph
END.
```

Siehe auch
Line, LineTo, MoveRel, MoveTo

LineTo **Graphik (nur Version 4.0)**

Zweck
Verbindet den aktuellen Graphik-Cursor mit einem Punkt.

Struktur

```
PROCEDURE LineTo(x,y:INTEGER);
```

Bemerkung
LineTo ist in der Unit **Graph** enthalten.
Die Koordinaten des Graphik-Cursors lassen sich mit den beiden Funktionen *GetX* und *GetY* ermitteln. *LineTo(x,y);* entspricht deshalb dem Prozeduraufruf *Line(GetX,GetY,x,y);*. Die gewünschte Linienart kann mit *SetLineStyle*, die Zeichenfarbe mit *SetColor* festgelegt werden.
Am Ende der Prozedur *LineTo* befindet sich der Graphik-Cursor an der Stelle *(x,y)*.

Beispiel
Folgendes Programm zeichnet zusammenhängende Linien und ist mit jedem Tastendruck abzubrechen.

```
PROGRAM LineTo_Test;
USES
  Crt,Graph;
VAR
  gr,mo,mx,my:INTEGER;
BEGIN
  gr:=Detect;
  InitGraph(gr,mo,'');
  mx:=GetMaxX;
  my:=GetMaxY;
  MoveTo(Random(mx),Random(my));
  REPEAT
    LineTo(Random(mx),Random(my))
  UNTIL KeyPressed;
```

```
  CloseGraph
END.
```

Siehe auch
DrawPoly, Line, LineRel, MoveRel, MoveTo

Ln

Arithmetik

Zweck
Natürlicher Logarithmus einer Zahl.

Struktur

```
FUNCTION Ln(r:REAL):REAL;
```

Bemerkung
Logarithmus zur Basis e, wobei e=2.718... (Eulersche Zahl).
Ln(x) ist nur definiert für x>0.

```
Log(x) zur Basis a = Ln(x)/Ln(a)
```

Beispiel

```
Ln(0.5) = -0.69314718056...
Ln(10)  = 2.302585093...
```

Siehe auch
ArcTan, Cos, Exp, Sin, Sqr, Sqrt

Lo

Zweck
Bestimmt das niederwertige Byte eines WORD- oder INTEGER-Ausdrukkes.

Struktur

```
FUNCTION Lo(i:INTEGER):INTEGER;
FUNCTION LO(i:WORD):WORD;        { nur 4.0 }
```

Bemerkung
Ein WORD- oder INTEGER-Ausdruck besteht aus 2 Bytes. *Lo(i)* ermittelt das niederwertige Byte von *i*.

Beispiel

```
Lo(#1122) = #0022
Lo(#1234) = #0034
```

Siehe auch
Hi, Swap

LongFilePos — Datei mit direktem Zugriff (nur Version 3.0)

Zweck
Ermittelt die Position des Datenzeigers.

Struktur

```
FUNCTION LongFilePos(VAR f:dateivariable):REAL;
```

Bemerkung
Diese Funktion arbeitet wie *FilePos*, jedoch gibt sie einen Real-Wert aus. Dies erlaubt das Arbeiten mit wesentlich größeren Dateien (Giga-Bereich).

Version 4.0: *LongFilePos* ist in der Unit **Turbo3** enthalten, um zur Version 3.0 kompatibel zu bleiben.

Beispiel
Dieses Programm schreibt die einzelnen Komponenten einer Datei auf den Bildschirm und gibt deren Position an. Das Programm kann mit Ctrl-C gestoppt werden.

```
PROGRAM LongFilePos_Test;
VAR
  f:FILE OF BYTE;
  b:BYTE;
BEGIN
  Assign(f,'DATEN.BYT');
  Reset(f);
  WHILE NOT Eof(f) DO BEGIN
    Write(LongFilePos:10:0);
```

```
      Read(f,b);
      WriteLn(': ',b:3)
    END;
    Close(f)
  END.
```

Siehe auch
FilePos, FileSize, LongFileSize, LongSeek, Seek

LongFileSize — Datei mit direktem Zugriff (nur Version 3.0)

Zweck
Bestimmt die Anzahl der Komponenten, die sich in einer Datei befinden.

Struktur

```
FUNCTION LongFileSize(VAR f:dateivariable):REAL;
```

Bemerkung
Diese Funktion arbeitet wie *FileSize*, jedoch gibt sie einen Real-Wert aus. Dies ermöglicht das Arbeiten mit sehr großen Dateien (Giga-Bereich).

Version 4.0: *LongFileSize* ist in der Unit **Turbo3** enthalten, um zur Version 3.0 kompatibel zu bleiben.

Beispiel
Dieses Programm bestimmt die Anzahl der Komponenten, die sich in der Datei ZAHLEN.INT befindet.

```
PROGRAM LongFileSize_Test;
VAR
  f:FILE OF INTEGER;
BEGIN
  Assign(f,'ZAHLEN.INT');
  Reset(f);
  Write(LongFileSize(f):10:0,' Komponenten');
  Close(f)
END.
```

Siehe auch
FilePos, FileSize, LongFilePos, LongSeek, Seek

LONGINT

Datentyp (nur Version 4.0)

Zweck
Datentyp, der ganze Zahlen im Bereich -2'147'483'648..2'147'483'647 zuläßt.

Bemerkung
Ein Datentyp definiert die Beschaffenheit der Werte, die eine Variable annehmen kann; dieser kann in einem Programm nur ein Datentyp zugeordnet werden.
Der Datentyp LONGINT bezeichnet ganze Zahlen und belegt 4 Bytes Speicher. Ein Überlauf bei arithmetischen Operationen wird vom Compiler nicht angezeigt.
Einer Variablen des Typs LONGINT können hexadezimale Zahlen übergeben werden; ihnen wird ein Dollar-Zeichen ($) vorangestellt:

```
VAR
  l:LONGINT;
BEGIN
  l:=$FFFE3;
```

Der hexadezimale LONGINT-Bereich ist $0..$FFFF'FFFF und kennt keine negativen Werte.

Siehe auch
BYTE, INTEGER, REAL, WORD

LongSeek

Datei mit direktem Zugriff (nur Version 3.0)

Zweck
Bewegt den Datenzeiger an eine bestimmt Stelle.

Struktur

```
PROCEDURE LongSeek(VAR f:dateivariable; pos:REAL);
```

Bemerkung
Diese Prozedur arbeitet wie *Seek*, jedoch geht sie mit Real-Werten um. Somit ist es möglich, mit umfangreichen Dateien zu arbeiten (Giga-Bereich).

Version 4.0: *LongSeek* ist in der Unit **Turbo3** enthalten, um zur Version 3.0 kompatibel zu bleiben.

Beispiel
Dieses Programm setzt den Datenzeiger an das Ende einer Datei und fügt eine Komponente hinzu.

```
PROGRAM LongSeek_Test;
TYPE
  karte=FILE OF RECORD
    name:STRING[80];
    einkommen:REAL
  END;
VAR
  einer:karte;
BEGIN
  Assign(f,'LEHRER.GUT');
  Reset(f);
  LongSeek(f,LongFileSize(f));
  Write('Name des Lehrers   : ');
  ReadLn(einer.name);
  Write('Einkommen desselben: ');
  Read(einer.einkommen);
  Write(f,einer);
  Close(f)
END.
```

Siehe auch
FilePos, FileSize, LongFilePos, LongFileSize, Seek

LowVideo — Textbildschirm

Zweck
Wählt eine dunkle Schrift.

Struktur

```
PROCEDURE LowVideo;
```

Bemerkung
Die Prozedur *LowVideo* arbeitet in der Version 3.0 anders als in der Version 4.0.

Version 3.0: *LowVideo* entspricht der Textfarbe 7 und dem Hintergrund 0.

Mit *LowVideo* wird ein beliebiger Hintergrund und eine beliebige Textfarbe wieder zurückgesetzt.
Die Helligkeit der einzelnen Zeichen entspricht zu Beginn der Prozedur *NormVideo*.
Die Version 4.0 stellt in der Unit **Turbo3** die Prozedur *LowVideo* mit derselben Funktionsweise zur Verfügung, um zur Version 3.0 kompatibel zu bleiben.

Version 4.0: *LowVideo* ist in der Unit **Crt** enthalten und subtrahiert von der aktuellen Textfarbe den Wert 8, wenn diese im Bereich 8..15 liegt. Somit erscheinen die nun geschriebenen Zeichen dunkler als zuvor.

Beispiel
Dieses Programm stellt einige Wörter invers dar, und setzt den Anfangszustand der Textzeichen wieder mit *LowVideo* her.

```
PROGRAM LowVideo_Test_Turbo3;
TYPE
  str80=STRING[80];

  PROCEDURE Inverse(zeile:str80);
  BEGIN
    TextBackground(7);
    TextColor(0);
    Write(zeile);
    LowVideo
  END;

BEGIN
  ClrScr;
  Inverse(' Dieser Text erscheint invers. ');
  GotoXY(2,2);
  Write('Dieser nicht.')
END.
```

Folgendes Programm zeigt die Wirkungsweise der Prozedur *LowVideo* unter Turbo Pascal 4.0:

```
PROGRAM LowVideo_Test_Turbo4;
USES
  Crt;
VAR
  i:INTEGER;
BEGIN
  FOR i:=8 TO 15 DO BEGIN
```

```
      TextColor(i);
      Write('Farbnummer: ',i:2,' (hell)  ');
      LowVideo;
      WriteLn('Farbnummer: ',i-8:2,' (dunkel)')
    END
  END.
```

Siehe auch
NormVideo, TextBackground, TextColor

LST

Standarddatei

Zweck
Bezeichnet den Drucker am parallelen Ausgang.

Struktur

```
  VAR
    LST:TEXT;
```

Bemerkung
Ermöglicht die Ausgabe auf einen Drucker.
Eine logische Geräteeinheit wird wie eine Textdatei behandelt, auf sie kann über die vorbezeichneten Dateien (z.B. LST) zugegriffen werden.
Die Prozedur *Close* zeigt keine Wirkung.
Der Versuch, eine Standarddatei zu löschen, erzeugt eine I/O-Fehlermeldung.
Die beiden Standardfunktionen *Eof* und *EoLn* arbeiten bei Standarddateien anders als bei Diskettendateien.

Version 3.0: LST benützt den Gerätetreiber *LstOut* (siehe hierzu *LstOutPtr*).

Version 4.0: LST ist in der Unit **Printer** enthalten.

Beispiel
Dieses Programm bringt einen Programmtext auf den Drucker.

```
PROGRAM LST_Test;
USES       { f r 3.0: Diese beiden Zeilen ... }
  Printer; { ... ersatzlos streichen.         }
VAR
  f:TEXT;
```

```
    datei:STRING[14];
    zeile:STRING[255];
  BEGIN
    Write('Welche Datei soll gedruckt werden? ');
    ReadLn(datei);
    Assign(f,datei);
    Reset(f);
    WHILE NOT Eof(f) DO BEGIN
      ReadLn(f,zeile);
      WriteLn(LST,zeile)
    END;
    Close(f)
  END.
```

Siehe auch
AUX, CON, INPUT, KBD, OUTPUT, TRM, USR

LstOutPtr — I/O-Treiber (nur Version 3.0)

Zweck
Zeigt auf die interne Prozedur *LstOut*, die für die Ausgabe der Daten, die über den parallelen Ausgang gehen, verantwortlich ist.

Struktur

```
VAR
  LstOutPtr:INTEGER;
```

Bemerkung
Die Variable *LstOutPtr* enthält die Offset-Adresse der Prozedur *LstOut*. *LstOut* hat folgende Struktur:

```
PROCEDURE LstOut(ch:CHAR);
```

LstOut ist dem DOS-System-Aufruf 05H zugeordnet.
LstOut schickt ein Zeichen zum Drucker.
Die Prozedur *LstOut* kann vom Programmierer geändert werden, indem die Offset-Adresse einer selbstdefinierten Treiberprozedur der Standardvariablen *LstOutPtr* zugewiesen wird.
Die Treiberfunktion muß die gleiche Struktur wie *LstOut* haben.

Beispiel
Dieses Programm definiert einen neuen Druckertreiber, der einige zu druckende Zeichen verändert.

```
PROGRAM LstOutPtr_Test;

  PROCEDURE LstOut_Treiber(ch:CHAR);
  VAR
    pack:RECORD
      ax,bx,cx,dx,bp,di,si,ds,es,flags:INTEGER
    END;
  BEGIN
    CASE ch OF
      '[':ch:=' ';
      '\':ch:=' ';
      ']':ch:=' ';
      '{':ch:=' ';
      '|':ch:=' ';
      '}':ch:=' ';
      '~':ch:='Ã'
    END;
    pack.ax:=$0500;
    pack.dx:=BYTE(ch);
    MsDos(pack)
  END;

BEGIN
  LstOutPtr:=Ofs(LstOut_Treiber);
  WriteLn(LST,'Eine Hundeh}tte h{ngt }ber der K}che.')
END.
```

Mark

Dynamische Speicherung

Zweck
Weist den Wert des Heap-Zeigers einer Variablen zu.

Struktur

```
PROCEDURE Mark(VAR p:zeigervariable);  { nur 3.0 }
PROCEDURE Mark(VAR p:POINTER);         { nur 4.0 }
```

Bemerkung
Die Prozedur *Mark* arbeitet eng mit *Release* zusammen. Diese beiden Prozeduren werden benötigt, um den Heap, der von dynamischen Variablen benutzt worden ist, wieder freizumachen.
Mark weist der Zeigervariablen *p* den aktuellen Wert des Heap-Zeigers (entspricht der Systemvariablen *HeapPtr*) zu. *Release* löscht alle Variablen oberhalb dieses Wertes (d.h. *Release* löscht alle dynamischen Variablen, die nach dem Prozedur-Aufruf *Mark* erzeugt worden sind). Im Gegensatz zu *Dispose* ist es mit *Mark/Release* nicht möglich, nur einzelne Variablen zu löschen.
Dispose und *Mark/Release* verwenden verschiedene Heap-Verwaltungen. Aus diesem Grund ist es nicht empfehlenswert, diese Prozeduren gleichzeitig zu benutzen.

Beispiel
Dieses Programm schafft die dynamische Variable *r* und weist ihr den Wert *Pi* zu. Schließlich wird der Heap wieder freigegeben.

```
PROGRAM Mark_Test;
VAR
  r:^REAL;

  PROCEDURE frei;
    { MemAvail ermittelt in den einzelnen Versionen verschiedene }
    { Funktionswerte.                                            }
  BEGIN
    WriteLn('Freier Speicherplatz in Bytes/Paragraphen: ',MemAvail)
  END;

BEGIN
  frei;
  New(r);
  frei;
  r^:=Pi;
  WriteLn(r^);
```

```
    Mark(r);
    Release(r);
    frei
  END.
```

Siehe auch
Dispose, New, Release

MaxAvail

Dynamische Speicherung

Zweck
Bestimmt den größten, zusammenhängenden Speicherblock.

Struktur

```
FUNCTION MaxAvail:INTEGER;  { nur 3.0 }
FUNCTION MaxAvail:LONGINT;  { nur 4.0 }
```

Bemerkung
MaxAvail zeigt an, wie viel Speicherplatz maximal auf dem Heap mit *GetMem* reserviert werden kann.

Version 3.0: *MaxAvail* ermittelt den größten, zusammenhängenden Speicherblock in Paragraphen. Ein Paragraph besteht aus 16 Bytes. Stehen mehr als 32'767 Paragraphen zur Verfügung, wird der Funktionswert negativ.

Version 4.0: *MaxAvail* ermittelt den größten, zusammenhängenden Speicherblock in Bytes. Bitte beachten Sie, daß die Funktion *MaxAvail* ist in den Units **System** und **Turbo3** mit verschiedenen Funktionsergebnissen definiert ist.

Beispiel
Dieses Programm gibt den größten Speicherblock in Bytes aus.

```
PROGRAM MaxAvail_Test_Turbo3;
BEGIN
  Write('Größter Block: ');
  IF MaxAvail<0 THEN
    Write((65536.0+MaxAvail)*16.0)
  ELSE
    Write(16.0*MaxAvail)
END.
```

```
PROGRAM MaxAvail_Test_Turbo4;
BEGIN
  WriteLn('Größter Block: ',MaxAvail
END.
```

Siehe auch
FreeMem, GetMem, MemAvail

MaxInt

Konstante

Zweck
Konstante, die den größten positiven Wert eines INTEGER-Wertes darstellt.

Struktur

```
CONST
  MaxInt:INTEGER=32767;
```

Bemerkung
Die Konstante *MaxInt* entspricht dem Wert 32767. *MaxInt+1* ergibt -32768, was der größten negativen Zahl im INTEGER-Bereich entspricht (bei dieser Addition wird keine Fehlermeldung ausgegeben).

Siehe auch
MaxLongInt

MaxLongInt

Konstante (nur Version 4.0)

Zweck
Konstante, die die größte positive Zahl eines LONGINT-Wertes darstellt.

Struktur

```
CONST
  MaxLongInt:LONGINT=2147483647;
```

Bemerkung
Die Konstante *MaxLongInt* entspricht dem Wert 2'147'483'647. *Max-LongInt+1* ergibt -2'147'748'648 und entspricht der größten negativen

Zahl im LONGINT-Bereich (bei dieser Addition wird keine Fehlermeldung ausgegeben).

Siehe auch
MaxInt

Mem

System

Zweck
Erlaubt den Zugriff auf einzelne Speicherstellen.

Struktur

```
VAR
  Mem:ARRAY OF BYTE;
```

Bemerkung
Mem ist ein vordefinierter Array, dessen Komponenten vom Typ Byte sind und den Inhalten einzelner Speicherzellen (Hauptspeicher (RAM)) entsprechen. Diese Speicherzellen können gelesen und verändert werden.
Der Index von *Mem* muß eine Speicheradresse sein und besteht aus einem Segment und einem Offset.
Segment und Offset sind Integer-Werte und werden mit einem Doppelpunkt (:) voneinander getrennt. Aus diesen beiden Werten wird eine 20-Bit-Speicheradresse wie folgt errechnet:

```
Speicheradresse:=Segment*16+Offset;
```

Auf diese Weise kann ein Speicher von insgesamt 1 MByte angesprochen werden (davon 640 kBytes für den Arbeitsspeicher).
Bitte beachten Sie, daß ein und dieselbe Speicheradresse mit verschiedenen Segment- und Offset-Werten angesprochen werden kann ($0001:$FFFF und $1000:$000F bezeichnen dieselbe Speicherzelle).

Beispiel
Dieses Programm liest den Inhalt des Tastaturpuffers und schreibt ihn auf den Bildschirm. Mit <ESC> kann dieses Programm abgebrochen werden.

```
PROGRAM Mem_Test;
USES        { für 3.0: Diese beiden Zeilen ... }
  Crt;      { ... ersatzlos streichen.         }
VAR
  i:INTEGER;
```

```
    ch:CHAR;
  BEGIN
    ClrScr;
    REPEAT
      GotoXY(1,1);
      FOR i:=$41e TO $43d DO Write(Mem[0:i]:5);
      FOR i:=$41e TO $43d DO
        IF Mem[0:i]<32 THEN
          Write(' ':5)
        ELSE
          Write(CHAR(Mem[0:i]):5);
      ch:=ReadKey;     { für 3.0: Read(KBD,ch); }
      IF KeyPressed THEN
        ch:=ReadKey    { für 3.0: Read(KBD,ch)  }
    UNTIL ch=#27
  END.
```

Siehe auch
MemW, Port, PortW

MemAvail

Dynamische Speicherung

Zweck
Bestimmt den freien Heap-Speicherplatz.

Struktur

```
FUNCTION MemAvail:INTEGER;  { nur 3.0 }
FUNCTION MemAvail:LONGINT;  { nur 4.0 }
```

Bemerkung
Bestimmt, wieviel Speicherplatz auf dem Heap zur Verfügung steht.

Version 3.0: Das Funktions-Ergebnis wird in Paragraphen angegeben. Ein Paragraph entspricht 16 Bytes.
Der Funktionswert wird negativ, wenn mehr als 32767 Paragraphen frei sind.

Version 4.0: Das Funktions-Ergebnis wird in Bytes angegeben. Bitte beachten Sie, daß die Funktion *MemAvail* in den Units **System** und **Turbo3** mit verschiedenen Funktionswerten definiert ist.

Beispiel

Dieses Programm füllt den Heap. Es bricht ab, wenn nur noch rund 16 kB übrig bleiben.

```
PROGRAM MemAvail_Test_Turbo3;

  FUNCTION Free:BOOLEAN;
  BEGIN
    IF (MemAvail>1000) OR (MemAvail<0) THEN
      Free:=TRUE
    ELSE
      Free:=FALSE
  END;

VAR
  r:^REAL;
BEGIN
  WHILE Free DO New(r);
  WriteLn('Heap ist nun voll')
END.

PROGRAM MemAvail_Test_Turbo4;

  FUNCTION Free:BOOLEAN;
  BEGIN
    Free:=MemAvail>$4000
  END;

BEGIN
  WHILE Free DO New(r);
  WriteLn('Heap ist nun voll'
END.
```

Siehe auch

FreeMem, GetMem, MaxAvail

MemL

System (nur Version 4.0)

Zweck

Macht Eingriffe in den Hauptspeicher möglich.

Struktur

```
VAR
  MemL:ARRAY OF LONGINT;
```

Bemerkung
MemL ist ein vordefinierter Array, dessen Komponenten vom Typ LONGINT (4 Bytes) sind. *MemL* stellt den gesamten Hauptspeicher (RAM) dar und ermöglicht deshalb das Lesen und Schreiben von Daten des gesamten RAM-Bereiches.
Der Index von *MemL* muß eine Speicherstelle darstellen und besteht aus einem Segment und einem Offset.
Segment und Offset sind WORD-Werte und werden von einem Doppelpunkt (:) getrennt. Aus diesen beiden Werten wird wie folgt eine 20-Bit-Speicheradresse berechnet:

```
Speicheradresse:=Segment*16+Offset;
```

Der gesamte ansprechbare Speicher umfaßt 1 MByte, davon sind 640 kBytes für den Anwender verfügbar.

Siehe auch
Mem, MemW

MemW

System

Zweck
Erlaubt Eingriffe in den Hauptspeicher.

Struktur

```
VAR
  MemW:ARRAY OF INTEGER;  { nur 3.0 }
  MemW:ARRAY OF WORD;     { nur 4.0 }
```

Bemerkung
MemW ist ein vordefinierter Array, dessen Komponenten 2 Bytes umfassen und zwei aufeinanderfolgenden Speicherzellen des Hauptspeichers (RAM) entsprechen. Diese Speicherzellen können gelesen und verändert werden.
Der Index von *MemW* muß eine Speicheradresse darstellen und besteht aus einem Segment und einem Offset.

Segment und Offset sind Integer-Werte und werden mit einem Doppelpunkt (:) voneinander getrennt. Aus diesen beiden Werten wird eine 20-Bit-Speicheradresse wie folgt errechnet:

```
Speicheradresse:=Segment*16+Offset
```

Auf diese Weise kann ein Speicher von insgesamt 1 MByte angesprochen werden (davon 640 kBytes für den Arbeitsspeicher).
Bitte beachten Sie, daß ein und dieselbe Speicheradresse mit verschiedenen Segment- und Offset-Werten angesprochen werden kann ($0001:$FFFF und $1000:$000F bezeichnen also dieselbe Speicherzelle).

Beispiel
Start- und Endadresse des Tastaturpuffers werden gleichgesetzt. Dies hat eine Entleerung des Tastaturpuffers zur Folge.

```
PROGRAM MemW_Test_1;
BEGIN
  MemW[0:$41a]:=MemW[0:$41c]
END.
```

Folgendes Programm gibt die Größe des verfügbaren Arbeitsspeichers aus.

```
PROGRAM MemW_Test_2;
BEGIN
  WriteLn('Arbeitsspeicher: ',MemW[0:$413],' kB')
END.
```

Siehe auch
Mem, Seg, Ofs

MkDir

System

Zweck
Eröffnet ein neues Verzeichnis auf der Diskette.

Struktur

```
PROCEDURE MkDir(pfad:STRING);
```

Bemerkung
MkDir erzeugt ein neues Subdirectory. Wenn ein Directory bereits existiert, tritt ein I/O-Fehler auf.

pfad kann eine Laufwerksangabe enthalten. Wenn diese fehlt, bezieht sich *MkDir* auf das aktuelle Laufwerk.
Mehrere Verzeichnisse werden durch einen Backslash (\) getrennt.
Folgende Prozeduraufrufe:

```
MkDir('.\TEST');
MkDir('TEST');
```

erzeugen im aktuellen Directory das Verzeichnis TEST.

Beispiel

```
MkDir('C:\PROGR');
MkDir('C:\PROGR\TURBO');
```

Siehe auch
ChDir, RmDir, GetDir, Directory

MOD

Operator

Zweck
Modulus.

Bemerkung
i1 MOD *i2* ermittelt den Restbetrag, der bei der Division *i1* durch *i2* entsteht.

Typ der Operanden <i1> und <i2>	Ergebnistyp	
INTEGER	INTEGER	
WORD	WORD	(nur 4.0)
LONGINT	LONGINT	(nur 4.0)

MOD kann teilweise durch AND ersetzt werden: *i1* MOD *i2* entspricht *i1* AND *(i2-1)*, wenn sich *i2* aus 2^x (*x* ganzzahlig) bilden läßt (155 MOD 32 entspricht somit 155 AND 31). Der daraus resultierende Geschwindigkeitsvorteil ist enorm.

Beispiel

```
10 MOD 3  = 1
15 MOD 16 = 15
```

Siehe auch
DIV

Move

Zweck
Kopiert den Inhalt einer Variablen in eine andere.

Struktur

```
PROCEDURE Move(VAR variable1,variable2; anzahl:INTEGER);  { nur 3.0 }
PROCEDURE Move(VAR variable1,variable2; anzahl:WORD);     { nur 4.0 }
```

Bemerkung
Direkt im Speicher werden *anzahl* Bytes kopiert.
variable1 und *variable2* sind Variablen beliebigen Typs.
anzahl Bytes werden ab dem ersten Byte von *variable1* auf das erste Byte von *variable2* kopiert.
Überlappungen werden automatisch gehandhabt.

Beispiel
Dieses Programm kopiert den Inhalt der Variablen *zeichen* auf die Variable *zahlen*.

```
PROGRAM Move_Test;
VAR
  i:INTEGER;
  zahlen:ARRAY [1..26] OF BYTE;
  zeichen:ARRAY [1..26] OF CHAR;
BEGIN
  zeichen:='Dies ist ein Beispielstext';
  Move(zeichen,zahlen,26);
  FOR i:=1 TO 26 DO
    WriteLn(zeichen[i],' entspricht ',zahlen[i])
END.
```

Siehe auch
FillChar

MoveRel

Graphik (nur Version 4.0)

Zweck
Verschiebt den Graphik-Cursor relativ zur aktuellen Position.

Struktur

```
PROCEDURE MoveRel(xrel,yrel:INTEGER);
```

Bemerkung
MoveRel ist in der Unit **Graph** enthalten.
Die aktuellen Koordinaten des Graphik-Cursors können mit den beiden Funktionen *GetX* und *GetY* ermittelt werden.
MoveRel(xrel,yrel); entspricht dem Prozeduraufruf *MoveTo(GetX+xrel, GetY+yrel);*.

Siehe auch
Line, LineRel, LineTo, MoveTo

MoveTo

Graphik (nur Version 4.0)

Zweck
Setzt den Graphik-Cursor an einen bestimmten Punkt.

Struktur

```
PROCEDURE MoveTo(x,y:INTEGER);
```

Bemerkung
MoveTo ist in der Unit **Graph** enthalten.
Die Prozedur *MoveTo* setzt den Graphik-Cursor an den Punkt *(x,y)* innerhalb des aktiven Fensters; es ist dabei auch möglich, den Graphik-Cursor außerhalb der Fenstergrenzen zu positionieren.
Die aktuellen Koordinaten des Graphik-Cursors können mit den beiden Funktionen *GetX* und *GetY* ermittelt werden.

Siehe auch
Line, LineRel, LineTo, MoveRel

MsDos **MS-DOS**

Zweck
Ermöglicht Systemaufrufe.

Struktur

```
PROCEDURE MsDos(VAR pack:Registers);
```

Bemerkung
Die Prozedur *MsDos* führt eine Systemfunktion aus (mit Hilfe des Interrupts $21).
MsDos lädt die Integer-Werte der Variablen des Records *pack* in die entsprechenden CPU-Register.

Version 3.0: Der für den Parameter *pack* notwendigen Datentyp *Registers* ist wie folgt zu definieren:

```
TYPE
  Registers=RECORD
    ax,bx,cx,dx,bp,si,di,ds,es,flags:INTEGER
  END;
```

Version 4.0: Die Prozedur *MsDos* und der Datentyp *Registers* sind in der Unit **Dos** enthalten. *Registers* hat folgende Struktur:

```
TYPE
  Registers=RECORD
    CASE INTEGER OF
      0:(ax,bx,cx,dx,bp,si,di,ds,es,flags:WORD);
      1:(al,ah,bl,bh,cl,ch,dl,dh:BYTE)
  END;
```

ax, *bx*, *cx* und *dx* sind Datenregister von 16 Bit. Sie werden jedoch oft auch als 8-Bit-Register verwendet und in eine untere Hälfte AL, BL, CL und DL (lower byte) und in eine obere Hälfte AH, BH, CH und DH (higher byte) unterteilt.
Die Register *bp*, *di* und *si* gehören zu den Zeiger- und Indexregister-Gruppen. *bp* steht für Basiszeiger (Base-Pointer), *di* bedeutet Zielindexregister (Destination-Index) und *si* bezeichnet das Quellindexregister (Source-Index). In diesen Registern werden beispielsweise Rücksprungadressen gespeichert.
Zu den Segmentregistern gehören *ds* (Daten-Segment) und *es* (Extra-Segment), die für die Adressierung von Daten gebraucht werden.

Im Register *flags* sind Status- und Kontrollkennzeichen enthalten (Vorzeichen, Überlauf usw.).
Genaue Angaben zu den Prozessor-Registern finden Sie in einem Buch für Maschinensprache.
Wenn DOS die aufgerufenen Funktion beendet hat, werden die CPU-Register wieder in die entsprechenden Integer-Variablen geladen.
Die Nummer der DOS-Funktion wird vor dem Aufruf im Register *ah* abgespeichert (soll also die Funktion $0B aufgerufen werden, wird der Variablen *ax* der Wert $0B00 zugewiesen).
Umfassende Beschreibungen der einzelnen DOS-Funktionen sind in Büchern über das Betriebssystem MS-DOS zu finden.

Beispiel
Dieses Programm ermittelt das aktuelle Laufwerk.

```
PROGRAM MsDos_Test_Turbo3;
VAR
  pack:RECORD
    ax,bx,cx,dx,bp,si,di,ds,es,flags:INTEGER
  END;
BEGIN
  WITH pack DO BEGIN
    ax:=$1900;                    { Funktionsnummer ist $19 }
    MsDos(pack);
    ax:=Lo(ax);
    Write('Aktuelles Laufwerk: ',CHAR(65+ax))
  END
END.

PROGRAM MsDos_Test_Turbo4;
USES
  Dos;
VAR
  pack:Registers;
BEGIN
  WITH pack DO BEGIN
    ah:=$19;
    MsDos(pack);
    WriteLn('Aktuelles Laufwerk: ',CHAR(65+al))
  END
END.
```

Siehe auch
Intr

New

Dynamische Speicherung

Zweck
Reserviert auf dem Heap Speicherplatz für eine Variable.

Struktur

```
PROCEDURE New(VAR p:zeigervariable);
```

Bemerkung
Die Zeigervariable zeigt nach dem Prozeduraufruf *New* auf den reservierten Platz im Heap:

```
New(p);
p^:=11;

p enthält die Adresse (Zeiger, engl. pointer) von p^
p^ enthält den Wert 11
```

Da beim nächsten Prozeduraufruf *New(p)* der Zeigerwert der obigen Variablen verloren geht, müssen diese einzelnen Zeigerwerte gespeichert werden: Zeigervariablen werden verkettet. Aus diesem Grund sind Zeigervariablen oft ein RECORD von folgender Struktur:

```
TYPE
  wo=^liste;
  liste=RECORD
    element:INTEGER;
    vorn,
    dann:wo
  END;
VAR
  start,temp:wo;
```

Die Variable *start* wird immer die Adresse der ersten Zeigervariablen enthalten, damit wir ohne Probleme auf den Kopf (Start) einer Liste zugreifen können.
temp bezeichnet irgend eine Zeigervariable, meist diejenige, mit der wir arbeiten wollen.
liste ist ein Datentyp, der einen Datensatz (RECORD) bezeichnet. Das Feld *element* wird später unsere Werte erhalten, *vorn* und *dann* kann als Ballast bezeichnet werden, denn sie helfen einzig und allein, andere Zeigervariablen, die der Liste angehören, wieder zu finden. *vorn* zeigt auf die vorangehende Variable, *dann* auf die folgende.

Bitte beachten Sie, daß es nur bei Zeigern erlaubt ist, in der Typendeklaration einen Typ zu nennen, der noch nicht deklariert worden ist:

```
TYPE
  wo=^liste;  { <liste> ist zu diesem Zeitpunkt unbekannt }
```

Das Arbeiten mit Zeigervariablen ist nicht schwer, es erfordert lediglich etwas Übung und Experimentieren. Sehen wir uns folgenden Deklarationsteil an:

```
TYPE
  wo=^worte;
  worte=RECORD
    element:STRING[10];
    next:wo
  END;
VAR
  start,temp:wo;
```

Es besteht nun die Möglichkeit, dieses Gebilde auf zwei verschiedene Arten zu verketten:

a) Das erste Element wird als erstes ausgegeben (entspricht einer Warteschlange (engl. queue); ein Druckerpuffer arbeitet in dieser Art).
b) Das erste Element wird als letztes ausgegeben (entspricht einem Stack).

Warteschlange

element	next	temp
Karl	Nr. 2	Nr. 1
Karotte	Nr. 3	Nr. 2
ließ	Nr. 4	Nr. 3
sich	Nr. 5	Nr. 4
auf	Nr. 6	Nr. 5
seine	Nr. 7	Nr. 6
Pritsche	Nr. 8	Nr. 7
plumpsen.	NIL	Nr. 8

Stack

element	next	temp
Karl	NIL	Nr. 1
Karotte	Nr. 1	Nr. 2
ließ	Nr. 2	Nr. 3
sich	Nr. 3	Nr. 4
auf	Nr. 4	Nr. 5
seine	Nr. 5	Nr. 6
Pritsche	Nr. 6	Nr. 7
plumpsen.	Nr. 7	Nr. 8

In der Spalte *temp* wird der symbolische Zeigerwert (Adresse im Speicher) angegeben, *next* zeigt an, welche Variable als nächste folgen wird.

NIL ist eine vordefinierte Konstante, die den Zeigerwert null (zwei Nullwörter) enthält. Mit NIL kann angezeigt werden, daß auf keine weitere Variable gezeigt wird.
Der Listenkopf *start* einer Schlange zeigt auf die erste Variable. Ein Stack wird in umgekehrter Reihenfolge verkettet, der Listenkopf zeigt auf die zuletzt eingegebene Variable.

Verkettung einer **Warteschlange**:

```
New(temp);
start:=temp;
temp^.element:='Karl';
New(temp^.next);        { hier wird verkettet }
temp:=temp^.next;
temp^.element:='Karotte';
.
temp^.element:='plumpsen.';
temp^.next:=NIL;
```

Verketten eines **Stacks**:

```
New(temp);
temp^.element:='Karl';
temp^.next:=NIL;
start:=temp;            { <start> wird hier als Zwischen- }
New(temp);              { speicher mißbraucht.            }
temp^.element:='Karotte';
temp^.next:=start;
start:=temp;
.
New(temp);
temp^.element:='plumpsen.';
temp^.next:=start;
start:=temp;
```

New reserviert genau soviele Bytes, wie eine Zeigervariable braucht, mit *GetMem* hingegen kann vom Programmierer bestimmt werden, wieviel Speicherplatz zu reservieren ist.
Mit den Funktionen *Seg* und *Ofs* kann die Speicheradresse einer Zeigervariablen ermittelt werden:

```
VAR
  p:^REAL;
BEGIN
  New(p);
```

```
WriteLn('Segment der Zeigervariablen: ',Seg(p^));
WriteLn(' Offset der Zeigervariablen: ',Ofs(p^));
```

Mit der Prozedur *Ptr* kann einer Zeigervariablen ein bestimmter Speicherplatz zugeordnet werden:

```
p:=Ptr(segment,offset);
```

Version 4.0: Falls der Heap mit der Fragmentliste zusammenstößt, wird ein Laufzeitfehler ausgegeben, der sich mit Hilfe der Systemvariablen *HeapError* verhindern läßt.

Beispiel
Dieses Programm erzeugt einen binären Baum und gibt dessen Inhalt schließlich sortiert aus.

```
PROGRAM New_Test;
TYPE
  wo=^tree;
  tree=RECORD
    element:INTEGER;
    links,
    rechts:wo
  END;
VAR
  kopf:wo;
  i:INTEGER;

  PROCEDURE InsertTree(VAR temp:wo; eingabe:INTEGER);
  BEGIN
    IF temp=NIL THEN BEGIN
      New(temp);
      temp^.element:=eingabe;
      temp^.links:=NIL;
      temp^.rechts:=NIL END
    ELSE IF eingabe<temp^.element THEN
      InsertTree(temp^.links,eingabe)
    ELSE
      InsertTree(temp^.rechts,eingabe)
  END;

  PROCEDURE InOrder(temp:wo);
  BEGIN
    IF temp<>NIL THEN BEGIN
      InOrder(temp^.links);
```

```
      Write(temp^.element:5);
      InOrder(temp^.rechts)
    END
  END;

BEGIN
  kopf:=NIL;
  FOR i:=1 TO 100 DO InsertTree(kopf,Random(2000));
  InOrder(kopf)
END.
```

Siehe auch
Dispose, GetMem, Mark, Release

NIL

Reserviertes Wort

Zweck
Zeigerkonstante, die auf keine Zeigervariable zeigt.

Bemerkung
Vordefinierte Zeigerkonstante, die zu allen Zeigertypen kompatibel ist.
Sie wird meist dann verwendet, wenn eine dynamische Variable auf keine andere zeigt.
NIL kann auch bei Tests eingesetzt werden:

```
IF p=NIL THEN
  Exit;
```

NIL zeigt auf die Speicherstelle 0000:0000. An dieser Stelle beginnt die Vektortabelle des Betriebssystems. Aus diesem Grund ist ein Systemabsturz zwingend, wenn an diesem Ort Werte abgelegt werden:

```
PROCEDURE absturz;
TYPE
  feld:ARRAY [1..1024] OF BYTE;
VAR
  r:^feld;
  i:INTEGER;
BEGIN
  r:=NIL;
  FOR i:=1 TO 1024 DO BEGIN
    GotoXY(1,1);
    Write(i);
```

```
      r^[i]:=Random(256)
    END
  END;
```

Siehe auch
New

NormVideo

Textbildschirm

Zweck
Verändern der Textfarbe.

Struktur

```
PROCEDURE NormVideo;
```

Bemerkung
Die Prozedur *NormVideo* arbeitet in der Version 3.0 anders als in der Version 4.0.

Version 3.0: *NormVideo* zeigt die gleichen Auswirkungen wie die Prozedur *HighVideo*, entspricht der Voreinstellung und läßt Zeichen am Bildschirm hell erscheinen (Textfarbe 14 und Hintergrundfarbe 0). Auf dem Farbbildschirm erscheint die Schrift nach *NormVideo* gelb. Die Version 4.0 stellt in der Unit **Turbo3** die Prozedur *NormVideo* mit derselben Funktionsweise zur Verfügung, um kompatibel zu bleiben.

Version 4.0: *NormVideo* ist in der Unit **Crt** enthalten und wählt diejenige Text- und Hintergrundfarbe, die beim Programmstart aktiv war.

Beispiel
Dieses Programm stellt einzelne Zeichen hell dar.

```
PROGRAM NormVideo_Test_Turbo3;

  PROCEDURE Hell(ch:CHAR);
  BEGIN
    NormVideo;
    Write(ch);
    LowVideo
  END;
```

```
BEGIN
  ClrScr;
  LowVideo;
  WriteLn('Menü-Übersicht');
  WriteLn;
  Hell('K'); WriteLn('opieren');
  Hell('L'); WriteLn('öschen');
  Hell('S'); WriteLn('tarten')
END.
```

Siehe auch
LowVideo, TextAttr, TextBackground, TextColor

NoSound

Zweck
Schaltet den Tongenerator aus.

Struktur

```
PROCEDURE NoSound;
```

Bemerkung
NoSound arbeitet eng mit der Prozedur *Sound* zusammen. Der Tongenerator ist unabhängig vom Mikroprozessor. Er kann einen Ton erklingen lassen, während der Mikroprozessor rechnet. Nach *Sound* muß also *NoSound* folgen, wenn der Tongenerator abgeschaltet werden soll.

Version 4.0: *NoSound* ist in der Unit **Crt** enthalten.

Siehe auch
Delay, Sound

NOT

Operator

Zweck
Arithmetisches oder logisches NICHT.

Bemerkung
Der Operator NOT negiert Werte der folgenden Datentypen:

Typ der Operanden	Ergebnistyp	
BOOLEAN	BOOLEAN	
BYTE	BYTE	
INTEGER	INTEGER	
SHORTINT	SHORTINT	(nur 4.0)
WORD	WORD	(nur 4.0)
LONGINT	LONGINT	(nur 4.0)

NOT liegt folgender Logiktabelle zugrunde:

Operand	Ergebnis
TRUE	FALSE
FALSE	TRUE

NOT wird meist bei folgenden Anweisungen gebraucht:

```
IF NOT ende THEN ...
WHILE NOT schluss DO ...
REPEAT ... UNTIL NOT weiter;
```

Mit NOT kann auch ein INTEGER-Werte umgedreht werden. In diesem Fall werden die einzelnen Bits des Wertes verändert, d.h. 1 wird zu 0 (und umgekehrt).

Bit-Nummer	7	6	5	4	3	2	1	0	
Operand	1	1	0	1	1	0	0	1	= 217
Ergebnis	0	0	1	0	0	1	1	0	= 38

Beispiel

Dieses Programm invertiert den Graphikbildschirm (CGA). Nur bei vorhandener Graphikkarte lauffähig!

```
PROGRAM NOT_Test;
USES                    { für 3.0: Diese beiden Zeilen ... }
  Crt,Turbo3,Graph3;    { ... ersatzlos streichen.         }
```

```
VAR
  screen:ARRAY [0..8191] OF INTEGER ABSOLUTE $B800:$0000;
  ch:CHAR;

  PROCEDURE Invert;
  VAR
    i:INTEGER;
    ch:CHAR;
  BEGIN
    FOR i:=0 TO 4095 DO screen[i]:=NOT screen[i];
    Read(KBD,ch);
    FOR i:=4096 TO 8191 DO screen[i]:=NOT screen[i]
  END;

BEGIN
  HiRes;
  WriteLn('Invertieren auf Tastendruck ...');
  REPEAT
    Draw(Random(640),Random(200),Random(640),Random(200),1)
  UNTIL KeyPressed;
  Read(KBD,ch);
  Invert;
  Write('Ende mit jeder Taste ...');
  Read(KBD,ch)
END.
```

Siehe auch
AND, OR, XOR

NoWrap

Turtle-Graphik (nur Version 3.0)

Zweck
Verhindert, daß die Schildkröte auf der gegenüberliegenden Bildschirmseite erscheint, wenn sie an den Rand eines Fensters stößt.

Struktur

```
PROCEDURE NoWrap;
```

Bemerkung
Die Prozedur *NoWrap* ist erst durch das Einbinden der Datei GRAPH.P verfügbar. Die Version 4.0 stellt *NoWrap* in der Unit **Graph3** zur Verfügung, um zur Version 3.0 kompatibel zu bleiben.

NoWrap entspricht der Voreinstellung.
Wenn *NoWrap* aktiv ist, besteht die Möglichkeit, daß die Schildkröte außerhalb des aktiven Bildschirmfensters spazieren geht. So können Graphiken gezeichnet werden, die am Rand des aktuellen Fensters abgeschnitten werden.

Siehe auch
Wrap

Odd

Zweck
Ermittelt, ob eine Zahl ungerade ist.

Struktur

```
FUNCTION Odd(i:INTEGER):BOOLEAN;
```

Bemerkung
Wenn *i* gerade, dann ist *Odd(i)* = FALSE.
Wenn *i* ungerade, dann ist *Odd(i)* = TRUE.

Beispiel

```
Odd(4) = FALSE
Odd(3) = TRUE
```

Siehe auch
Abs, Int, Round, Trunc

Ofs

System

Zweck
Bestimmt das Offset eines Bezeichners im Speichersegment.

Struktur

```
FUNCTION Ofs(bezeichner):INTEGER;  { nur 3.0 }
FUNCTION Ofs(bezeichner):WORD;     { nur 4.0 }
```

Bemerkung
Variablen, Prozeduren und Funktionen sind an einer bestimmten Speicherstelle im RAM abgelegt. Eine Speicherstelle wird durch ein Segment und ein Offset definiert.
Die Funktion *Ofs* bestimmt das Offset einer Variablen, Prozedur oder Funktion.
Falls das Funktionsargument *bezeichner* ein Array ist, kann es indiziert werden:

```
VAR
  brett:ARRAY [1..8,1..8] OF BYTE;
BEGIN
  Write(Ofs(brett[2,4]);
END.
```

Falls *bezeichner* ein Record ist, können einzelne Felder selektiert werden:

```
VAR
  akte:RECORD
    name,vorname:STRING[20]
  END;
BEGIN
  Write(Ofs(akte.name))
END.
```

Mit den beiden Prozeduren *Ofs* und *Seg* können auch Zeigerwerte, die eine 32-Bit-Adresse darstellen, ermittelt werden:

```
segment:=Seg(p^);
offset:=Ofs(p^);
```

Siehe auch
Addr, Cseg, Dseg, Ptr, Seg, Sseg

OR

Operator

Zweck
Arithmetisches oder logisches ODER.

Bemerkung
Der Operator ODER verknüpft zwei Werte folgender Typen:

Typ der Operanden	Ergebnistyp	
BOOLEAN	BOOLEAN	
BYTE	BYTE	
INTEGER	INTEGER	
SHORTINT	SHORTINT	(nur 4.0)
WORD	WORD	(nur 4.0)
LONGINT	LONGINT	(nur 4.0)

ODER liegt folgender Logiktabelle zugrunde:

Operand 1	Operand 2	Ergebnis
TRUE	TRUE	TRUE
TRUE	FALSE	TRUE
FALSE	TRUE	TRUE
FALSE	FALSE	FALSE

OR wird meist bei Verknüpfungen von Tests verwendet:

```
IF (a<11) OR (a>31) THEN ...
WHILE (i<Length(s)) OR (p<>NIL) DO ...
REPEAT ... UNTIL (i>endwert) OR verlassen;
```

OR wird immer vor den Relations-Operatoren (z.B. =, <) ausgeführt, deshalb müssen in den obigen Beispielen Klammern gesetzt werden (siehe Anhang G).
Falls OR zwei INTEGER-Werte miteinander verknüpft, werden die einzelnen Bits der beiden Werte nach obiger Logiktabelle verknüpft (TRUE entspricht 1, FALSE entspricht 0):

Bit-Nummer	7	6	5	4	3	2	1	0
Operand 1	1	1	0	1	1	0	0	1
Operand 2	0	1	0	0	1	1	0	0
Ergebnis	1	1	0	1	1	1	0	1

Version 4.0: Mit dem Compiler-Befehl **B** kann festgelegt werden, wie Boolesche Ausdrücke (verknüpft mit OR) ausgewertet werden (siehe Anhang D.2).

Beispiel
Dieses Programm setzt das 2. und 14. Byte einer INTEGER-Variablen auf 1.

```
PROGRAM OR_Test;
VAR
  eingabe:INTEGER;
BEGIN
  Write('Eingabe einer Zahl: ');
  ReadLn(eingabe);
  eingabe:=eingabe OR 4;
  eingabe:=eingabe OR 16384;
  WriteLn('2. und 14. Byte gesetzt: ',eingabe)
END.
```

Siehe auch
AND, NOT, XOR

Ord

Zweck
Bestimmt die Nummer eines Elementes, das als skalarer Typ definiert sein muß.

Struktur

```
FUNCTION Ord(x:skalarer_typ):INTEGER;  { nur 3.0 }
FUNCTION Ord(x:skalarer_typ):LONGINT;  { nur 4.0 }
```

Bemerkung
Das erste Element einer skalaren Menge erhält die Nummer 0.
Die Funktion LONGINT(x) (für 3.0: INTEGER(x)) ist mit *Ord(x)* identisch.

Beispiel

```
Ord('A') = 65
INTEGER('A') = 65
```

Sei folgender Typ definiert worden:

```
TYPE
  Tag = (Mo,Di,Mi,Do,Fr,Sa,So);
```

Es ist nun:

```
Ord(Mi)     = 2
INTEGER(So) = 6
```

Siehe auch
Chr, Pred, Succ

OUTPUT

Standarddatei

Zweck
Bezeichnet das Ausgabegerät erster Ordnung.

Struktur

```
VAR
  OUTPUT:TEXT;
```

Bemerkung
OUTPUT ist der Standarddatei CON (bei der Version 3.0 auch TRM möglich) zugeordnet und wird bei der Ausgabe automatisch gewählt, falls keine Standarddatei angegeben wird:

```
Write(ch); entspricht Write(OUTPUT,ch);
```

Eine logische Geräteeinheit wird wie eine Textdatei behandelt, auf sie kann über die vorbezeichneten Dateien (z.B. OUTPUT) zugegriffen werden.
Der Versuch, eine Standarddatei zu löschen, erzeugt eine I/O-Fehlermeldung.
Die Prozedur *Close* zeigt keine Wirkung.
Die beiden Standardfunktionen *Eof* und *EoLn* arbeiten bei Standarddateien anders als bei Diskettendateien.

Version 3.0: Normalerweise ist CON der Standarddatei OUTPUT zugewiesen. Mit dem Compilerbefehl **{$B-}** (siehe Anhang D.1) aber wird TRM der Standarddatei zugeordnet. Dieser Compilerbefehl muß ganz am Anfang des Programmes stehen.
OUTPUT benützt die beiden Gerätetreiber *ConIn* und *ConOut* (siehe hierzu *ConInPtr* und *ConOutPtr*).

Siehe auch
AUX, CON, INPUT, KBD, LST, TRM, USR

OutText

Graphik (nur Version 4.0)

Zweck

Gibt im Graphikmodus einen Text an der aktuellen Position des Graphikcursors aus.

Struktur

```
PROCEDURE OutText(s:STRING);
```

Bemerkung

OutText ist in der Unit **Graph** enthalten.
Der mit *OutText* ausgegebene Text wird an den Fensterrändern abgeschnitten, ein automatischer Zeilenumbruch findet also nicht statt.
Mit *SetTextStyle* läßt sich die Schriftart, die Schreibrichtung und die Zeichengröße festlegen. Der auszugebende Text kann mit *SetTextJustify* linksbündig, zentriert oder rechtsbündig (bezüglich der Graphikcursor-Position) formatiert werden.
OutText bewegt den Graphikcursor nur bei einer horizontalen Schreibrichtung und einer links- oder rechtsbündigen Formatierung. Der Graphikcursor selbst kann mit der Prozedur *MoveTo* an eine beliebige Stelle gesetzt werden.
Wenn mit *SetTextStyle* nicht anders vereinbart, verwendet *OutText* den Standard-Zeichensatz (8x8-Raster).
Die Prozedur *GetTextSettings* ermittelt die aktuellen Parameter für die Textausgabe (Zeichensatz, Schreibrichtung, Zeichengröße, Formatierung).
Es besteht die Möglichkeit, mit *Write* den BIOS-Zeichensatz zu verwenden. Bitte beachten Sie aber, daß in diesem Fall der Systemvariablen *DirectVideo* der Wert FALSE zugewiesen werden muß, sobald ein Programm die Unit **Crt** verwendet.

Beispiel

```
PROCEDURE OutText_Test;
USES
  Graph;
VAR
  gr,mo:INTEGER;
BEGIN
  gr:=Detect;
  InitGraph(gr,mo,'');
  OutText('8x8-Zeichensatz');
  MoveTo(0,100);
  SetTextStyle(TriplexFont,HorizDir,2);
  OutText('Vektor-Zeichensatz, Schrift "Triplex"');
```

```
    ReadLn;
    CloseGraph
  END.
```

Siehe auch
GetTextSettings, OutTextXY, TextHeight, TextWidth, SetTextStyle, SetUserCharSize

OutTextXY

Graphik (nur Version 4.0)

Zweck
Gibt im Graphikmodus einen Text an einer bestimmten Stelle aus.

Struktur

```
PROCEDURE OutTextXY(x,y:INTEGER; s:STRING);
```

Bemerkung
OutTextXY ist in der Unit **Graph** definiert.
Die Prozedur *OutTextXY* arbeitet ähnlich wie *OutText*; mit ihr läßt sich zusätzlich die Stelle der Textausgabe festlegen. So entspricht:

```
OutTextXY(100,100,'Hallo');
```

den folgenden Zeilen:

```
MoveTo(100,100);
OutText('Hallo');
```

Weitere Informationen finden Sie bei *OutText*.

Siehe auch
OutText, SetTextJustify, SetTextStyle

OVERLAY

Reserviertes Wort (nur Version 3.0)

Zweck
Ermöglicht das Erzeugen von weit größeren Programmen, als sie der Arbeitsspeicher des Computers aufnehmen könnte.

Bemerkung
Prozeduren und Funktionen können mit dem reservierten Wort OVERLAY versehen werden, was den Compiler veranlaßt, diese in separate Dateien zu schreiben. Aus diesem Grund belasten Overlay-Prozeduren und Funktionen nicht den Arbeitsspeicher, da sie erst bei Gebrauch geladen werden.
Overlay-Prozeduren und Funktionen können zu Gruppen zusammengefaßt werden. Eine Overlaygruppe reserviert einen bestimmten Speicherplatz im Hauptprogramm, der später von den Overlay-Routinen belegt wird. Aus einer Overlay-Gruppe kann sich immer nur eine Routine im Arbeitsspeicher befinden; aus diesem Grund können sich Routinen innerhalb einer Overlaygruppe nicht gegenseitig aufrufen:

Hauptprogramm	Overlaydatei 000	Overlaydatei 001
Code des Hauptprogrammes	Routine 1	Routine 1
Reserviert für Routinen aus der Overlaydatei 000	Routine 2	Routine 2
Reserviert für Routinen aus der Overlaydatei 001	Routine 3	Routine 3
Code des Hauptprogrammes	Routine 4	

Wenn eine der Overlay-Routinen aufgerufen wird, wird sie automatisch in den reservierten Overlaybereich geladen. Die Größe des reservierten Bereiches wird so gewählt, daß auch die größte Routine einer Overlaydatei darin Platz findet (in obigem Beispiel sind hier Routine 2 der Overlaydatei 000 und Routine 3 der Datei 001 maßgebend). Kleinere Routinen belegen deshalb nur einen Teil des für sie reservierten Platzes; der Rest bleibt unbenutzt.
Routinen aus verschiedenen Overlay-Gruppen können sich gegenseitig aufrufen.

Overlay-Routinen werden vom Compiler automatisch erzeugt, einer Overlay-Prozedur oder Funktion wird einfach das reservierte Wort OVERLAY vorangestellt:

```
OVERLAY PROCEDURE Beep;
BEGIN
  Write(^G)
END;

OVERLAY FUNCTION plus(r:REAL):REAL;
BEGIN
  plus:=r+1
END;
```

Wenn der Compiler auf eine solche Deklaration trifft, wird der Code in eine Overlaydatei geschrieben. Der Name dieser Datei wird vom Hauptprogramm übernommen, die Dateierweiterung wird mit 000 bis 099 bezeichnet, abhängig von der Overlay-Gruppe.
Overlay-Prozeduren und -Funktionen, die im Hauptprogramm aufeinanderfolgen, bilden eine eigene Overlay-Gruppe. Verschiedene Overlay-Gruppen müssen durch mindestens eine Deklaration getrennt werden:

```
OVERLAY PROCEDURE nr11;            ┐
BEGIN                              │ Overlay-Gruppe 1, die in
  { Programmtext }                 │ die Datei mit der Erweite-
END;                               │ rung .000 geschrieben wird
                                   │
OVERLAY FUNCTION nr12:INTEGER;     │
BEGIN                              │
  { Programmtext }                 │
END;                               ┘

PROCEDURE leer;                    ┐
BEGIN                              │ Trennt Gruppe 1 und 2
END;                               ┘

OVERLAY PROCEDURE nr21;            ┐
BEGIN                              │ Overlay-Gruppe 2, Datei mit
  { Programmtext }                 │ der Erweiterung .001
END;                               ┘
```

Overlay-Routinen können geschachtelt werden. Dies bedeutet also, das eine Overlay-Routine wiederum mehrere Overlay-Routinen enthält.
Eine Overlay-Routine wird nur in den Speicher geladen, wenn sie aufgerufen wird. Bei jedem Aufruf einer Overlay-Routine wird geprüft, ob sie

bereits im Overlay-Bereich vorhanden ist. Wenn nicht, wird sie automatisch von der entsprechenden Overlaydatei eingelesen.
Overlaytechnik bedeutet Mehraufwand für den Computer, da ein zusätzlicher Code verwaltet und auf Diskette zugegriffen werden muß. Um deshalb die Ausführungszeit nicht allzusehr zu verlangsamen, sollte eine Overlay-Routine nicht zu oft aufgerufen werden. Wird sie oft aufgerufen, sollte sie nicht immer von Diskette nachgeladen werden müssen. Ein $5\frac{1}{4}$ Zoll Disketten-Laufwerk erhöht die Ausführungszeit enorm, eine RAM-Disk jedoch kaum.
Overlay-Prozeduren oder Funktionen dürfen nicht FORWARD deklariert werden; sie dürfen nicht rekursiv sein.

Siehe auch
FUNCTION, OvrPath, PROCEDURE

OvrPath

System (nur Version 3.0)

Zweck
Bestimmt ein beliebiges Unterverzeichnis, in dem Overlaydateien gesucht werden.

Struktur

```
PROCEDURE OvrPath(pfad:STRING);
```

Bemerkung
Overlaydateien werden beim Aufruf von Overlay-Funktionen und -Prozeduren im aktuellen Directory gesucht.
Befinden sich Overlaydateien in einem anderen Directory, kann dieses mit der Prozedur *OvrPath* spezifiziert werden. Das beim Programmstart aktuelle Verzeichnis kann dem System mit dem Prozedur-Aufruf *OvrPath('.');* bekannt gemacht werden.

Siehe auch
OVERLAY

PACKED

Reserviertes Wort

Bemerkung
Das reservierte Wort PACKED zeigt in Turbo-Pascal keine Wirkung, es wurde lediglich aus Kompatibilitätsgründen übernommen.
Die Prozeduren Pack und UnPack wurden hingegen vom Standard-Pascal nicht übernommen.

PackTime

MS-DOS (nur Version 4.0)

Zweck
Wandelt Datum und Uhrzeit in eine kompakte Form um.

Struktur

```
PROCEDURE PackTime(VAR dt:DateTime; VAR pack:LONGINT);
```

Bemerkung
PackTime ist in der Unit **Dos** enthalten.
Der Parameter *dt*, der eine lesbare Form von Datum und Uhrzeit darstellt, wird in einer kompakte Form dem Parameter *pack* übergeben. Der hierzu notwendige Datentyp *DateTime* ist in der Unit **Dos** deklariert:

```
TYPE
  DateTime=RECORD
    year,month,      { Jahr: 1980..2099, Monat: 1..12 }
    day,hour,        { Tag: 1..31, Stunde: 0..23      }
    min,sec:WORD     { Minute und Sekunde: 0..59      }
  END;
```

Die Prozedur *PackTime* prüft nicht, ob der Parameter *dt* ein gültiges Datum enthält.

Siehe auch
GetFTime, GetTime, SetFTime, SetTime, UnpackTime

Palette

Graphik (nur Version 3.0)

Zweck
Aktiviert für den *GraphMode* und *GraphColorMode* eine Farbpalette, die vier Farben zur Verfügung stellt.

Struktur

```
PROCEDURE Palette(i:INTEGER);
```

Bemerkung
Im *GraphColorMode* stehen 4 verschiedene Paletten zur Verfügung. Jede stellt wiederum 4 Farben bereit, wobei eine davon gleich ist wie der Hintergrund.

	Farbe 0	Farbe 1	Farbe 2	Farbe 3
Palette 0	Hintergr.	Grün	Rot	Braun
Palette 1	Hintergr.	Türkis	Lila	Hellgrau
Palette 2	Hintergr.	Hellgrün	Hellrot	Gelb
Palette 3	Hintergr.	Helltürk.	Rosa	Weiß

Im *GraphMode* stehen bei einem Farbbildschirm folgende Farben zur Verfügung:

	Farbe 0	Farbe 1	Farbe 2	Farbe 3
Palette 0	Hintergr.	Blau	Rot	Hellgrau
Palette 1	Hintergr.	Hellblau	Hellrot	Weiß

Wenn eine Zeichnung auf dem Bildschirm besteht, werden bei der Wahl einer neuen Palette alle bestehenden Farben in die entsprechenden der neuen Palette umgewandelt.
Die Hintergrundfarbe wird mit der Prozedur *GraphBackground* gewählt.

Version 4.0: *Palette* ist in der Unit **Graph3** enthalten, um zur Version 3.0 kompatibel zu bleiben.

Beispiel

```
GraphColorMode;
Palette(0);
```

```
Plot(x,y,2);      { Zeichnet einen roten Punkt.       }
Plot(x,y,0);      { Löscht einen bestehenden Punkt. }
```

Siehe auch
GraphBackground, GraphColorMode, GraphMode, Hires, HiresColor

ParamCount System

Zweck
Ermittelt die Anzahl der vorliegenden Parameter, angegeben beim Starten des Programmes.

Struktur

```
FUNCTION ParamCount:INTEGER;  { nur 3.0 }
FUNCTION ParamCount:WORD;     { nur 4.0 }
```

Bemerkung
Turbo Pascal-Programmen, die als Dateien mit der Erweiterung .COM (Version 3.0) oder .EXE (Version 4.0) vorliegen, können Parameter übergeben werden.
Tabulator- und Leerzeichen dienen als Seperatoren zwischen den einzelnen Parametern.
Wenn keine Parameter vorliegen, liefert *ParamCount* den Wert 0.

Beispiel
Compilieren Sie dieses Programm in eine .COM- oder .EXE-Datei (siehe Anhang B.1 und B.2), und verlassen Sie Turbo Pascal. Geben Sie nach dem DOS-Prompt (A>) ein: TEST EINS ZWEI
Unser Programm wird ausgeben: Es liegen 2 Parameter vor.
(EINS und ZWEI sind Parameter, TEST ist der Programmname.)

```
PROGRAM ParamCount_Test;
BEGIN
  IF ParamCount<>0 THEN
    WriteLn('Es liegen ',ParamCount,' Parameter vor.')
  ELSE
    WriteLn('Keine Parameter vorliegend.')
END.
```

Siehe auch
ParamStr

ParamStr

System

Zweck

Stellt einen übergebenen Parameter als Zeichenkette zur Verfügung.

Struktur

```
FUNCTION ParamStr(i:INTEGER):STRING;  { nur 3.0 }
FUNCTION ParamStr(i:WORD):STRING;     { nur 4.0 }
```

Bemerkung

Einem Turbo Pascal-Programm, das als Datei mit der Erweiterung .COM (Version 3.0) oder .EXE (Version 4.0) vorliegt, können Parameter übergeben werden.
Die Funktion *ParamStr* übergibt einen Parameter als String.
Der erste Parameter trägt die Nummer 1.

Beispiel

Erzeugen Sie eine .COM- oder .EXE-Datei (siehe Anhang B.1 und B.2), und verlassen Sie Turbo Pascal. Geben Sie nach dem DOS-Prompt A> folgendes ein: TEST HUND KATZE MAUS
Unser Programm erzeugt folgende Ausgabe: HUND KATZE MAUS

```
PROGRAM ParamStr_Test;
VAR
  i:INTEGER;
BEGIN
  IF ParamCount<>0 THEN
    FOR i:=1 TO ParamCount DO Write(ParamStr(i),' ')
  ELSE
    Write('Keine Parameter vorhanden.')
END.
```

Siehe auch

ParamCount

Pattern

Erweiterte Graphik (nur Version 3.0)

Zweck

Definiert ein Muster, das von der Prozedur *FillPattern* verwendet wird.

Struktur

```
PROCEDURE Pattern(muster:ARRAY [0..7] OF BYTE);
```

Bemerkung

Die Prozedur *Pattern* ist erst durch das Einbinden der Datei GRAPH.P verfügbar. Die Version 4.0 stellt *Pattern* in der Unit **Graph3** zur Verfügung, um zur Version 3.0 kompatibel zu bleiben.
Das zu definierende Muster besteht aus einer 8x8 Matrix.
Jedes Byte des Argumentes *muster* entspricht einer horizontalen Linie, jedes Bit einem Punkt (Pixel).
Falls ein Bit auf 1 gesetzt ist, wird am Bildschirm ein Punkt gezeichnet, andernfalls nicht.
Die Werte eines Musters werden wie folgt ermittelt:

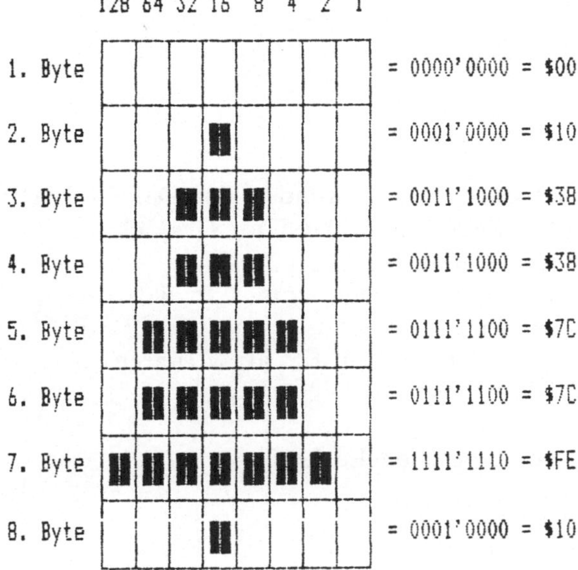

Beispiel

Folgendes Programm füllt ein Rechteck mit einem Glockenmuster.

```
PROGRAM Pattern_Test;
{$I graph.p  }
CONST
  muster:ARRAY [0..7] OF BYTE=
    ($00,$10,$38,$38,$7C,$7C,$FE,$10);
BEGIN
  GraphColorMode;
  Palette(2);
```

```
    Pattern(muster);
    FillPattern(1,1,100,100,3);
    REPEAT UNTIL KeyPressed;
    TextMode
  END.
```

Siehe auch
FillPattern, FillScreen, FillShape

PenDown

Turtle-Graphik (nur Version 3.0)

Zweck
Die Schildkröte zeichnet, wenn sie bewegt wird.

Struktur

```
PROCEDURE PenDown;
```

Bemerkung
Die Prozedur *PenDown* ist erst durch das Einbinden der Datei GRAPH.P verfügbar. Die Version 4.0 stellt *PenDown* in der Unit **Graph3** zur Verfügung, um zur Version 3.0 kompatibel zu bleiben.
Diese Prozedur bewegt den Zeichenstift nach unten, so daß die Schildkröte zeichnet, wenn sie bewegt wird.
Zu Beginn der Turtle-Graphik ist der Zeichenstift aktiv (unten).

Beispiel
Folgendes Programm zeichnet eine gestrichelte Linie.

```
PROGRAM PenDown_Test;
{$I graph.p  }
VAR
  i:INTEGER;
BEGIN
  GraphColorMode;
  FOR i:=1 TO 10 DO BEGIN
    IF Odd(i) THEN
      PenDown
    ELSE
      PenUp
    Forwd(10)
  END;
  REPEAT UNTIL KeyPressed;
```

```
  TextMode
END.
```

Siehe auch
PenUp, SetPenColor

PenUp

Turtle-Graphik (nur Version 3.0)

Zweck
Die Schildkröte zeichnet nicht, wenn sie sich bewegt.

Struktur

```
PROCEDURE PenUp;
```

Bemerkung
Die Prozedur *PenUp* ist erst durch das Einbinden der Datei GRAPH.P verfügbar. Die Version 4.0 stellt *PenUp* in der Unit **Graph3** zur Verfügung, um zur Version 3.0 kompatibel zu bleiben.
Diese Prozedur hebt den Zeichenstift an, so daß sich die Schildkröte bewegen kann, ohne zu zeichnen.

Beispiel
Dieses Programm zeichnet ein gestricheltes Rechteck.

```
PROGRAM PenUp_Test;
{$I graph.p }
VAR
  i:INTEGER;
BEGIN
  GraphColorMode;
  FOR i:=1 TO 20 DO BEGIN
    IF Odd(i) THEN BEGIN
      PenDown;
      Forwd(20);
      PenUp;
      TurnRight(90);
      Forwd(1);
      TurnRight(90) END
    ELSE BEGIN
      Forwd(20);
      TurnLeft(90);
      Forwd(1);
```

```
      TurnLeft(90)
    END
  END;
  REPEAT UNTIL KeyPressed;
  TextMode
END.
```

Siehe auch
PenDown, SetPenColor

Pi

Arithmetik

Zweck
Die Konstante *Pi* entspricht der Kreiszahl.

Struktur

```
CONST Pi:REAL=3.1415926536; { nur 3.0 }
FUNCTION Pi:REAL;           { nur 4.0 }
```

Bemerkung
Pi wird beispielsweise bei Berechnungen in der Trigonometrie verwendet.

PieSlice

Graphik (nur Version 4.0)

Zweck
Zeichnet einen Kreissektor (Kuchenstück), der mit einem Muster gefüllt werden kann.

Struktur

```
PROCEDURE PieSlice(mx,my:INTEGER; start,ende,radius:WORD);
```

Bemerkung
Die Prozedur *PieSlice* ist in der Unit **Graph** verfügbar.
(mx,my) entspricht dem Kreismittelpunkt des zu zeichnenden Kreissektors. *start* und *ende* legen den Start- und den Endwinkel des Kreisbogens fest; sie sind beide in Grad anzugeben. *radius* bestimmt den Kreisradius.

90° bezeichnet einen Punkt, der sich senkrecht über dem Kreismittelpunkt befindet. Eine Vergrößerung des Winkels entspricht einer Drehung gegen den Uhrzeigersinn.
Damit ein Kuchenstück dargestellt wird, werden die beiden Endpunkte des Kreisbogens mit dem Kreismittelpunkt verbunden. Die dabei entstehende Fläche wird mit einem Muster gefüllt, das mit den beiden Prozeduren *SetFillStyle* und *SetFillPattern* verändert werden kann.
Bei der Prozedur *PieSlice* kann während dem Ausfüllen ein Fehler mit dem Wert -6 auftreten (siehe *GraphResult*).
Für jeden Graphiktreiber und -modus ist ein Wert so bestimmt, daß *PieSlice(x,y,0,360,radius);* optisch als Kreis (und nicht als Ellipse) erscheint (siehe hierzu auch *GetAspectRatio*).

Siehe auch
Bar, Bar3D, Arc, Circle, Ellipse, SetFillPattern, SetFillStyle

Plot

Graphik (nur Version 3.0)

Zweck
Zeichnet auf dem Graphik-Bildschirm einen Punkt.

Struktur

```
PROCEDURE Plot(x,y,farbe:INTEGER);
```

Bemerkung
Auf dem Bildschirm wird an der Stelle *(x,y)* ein Punkt in der angegebenen Farbe dargestellt.
Für die Bestimmung der Farben lesen Sie bitte *HiResColor*, *Palette* und *ColorTable*.

Version 4.0: *Plot* ist in der Unit **Graph3** enthalten, um zu älteren Versionen kompatibel zu bleiben.

Beispiel
Dieses Programm füllt den Bildschirm mit Punkten, wobei ein stufenloser Übergang von Dunkel zu Hell erreicht werden soll.

```
PROGRAM Plot_Test;
VAR
  x,y:INTEGER;
BEGIN
  GraphColorMode;
```

```
    Palette(3);
    FOR y:=0 to 199 DO BEGIN
      FOR x:=0 to 319 DO BEGIN
        IF Random(200)<y THEN BEGIN
          Plot(x,y,1)
        END
      END
    END;
    REPEAT UNTIL KeyPressed;
    TextMode
  END.
```

Siehe auch
Draw, GetDotColor

POINTER

Datentyp (nur Version 4.0)

Zweck
Datentyp für Zeigerwerte.

Bemerkung
Ein Datentyp definiert die Beschaffenheit der Werte, die eine Variable annehmen kann; dieser kann in einem Programm nur ein Datentyp zugeordnet werden.
Der Datentyp POINTER bezeichnet einen untypisierten Zeiger (4 Bytes), d.h. er zeigt auf eine Variable beliebigen Typs. Ein Zeigerwert besteht aus einem Segment und einem Offset.

Beispiel
Folgendes Programm verwendet den Datentyp POINTER zur Speicherung eines Graphik-Bildes.

```
PROGRAM POINTER_Test;
USES
  Graph;
VAR
  p:POINTER;
  gr,mo,i:INTEGER;
  gross:WORD;
BEGIN
  gr:=Detect;
  InitGraph(gr,mo,'');
  Randomize;
```

```
    FOR i:=1 TO 200 DO
      LineTo(Random(GetMaxX),Random(GetMaxY));
    gross:=ImageSize(0,0,GetMaxX,GetMaxY);
    GetMem(p,gross);
    GetImage(0,0,GetMaxX,GetMaxY,p^);
    ClearDevice;
    Write('Weiter mit <RETURN> ...');
    ReadLn;
    PutImage(0,0,p^,NotPut);
    Write('Ende mit <RETURN> ...');
    ReadLn;
    CloseGraph
  END.
```

Siehe auch
Addr, NIL, Ptr, TYPE

Port

System

Zweck
Ermöglicht das Ansprechen der Datenports.

Struktur

```
  VAR
    Port:ARRAY OF BYTE;
```

Bemerkung
Der Mikroprozessor 80x86 oder 8088 steht mit vielen Teilen des Computers, die er steuert, in Verbindung. Er kommuniziert mit den verschiedenen ICs über die Input-/Output-Ports. Über die I/O-Ports findet der Datentransport zwischen CPU und beispielsweise Tastatur oder Drucker statt.
Jeder Port wird durch eine 16-Bit-Adresse zwischen 0 und 65'535 angesprochen, aus diesem Grund ist der Index des Port-Arrays vom Typ INTEGER.
Der Port-Array bezeichnet einen Speicherplatz, der Teil des I/O-Gerätes, nicht aber Teil des Hauptspeichers ist.
Jedes Element des Port-Arrays repräsentiert einen Datenport der 80x86 oder 8088 CPU.
Der Index entspricht den Datenportnummern.
Wenn einer Komponenten ein Wert zugewiesen wird, wird dieser an das genannte Port ausgegeben.

Bezieht sich ein Ausdruck auf eine Portkomponente, wird deren Wert vom genannten Port eingelesen.
Der Port-Array liest bzw. schreibt ein Byte.

Beispiel
Dieses Programm liest direkt aus dem Bildschirmspeicher. Da dies bei einem Farbmonitor meist zu einem Flimmern führt, wartet dieses Programm mit dem Lesen, bis der Elektronenstrahl des Bildschirmes sich im vertikalen Rücklauf befindet.
Dieses Programm zeigt nur bei einem Farbmonitor seine Wirkung, da der monochrome Bildschirm nicht flimmert.
Achtung: Wenn Sie einen Monochrom-Bildschirm betreiben, müssen Sie die absolute Adresse der Variablen *scr* auf $B000:0 ändern.

```
PROGRAM Port_Test;
VAR
  scr:ARRAY [1..25,1..80,1..2] OF BYTE ABSOLUTE $B800:0;
  x,y:BYTE;

  PROCEDURE Wait;
  BEGIN
    REPEAT UNTIL Port[$3DA] AND 9=9
  END;

BEGIN
  FOR x:=1 TO 80 DO BEGIN
    FOR y:=1 TO 25 DO BEGIN
      Wait;
      scr[y,x,2]:=scr[y,x,2] XOR 127
    END
  END
END.
```

Siehe auch
Mem, MemW, PortW

PortW

System

Zweck
Ermöglicht das Ansprechen des Datenports.

Struktur

```
VAR
  PortW:ARRAY OF INTEGER;  { nur 3.0 }
  PortW:ARRAY OF WORD;     { nur 4.0 }
```

Bemerkung

PortW liest/schreibt ein Wort (entspricht zwei Bytes) vom/in den Datenport.

Siehe auch

Mem, MemW, Port

Pos

String

Zweck

Sucht in einer Zeichenfolge die Stelle einer Teil-Zeichenfolge.

Struktur

```
FUNCTION Pos(teil,haupt:STRING):BYTE;
```

Bemerkung

Pos(teil,haupt) sucht im String *haupt* den Teilstring *teil* und gibt die Position der gefundenen Stelle aus.
Ist *teil* nicht in *haupt* enthalten, gibt die Funktion Pos den Wert 0 aus.
Komplizierte Tests:

```
REPEAT
  ch:=ReadKey;   { für 3.0: Read(KBD,ch); }
  ch:=UpCase(ch)
UNTIL (ch='J') OR (ch='N') OR (ch='Y');
```

lassen sich mit *Pos* bedeutend vereinfachen:

```
REPEAT
  ch:=ReadKey;   { für 3.0: Read(KBD,ch); }
  ch:=UpCase(ch)
UNTIL Pos(ch,'JNY')<>0;
```

Beispiel

```
Pos('in','Hinterhof')   = 2
```

```
Pos('hof','Hinterhof')  = 7
Pos('Haus','Hinterhof') = 0
```

Siehe auch
Concat, Copy, Delete, Insert, Length

Pred

Zweck
Ermittelt den Vorgänger eines skalaren Typs.

Struktur

```
FUNCTION Pred(x:skalar):skalar;
```

Bemerkung
Falls kein Vorgänger existiert, wird eine Fehlermeldung ausgegeben.

Beispiel

```
Pred(3)   = 2
Pred('B') = 'A'

TYPE
  tier=(hund,katze,maus);

Pred(maus) = katze
```

Siehe auch
Chr, Ord, Succ

PrefixSeg

Systemvariable (nur Version 4.0)

Zweck
Enthält die Adresse der Programmsegmentpräfix (PSP).

Struktur

```
VAR
  PrefixSeg:WORD;
```

Bemerkung
PrefixSeg ist im Unit **Dos** enthalten.
Jedem Programm, gestartet unter MS-DOS, wird ein Bereich (Programmsegmentpräfix oder PSP genannt) von 256 Bytes vorangestellt, der als Kontrollblock dient und wichtige Informationen über das aktuelle Programm enthält. Im PSP sind beispielsweise folgende Daten zu finden:

- Parameter, die bei Start des Programmes übergeben worden sind (Offset $80, 128 Bytes, wobei das erste Byte die Stringlänge enthält)
- Verfügbarer Arbeitsspeicher in Parametern, wobei ein Parameter 16 Bytes entspricht (Offset $02, 2 Bytes)

Genauere Informationen hierzu erhalten Sie in einem Handbuch über MS-DOS.

Beispiel
Folgendes Programm liest direkt im PSP die übergebenen Parameter.

```
PROGRAM PrefixSeg_Test;
USES
  Dos;
VAR
  param:STRING[128];
BEGIN
  Move(Mem[PrefixSeg:$80],param,128);
  WriteLn('Übergebene Parameter sind: ',param)
END.
```

Siehe auch
CSeg, DSeg, SSeg

Printer

Unit (nur Version 4.0)

Zweck
Erleichtert die Druckerausgabe.

Bemerkung
Falls die Unit **Printer** in den Programmcode eingebunden wird, steht folgende Textdatei zur Verfügung:

```
VAR
  LST:TEXT;
```

LST ist dem parallelen Ausgang LPT1: zugeordnet. Beim Einbinden von **Printer** wird LST selbständig geöffnet und beim Programmende wieder geschlossen.
Folgende Anweisung schickt Daten zum Drucker:

```
Write(LST,'Druckerausgabe ...');
```

Siehe auch
LST, Crt, Dos, Graph, System

PROCEDURE

Reserviertes Wort

Zweck
Ermöglicht das Schreiben von Prozeduren (Unterprogrammen).

Bemerkung
Mit einer Prozedur-Vereinbarung wird eine vom Benutzer definierte Prozedur vereinbart. Sie wird im Programm mit ihrem Namen aufgerufen.
Die Prozedur kann in dem Block verwendet werden, in dessen Deklarationsteil sie definiert wurde.
Eine Prozedur kann sich selbst aufrufen (Rekursion).
Prozeduren, die im selben Deklarationsteil definiert worden sind, können sich gegenseitig aufrufen.
Variablen, Label, Konstanten, Prozeduren und Funktionen, die im Deklarationsteil einer Prozedur definiert wurden, sind lokal, d.h. in der höheren Blockebene sind sie alle unbekannt.
Der Prozedurkopf besteht aus dem reservierten Wort PROCEDURE, dem Prozedurnamen und einer optionalen Parameterliste. Jeder einzelne Parameter muß eine Typangabe enthalten, mehrere Parameter werden durch einen Strichpunkt getrennt:

```
PROCEDURE test(ein:INTEGER; VAR ok:BOOLEAN);
```

Die Parameter enthalten Werte, die von der Prozedur verarbeitet werden sollen oder ihr gewisse Zustände bekanntgeben.
Bei der Typangabe der Parameter muß darauf geachtet werden, daß der Typ nur mit einem Namen bezeichnet wird. So ist beispielsweise folgende Typ-Angabe nicht zugelassen:

```
PROCEDURE mult(VAR a,b:ARRAY [0..4] OF REAL);   { falsch! }
```

Erst durch die folgende Typendeklaration wird die Übergabe des gewünschten Datentyps möglich:

```
TYPE
  feld=ARRAY [0..4] OF REAL;

  PROCEDURE mult(VAR a,b:feld);
  BEGIN
  END;
```

Version 3.0: Bitte beachten Sie, daß auch der Datentyp STRING nicht als Typ in einer Parameterliste aufgeführt werden darf:

```
PROCEDURE upper(VAR wort:STRING[255]);                { Falsch! }
```

Version 4.0: Hier ist es möglich, STRING als Typ in der Parameterliste aufzuführen (vorausgesetzt, die Angabe der String-Länge entfällt):

```
PROCEDURE upper(VAR wort:STRING);   { In der Version 4.0 erlaubt }
```

In Turbo Pascal existieren drei verschiedene Parametertypen:

- Wertparameter
- Variablenparameter
- Untypisierte Variablenparameter

Wertparameter dienen der bloßen Eingabe. Sie übernehmen vom Aufrufsort Zahlen oder den Inhalt von Konstanten oder Variablen. Wird der Inhalt des Wertparameters innerhalb der Prozedur verändert, hat dies auf die Außenwelt keinen Einfluß:

```
PROCEDURE Beep(anzahl:INTEGER);
```

Obwohl *anzahl* als INTEGER definiert ist, besteht die Möglichkeit, der Prozedur *Beep* Werte mit anderen Typen zu übergeben (z.B. BYTE, WORD, LONGINT).

Variablenparameter hingegen dienen der Ein- und Ausgabe. Vor dem Namen des Parameters wird das reservierte Wort VAR geschrieben. Mit ihrer Hilfe können Ergebnisse der Prozedur der Außenwelt bekanntgegeben werden. Aus diesem Grund muß beim Prozeduraufruf immer eine Variable übergeben werden:

```
PROCEDURE ReadUpper(VAR ch:CHAR);
```

Untypisierte Variablenparameter ermöglichen es, typenlose Werte entgegenzunehmen. Vor dem Namen des Parameters muß das reservierte Wort

VAR stehen, der Parametertyp aber wird einfach weggelassen. Diese Parameter dienen ebenfalls der Ein- und Ausgabe:

```
PROCEDURE Upper(VAR wort);
```

Auf einen untypisierten Variablenparameter kann nicht unmittelbar zugegriffen werden. Um dies zu ermöglichen, muß eine Variable deklariert werden, die den selben Speicherplatz wie der untypisierte Variablenparameter einnimmt (siehe ABSOLUTE). Ebenso besteht die Möglichkeit, mit der Prozedur Move die einzelnen Bytes des untypisierten Variablenparameters in eine bereitgestellte Variable zu kopieren.

Parameter können in der Prozedur wie Variablen gehandhabt werden.

Beispiel
Dieses Programm zeigt verschiedene Prozedur-Definitionen.

```
PROGRAM PROCEDURE_Test;
USES                { für 3.0: Diese beide Zeilen ... }
  Crt;              { ... ohne Ersatz streichen.      }

  PROCEDURE ReadEsc;
    { Prozedur ohne Parameter. }
  VAR
    ch:CHAR;
  BEGIN
    Write('Drücken Sie <ESC> ...');
    REPEAT
      ch:=ReadKey;          { für 3.0: Read(KBD,ch); }
      IF KeyPressed THEN
        ch:=ReadKey         { für 3.0: Read(KBD,ch)  }
    UNTIL ch=#27
  END;

  PROCEDURE Beep(anzahl:INTEGER);
    { Der Parameter <anzahl> ist eine typische Eingangsgröße. }
  VAR
    i:INTEGER;
  BEGIN
    FOR i:=1 TO anzahl DO BEGIN
      Sound(440);
      Delay(100);
      NoSound;
```

```
      Delay(100)
    END
  END;

  PROCEDURE ReadJaNein(VAR ch:CHAR);
    { Der Parameter <ch> ist hier Ausgangsgröße, d.h. sein    }
    { Wert wird am Ende der Prozedur der Außenwelt übergeben. }
  BEGIN
    REPEAT
      ch:=ReadKey;      { für 3.0: Read(KBD,ch); }
      ch:=UpCase(ch)
    UNTIL Pos(ch,'JN')<>0;
    Write(ch)
  END;

  PROCEDURE Upper(VAR wort);
    { <wort> ist ein untypisierter Parameter. Hier soll ein    }
    { String übergeben werden. Die Variable <zeile> wird an    }
    { der gleichen Speicheradresse wie <wort> plaziert. Dies   }
    { erlaubt ein komfortables Verändern.                      }
  VAR
    i:INTEGER;
    zeile:STRING[255] ABSOLUTE wort;
  BEGIN
    FOR i:=1 TO Length(zeile) DO
      zeile[i]:=UpCase(zeile[i])
  END;

VAR
  i:INTEGER;
  ch:CHAR;
  name:STRING[14];
BEGIN
  Write('Es ist ein Fehler aufgetreten! ');
  ReadEsc;
  WriteLn;
  Write('Wollen Sie etwas Musik (J/N)?');
  ReadJaNein(ch);
  IF ch='J' THEN
    Beep(4);
  WriteLn;
  Write('Bitte gehen Sie Ihren Namen ein: ');
  ReadLn(name);
  Upper(name);
```

```
  WriteLn(name,', Sie haben aber einen schönen Namen!')
END.
```

Siehe auch
FORWARD, FUNCTION, EXTERNAL, OVERLAY, PROGRAM

PROGRAM

Reserviertes Wort

Zweck
Kopf eines Programmes.

Bemerkung
In Turbo Pascal ist der Programmkopf nicht obligatorisch. Falls er vorhanden ist, gibt er dem Programm einen Namen, dem wiederum fakultativ eine Liste aller Geräte und Dateien folgt, mit denen das Programm kommuniziert:

```
PROGRAM test;
PROGRAM test(INPUT, OUTPUT);
```

Ein Pascal-Programm besteht aus folgenden Teilen:

- Programmkopf
- USES-Anweisung (nur Version 4.0)
- Deklarationsteil
- Anweisungsteil

Die **USES-Anweisung** (nur bei der Version 4.0) bindet Units ein, die Routinen enthalten und die Möglichkeiten des Programmierers erweitern (siehe hierzu *Crt*, *Dos*, *Graph*, *Graph3*, *Printer*, *Turbo3* und *System*).

Im **Deklarationsteil** werden alle später verwendeten Bezeichner definiert. Er ist in fünf verschiedene Abschnitte unterteilt:

- Label-Deklarationen
- Konstanten-Deklarationen
- Typen-Deklarationen
- Variablen-Deklarationen
- Prozeduren- und Funktionen-Deklarationen

Standard-Pascal schreibt vor, daß jeder Abschnitt nicht oder nur einmal vorkommen darf, wobei obige Reihenfolge eingehalten werden muß. Bei

Turbo Pascal kann jeder Abschnitt beliebig oft erscheinen und in jeder Reihenfolge geschrieben werden.

Im **Anweisungsteil** werden die auszuführenden Aktionen spezifiziert. Er beginnt mit dem reservierten Wort BEGIN und endet mit END., dazwischen befinden sich die einzelnen Anweisungen, die mit einem Strichpunkt (;) voneinander getrennt werden müssen.

Beispiel
Dieses Programm zeigt alle wichtigen Elemente eines Pascal-Programmes. Alle Aktionen sind als Prozeduren oder Funktionen geschrieben, wodurch das Hauptprogramm sehr kurz und verständlich bleibt.

```
PROGRAM Test;
USES             (* für 3.0: Diese beiden Zeilen durch den ... *)
  Crt,Printer;   (* ... Compiler-Befehl {$C-} ersetzten.       *)
CONST
  ersteszeichen='A';
  letzteszeichen='Z';
  zeilenbreite=50;
  seitenlaenge=2000;
TYPE
  groesse=ARRAY [1..seitenlaenge] OF CHAR;
VAR
  w,x,y,z:INTEGER;
  seite:groesse;

  FUNCTION next(ch:CHAR):CHAR;
  BEGIN
    IF ch IN [ersteszeichen..Pred(letzteszeichen)] THEN
      next:=Succ(ch)
    ELSE
      next:=ersteszeichen
  END;

  PROCEDURE erhoehe;
  VAR
    i:INTEGER;
    erledigt:BOOLEAN;
  BEGIN
    i:=0;
    REPEAT
      erledigt:=TRUE;
      i:=Succ(i);
      seite[i]:=next(seite[i]);
```

```
        IF seite[i]=ersteszeichen THEN
          IF i<seitenlaenge THEN
            erledigt:=FALSE
      UNTIL erledigt
    END;

    PROCEDURE ausgabe;
    VAR
      i:INTEGER;
    BEGIN
      FOR i:=1 TO seitenlaenge DO BEGIN
        Write(LST,seite[i]);
        IF i MOD zeilenbreite=0 THEN BEGIN
          WriteLn(LST);
          IF KeyPressed THEN BEGIN
            Write(LST,#12);
            Halt
          END
        END
      END;
      Write(LST,#12)
    END;

    FUNCTION ende:BOOLEAN;
    VAR
      i:INTEGER;
      aus:BOOLEAN;
    BEGIN
      aus:=FALSE;
      ende:=TRUE;
      i:=0;
      REPEAT
        i:=Succ(i);
        IF i>seitenlaenge THEN Exit;
        IF seite[i]<>ersteszeichen THEN
          aus:=TRUE;
      UNTIL aus;
      ende:=FALSE
    END;

  BEGIN
    ClrScr;
    WriteLn('Buch-Seiten-Generator');
    WriteLn;
    Write('Ende mit jeder Taste ...');
```

```
    FillChar(seite,SizeOf(seite),ersteszeichen);
    REPEAT
      ausgabe;
      erhoehe
    UNTIL ende
  END.
```

Nehmen Sie es mir bitte nicht übel, wenn Ihr Computer sich etwas länger mit der Ausführung dieses Programmes beschäftigt. Ich habe bei meinen Berechnungen folgende Werte ermittelt:

Ausführungszeit

- in Jahren: $8.946630644*10^{2795}$

Papierverbrauch

- Blatt: $26^{2000} = 2.823341912*10^{2802}$
- Höhe des Stapels (in Km): $2.823341912*10^{2795}$

Diese Werte können sich in der Zukunft (mit leistungsfähigeren Computern) etwas verbessern.
Diesen etwas nachteilig erscheinenden Werten steht die Erzeugung aller bereits geschriebenen und noch zu schreibenden Buchseiten entgegen. Daraus lassen sich zusammensetzen:

a) Bücher in allen Sprachen (das werden sich die Übersetzer kaum gefallen lassen).
b) Bücher in allen Stilrichtungen (stellen Sie sich doch vor: Niklaus Wirth in der Sprache von Max Frisch).
c) Alle unbekannten wissenschaftlichen Untersuchungen werden genaustens beschrieben (inklusiv ein Bericht, der Verbesserungsvorschläge zu diesem Programm unterbreitet).

Es würde mich freuen, wenn Sie dieses Programm wesentlich verbessern könnten.

Siehe auch
CONST, FUNCTION, LABEL, PROCEDURE, TYPE, VAR

Ptr

System

Zweck
Weist einer Zeigervariablen einen bestimmten Zeigerwert zu.

Struktur

```
FUNCTION Ptr(segment,offset:INTEGER):zeigertyp;  { nur 3.0 }
FUNCTION Ptr(segment,offset:WORD):POINTER;       { nur 4.0 }
```

Bemerkung
Die Funktion *Ptr* ermöglicht es, einer Zeigervariablen einen bestimmten Zeigerwert zuzuweisen.
Der Zeigerwert ist eine 32-Bit-Adresse und besteht aus einem Segment und einem Offset.

Beispiel
Dieses Programm legt die Zeigervariable *s* auf den Bildschirmspeicher.
Achtung: Bei einem Monochrom-Bildschirm muß die Segmentadresse $B800 auf $B000 abgeändert werden!

```
PROGRAM Ptr_Test;
TYPE
  screen=ARRAY [1..2000] OF INTEGER;
VAR
  s:^screen;
BEGIN
  s:=Ptr($B800:0);  { bei Monochrom-Bildschirm: $B000 }
  FillChar(s,4000,8)
END.
```

Siehe auch
Ofs, Seg

PutImage

Graphik (nur Version 4.0)

Zweck
Schreibt den Inhalt eines Puffers, der Daten eines Bildes enthält, in den Bildschirmspeicher.

Struktur

```
PROCEDURE PutImage(x,y:INTEGER; VAR puffer; art:WORD);
```

Bemerkung
PutImage ist in der Unit **Graph** verfügbar.
Die Daten der Variablen *puffer* werden so in den Bildschirm geschrieben, daß der Punkt *(x,y)* der linken oberen Ecke des kopierten Bildes entspricht. Bitte beachten Sie, daß das Bild nicht in den Bildspeicher kopiert wird, wenn der Punkt *(x,y)* außerhalb der gültigen Fenstergrenzen liegt.
Mit *PutImage* ist es nur möglich, rechteckige Bildausschnitte zu kopieren; jedoch ermöglicht es der Parameter *art*, verschiedene Verknüpfungen mit dem Inhalt von *puffer* und dem aktuellen Bildausschnitt zu erzwingen. Hierzu können die vordefinierten Konstanten in der Unit **Graph** verwendet werden:

NormalPut =0; Der Inhalt von *puffer* überschreibt den entsprechenden Bildschirm.

XorPut =1; Ein Bildpunkt wird genau dann gesetzt, wenn entweder der aktuelle Bildschirmpunkt oder der Punkt in der Variablen *puffer* gesetzt ist.

OrPut =2; Ein Bildpunkt wird dann gesetzt, wenn der aktuelle Bildschirmpunkt und/oder der Punkt in der Variablen *puffer* gesetzt ist.

AndPut =3; Ein Bildpunkt wird nur dann gesetzt, wenn beide entsprechenden Punkte (aktueller Bildschirmpunkt und *puffer*-Punkt) gesetzt sind.

NotPut =4; Der Inhalt von *puffer* überschreibt den entsprechenden Bildschirmausschnitt mit invertierten Werten.

Soll beispielsweise eine Kreisfläche mit *PutImage* in den Bildschirm kopiert werden, ohne daß die Bildfläche außerhalb des Kreises überschrieben werden soll, müssen zwei Bilder in den aktuellen Bildschirm kopiert werden. Beim ersten sind all jene Punkte zu setzen, die nicht verändert werden sollen (Umgebung retten); es wird mit *PutImage(....,AndPut);* in den Bildschirm geschrieben. Das zweite Bild enthält die eigentliche Zeichnung und wird mit *PutImage(....OrPut);* oder *PutImage(....,XorPut);* in den Bildschirmspeicher kopiert (siehe Beispiel).

Beispiel
Folgendes Programm nützt verschiedene Verknüpfungen aus und zeichnet zwei ständig wachsende Röhren.

```
PROGRAM PutImage_Test;
USES
  Graph,Crt;
Const
  e=2;
```

```
VAR
  gr,mo:INTEGER;
  b1,b2:POINTER;
  gross:WORD;
  i,k,l:INTEGER;
  x,y,dx,dy:ARRAY [1..2] OF INTEGER;
BEGIN
  gr:=Detect;
  InitGraph(gr,mo,'');
  gross:=ImageSize(29,19,71,81);
  GetMem(b1,gross);
  GetMem(b2,gross);
  Ellipse(50,50,0,360,20,30);
  Ellipse(50,50,0,360,10,15);
  GetImage(29,19,71,81,b1^);
  PutImage(29,119,b1^,NotPut);    { Invertiertes Bild              }
  SetFillStyle(0,0);
  FloodFill(35,150,0);            { Siehe Bemerkung bei FloodFill }
  GetImage(29,19,71,81,b1^);      { Eigentliches Bild              }
  GetImage(29,119,71,181,b2^);    { Bild, das die Umgebung rettet }
    { Fügen Sie hier ReadLn; ein, wenn Sie die beiden Bilder ... }
    { ... sehen wollen. Das Programm kann mit <RETURN> wie- ...  }
    { ... der fortgesetzt werden.                                }
  ClearDevice;
  Randomize;
  x[1]:=Random(GetMaxX-40);
  y[1]:=Random(GetMaxY-60);
  x[2]:=x[1];
  y[2]:=y[1];
  dx[1]:=e; if Random(2)=1 THEN dx[1]:=-e;
  dy[1]:=e; if Random(2)=1 THEN dy[1]:=-e;
  dx[2]:=-dx[1];
  dy[2]:=dy[1];
  REPEAT
    l:=Succ(Random(10))*10;
    FOR i:=1 TO l DO BEGIN
      FOR k:=1 TO 2 DO BEGIN
        IF (x[k]>0) AND (y[k]>0) AND (x[k]<GetMaxX-40)
          AND (y[k]<GetMaxY-60) THEN BEGIN
          PutImage(x[k],y[k],b2^,AndPut);      { Rettet Umgebung }
          PutImage(x[k],y[k],b1^,OrPut) END
        ELSE BEGIN
          IF x[k]<=0 THEN dx[k]:=e;
          IF x[k]>=GetMaxX-40 THEN dx[k]:=-e;
          IF y[k]<=0 THEN dy[k]:=e;
```

```
          IF y[k]>=GetMaxY-60 THEN dy[k]:=-e
        END;
        IF KeyPressed THEN BEGIN
          TextMode(LastMode);
          FreeMem(b1,gross);
          FreeMem(b2,gross);
          Halt
        END;
        Inc(x[k],dx[k]);
        Inc(y[k],dy[k])
      END
    END;
    FOR k:=1 TO 2 DO BEGIN
      IF Random(2)=0 THEN
        dx[k]:=-dx[k]
      ELSE IF Random(2)=0 THEN
        dy[k]:=-dy[k]
    END;
  UNTIL FALSE
END.
```

Siehe auch
GetImage, GetPixel, PutPixel

PutPic

Erweiterte Graphik (nur Version 3.0)

Zweck
Kopiert ein Bild auf den Bildschirm.

Struktur

```
PROCEDURE PutPic(VAR puffer:beliebiger Typ; x,y:INTEGER);
```

Bemerkung
Die Prozedur *PutPic* ist erst durch das Einbinden der Datei GRAPH.P verfügbar. Die Version 4.0 stellt *PutPic* in der Unit **Graph3** zur Verfügung, um zur Version 3.0 kompatibel zu bleiben.
Diese Prozedur kopiert den Inhalt von *puffer* in eine rechteckige Fläche des Bildschirmes.
Die Variable *puffer* ist von beliebigem Typ und enthält ein Bild, das zuvor mit der Prozedur *GetPic* gespeichert worden ist.
Die Variablen *x* und *y* entsprechen der unteren linken Ecke des zu kopierenden Bildes.

Die Farbe jedes Bildpunktes wird entsprechend der Prozedur *ColorTable* umgewandelt, bevor er auf den Bildschirm geschrieben wird.

Beispiel

```
PROGRAM PutPic_Test;
{$I graph.p  }
VAR
  puffer:ARRAY [1..2629] OF INTEGER;
BEGIN
  GraphColorMode;
  Palette(0);
  Circle(50,50,50,1);             { grüner Kreis           }
  Circle(60,40,20,2);             { roter Kreis            }
  Circle(70,80,15,3);             { brauner Kreis          }
  GetPic(puffer,0,0,100,100);     { Abspeichern des Bildes }
  ColorTable(0,3,1,2);            { Farbtafel ändern       }
  PutPic(puffer,150,150)          { Bildkopie, neue Farben }
  REPEAT UNTIL KeyPressed;
  TextMode
END.
```

Siehe auch
ColorTable, GetPic

PutPixel

Graphik (nur Version 4.0)

Zweck
Setzt einen Bildschirm-Punkt in beliebiger Farbe.

Struktur

```
PROCEDURE PutPixel(x,y:INTEGER; farbe:WORD);
```

Bemerkung
PutPixel ist in der Unit **Graph** verfügbar.
Mit *PutPixel* wird es möglich, an der Stelle *(x,y)* im Graphikbildschirm einen einzelnen Punkt zu setzen oder zu löschen. Die Zeichenfarbe wird mit dem Parameter *farbe* festgelegt.

Beispiel
Folgendes Programm zeigt mit Hilfe von Graphik die Arbeitsweise des nicht ganz einfach zu verstehenden Quick Sorts. Jeder Graphik-Punkt

stellt eine zu sortierende Zahl dar. Die X-Koordinate entspricht dem Zahlenwert, die Y-Koordinate der Position.
Die Prozedur *sort* wird rekursiv aufgerufen; deshalb könnte ein Laufzeitfehler auftreten, wenn der Stack überfüllt würde (siehe auch Compiler-Befehl **M** im Anhang D.2).

```
PROGRAM PutPixel_Test;

{$M 64000,0,0 }

USES
  Crt,Graph;
CONST
  max=6400;  { Anzahl Punkte        }
  f=5;       { Verkleinerungsfaktor }
TYPE
  feld=ARRAY [1..max] OF INTEGER;

  PROCEDURE qsort(VAR a:feld; max:INTEGER);
    PROCEDURE sort(li,re:INTEGER);
    VAR
      i,j,wert,hilf:INTEGER;
    BEGIN
      i:=li;
      j:=re;
      wert:=a[(li+re) DIV 2];
      REPEAT
        WHILE a[i]<wert DO Inc(i);
        WHILE a[j]>wert DO Dec(j);
        IF i<=j THEN BEGIN
          PutPixel(i SHR f,a[i] SHR f,0);
          PutPixel(j SHR f,a[j] SHR f,0);
          hilf:=a[i];
          a[i]:=a[j];
          a[j]:=hilf;
          PutPixel(i SHR f,a[i] SHR f,1);
          PutPixel(j SHR f,a[j] SHR f,1);
          Inc(i);
          Dec(j)
        end
      UNTIL i>j;
      IF li<j THEN sort(li,j);
      IF i<re THEN sort(i,re)
    END;
```

```
    BEGIN
      sort(1,max)
    END;

  VAR
    a:feld;
    hilf,
    i,i2,
    gr,mo:INTEGER;
    ch:CHAR;
  BEGIN
    gr:=Detect;
    InitGraph(gr,mo,'');
    DirectVideo:=FALSE;
    Randomize;
    GotoXY(60,1); WriteLn('Erzeugen');
    FOR i:=1 TO max DO a[i]:=i;
    FOR i:=1 TO max DO PutPixel(i SHR f,a[i] SHR f,1);
    GotoXY(60,2); WriteLn('Mischen');
    FOR i:=1 TO max DO BEGIN
      i2:=Random(max)+1;
      PutPixel(i SHR f,a[i] SHR f,0);
      PutPixel(i2 SHR f,a[i2] SHR f,0);
      hilf:=a[i];
      a[i]:=a[i2];
      a[i2]:=hilf;
      PutPixel(i SHR f,a[i] SHR f,1);
      PutPixel(i2 SHR f,a[i2] SHR f,1)
    END;
    GotoXY(60,3); WriteLn('Sortieren');
    qsort(a,max);
    GotoXY(60,4); Write('Schluß ');
    Sound(440);
    Delay(10);
    NoSound;
    ch:=ReadKey;
    CloseGraph
  END.
```

Siehe auch
GetPixel

Random

Zweck
Erzeugt eine Zufallszahl.

Struktur

```
FUNCTION Random:REAL;
FUNCTION Random(i:INTEGER):INTEGER;  { nur 3.0 }
FUNCTION Random(i:WORD):WORD;        { nur 4.0 }
```

Bemerkung
Falls die Funktion *Random* ohne Argument gebraucht wird, gilt für den Funktionswert: 0<=*Random*<1.
Wird für die Funktion *Random* ein Argument angegeben, gilt für den ganzzahligen Funktionswert: 0<= *Random(x)*<x.

Beispiel
Dieses Programm simuliert einen Würfel, der immer wieder geworfen wird. In der Anzeige erscheint die prozentuale Verteilung dieser Würfe. Das Programm kann mit beliebigem Tastendruck abgebrochen werden.

```
PROGRAM Random_Test;
USES          (* für 3.0: Diese beiden Zeilen durch ... *)
  Crt;        (* ... den Compiler-Befehl {$C-} ersetzen. *)
VAR
  i:INTEGER;
  summe:REAL;
  anzahl:ARRAY [0..5] OF INTEGER;
BEGIN
  ClrScr;
  FOR i:=0 TO 5 DO anzahl[i]:=0;
  summe:=0;
  REPEAT
    summe:=summe+1;
    i:=Random(6);
    anzahl[i]:=Succ(anzahl[i]);
    GotoXY(1,1); Write('Würfe: ',summe:1:0,' ');
    FOR i:=0 TO 5 DO Write(anzahl[i]/summe:5:2)
  UNTIL KeyPressed
END.
```

Siehe auch
Randomize, RandSeed

Randomize

Zweck
Initialisiert den Zufallszahlengenerator mit einer Zahl.

Struktur

```
PROCEDURE Randomize;
```

Bemerkung
Die Prozedur *Randomize* versetzt den Zufallszahlengenerator in einen undefinierten Startzustand. Dies ist bei hohen Ansprüchen an die Zufälligkeit oft wünschenswert.

Siehe auch
Random, RandSeed

RandSeed

Systemvariable (nur Version 4.0)

Zweck
Enthält einen Wert, der für die Zufallsberechnungen verwendet wird.

Struktur

```
VAR
  RandSeed:LONGINT;
```

Bemerkung
Die Prozedur *Randomize* verändert den Inhalt der Variablen *RandSeed* und verwendet dabei das Datum und die Uhrzeit des Systems. Wenn *RandSeed* bei jedem Programmlauf derselbe Wert zugewiesen wird, erzeugt der Zufallszahlengenerator immer wieder dieselbe Folge von Zufallszahlen. Dieses Wissen kann bei Simulationen oder Verschlüsselungsprogrammen sehr hilfreich sein.

Beispiel
Folgendes Programm verschlüsselt einen Text. Aus dem Paßwort wird ein LONGINT-Wert gebildet, der schließlich der Variablen *RandSeed* übergeben wird.

```
PROGRAM RandSeed_Test;
VAR
  zeile,passwort:STRING;
```

```
    l:LONGINT;
    i:INTEGER;
  BEGIN
    zeile:='Dieser Text soll verschlüsselt werden.';
    WriteLn(zeile);
    Write('Paßwort: ');
    ReadLn(passwort);
    l:=0;
    FOR i:=1 TO Length(passwort) DO
      l:=l shl 3+BYTE(passwort[i]);
    RandSeed:=l;
    FOR i:=1 TO Length(zeile) DO
      zeile[i]:=CHAR(BYTE(zeile[i]) XOR Random(256));
    WriteLn(zeile);
    RandSeed:=l;
    FOR i:=1 TO Length(zeile) DO
      zeile[i]:=CHAR(BYTE(zeile[i]) XOR Random(256));
    WriteLn(zeile)
  END.
```

Siehe auch
Random, Randomize

Read

Datei

Zweck
Ermöglicht die Eingabe von Zeichenketten und Zahlen.

Struktur

```
PROCEDURE Read(VAR f:FILE OF typ_1; VAR x:typ_1);
PROCEDURE Read(VAR f:TEXT; VAR x:typ_2);

- typ_1: beliebiger Typ
- typ_2: BYTE, INTEGER, REAL, CHAR oder STRING
         SHORTINT, WORD, LONGINT oder POINTER (nur 4.0)
```

Bemerkung
Read liest, falls eine Datei als Parameter angegeben wird, aus einer Diskettendatei. Diese Datei muß vorher mit *Assign* bekannt gemacht und mit *Reset* geöffnet werden.
Falls bei *Read* keine Datei angegeben wird, werden alle Eingaben von der Standarddatei *INPUT* (gewöhnlich der Tastatur) übernommen.

Wird einer Variablen bei der Eingabe ein ungültiger Wert übergeben, tritt ein I/O-Fehler auf. Dieser kann mit dem Compilerbefehl **I** (siehe Anhang D.1 und D.2) ausgeschaltet und mit der Funktion *IOresult* überprüft werden:

```
VAR
  a:INTEGER;
BEGIN
  {$I-}
  REPEAT
    ReadLn(a)      { jeder gültige INTEGER-Wert möglich, auch $123 }
  UNTIL IOresult=0;
  {$I+}
```

Version 3.0: Falls der Compilerbefehl **{$B+}** (entspricht der Voreinstellung, siehe Anhang D.1) aktiv ist, werden Eingaben, die von der Tastatur gelesen werden, in einen Puffer geschrieben. Aus diesem Grund können solche Eingaben mit folgenden Tasten editiert werden:

|<- (BS), Del	Löscht ein Zeichen links des Cursors
Esc, Ctrl-X	Löscht die gesamte Eingabe
Ctrl-D	Gibt ein Zeichen der letzten Eingabe aus
Ctrl-R	Gibt die letzte Eingabezeile aus
Return	Schließt die Eingabe ab

In einer Zeile können maximal 127 Zeichen eingelesen werden; um diese Begrenzung herabzusetzen, kann der vordefinierten Variablen *BufLen* ein Wert von 1..127 zugewiesen werden.
Der Wert von *BufLen* wird nach jeder *Read*-Prozedur wieder auf 127 gesetzt.
Um ein einzelnes Zeichen von der Tastatur einzulesen, wird die Standarddatei KBD als erster Parameter angegeben:

```
Read(KBD,ch);  { Liest ein einzelnes Zeichen, kein RETURN erforderlich }
```

Die unter MS-DOS gebräuchlichen Tastaturumleitungen können auch von Turbo Pascal 3.0 ausgenutzt werden (genaueres im Anhang D.1, Compiler-Befehl **G** und **P**).

Version 4.0: Die Tastatur-Eingaben (maximal 127 Zeichen) werden gepuffert und können mit den unter MS-DOS üblichen Tasten editiert werden:

<- und **|<-**	Löscht ein Zeichen links des Cursors
-> und **F1**	Kopiert ein Zeichen aus dem Puffer in die Anzeige

F3	Kopiert den gesamten Puffer in die Anzeige
Ctrl-J	Bewegt den Cursor ein Zeile weiter, ohne jedoch die Eingabe abzubrechen
Ctrl-P	Schalten den Drucker ein/aus
Esc	Ignoriert die aktuelle Eingabe
Return	Schließt die Eingabe ab

Um ein einzelnes Zeichen einzulesen, verwenden Sie bitte die Funktion *ReadKey*:

```
ch:=ReadKey;  { ch ist vom Typ CHAR }
```

Die unter MS-DOS gebräuchliche Tastaturumleitung ist in Turbo Pascal 4.0 unbegrenzt nutzbar, solange nicht die Unit **Crt** in ein Programm eingebunden wird:

Beispiel

```
PROGRAM Read_Test_Turbo3;
VAR
  a,b,c:INTEGER;
  ch:CHAR;
  datei:STRING[14];
  zeile:STRING[255];
  f:TEXT;
BEGIN
  Read(a,b,c);          { Einlesen dreier Werte          }
  Read(KBD,ch);         { Zeichen von der Tastatur lesen  }
  BufLen:=14;           { Eingabepuffer wird hier auf ... }
  Read(datei)           { ... 14 Zeichen beschränkt.      }
  Assign(f,datei);      { Hier wird eine Datei ...        }
  Reset(f);             { ... geöffnet und eine Zeile ... }
  Read(f,zeile);        { ... gelesen.                    }
  Close(f)
END.
```

Folgendes Programm demonstriert die Tastatur-Umleitung (nur Version 4.0); es wandelt alle Kleinbuchstaben in Großbuchstaben um (und umgekehrt).

```
PROGRAM Read_Test_Turbo4;
  { Geben Sie diesem Programm bitte den Dateinamen TEST.PAS und }
  { compilieren Sie es schließlich auf den Datenträger (somit   }
  { entsteht die Datei TEST.EXE). Starten Sie nun dieses Pro-   }
  { gramm wie folgt: TEST <TEST.PAS >TEST.INV                   }
VAR
  ch:CHAR;
BEGIN
  WHILE NOT Eof(INPUT) DO BEGIN
    Read(ch);        { oder: Read(INPUT,ch); }
    CASE ch OF
      'A'..'Z':ch:=CHAR(BYTE(ch)+32);
      'a'..'z':ch:=UpCase(ch)
    END;
    Write(ch)        { oder: Write(INPUT,ch) }
  END
END.
```

Siehe auch
ReadLn, Write, WriteLn

ReadKey

Textbildschirm (nur Version 4.0)

Zweck
Ermöglicht das Lesen eines einzelnen Zeichens von der Tastatur.

Struktur

```
FUNCTION ReadKey:CHAR;
```

Bemerkung
ReadKey ist in der Unit **Crt** enthalten.
Falls sich einzelne Zeichen im Tastaturpuffer befinden (*KeyPressed* liefert in diesem Fall den Wert TRUE), liest *ReadKey* das entsprechende Zeichen, andernfalls stoppt *ReadKey* das laufende Programm und wartet solange, bis eine Taste gedrückt wird. Das gelesene Zeichen wird nicht am Bildschirm dargestellt.
Einige Tasten (Funktionstasten, Cursorsteuertasten ...) erzeugen zwei Eintragungen im Tastaturpuffer (siehe Anhang H). Die erste ist immer das Zeichen mit dem ASCII-Code 0 (entspricht #0), die zweite bezeichnet die gedrückte Taste. Wenn sich also #0 im Tastaturspeicher befindet, können Sie sicher sein, daß *KeyPressed* TRUE ergibt und mit *ReadKey* nochmals

ein Zeichen (ohne Programmunterbruch) im Tastaturpuffer gelesen werden kann.
Falls die Systemvariable *CheckBreak* den Wert FALSE enthält, kann ein Lesevorgang mit *ReadKey* durch Ctrl-Break (entspricht dem Zeichen #3) abgebrochen werden.

Beispiel

```
PROGRAM ReadKey_Test;
USES
  Crt;
VAR
  ch:CHAR;
BEGIN
  ClrScr;
  WriteLn('Programmabbruch mit <ESC> ...');
  REPEAT
    ch:=ReadKey;
    IF ch=#0 THEN BEGIN
      ch:=ReadKey;
      WriteLn('Zwei Einträge, Tastaturcode: #0 #',BYTE(ch)) END
    ELSE
      IF ch=#27 THEN
        WriteLn('<ESC> gedrückt - Programmende.')
      ELSE
        WriteLn('<',ch,'> gedrückt ...')
  UNTIL ch=#27
END.
```

Siehe auch
KBD, KeyPressed, Read

ReadLn

Datei

Zweck
Ermöglicht die Eingabe von Zeichenketten und Zahlen.

Struktur

```
PROCEDURE ReadLn(VAR f:FILE OF typ_1; VAR x:typ_1);
PROCEDURE ReadLn(VAR f:TEXT; VAR x:typ_2);
PROCEDURE ReadLn(VAR f:TEXT);
PROCEDURE ReadLn;

- typ_1: beliebiger Typ
- typ_2: BYTE, INTEGER, REAL, CHAR oder STRING
         SHORTINT, LONGINT oder POINTER        { nur 4.0 }
```

Bemerkung
Die Prozedur *ReadLn* ist identisch mit der Prozedur *Read*, mit der Ausnahme, daß nach dem Prozedur-Aufruf die nächste CR/LF-Sequenz (entspricht dem Zeilenende) gesucht wird (somit kann es vorkommen, daß gewisse Zeichen nicht eingelesen werden):

```
VAR
  a,b,c:INTEGER;
BEGIN
  ReadLn(a);
    { Falls Sie nun die Werte 11 12 13 eingeben, wird nur die   }
    { 11 eingelesen, 12 und 13 werden übersprungen.             }
  ReadLn(a,b);
    { Ihre Eingabe: 11 12 13                                    }
    { Gelesen werden die Werte 11 und 12, 13 wird übersprungen. }
```

Nach einem *ReadLn* wird das folgende *Read* oder *ReadLn* am Anfang einer neuen Zeile zu lesen beginnen.
ReadLn; (Aufruf ohne Parameter) wartet, bis Sie die RETURN-Taste drücken, *ReadLn(dateivariable);* (als Parameter nur eine Textdatei) sucht die nächste CR/LF-Sequenz, ohne auch nur einen Wert zu lesen.

Siehe auch
Read, Write, WriteLn

REAL

Datentyp

Zweck
Datentyp, der die Bereiche 2.9e-39 bis 1e38 und -2.9e-39 bis 1e38 zuläßt.

Bemerkung
Ein Datentyp definiert die Beschaffenheit der Werte, die eine Variable annehmen kann.
In einem Programm kann jeder Variablen nur ein einziger Datentyp zugeordnet werden.
Der Datentyp REAL bezeichnet reelle Zahlen mit einer Mantisse bis zu 11 signifikanten Stellen.
Ein Überlauf, der bei einer arithmetischen Operation mit reellen Zahlen erfolgt, führt zu einem Programmabbruch.
Im Gegensatz zu anderen skalaren Typen (wie INTEGER oder CHAR) muß beim Datentyp REAL beachtet werden:

a) Die Funktionen *Pred* und *Succ* sowie die Prozeduren *Dec* und *Inc* sind nicht erlaubt.
b) Der Datentyp REAL darf nicht als Index eines Arrays verwendet werden.
c) Der Datentyp REAL kann nicht als Kontrollvariable in den Anweisungen FOR oder CASE verwendet werden.
d) Teilbereiche des Types REAL sind nicht erlaubt (nicht möglich ist also VAR r:1.0..2.34;).

Reelle Datentypen belegen 6 Bytes im Arbeitsspeicher.

Siehe auch
DOUBLE, EXTENDED, SINGLE, TYPE

RECORD

Reserviertes Wort

Zweck
Datenstruktur, besteht aus mehreren Komponenten.

Bemerkung
Mit RECORD lassen sich komplexe Datenstrukturen bilden, die eine bestimmte Anzahl von Komponenten umfassen. Eine einzelne Komponente wird Feld (engl. field) genannt. Die gesamte Datenstruktur heißt Datensatz (engl. record). Viele Datensätze der gleichen Struktur (die sich beispielsweise in einer Disketten-Datei befinden) bilden eine Datenbank (engl. data base).
Die Definition eines Datensatzes besteht aus dem reservierten Wort RECORD, dem eine Auflistung der einzelnen Felder folgt. Das Ende eines Datensatzes wird mit dem reservierten Wort END markiert. Den einzelnen Feldern muß ein Datentyp folgen. Mehrere Felder des gleichen Typs können zusammengefaßt werden, getrennt durch ein Komma:

```
TYPE
  buch=RECORD
    autor:STRING[20];
    titel,untertitel:STRING[50];
    verlag:STRING[15]
  END;
VAR
  dasneuste,einanderes:buch;
```

autor oder *titel* sind Feldbezeichner. Sie sind nur im Datentyp *buch* gültig. Ein einzelnes Feld wird durch den Namen einer Variablen und den Feldnamen, getrennt durch einen Punkt, angesprochen:

```
dasneuste.titel:='Fachbuch-Katalog';
```

Ganze Zuweisungen von Datensätzen der gleichen Struktur sind erlaubt:

```
einanderes:=dasneuste;
```

Einzelne Felder eines Datensatzes können als Typ wieder einen Datensatz erhalten:

```
TYPE
  position=RECORD
    x:RECORD
        xneu,xalt:INTEGER
      END;
    y:INTEGER
  END;
VAR
  cursor:position;
```

Auf *xalt* des Datensatzes *cursor* kann wie folgt zugegriffen werden:

```
cursor.x.xalt:=12;
```

Der oben beschriebene Gebrauch von Datensätzen führt manchmal zu langen Anweisungen. Es wäre bedeutend einfacher, wenn auf die einzelnen Felder wie auf Variablen zugegriffen werden könnte. Diesen Wunsch erfüllt die WITH-Anweisung: Sie eröffnet einen Datensatz und ermöglicht so den Zugriff auf die einzelnen Felder:

```
WITH dasneuste DO BEGIN
  titel:='Fachbuch-Katalog';
  untertitel:='Mit allen Neuerscheinungen';
  autor:='entfällt'
END;
```

Wie oben gezeigt, wird der Name der Datensatzvariablen von den beiden reservierten Worten WITH und DO umschlossen. Mehrere zusammengehörende Feld-Zugriffe werden in einem Block (BEGIN ... END) zusammengefaßt.
WITH-Anweisungen können geschachtelt werden:

```
WITH cursor DO
  WITH x DO
    xalt:=12;
```

oder

```
WITH cursor, x DO
  xalt:=12;
```

Die Schachtelungstiefe ist bei MS-DOS auf 9 beschränkt.
Wollen wir beispielsweise eine Datenbank aufbauen, die Informationen von Kunstgegenständen enthält, so werden wir feststellen, daß Gemälde andere Felder benötigen als Plastiken:

Kunstgegenstand	typische Felder
Gemälde	Länge, Breite, Rahmen
Plastik	Länge, Breite, Höhe, Gewicht

Nur die beiden Felder Länge und Breite stimmen überein, die anderen sind individuell. Um nicht unnötigen Ballast in einem Datensatz mitzuschleppen, erlaubt Pascal die Verwendung von Varianten.
Ein Variantenteil besteht aus dem Variantenmarkierfeld (engl. tag-field) eines zuvor definierten Typs, dessen Wert die jeweilige Variante bestimmt. Ihm folgen Labels, die jedem möglichen Wert des Variantenmarkierfeldes entsprechen. Jedem Label folgt eine Auflistung der Felder, die den entsprechenden Variantentyp definiert:

```
TYPE
  gegenstand=(gemaelde,plastik);
  kunst=RECORD
    lang,breit:INTEGER;
    CASE kunsttyp:gegenstand OF
      gemaelde:(rahmen:STRING[25]);
      plastik:(hoehe:INTEGER;
               gewicht:REAL)
  END;
VAR
  satz:kunst;
```

Die Felder-Gruppen *rahmen* und *hoehe/gewicht* werden im Arbeitsspeicher übereinander gelegt, um Speicherplatz zu sparen.
Die feststehenden Felder (hier *lang* und *breit*) müssen immer vor den Feldern im Variantenteil stehen.
Um das Feld *rahmen* anzusprechen, muß geschrieben werden:

```
satz.kunsttyp:=gemaelde;
satz.rahmen:'Weißgold, Holz';
```

Es ist durchaus möglich, nach obiger Zuweisung das Feld *gewicht* abzufragen, obwohl ihm kein Wert zugewiesen worden ist. Es wird einfach ein Teil des Textes 'Weißgold, Holz' als REAL-Wert interpretiert:

```
satz.kunsttyp:=plastik;
WriteLn('Gewicht: ',satz.gewicht);
```

Durch diese Überlappungen von Feldgruppen ist es möglich, Werte in die verschiedensten Typen umzuwandeln:

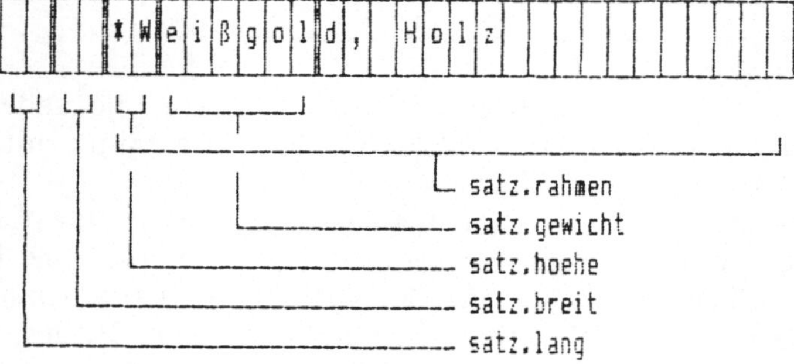

An der mit einem Stern (*) markierten Speicherstelle ist die Länge des Strings angegeben.

Das Variantenmarkierfeld muß nicht unbedingt vorhanden sein, an seiner Stelle kann allein ein Datentyp stehen:

```
VAR
  pack:RECORD
    CASE BOOLEAN OF
      TRUE:(ax,bx,cx,dx,bp,si,di,ds,es,flags:INTEGER);
      FALSE:(al,ah,bl,bh,cl,ch,dl,dh:BYTE)
  END;
```

Derartige Recordvarianten dienen lediglich der Datentransformation und werden bei systemnaher Programmierung oft verwendet.

Siehe auch
ARRAY

Rectangle

Graphik (nur Version 4.0)

Zweck
Zeichnet ein Rechteck.

Struktur

```
PROCEDURE Rectangle(x1,y1,x2,y2:INTEGER);
```

Bemerkung
Rectangle ist in der Unit **Graph** enthalten.
(x1,y1) entspricht der oberen linken, *(x2,y2)* der unteren rechten Ecke des zu zeichnenden Rechteckes.
Bitte achten Sie darauf, daß die vier übergebenen Werte ein Rechteck bezeichnen, welches innerhalb der Bildschirmgrenzen liegt.
Die Prozedur *Rectangle* verwendet die mit *SetLineStyle* gesetzte Linienart und Zeichendicke. Die Zeichenfarbe läßt sich mit *SetColor* festlegen.

Beispiel

```
PROGRAM Rectangle_Test;
USES
  Crt,Graph;
VAR
  gr,mo,i:INTEGER;
BEGIN
  gr:=Detect;
```

```
    InitGraph(gr,mo,'');
    Rectangle(0,0,GetMaxX,GetMaxY);
    REPEAT
      SetLineStyle(Random(4),0,1);
      Rectangle(Random(50),Random(50),GetMaxX-Random(50),GetMaxY-Random(50))
    UNTIL KeyPressed;
    CloseGraph
  END.
```

Siehe auch
Bar, Bar3D, Ellipse, Line

RegisterBGIdriver

Graphik (nur Version 4.0)

Zweck
Gibt dem System einen Graphiktreiber bekannt.

Struktur

```
FUNCTION RegisterBGIdriver(treiber:POINTER):INTEGER;
```

Bemerkung
RegisterBGIdriver ist in der Unit **Graph** enthalten.
Die Prozedur *InitGraph* sucht auf dem Datenträger nach einem passenden Graphiktreiber (.BGI-Datei) und legt diesen auf dem Heap ab. Nun besteht die Möglichkeit, mit der Funktion *RegisterBGIdriver* einen Graphiktreiber direkt in den Programmcode einzubinden. Dieser muß zu diesem Zweck mit dem Programm BINOBJ.EXE (auf einer der Systemdisketten enthalten) in eine .OBJ-Datei konvertiert und der dabei entstandene Code mit dem Compiler-Befehl **L** (siehe Anhang D.2) in das Programm aufgenommen werden.
Die Funktion *RegisterBGIdriver* teilt dem System mit (Parameter *treiber*), an welcher Speicherstelle sich der eingebundene Graphik-Treiber befindet. Falls hierbei ein Fehler auftritt, liefert *RegisterBGIdriver* einen Wert kleiner null, der einem der Funktionswerte von *GraphResult* entspricht.
Bitte beachten Sie, daß die Bekanntmachung des eingebundenen Treibers vor dem ersten Aufruf von *InitGraph* erfolgen soll.

Beispiel
Folgendes Programm bindet alle verfügbaren Graphik-Treiber in den Programmcode ein. Damit alles nach Vorschrift funktioniert, konvertierten Sie bitte zuerst alle Graphik-Treiber in .OBJ-Dateien (z.B. mit *BINOBJ CGA.BGI CGA.OBJ CGA_MCGAtreiber*, ganz allgemein: BINOBJ

<quelldatei> <zeildatei> <prozedurname>) und kopieren Sie diese, falls nötig, ins aktuelle Verzeichnis.

```
PROGRAM RegisterBGIdriver_Test;
USES
  Graph;
VAR
  gr,mo,
  i:INTEGER;

{$F+}
  PROCEDURE CGA_MCGAtreiber; EXTERNAL;
  {$L CGA.OBJ}

  PROCEDURE EGA_VGAtreiber; EXTERNAL
  {$L EGAVGA.OBJ}

  PROCEDURE HERCtreiber; EXTERNAL;
  {$L HERC.OBJ}

  PROCEDURE ATTtreiber; EXTERNAL;
  {$L ATT.OBJ}

  PROCEDURE PC3270treiber; EXTERNAL;
  {$L PC3270.OBJ}
{$F-}

  PROCEDURE fehler;
  BEGIN
    WriteLn('Es ist ein Fehler aufgetreten: ',GraphResult);
    Halt(0)
  END;

BEGIN
  IF RegisterBGIdriver(Addr(CGA_MCGAtreiber))<0 THEN fehler;
  IF RegisterBGIdriver(Addr(EGA_VGAtreiber))<0 THEN fehler;
  IF RegisterBGIdriver(Addr(HERCtreiber))<0 THEN fehler;
  IF RegisterBGIdriver(Addr(ATTtreiber))<0 THEN fehler;
  IF RegisterBGIdriver(Addr(PC3270treiber))<0 THEN fehler;
  gr:=Detect;
  InitGraph(gr,mo,'');    { nun kein Diskettenzugriff mehr notwendig }
  IF GraphResult<>0 THEN BEGIN
    WriteLn('Die Prozedur InitGraph meldet einen Fehler');
    Halt(0)
  END;
```

```
    FOR i:=0 TO 50 DO Line(0,0,i*4,GetMaxY);
    ReadLn;
    CloseGraph
  END.
```

Siehe auch
InitGraph, RegisterBGIfont

RegisterBGIfont

Graphik (nur Version 4.0)

Zweck
Gibt dem System die Speicheradresse eines Zeichensatzes bekannt.

Struktur

```
FUNCTION RegisterBGIfont(zeichensatz:POINTER):INTEGER;
```

Bemerkung
RegisterBGIfont ist in der Unit **Graph** enthalten.
Die Prozedur *SetTextStyle* sucht auf dem Datenträger nach dem gewünschten Zeichensatz (.CHR-Datei) und legt diesen auf dem Heap ab. Mit Hilfe der Funktion *RegisterBGIfont* wird es möglich, einen Zeichensatz direkt in den Programmcode einzubinden. Dieser muß zu diesem Zweck mit dem Programm BINOBJ.EXE (auf einer der Systemdisketten enthalten) in eine .OBJ-Datei konvertiert und der dabei entstandene Code mit dem Compiler-Befehl **L** (siehe Anhang D.2) in das Programm aufgenommen werden.
Die Funktion *RegisterBGIfont* teilt dem System mit (Parameter *zeichensatz*), an welcher Speicherstelle sich der eingebundene Zeichensatz befindet. Falls hierbei ein Fehler auftritt, liefert *RegisterBGIfont* einen Wert kleiner null, der einem der Funktionswerte von *GraphResult* entspricht.
Bitte achten Sie darauf, daß Sie dem System die Speicheradressen der eingebundenen Zeichensätze vor dem Aufruf von *InitGraph* bekanntmachen sollten.

Beispiel
Folgendes Programm bindet alle verfügbaren Zeichensätze in den Programmcode ein; dazu sind die konvertierten Zeichensätze im aktuellen Verzeichnis notwendig (konvertieren Sie beispielsweise den gotischen Zeichensatz mit *BINOBJ GOTH.CHR GOTH.OBJ*, ganz allgemein: BINOBJ <quelldatei> <zieldatei> <prozedurname>). Der 8x8-Zeichensatz steht immer zur Verfügung und braucht deshalb nicht ins Programm eingebunden zu werden.

```
PROGRAM RegisterBGIfont_Test;
USES
  Graph;
VAR
  gr,mo:INTEGER;

{$F+}
  PROCEDURE triplex; EXTERNAL;
  {$L TRIP.OBJ}

  PROCEDURE small; EXTERNAL;
  {$L LITT.OBJ}

  PROCEDURE sansserif; EXTERNAL;
  {$L SANS.OBJ}

  PROCEDURE gothic; EXTERNAL;
  {$L GOTH.OBJ}
{$F-}

  PROCEDURE fehler;
  BEGIN
    WriteLn('Es ist ein Fehler aufgetreten: ',GraphResult);
    Halt(0)
  END;

BEGIN
  IF RegisterBGIfont(Addr(triplex))<0 THEN fehler;
  IF RegisterBGIfont(Addr(small))<0 THEN fehler;
  IF RegisterBGIfont(Addr(sansserif))<0 THEN fehler;
  IF RegisterBGIfont(Addr(gothic))<0 THEN fehler;
  gr:=Detect;
  InitGraph(gr,mo,'');
  OutTextXY(0,0,'8x8-Zeichensatz, immer verfügbar');
  SetTextStyle(TriplexFont,HorizDir,2);
  OutTextXY(0,40,'Zeichensatz "Triplex", nun ohne Diskettenzugriff');
  SetTextStyle(SmallFont,HorizDir,5);
  OutTextXY(0,80,'Kleine und magere Schrift');
  SetTextStyle(SansSerifFont,HorizDir,2);
  OutTextXY(0,120,'Schrift "SansSerif", nicht schlecht');
  SetTextStyle(GothicFont,HorizDir,2);
  OutTextXY(0,160,'Wir schreiben das Jahr 0');
  ReadLn;
```

```
   CloseGraph
 END.
```

Siehe auch
RegisterBGIdriver, SetTextStyle

Release

Dynamische Speicherung

Zweck
Gibt den für dynamische Variablen reservierten Spreicherbereich wieder frei.

Struktur

```
PROCEDURE Release(VAR p:zeigervariable);  { nur 3.0 }
PROCEDURE Release(VAR p:POINTER);         { nur 4.0 }
```

Bemerkung
Die Prozedur *Release* arbeitet eng mit *Mark* zusammen. Diese beiden Prozeduren werden benötigt, um den Heap, der von dynamischen Variablen benutzt worden ist, wieder freizumachen.
Mark weist der Zeigervariablen *p* den aktuellen Wert des Heap-Zeigers (entspricht der Systemvariablen *HeapPtr*) zu. *Release* löschte alle Variablen oberhalb dieses Wertes (d.h. *Release* löscht alle dynamischen Variablen, die nach dem Prozedur-Aufruf *Mark* erzeugt worden sind). Im Gegensatz zu *Dispose* ist es mit *Mark/Release* nicht möglich, nur einzelne Variablen zu löschen.
Dispose und *Mark/Release* verwenden verschiedene Heap-Verwaltungen. Aus diesem Grund ist es nicht empfehlenswert, diese Prozeduren gleichzeitig einzusetzen.

Version 4.0: *Release* löscht automatisch die Fragmentliste (siehe hierzu *FreeMin*), um Speicherschwierigkeiten bei der gleichzeitigen Benutzung von *Dispose* und *Mark/Release* aus dem Weg zu gehen; somit werden allfällige Löcher im Heap (erzeugt durch die Prozedur *Dispose*) nicht mehr registriert und liegen deshalb brach. Der gesamte Heap läßt sich mit folgendem Prozedur-Aufruf freigeben:

```
Release(HeapOrg);
```

Siehe auch
Dispose, FreeMem, Mark, New

Rename

Datei

Zweck
Umbenennen einer Datei.

Struktur

```
PROCEDURE Rename(VAR f:dateityp; s:STRING);
```

Bemerkung
Die Datei *f* erhält durch den Stringausdruck *s* einen neuen Namen.
Das Directory wird auf den neuesten Stand gebracht.
Alle künftigen Operationen beziehen sich auf diese Datei.
Die Prozedur *Rename* sollte nicht verwendet werden, wenn die Datei offen ist.
Der Programmierer ist dafür verantwortlich, daß der neue Dateiname noch nicht existiert; wenn doch, entstehen mehrere Dateien mit demselben Namen.
Falls beim Umbenennen der Datei ein Fehler auftritt und der Compilerbefehl {$I-} (siehe Anhang D.1 und D.2) eingeschaltet ist, enthält die Funktion *IOresult* einen Integer-Wert ungleich Null.

Beispiel
Die Datei NAME.ALT erhält den neuen Namen NAME.NEU.

```
PROGRAM Rename_Test;
VAR
  f:FILE;
BEGIN
  Assign(f,'NAME.ALT');
  Rename(f,'NAME.NEU')
END.
```

Siehe auch
Assign, Close, Erase

REPEAT ... UNTIL

Reserviertes Wort

Zweck
Schleife, deren Abbruch-Bedingung sich am Schluß befindet.

Bemerkung
Anweisungen zwischen den beiden reservierten Worten REPEAT und UNTIL werden solange wiederholt, bis die Abbruch-Bedingung WAHR wird.
Vor dem reservierten Wort UNTIL muß kein Strichpunkt (;) stehen.
Die REPEAT-Schleife wird immer mindestens einmal ausgeführt.
Der Ausdruck (die Abbruch-Bedingung), der die Wiederholung kontrolliert, muß vom Typ BOOLEAN sein.

Beispiel
REPEAT-Schleifen werden oft bei Tastaturabfragen benützt.

```
PROGRAM REPEAT_Test1;
USES          { für 3.0: Diese beiden Zeilen ... }
  Crt;        { ... ersatzlos streichen.         }
VAR
  ch:CHAR;
BEGIN
  REPEAT
    Write('Wollen Sie dieses Programm beenden (J/N)? ');
    REPEAT
      ch:=ReadKey     { für 3.0: Read(KBD,ch) }
    UNTIL Pos(ch,'JjNn')<>0
  UNTIL ch IN ['J','j']
END.
```

Folgend wird eine Endlosschleife verwendet. Sie könnte mit der Anweisung GOTO verlassen werden. Hier stoppt *Halt* das Programm.

```
PROGRAM REPEAT_Test2;
USES          { für 3.0: Diese beiden Zeilen ... }
  Crt;        { ... ersatzlos streichen.         }
VAR
  ch:CHAR;
BEGIN
  REPEAT
    WriteLn('Die Leertaste unterbricht diese Programm');
    ch:=ReadKey;   { für 3.0: Read(KBD,ch); }
    IF ch=' ' THEN BEGIN
      ClrScr;
      Halt
    END
  UNTIL FALSE
END.
```

Siehe auch
FOR ... TO/DOWNTO ... DO, WHILE ... DO

Reset

Datei

Zweck
Eine Datei wird zur Bearbeitung freigegeben.

Struktur

```
PROCEDURE Reset(VAR f:dateityp);
PROCEDURE Reset(VAR f:FILE; blockgroesse:INTEGER);  { nur 3.0 }
PROCEDURE Reset(VAR f:FILE; blockgroesse:WORD);     { nur 4.0 }
```

Bemerkung
Die Datei mit dem Namen, der der Dateivariablen *f* zugewiesen worden ist, wird zur Bearbeitung freigegeben (Datei wird geöffnet).
Der Zeiger wird auf den Anfang der Datei gesetzt.
Die Dateivariable *f* muß eine bestehende Datei bezeichnen, da sonst ein I/O-Fehler auftritt; der jedoch mit dem Compilerbefehl {$I-} (siehe Anhang D.1 und D.2) abgefangen werden kann; die Funktion *IOresult* ermittelt den allfälligen Fehlercode.
Reset kann den Parameter *blockgroesse* erhalten, der bei untypisierten Dateien die Größe eines Blockes bestimmt (siehe hierzu *BlockRead*, *BlockWrite*).

Beispiel
Dieses Programm überprüft die Existenz einer Datei.

```
PROGRAM Reset_Test;
VAR
  f:FILE;
  dateiname:STRING[14];
BEGIN
  Write('Dateiname: ');
  ReadLn(dateiname);
  Assign(f,dateiname);
  {$I-}
  Reset(f);
  {$I+}
  IF IOresult=0 THEN BEGIN
    Write('Datei existiert');
    Close(f) END
```

```
    ELSE
      Write('Datei existiert nicht')
  END.
```

Siehe auch
Assign, Rewrite

RestoreCrtMode

Graphik (nur Version 4.0)

Zweck
Schaltet bei aktivem Graphikmodus in den Textmodus zurück.

Struktur

```
PROCEDURE RestoreCrtMode;
```

Bemerkung
RestoreCrtMode ist in der Unit **Graph** enthalten.
Durch den Aufruf der Prozedur *RestoreCrtMode* wird der Graphikmodus verlassen und zum Textmodus zurückgekehrt. Der von der Prozedur *InitGraph* geladene Graphiktreiber bleibt im Speicher erhalten.
Der Prozeduraufruf *TextMode(LastMode);* zeigt dieselbe Wirkung wie die *RestoreCrtMode.*

Siehe auch
CloseGraph, TextMode, SetGraphMode

Rewrite

Datei

Zweck
Erzeugt eine neue Datei.

Struktur

```
PROCEDURE Rewrite(VAR f:dateityp);
PROCEDURE Rewrite(VAR f:FILE; blockgroesse:INTEGER);  { nur 3.0 }
PROCEDURE Rewrite(VAR f:FILE; blockgroesse:WORD);     { nur 4.0 }
```

Bemerkung
Erzeugt eine neue Datei mit dem Namen, der der Dateivariablen zugewiesen worden ist.

Der Dateizeiger steht am Anfang der Datei.
Eine bereits bestehende Datei wird mit der Prozedur *Rewrite* gelöscht.
Eine Datei, die mit *Rewrite* erzeugt worden ist, ist zu Beginn leer und enthält keinerlei Elemente.
Rewrite kann den Parameter *blockgroesse* erhalten, der bei untypisierten Dateien die Größe eines Blockes bestimmt (siehe hierzu *BlockRead*, *BlockWrite*).

Beispiel
Dieses Programm erzeugt die Datei ZAHLEN.INT auf dem Laufwerk B: und schreibt die Zahlen 1 bis 100 hinein.

```
PROGRAM Rewrite_Test;
VAR
  f:FILE OF INTEGER;
  i:INTEGER;
BEGIN
  Assign(f,'B:ZAHLEN.INT');
  Rewrite(f);
  FOR i:=1 TO 100 DO Write(f,i);
  Close(f)
END.
```

Siehe auch
Assign, Reset

RmDir

System

Zweck
Löscht ein Verzeichnis.

Struktur

```
PROCEDURE RmDir(VAR pfad:STRING);
```

Bemerkung
Ein Subdirectory, dem Stringausdruck *pfad* entsprechend, wird gelöscht.
Ein Pfadname kann die Angabe eines Laufwerkes enthalten.
Ein Subdirectory muß leer sein, wenn es gelöscht werden soll.
Die einzelnen Unterverzeichnisse werden mit einem Backslash (\) voneinander getrennt.
Wenn ein Verzeichnis gelöscht werden soll, das nicht existiert oder noch Dateien enthält, tritt ein I/O-Fehler auf.

Beispiel

```
RmDir(B:\PROG\PAS);        { Löscht im Laufwerk B: das Unter- }
                           { Verzeichnis \PROG\PAS            }

RmDir(\PROG);              { Löscht das Verzeichnis PROG im   }
                           { aktuellen Laufwerk.              }
```

Siehe auch
ChDir, GetDir, MkDir, OvrPath

Round

Arithmetik

Zweck
Rundet eine reelle Zahl.

Struktur

```
FUNCTION Round(r:REAL):INTEGER;  { nur 3.0 }
FUNCTION Round(r:REAL):LONGINT;  { nur 4.0 }
```

Bemerkung
Falls r>=0, dann ist Round(r)=Trunc(r+0.5),
falls r<0, dann ist Round(r)=Trunc(r-0.5).

Die Prozeduren *Write* und *WriteLn* runden reelle Zahlen bei der Ausgabe auf eine bestimmte Anzahl nach dem Komma.

Beispiel

```
Round(3.4)  = 3
Round(3.5)  = 4
Round(3.6)  = 4

Round(-3.4) = -3
Round(-3.5) = -4
Round(-3.6) = -4
```

Siehe auch
Abs, Frac, Int, Odd, Trunc

SaveInt00

Systemvariable (nur Version 4.0)

Zweck
Enthält den Original-Vektor des Interrupts $00.

Struktur

```
VAR
  SaveInt00:POINTER;
```

Bemerkung
Der Vektor (die Speicheradresse) des Interrupts $00 wird von Turbo Pascal zu Beginn jedes Programmes verändert und am Ende wieder hergestellt.
Der Interrupt $00 wird bei einer Division durch null ausgelöst.

Siehe auch
GetIntVec, SetIntVec

SaveInt02

Systemvariable (nur Version 4.0)

Zweck
Enthält den Original-Vektor des Interrupts $02.

Struktur

```
VAR
  SaveInt02:POINTER;
```

Bemerkung
Der Vektor (die Speicheradresse) des Interrupts $02 wird von Turbo Pascal zu Beginn jedes Programmes verändert und am Ende wieder hergestellt.

Siehe auch
GetIntVec, SetIntVec

SaveInt1B

Systemvariable (nur Version 4.0)

Zweck
Enthält den Original-Vektor des Interrupts $1B.

Struktur

```
VAR
  SaveInt1B:POINTER;
```

Bemerkung
SaveInt1B ist in der Unit **Crt** enthalten.
Der Vektor (die Speicheradresse) des Interrupts $1B wird von Turbo Pascal zu Beginn jedes Programmes verändert (falls die Unit **Crt** eingebunden ist) und am Ende wieder hergestellt.
Der Interrupt $1B ist für die Ctrl-C-Behandlung verantwortlich.

Siehe auch
GetIntVec, SetIntVec

SaveInt23

Systemvariable (nur Version 4.0)

Zweck
Enthält den Original-Vektor des Interrupts $23.

Struktur

```
VAR
  SaveInt23:POINTER;
```

Bemerkung
Der Vektor (die Speicheradresse) des Interrupts $23 wird von Turbo Pascal zu Beginn jedes Programmes verändert und am Ende wieder hergestellt.
Der Interrupt $23 ist für die Ctrl-C-Behandlung verantwortlich.

Siehe auch
GetIntVec, SetIntVec

SaveInt24

Systemvariable (nur Version 4.0)

Zweck
Enthält den Original-Vektor des Interrupts $24.

Struktur

```
VAR
  SaveInt24:POINTER;
```

Bemerkung
Der Vektor (die Speicheradresse) des Interrupts $24 wird von Turbo Pascal zu Beginn jedes Programmes verändert und am Ende wieder hergestellt.
Der Interrupt $24 wird bei kritischen Fehlern (Laufwerksklappe offen ...) ausgelöst.

Siehe auch
GetIntVec, SetIntVec

SaveInt75

Systemvariable (nur Version 4.0)

Zweck
Enthält den Original-Vektor des Interrupts $75.

Struktur

```
VAR
  SaveInt75:POINTER;
```

Bemerkung
Der Vektor (die Speicheradresse) des Interrupts $75 wird von Turbo Pascal zu Beginn jedes Programmes verändert und am Ende wieder hergestellt.
Laut dem technischen Handbuch für den IBM PC wird der Interrupt $75 nicht benutzt.

Siehe auch
GetIntVec, SetIntVec

Seek

Datei mit direktem Zugriff

Zweck
Bewegt den Datenzeiger zu einer bestimmten Komponente.

Struktur

```
PROCEDURE Seek(VAR f:FILE OF bel_typ; i:INTEGER);  { nur 3.0 }
PROCEDURE Seek(VAR f:FILE OF bel_typ; i:LONGINT);  { nur 4.0 }
```

Bemerkung

Die erste Komponente einer Datei trägt die Nummer 0.
Um eine Datei zu erweitern, kann der Dateizeiger an das Ende der Datei gesetzt werden:

```
Seek(f,FileSize(f));
```

Version 3.0: Die Prozedur *LongSeek* erfüllt den gleichen Zweck wie die Prozedur *Seek*, erlaubt es jedoch, die Nummern der einzelnen Komponenten in REAL-Werten anzugeben. Turbo Pascal 4.0 definiert in der Unit **Turbo3** die Prozedur *LongSeek*, um zur Version 3.0 kompatibel zu bleiben.

Beispiel

Dieses Programm erlaubt es, beliebige Datensätze anzusehen.

```
PROGRAM Seek_Test;
TYPE
  kartei=RECORD
    name,
    vorname:STRING[20]
  END;
VAR
  f:FILE OF kartei;
  karte:kartei;
  i:INTEGER;
BEGIN
  Assign(f,'EXISTENT.DBF');
  WriteLn('Die Datei EXISTENT.DBF enthält ',FileSize(f),
          ' Datensätze');
  REPEAT
    WriteLn;
    Write('Welchen Datensatz wollen Sie sehen? );
    ReadLn(i);
    IF (i>=0) AND (i<FileSize(f)) THEN BEGIN
      Seek(f,i);
      Read(f,karte);
      WriteLn(karte.name,' ',karte.vorname)
    END
  UNTIL (i<0) OR (i>=FileSize(f));
```

```
  Close(f)
END.
```

Siehe auch
FilePos, FileSize, LongFilePos, LongFileSize, LongSeek

SeekEof

Text-Datei

Zweck
Ermittelt, ob das Ende einer Datei erreicht werden kann.

Struktur

```
FUNCTION SeekEof(f:TEXT):BOOLEAN;
```

Bemerkung
SeekEof arbeitet ähnlich wie *Eof*. Im Gegensatz zu *Eof* überspringt die Funktion *SeekEof* jedoch zuerst alle Leerzeichen, Tabulatoren oder Zeilenende-Markierungen (CR/LF), bevor sie überprüft, ob das Dateiende erreicht ist.

Siehe auch
Eof, EoLn, SeekEoLn

SeekEoLn

Text-Datei

Zweck
Ermittelt, ob ein Zeilenende erreicht werden kann.

Struktur

```
FUNCTION SeekEoLn(f:TEXT):BOOLEAN;
```

Bemerkung
SeekEoLn arbeitet ähnlich wie *EoLn*. Im Gegensatz zu *EoLn* überspringt die Funktion *SeekEoLn* zuerst alle Leerzeichen und Tabulatoren, bevor es überprüft, ob das Zeilenende erreicht ist.

Siehe auch
Eof, EoLn, SeekEof

Seg

System

Zweck

Bestimmt den Segmentwert einer Variablen, einer Prozedur oder Funktion.

Struktur

```
FUNCTION Seg(variable):INTEGER;  { nur 3.0 }
FUNCTION Seg(bezeichner):WORD;   { nur 4.0 }
```

Bemerkung

Die Adresse einer Speicherzelle (eines Bytes) im RAM-Bereich besteht aus zwei Werten, einem Segment und einem Offset.
Die Funktion *Seg* bestimmt den Segment-Wert des ersten Bytes einer Variablen.
Ist die Variable ein Array, kann sie indiziert werden:

```
VAR
  brett:ARRAY [1..2,1..2] OF CHAR;
BEGIN
  Write(Seg(brett[1,2]))
END.
```

Ist die Variable ein Record, können einzelne Felder selektiert werden:

```
VAR
  titel:RECORD
    autor,titel:STRING[30]
  END;
BEGIN
  Write(Seg(titel.autor))
END.
```

Segment und Offset werden bei maschinennaher Programmierung gebraucht.
Mit den beiden Prozeduren *Ofs* und *Seg* können auch Zeigerwerte, die eine 32-Bit-Adresse darstellen, ermittelt werden:

```
segment:=Seg(p^);
offset:=Ofs(p^);
```

Turbo 4.0: *Seg* ermittelt außerdem die Segment-Adresse einer Prozedur oder Funktion.

Siehe auch
Addr, CSeg, DSeg, Ofs, Ptr, SSeg

SET

Reserviertes Wort

Zweck
Ermöglicht das Bilden von Mengen.

Bemerkung
Eine Menge besteht aus einer Anzahl von Elementen, die alle demselben Typ angehören.
Zwei Mengen sind nur dann gleich, wenn auch ihre Elemente dieselben sind.
Die Reihenfolge der Elemente spielt keine Rolle; folgende Mengen sind also gleich:

```
[1,2,3] = [1,3,2]
```

Eine Menge, die unter anderen auch die Elemente einer anderen Menge enthält, wird Obermenge genannt; entsprechend ist die zweite Menge die Untermenge der ersten:

```
[1,2,3] ist die Obermenge von [2,3]
[2,3] ist die Untermenge von [1,2,3]
```

Eine Menge, die keine Elemente enthält, wird leere Menge genannt:

```
[] bezeichnet eine leere Menge
```

Zwei Menge können auf drei verschiedene Arten miteinander verknüpft werden:

Menge A	Menge B	Operation	Bemerkung	Ergebnis
[1,2,3]	[2,3,4]	A + B	Vereinigung	[1,2,3,4]
[1,2,3]	[2,3,4]	A * B	Durchschnitt	[2,3]
[1,2,3]	[2,3,4]	A - C	Komplement	[1]

Vereinigung: Die Ergebnismenge enthält alle Elemente der ersten und der zweiten Menge.

Durchschnitt: Die Ergebnismenge enthält nur diejenigen Elemente, die in beiden Mengen vorkommen.
Komplement: Die Ergebnismenge enthält nur diejenigen Elemente der ersten Menge, die nicht in der zweiten Menge enthalten sind.

Die Elemente einer Menge müssen einem Grundtyp angehören (z.B. BYTE, CHAR, auch Teilbereiche), sie dürfen nicht vom Typ REAL oder STRING sein.
Bei Definition einer Menge steht ein Bezeichner, dem die reservierten Worte SET OF und ein einfacher Datentyp folgen:

```
TYPE
  grossbuchstaben=SET OF 'A'..'Z'
  buchstaben=SET OF CHAR;
```

Bei Turbo Pascal können maximal 256 Elemente in eine Menge aufgenommen werden. Die Ordinalwerte der Elemente müssen im Bereich 0..255 liegen:

```
IF i IN [440..880] ...    { falsch! }
```

Die Mengenangabe besteht aus einem oder mehreren Elementen, die voneinander durch Kommas (,) getrennt werden. Die gesamte Menge wird von eckigen Klammern umschlossen. Bereiche in Mengen sind ebenfalls erlaubt; Start- und Endwert werden dann durch zwei Punkte (..) getrennt:

```
VAR
  alphabet,gross,klein:buchstaben;
BEGIN
  gross:=['A'..'Z','Ä','Ö','Ü'];
  klein:=['a'..'z','ä','ö','ü','ß'];
  alphabet:=gross+klein;
```

Mit folgenden Operatoren können gewisse Zustände erfragt werden:

Operator	Bemerkung
=	überprüft, ob zwei Mengen gleich sind.
<>	überprüft, ob zwei Mengen ungleich sind.
<=	überprüft, ob die erste Menge in der zweiten enthalten ist, ob erste Menge Teilmenge ist.
>=	überprüft, ob in der ersten Menge mindestens alle Elemente der zweiten enthalten sind, ob erste Menge Obermenge ist.
IN	überprüft, ob ein bestimmtes Element in einer Menge enthalten ist. Der erste Operand ist ein Element, der zweite bezeichnet eine Menge: - IF ch IN ['J','N'] THEN

Komplizierte Test:

```
IF ((i>=65) AND (i<=90)) OR ((i>=97 AND i<=122)) THEN
  Write('Gültiges Zeichen');
```

können mit Hilfe von Mengen wesentlich vereinfacht (lesbarer) werden (bezüglich Arbeitsgeschwindigkeit siehe hierzu auch IN):

```
IF i IN [65..90,97..122] THEN
  Write('Gültiges Zeichen');
```

Set-Variablen belegen im Arbeitsspeicher immer 32 Bytes. Jedem Mengenelement wird ein Bit zugeordnet. Ein gesetztes Bit bedeutet die Existenz eines bestimmten Elementes.

Siehe auch
IN

SetActivePage

Graphik (nur Version 4.0)

Zweck
Legt fest, für welche Bildschirmseite alle folgenden Graphikbefehle gelten.

Struktur

```
PROCEDURE SetActivePage(seite:WORD);
```

Bemerkung
SetActivePage ist in der Unit **Graph** enthalten.
Einige Bildschirmkarten (EGA, VGA und Hercules) unterstützen mehrere Graphikseiten; jede entspricht einem gesamten Bildschirm.
Die Prozedur *SetActivePage* legt für alle kommenden Graphikbefehle die aktuelle Zeichenfläche fest. Bitte beachten Sie, daß der ersten Bildschirmseite die Nummer 0 entspricht.

Siehe auch
SetVisualPage

SetAllPalette

Graphik (nur Version 4.0)

Zweck
Ermöglicht das Verändern aller Einträge einer Farbpalette.

Struktur

```
PROCEDURE SetAllPalette(VAR pal);
```

Bemerkung
SetAllPalette ist in der Unit **Graph** definiert.
Mit der Prozedur *SetAllPalette* werden alle Farbeinträge der aktuellen Palette auf einen Schlag verändert. Für der typenlosen Parameter *pal* kann der in der Unit **Graph** definierte Datentyp *PaletteType* verwendet werden:

```
CONST
  MaxColors=15;
TYPE
  PaletteType=RECORD
    Size:BYTE;
    Colors:ARRAY [0..MaxColors] OF SHORTINT
  END;
```

Jedes Element des Arrays *Colors* entspricht einem Eintrag (Wertebereich -1..15, siehe hierzu auch *SetPalette*) der Farbpalette. Falls für ein Element der Wert -1 angegeben wird, bleibt ein Farb-Eintrag unverändert. Bestehende Graphiken wechseln bei einer Veränderung der Palette sofort die Farben.
Bitte beachten Sie, daß *SetAllPalette* nur mit einer EGA- oder VGA-Graphikkarte wunschgemäß arbeitet. Für alle anderen Graphikkarten (CGA, AT&T ...) ist zur Veränderung der gesamten Farbpalette die in der Unit **Graph3** definierte Prozedur *Palette* zu benutzen.
Die Funktion *GetMaxColor* ermittelt die größtmögliche Farbnummer.

Beispiel
Folgendes Programm verändert die Farben einer Graphik, wobei eine Wirkung nur bei einer EGA- oder VGA-Graphikkarte ersichtlich ist.

```
PROGRAM SetAllPalette_Test;
USES
  Crt,Graph;
VAR
  gr,mo,
  i:INTEGER;
  pal:PaletteType;
BEGIN
  gr:=Detect;
  InitGraph(gr,mo,'');
  FOR i:=0 TO GetMaxX DO BEGIN
    SetColor(Random(Succ(GetMaxColor)));
    Line(i,0,i,GetMaxY)
  END;
  GetPalette(pal);
  REPEAT
    FOR i:=0 TO GetMaxColor DO
      pal.colors[i]:=Random(Succ(GetMaxColor));
    SetAllPalette(pal)
  UNTIL KeyPressed;
  CloseGraph
END.
```

Siehe auch
GetPalette, Palette, SetPalette

SetBkColor

Graphik (nur Version 4.0)

Zweck
Setzt die Hintergrundfarbe des Graphik-Bildschirms.

Struktur

```
PROCEDURE SetBkColor(farbe:WORD);
```

Bemerkung
SetBkColor ist in der Unit **Graph** definiert.
Die Funktionsweise der Prozedur hängt vom verwendeten Graphiktreiber ab.
Bei CGA-,MCGA- und AT&T-Graphikkarten bezeichnet der Parameter *farbe* die Nummer (Wertebereich 0..15) der Farbe, in der der Hintergrund des Graphik-Bildschirmes erscheinen soll. Folgende Konstanten sind hierzu in der Unit **Graph** definiert:

Black	=0; Schwarz
Blue	=1; Blau
Green	=2; Grün
Cyan	=3; Türkis
Red	=4; Rot
Magenta	=5; Lila
Brown	=6; Braun
LightGray	=7; Hellgrau
DarkGray	=8; Dunkelgrau
LightBlue	=9; Hellblau
LightGreen	=10; Hellgrün
LightCyan	=11; Helltürkis
LightRed	=12; Hellrot
LightMagenta	=13; Rosa
Yellow	=14; Gelb
White	=15; Weiß

In einigen Graphik-Modi bleibt der Hintergrund immer schwarz (CGAHi, ATT400Hi ...), in diesen Fällen ist es aber möglich, den gesamten Bildschirm mit der Prozedur *Bar* einzufärben.
Für EGA- und VGA-Karten bezeichnet der Parameter *farbe* den Palette-Eintrag (2 bezeichnet also das 3. Element der Farbpalette).
Der Prozeduraufruf *SetBkColor(0);* wählt immer einen schwarzen Hintergrund, unabhängig davon, welcher Farbe das 1. Element der Farbpalette entspricht.

Siehe auch
GetBkColor, SetColor, SetPalette

SetColor

Graphik (nur Version 4.0)

Zweck
Legt die Zeichenfarbe fest.

Struktur

```
PROCEDURE SetColor(farbe:WORD);
```

Bemerkung
SetColor ist in der Unit **Graph** enthalten.
Mit der Prozedur *SetColor* wird die Zeichen-Farbe aller kommenden Graphik-Routinen bestimmt. Der Parameter *farbe* bezeichnet ein Element der aktuellen Farbpalette (für EGA- und VGA-Graphikkarte siehe hierzu *SetPalette* und *SetAllPalette*, für CGA-Graphikkarte (und kompatible) siehe *Palette*).
Mit der Prozedur *GetMaxColor* kann die Anzahl der zur Verfügung stehenden Farben, mit *GetColor* die aktuell gesetzte Farbe ermittelt werden.

Siehe auch
GetColor, Palette, SetBkColor, SetPalette

SetDate

MS-DOS (nur Version 4.0)

Zweck
Ermöglicht das Setzen des Systemdatums.

Struktur

```
PROCEDURE SetDate(VAR jahr,monat,tag:WORD);
```

Bemerkung
SetDate ist in der Unit **Dos** enthalten.
Die einzelnen Parameter müssen in folgenden Bereichen liegen:

jahr	1980..2099
monat	1..12
tag	1..31

Falls die übergebenen Parameter kein gültiges Datum darstellen, wird das Systemdatum nicht verändert.

Siehe auch
GetDate, GetTime, SetTime

SetFAttr

MS-DOS (nur Version 4.0)

Zweck
Ermöglicht das Setzen eines Dateiattributs.

Struktur

```
PROCEDURE SetFAttr(VAR f; attr:WORD);
```

Bemerkung
SetFAttr ist in der Unit **Dos** enthalten.
Dem Parameter *f* ist eine Datei-Variable beliebigen Typs zu übergeben, der zuvor mit *Assign* ein Dateiname zugeordnet worden ist. Eine Datei muß geschlossen sein, wenn ihr Dateiattribut verändert wird.
attr enthält den Wert des zu verändernden Dateiattributs. Folgende Konstanten sind in der Unit **Dos** deklariert und können im Zusammenhang mit *attr* verwendet werden:

ReadOnly	=$01; Datei kann nur gelesen werden
Hidden	=$02; Versteckte Datei
SysFile	=$04; Systemdatei (MS-DOS-Kern)
VolumeID	=$08; Datenträgername
Directory	=$10; Verzeichnis
Archive	=$20; Archivierungsbit (gewöhnliche Datei)
AnyFile	=$3F; Setzt alle Bits

Durch die Addition der einzelnen Konstanten können mehrere Bits des Attributes verändert werden. Es ist möglich, das Attribut einer Datei beliebig zu verändern, auch wenn die gesetzten Bits keinen Sinn ergeben:

```
SetFAttr(f,ReadOnly+Hidden+VolumeID);
```

Fehler, die während der Ausführung von *SetFAttr* auftreten, können mit der Systemvariablen *DosError* ermittelt werden (mögliche Werte sind: 3 und 5).

Beispiel

```
PROGRAM SetFAttr_Test;
USES
  Dos;
VAR
  f:FILE OF INTEGER;
  i,z:INTEGER;
BEGIN
  Assign(f,'WICHTIG.TS');
  Rewrite(f);
  FOR i:=1 TO 1000 DO BEGIN
    z:=Random(1000);
    Write(f,z)
  END;
  Close(f);
  SetFAttr(f,ReadOnly);
  WriteLn('WICHTIG.TS kann jetzt nicht mehr gelöscht werden.')
END.
```

Siehe auch
GetFAttr, GetFTime, SetFTime

SetFillPattern

Graphik (nur Version 4.0)

Zweck
Definiert ein Muster, das zur Flächenfüllung verwendet wird.

Struktur

```
PROCEDURE SetFillPattern(VAR muster:FillPatternType; farbe:WORD);
```

Bemerkung
SetFillPattern ist in der Unit **Graph** enthalten.
Der Parameter *muster* legt ein Füllmuster fest, das bei den Prozeduren *Bar*, *Bar3D*, *FillPoly*, *FloodFill* und *PieSlice* verwendet werden kann; *farbe* bestimmt die Farbe des Musters (lesen Sie hierzu bitte *SetColor*).
Damit das mit *SetFillPattern* definierte Füllmuster auch wirklich verwendet wird, muß zuerst die Prozedur *SetFillStyle* ausgeführt werden:

```
SetFillStyle(UserFill,farbe);  { UserFill entspricht dem Wert 12 }
```

Der Datentyp *FillPatternType* des Parameters *muster* ist in der Unit **Graph** wie folgt definiert:

```
TYPE
  FillPatternType=ARRAY [1..8] OF BYTE;
```

Jedes Byte des Parameters *muster* entspricht einer horizontalen Linie, jedes Bit der 8x8-Matrix einem Bildpunkt (Pixel). Ein Bildpunkt erscheint genau dann in der angegebenen Zeichenfarbe *farbe*, wenn das entsprechende Bit des Parameters *muster* auf 1 gesetzt ist.
Die Werte eines Musters werden wie folgt ermittelt:

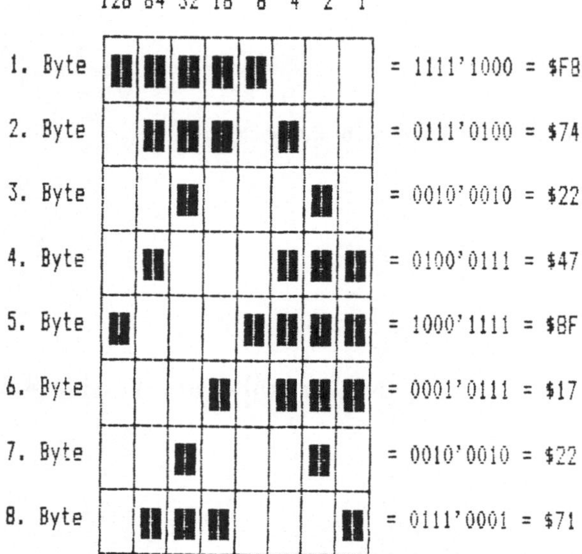

Beispiel
Folgendes Programm definiert vier verschiedene Muster.

```
PROGRAM SetFillPattern_Test;
USES
  Graph;
CONST
  m1:FillPatternType=($77,$89,$8F,$8F,$77,$98,$F8,$F8);
  m2:FillPatternType=($BF,$00,$BF,$BF,$B0,$B0,$B0,$B0);
  m3:FillPatternType=($F8,$74,$22,$47,$8F,$17,$22,$71);
  m4:FillPatternType=($B1,$30,$03,$1B,$B8,$C0,$0C,$8D);
```

```
VAR
  gr,mo,
  mx,my:INTEGER;
BEGIN
  gr:=Detect;
  InitGraph(gr,mo,'');
  mx:=GetMaxX DIV 2;
  my:=GetMaxY DIV 2;
  SetFillStyle(UserFill,GetMaxColor);
  SetFillPattern(m1,GetMaxColor);
  Bar(0,0,mx,my);
  SetFillPattern(m2,GetMaxColor);
  Bar(mx,0,2*mx,my);
  SetFillPattern(m3,GetMaxColor);
  Bar(0,my,mx,2*my);
  SetFillPattern(m4,GetMaxColor);
  Bar(mx,my,2*mx,2*my);
  Write('Ende mit RETURN ...');
  ReadLn;
  CloseGraph
END.
```

Siehe auch
SetFillStyle

SetFillStyle

Graphik (nur Version 4.0)

Zweck
Setzt ein vordefiniertes Füllmuster.

Struktur

```
PROCEDURE SetFillStyle(muster,farbe:WORD);
```

Bemerkung
SetFillStyle ist in der Unit **Graph** enthalten.
Der Parameter *muster* enthält die Nummer eines vordefinierten Füllmusters. Folgende in der Unit **Graph** definierten Konstanten können verwendet werden:

EmptyFill	=0; Hintergrundfarbe
SolidFill	=1; Zeichenfarbe
LineFill	=2; Horizontale Linien

LtSlashFill	=3; Leichtes ///-Muster
SlashFill	=4; Dichtes ///-Muster
BkSlashFill	=5; Dichtes \\\-Muster
LtBkSlashFill	=6; Leichtes \\\-Muster
HatchFill	=7; Leicht schraffiert
XHatchFill	=8; Stark schraffiert
InterleaveFill	=9; Abwechselnde Linien
WideDotFill	=10; Dünne Punktwolke
CloseDotFill	=11; Dichte Punktwolke
UserFill	=12; Benutzerdefiniertes Muster (siehe hierzu *SetFill-Pattern*)

Falls *muster* den Wert 12 (*UserFill*) enthält, kann mit der Prozedur *Set-FillPattern* ein eigenes Muster entworfen werden.
Der Parameter *farbe* legt die Farbe des Füllmusters fest; sein Wert bezieht sich auf die gesetzte Farbpalette (genaueres bei *SetColor*).
Das gesetzte Füllmuster wird von den Prozeduren *Bar*, *Bar3D*, *FillPoly*, *FloodFill* und *PieSlice* verwendet.
Falls *SetFillStyle* nicht verwendet wird, entspricht *SolidFill* dem Füllmuster und der höchste Paletten-Eintrag der Zeichenfarbe. Mit der Prozedur *GetFillSettings* können die aktuell gesetzten Werte ermittelt werden.

Beispiel
Folgendes Programm zeigt alle vordefinierten Muster.

```
PROGRAM SetFillStyle_Test;
USES
  Graph;
VAR
  gr,mo,
  mx,my,
  i,dx:INTEGER;
BEGIN
  gr:=Detect;
  InitGraph(gr,mo,'');
  mx:=GetMaxX;
  my:=GetMaxY;
  dx:=GetMaxX DIV 12;
  FOR i:=0 TO 11 DO BEGIN
    SetFillStyle(i,GetMaxColor);
    Bar3D(i*dx,0,Succ(i)*dx,my,0,TopOff)
  END;
  ReadLn;
  CloseGraph
END.
```

Siehe auch
GetFillSettings, SetFillPattern, SetLineStyle

SetFTime

MS-DOS (nur Version 4.0)

Zweck
Ermöglicht, Datum und Uhrzeit einer Datei zu verändern.

Struktur

```
PROCEDURE SetFTime(VAR f; zeit:LONGINT);
```

Bemerkung
SetFTime ist in der Unit **Dos** enthalten.
Beim Schließen einer Datei wird das aktuelle Datum und die Uhrzeit auf den Datenträger übertragen.
Der Parameter *f* enthält eine Datei-Variable beliebigen Typs und bezeichnet eine offene Disketten-Datei. *zeit* enthält Datum und Zeit in einer kompakten Form (siehe hierzu *PackTime*).
Wenn während der Ausführung von *SetFTime* Fehler auftreten, enthält die Systemvariable *DosError* eine Fehlernummer ungleich null (möglicher Wert: 6).

Beispiel
Dieses Programm setzt das Datum und die Uhrzeit einer Datei neu.

```
PROGRAM SetFTime_Test;
USES
  Dos;
VAR
  f:FILE;
  name:STRING;
  zeit:DateTime;    { dieser Datentyp ist im Unit Dos deklariert }
  z:LONGINT;
BEGIN
  Write('Dateiname: '); ReadLn(name);
  Assign(f,name);
  Reset(f);
  WriteLn('Neues Datum ...');
  WITH zeit DO BEGIN
    Write('Jahr (1980..2099): '); ReadLn(Year);
    Write('     Monat (1..12): '); ReadLn(Month);
    Write('       Tag (1..31): '); ReadLn(Day);
```

```
      Write('   Stunde (0..23): '); ReadLn(Hour);
      Write('   Minute (0..59): '); ReadLn(Min);
      Write('  Sekunde (0..59): '); ReadLn(Sec)
    END;
    PackTime(zeit,z);
    SetFTime(f,z);
    Close(f)
  END.
```

Siehe auch
GetFAttr, GetFTime, SetFAttr

SetGraphBufSize

Graphik (nur Version 4.0)

Zweck
Setzt die Größe des Graphikpuffers.

Struktur

```
PROCEDURE SetGraphBufSize(gross:WORD);
```

Bemerkung
SetGraphBufSize ist in der Unit **Graph** enthalten.
Für das Ausfüllen von Flächen wird ein Puffer verwendet, in dem Eckpunkte von Polygonen abgelegt werden. Standardmäßig ist dieser Puffer 4 KByte groß, was rund 650 Eckpunkten entspricht.
Bitte beachten Sie, daß ein Verändern der Puffergröße vor dem ersten Aufruf von *InitGraph* erfolgen muß.

SetGraphMode

Graphik (nur Version 4.0)

Zweck
Wählt einen Graphik-Modus.

Struktur

```
PROCEDURE SetGraphMode(modus:INTEGER);
```

Bemerkung
SetGraphMode ist in der Unit **Graph** enthalten.

Ein Aufrufen der Prozedur *SetGraphMode* ist nur dann erlaubt, wenn bereits ein Graphik-Treiber mit *InitGraph* installiert worden ist.
SetGraphMode ermöglicht das Umschalten von einem Text- in einen Graphik-Modus, setzt alle Parameter (Zeichenfarbe, Fenstergröße, Graphik-Cursor) auf ihre Standard-Werte zurück und löscht den Bildschirm (*SetGraphMode* ist das Gegenstück der Prozedur *TextMode*).
Falls Sie versuchen, einen Graphik-Modus zu wählen, der für den installierten Graphik-Treiber nicht vorhanden ist, liefert die Funktion *GraphResult* die Fehlernummer -10.
Mit der Prozedur *GetModeRange* kann ermittelt werden, welche Graphik-Modi für einen Graphik-Treiber zulässig sind.
Folgende Konstanten definiert (in der Unit **Graph**), können verwendet werden:

CGAC0	=0; 320x200 Punkte, Farbpalette 0 (Hintergrundfarbe, grün, rot, braun), 1 Seite
CGAC1	=1; 320x200 Punkte, Farbpalette 1 (Hintergrundfarbe, türkis, lila, hellbraun), 1 Seite
CGAC2	=2; 320x200 Punkte, Farbpalette 2 (Hintergrundfarbe, hellgrün, hellrot, gelb), 1 Seite
CGAC3	=3; 320x200 Punkte, Farbpalette 3 (Hintergrundfarbe, helltürkis, rosa, weiß), 1 Seite
CGAHi	=4; 640x200 Punkte, schwarz-weiß, 1 Seite
MCGAC0	=0; 320x200 Punkte (wie CGAC0)
MCGAC1	=1; 320x200 Punkte (wie CGAC1)
MCGAC2	=2; 320x200 Punkte (wie CGAC2)
MCGAC3	=3; 320x200 Punkte (wie CGAC3)
MCGAMed	=4; 640x200 Punkte (wie CGAHi)
MCGAHi	=5; 640x480 Punkte, schwarz-weiß, 1 Seite
EGALo	=0; 640x200 Punkte, 16 beliebige Farben, 4 Seiten
EGAHi	=1; 640x350 Punkte, 16 beliebige Farben, 2 Seiten
EGA64Lo	=0; 640x200 Punkte, 16 beliebige Farben, 1 Seite
EGA64Hi	=1; 640x350 Punkte, 4 beliebige Farben, 1 Seite
EGAMonoHi	=3; 640x350 Punkte, schwarz-weiß, 1 Seite bei 64 KBytes, 4 Seiten bei 256 KBytes
HercMonoHi	=0; 720x348 Punkte, schwarz-weiß, 2 Seiten
ATT400C0	=0; 320x200 Punkte (wie CGAC0)
ATT400C1	=1; 320x200 Punkte (wie CGAC1)
ATT400C2	=2; 320x200 Punkte (wie CGAC2)
ATT400C3	=3; 320x200 Punkte (wie CGAC3)

ATT400Med	=4; 640x200 Punkte (wie CGAHi)
ATT400Hi	=5; 640x400 Punkte, schwarz-weiß, 1 Seite
VGALo	=0; 640x200 Punkte, 16 beliebige Farben, 4 Seiten
VGAMed	=1; 640x350 Punkte, 16 beliebige Farben, 2 Seiten
VGAHi	=2; 640x480 Punkte, 16 beliebige Farben, 1 Seite
PC3270Hi	=0; 720x350 Punkte

Siehe auch
GetModeRange, InitGraph, TextMode

SetHeading

Turtle-Graphik (nur Version 3.0)

Zweck
Läßt die Schildkröte in eine bestimmte Richtung schauen.

Struktur

```
PROCEDURE SetHeading(winkel:INTEGER);
```

Bemerkung
Die Prozedur *SetHeading* ist erst durch das Einbinden der Datei GRAPH.P verfügbar. Die Version 4.0 stellt *SetHeading* in der Unit **Graph3** zur Verfügung, um zur Version 3.0 kompatibel zu bleiben.
SetHeading setzt die Gehrichtung der Schildkröte fest, wobei die Variable *winkel* in Grad anzugeben ist.
Ist *winkel* gleich 0, schaut die Schildkröte aufwärts. Ein zunehmender Winkel entspricht einer Drehung im Uhrzeigersinn.
Liegt *winkel* nicht im Bereich 0..359, wird er durch Subtraktion von 360 Grad in einen Wert innerhalb dieses Bereiches umgewandelt.
Die vordefinierten Konstanten *North*, *East*, *South* und *West* entsprechen den Werten 0, 90, 180 und 270.

Beispiel

```
SetHeading(0);
SetHeading(360);
SetHeading(North);        { Schildkröte schaut nach oben.    }
```

```
SetHeading(West);         { Schildkröte schaut nach links.   }

SetHeading(135);          { Schildkröte schaut nach Süd-Ost. }
```

Siehe auch
Heading, TurnLeft, TurnRight

SetIntVec

MS-DOS (nur Version 4.0)

Zweck
Setzt die Adresse einer Interrupt-Routine.

Struktur

```
PROCEDURE SetIntVec(nr:BYTE; adresse:POINTER);
```

Bemerkung
SetIntVec ist in der Unit **Dos** enthalten.
Interrupt-Vektoren (Adressen von Interrupt-Routinen) können bei maschinennaher Programmierung von wesentlicher Bedeutung sein. Ein Interrupt wird beispielsweise immer dann ausgelöst, wenn eine Taste der Tastatur gedrückt wird oder ein Programm eine Zahl durch null dividiert. In solchen Fällen wird vom System eine besondere Routine angesprungen, die bestimmte Aufgaben zu erfüllen hat. Die Speicheradresse einer solchen Routine wird Interrupt-Vektor genannt und befindet sich irgendwo am Anfang des Arbeitsspeichers.
Mit *SetIntVec* wird es möglich, einen Interrupt-Vektor so zu verändern, daß bei einem Interrupt eine selbst geschriebene Prozedur ausgeführt wird (ein Interrupt-Vektor wird "verbogen"). Jedoch muß hier darauf geachtet werden, daß der Original-Vektor gesichert (mit *GetIntVec*) und am Ende des Programmes wieder zurückgeschrieben wird.

Beispiel
Im folgenden Programm wollen wir für den Interrupt $1C eine neue Routine schreiben. Dieser Interrupt wird 18.2 Mal jede Sekunde vom Interrupt $08 (interne Uhr) aufgerufen und ist für den freien Gebrauch gedacht.
Unsere Routine *musik* spielt selbständig eine Melodie, während das Hauptprogramm Primzahlen berechnet.

```
PROGRAM SetIntVec_Test;
USES
  Dos,Crt;
```

```
CONST
  ton:ARRAY [1..10,1..2] OF INTEGER=
    ((440,10),(880,10),(0,10),(440,5),(554,5),
    (659,5),(784,5),(988,10),(880,10),(0,20));

{$F+}
  PROCEDURE musik; INTERRUPT;
  CONST
    d:INTEGER=0;
    i:INTEGER=0;
  BEGIN
    IF d=0 THEN BEGIN
      Inc(i);
      IF i>10 THEN i:=1;
      IF ton[i,1]=0 THEN
        NoSound
      ELSE
        Sound(ton[i,1]);
      d:=ton[i,2]
    END;
    IF d=1 THEN NoSound;
    Dec(d)
  END;
{$F-}

  FUNCTION prim(zahl:LONGINT):BOOLEAN;
  VAR
    wurzel,teiler:LONGINT;
  BEGIN
    teiler:=3;
    wurzel:=Round(Sqrt(zahl));
    prim:=TRUE;
    REPEAT
      IF zahl MOD teiler=0 THEN BEGIN
        prim:=FALSE;
        Exit
      END;
      Inc(teiler,2)
    UNTIL teiler>wurzel
  END;

VAR
  original:POINTER;
  zahl:LONGINT;
```

```
BEGIN
  GetIntVec($1C,original);
  SetIntVec($1C,Addr(musik));
  zahl:=5;
  REPEAT
    IF prim(zahl) THEN
      Write(zahl:10);
    Inc(zahl,2)
  UNTIL KeyPressed;
  SetIntVec($1C,original);
  NoSound
END.
```

Siehe auch
INTERRUPT, GetIntVec, Keep

SetLineStyle

Graphik (nur Version 4.0)

Zweck
Ermöglicht das Setzten der Linienart und -dicke.

Struktur

```
PROCEDURE SetLineStyle(linienart,muster,dicke:WORD);
```

Bemerkung
SetLineStyle ist in der Unit **Graph** enthalten.
Der Parameter *linienart* legt das Aussehen einer zu zeichnenden Linie fest. Folgende Werte sind in der Unit **Graph** definiert:

SolidLn	=0; Durchgezogene Linie
DottedLn	=1; Gepunktete Linie
CenterLn	=2; Punkt-Strich-Punkt-Linie
DashedLn	=3; Gestrichelte Linie
UserBitLn	=4; Benutzerdefinierte Linie

Falls *linienart* den Wert 4 (*UserBitLn*) enthält, wird das Bitmuster des Parameters *muster* zum Zeichnen von Linien verwendet, andernfalls wird dieser Parameter nicht beachtet.
Der Parameter *dicke* legt die Zeichendicke fest. Folgende Konstanten sind hierzu in der Unit **Graph** deklariert:

NormWidth =1; Normale Zeichendicke
ThickWidth =3; Breite Linie

Die Farbe einer Linie kann mit der Prozedur *SetColor* gesetzt werden. Die durch *SetLineStyle* gesetzte Linienart wird von allen Graphikroutinen verwendet (z.B. *Circle*, *DrawPoly*).

Beispiel
Folgendes Programm zeichnet Linien mit verschiedenen Bitmustern.

```
PROGRAM SetLineStyle_Test;
USES
  Graph;
VAR
  gr,mo,
  mx,my:INTEGER;
  m:WORD;
BEGIN
  gr:=Detect;
  InitGraph(gr,mo,'');
  mx:=GetMaxX;
  my:=GetMaxY;
  FOR m:=0 TO mx DO BEGIN
    SetLineStyle(UserBitLn,m,NormWidth);
    Line(m,0,m,my)
  END;
  ReadLn;
  CloseGraph
END.
```

Siehe auch
GetLineSettings

SetPalette

Graphik (nur Version 4.0)

Zweck
Ermöglicht das Ändern eines Paletten-Eintrages.

Struktur

```
PROCEDURE SetPalette(nr:WORD; farbe:SHORTINT);
```

Bemerkung
SetPalette ist in der Unit **Graph** enthalten.
Die aktuell gesetzten Farben einer Farbpalette können mit der Prozedur *GetPalette* ermittelt werden. *SetPalette* ersetzt den Paletteneintrag *nr* durch die neue Farbe *farbe* und läßt Graphiken, falls sie mit der entsprechenden Farbe gezeichnet worden sind, in der neu bestimmten Farbenpracht erscheinen.
Folgende Konstanten sind in der Unit **Graph** definiert und können verwendet werden:

Black	=0; Schwarz
Blue	=1; Blau
Green	=2; Grün
Cyan	=3; Türkis
Red	=4; Rot
Magenta	=5; Lila
Brown	=6; Braun
LightGray	=7; Hellgrau
DarkGray	=8; Dunkelgrau
LightBlue	=9; Hellblau
LightGreen	=10; Hellgrün
LightCyan	=11; Helltürkis
LightRed	=12; Hellrot
LightMagenta	=13; Rosa
Yellow	=14; Gelb
White	=15; Weiß

Bitte beachten Sie, daß *SetPalette* nur bei einer EGA- oder VGA-Graphikkarte die oben beschriebene Wirkung zeigt; um bei den anderen Graphikkarten (CGA, MCGA, AT&T ...) die gesamte Farbpalette zu verändern, verwenden Sie bitte die in der Unit **Graph3** definierte Prozedur *Palette*.
Mit der Funktion *GetMaxColor* kann die höchste Farbnummer des installierten Graphik-Treibers ermittelt werden.

Siehe auch
GetMaxColor, GetPalette, SetColor, SetBkColor, SetAllPalette

SetPenColor

Turtle-Graphik (nur Version 3.0)

Zweck
Bestimmt die Zeichenfarbe der Schildkröte.

Struktur

```
PROCEDURE SetPenColor(farbe:INTEGER);
```

Bemerkung

Die Prozedur *SetPenColor* ist erst durch das Einbinden der Datei GRAPH.P verfügbar. Die Version 4.0 stellt *SetPenColor* in der Unit **Graph3** zur Verfügung, um zur Version 3.0 kompatibel zu bleiben.
Wählt die Farbe, die gezeichnet wird, wenn sich die Schildkröte bewegt.
Im GraphColorMode liegt der Wert der Variablen *farbe* im Bereich 0..3.
Wird für *farbe* 1 angegeben, wird die Übersetzungstafel (siehe Prozedur *ColorTable*) verwendet.
Die Farbe, die gezeichnet wird, ist abhängig von der aktuellen Farbpalette (siehe Prozedur *Palette*).
Im Graphikmodus *HiRes* liegt der Wert der Variablen *farbe* im Bereich 0..1. Die Zeichenfarbe ist hier abhängig von der Prozedur *HiresColor*.

Beispiel

```
GraphColorMode;
Palette(0);
SetPenColor(3);                    { wählt braune Farbe    }
SetPenColor(1);                    { wählt grüne Farbe     }
Palette(1);
SetPenColor(3);                    { wählt helles Grau     }
SetPenColor(1);                    { wählt Türkis          }

Hires;
HiresColor(Red);
SetPenColor(1);                    { wählt rote Farbe      }
SetPenColor(0);                    { wählt schwarze Farbe }
```

Siehe auch

ColorTable, HiresColor, Palette

SetPosition

Turtle-Graphik (nur Version 3.0)

Zweck

Setzt die Schildkröte an einen bestimmten Punkt.

Struktur

```
PROCEDURE SetPosition(x,y:INTEGER);
```

Bemerkung
Die Prozedur *SetPosition* ist erst durch das Einbinden der Datei GRAPH.P verfügbar. Die Version 4.0 stellt *SetPosition* in der Unit **Graph3** zur Verfügung, um zur Version 3.0 kompatibel zu bleiben.
Die Schildkröte wird mit *SetPosition* (ohne eine Linie zu ziehen) an den Punkt *(x,y)* gesetzt.
Der Koordinatenbereich des Bildschirmes ist:

```
320x200 Modus: x=-159..0..160, y=-99..0..100
640x200 Modus: x=-319..0..320, y=-99..0..100
```

Wurde die Prozedur *Wrap* ausgeführt, befindet sich die Schildkröte auch dann im aktuellen Fenster, wenn mit *SetPosition* ein Punkt außerhalb des aktuellen Fensters angegeben worden ist.

Beispiel

```
GraphColorMode;
Palette(0);
SetPosition(-159,-99);        { obere linke Bildschirmecke   }
SetPosition(160,100);         { untere rechte Bildschirmecke }

Hires;
HiresColor(11);
SetPosition(-319,-99);        { obere linke Bildschirmecke   }
SetPosition(320,100);         { untere rechte Bildschirmecke }
```

Siehe auch
SetPosition, Xcor, Ycor

SetTextBuf

Text-Datei (nur Version 4.0)

Zweck
Richtet für eine Textdatei-Variable einen Puffer ein.

Struktur

```
PROCEDURE SetTextBuf(VAR f:TEXT; VAR puffer);
PROCEDURE SetTextBuf(VAR f:TEXT; VAR puffer; groesse:WORD);
```

Bemerkung
Jeder Textdatei wird standardmäßig ein Puffer von 128 Bytes zugeordnet. Dieser dient zur Zwischenspeicherung der Daten, die auf die Dis-

kette/Festplatte geschrieben oder von der Diskette/Festplatte gelesen werden sollen. Falls diese Puffergröße nicht ausreicht (z.B. bei Kopierprogrammen), kann mit der Prozedur *SetTextBuf* einer Dateivariablen (*f*) ein Puffer (*puffer*) zugeordnet werden. Der optionale Parameter *groesse* gibt an, wieviele Bytes des Puffers verwendet werden sollen. Wenn Sie *groesse* weggelassen, wird der gesamte Puffer mit Daten belegt. Es ist immer dann ein Wert für *groesse* anzugeben, wenn der Datentyp der Puffervariablen keinen Aufschluß über die Puffergröße gibt:

```
VAR
  p:POINTER;
  groesse:INTEGER;
  t:TEXT;
BEGIN
  groesse:=$1000;
  Assign(t,'TEST.TXT');
  GetMem(p,groesse);        { Hier kann die Speichergröße nicht ... }
  SetTextBuf(t,p^,groesse); { ... automatisch berechnet werden      }
```

Ein Datenpuffer bleibt für eine Dateivariable nur solange bestehen, bis ihr mit der Prozedur *Assign* ein neuer Dateiname zugeordnet wird.
Wenn für eine offene Datei ein Puffer eingerichtet wird, besteht die Möglichkeit, Daten zu verlieren, da die sich im Standard-Puffer befindenden Daten nicht automatisch in den neuen Puffer kopiert werden.
Ein Datenpuffer für Textdateien muß in einem Programm immer global deklariert sein, da sonst die Gefahr besteht, daß er nicht in allen Programmteilen definiert ist. Folgende Prozedur legt zwar einen Textdatei-Puffer von 1 kB an, er ist jedoch außerhalb der Prozedur nicht mehr definiert:

```
PROCEDURE puffer(VAR f:TEXT);
VAR
  puf:ARRAY [1..1024] OF CHAR;
BEGIN
  SetTextBuf(f,puf)  { nur innerhalb der Prozedur <puffer> definiert }
END;
```

Die Prozedur *Flush* schreibt den Inhalt eines Datenpuffers auf die Diskette/Festplatte; falls die Prozedur *Close* noch Daten im Puffer findet, werden diese automatisch in die entsprechende Textdatei geschrieben.

Beispiel
Folgendes Programm kopiert eine Textdatei und verwendet dabei zwei Puffer, die auf dem Heap angelegt werden.

```
PROGRAM SetTextBuf_Test;
VAR
  pq,pz:POINTER;
  q,z:TEXT;
  quelle,ziel,daten:STRING;
  size:INTEGER;
BEGIN
  Write('Größe des Puffers: ');
  ReadLn(size);
  GetMem(pq,size);
  GetMem(pz,size);
  Write('Name der Quelldatei: ');
  ReadLn(quelle);
  Write(' Name der Zieldatei: ');
  ReadLn(ziel);
  Assign(q,quelle);
  SetTextBuf(q,pq^,size);
  Reset(q);
  Assign(z,ziel);
  SetTextBuf(z,pz^,size);
  Rewrite(z);
  WHILE NOT Eof(q) DO BEGIN
    ReadLn(q,daten);
    WriteLn(z,daten)
  END;
  Close(q);
  Close(z);
  FreeMem(pq,size);  { Diese beiden Zeilen geben ... }
  FreeMem(pz,size)   { ... den Heap wieder frei.     }
END.
```

Siehe auch
FILE, TEXT

SetTextJustify

Graphik (nur Version 4.0)

Zweck
Legt fest, wie ein auszugebender Text im Graphikmodus auszurichten ist.

Struktur

```
PROCEDURE SetTextJustify(horizontal,vertikal:WORD);
```

Bemerkung
SetTextJustify ist in der Unit **Graph** definiert.
Ein Text, der im Graphik-Modus mit einer der Prozeduren *OutText* oder *OutTextXY* ausgegeben wird, kann links-, rechtsbündig oder zentriert (bezüglich der aktuellen Position des Graphik-Cursors) ausgegeben werden. Der Wert des Parameters *horizontal* (*vertikal*) bestimmt die Formatierung in horizontaler (vertikaler) Schreibrichtung, Die Schreibrichtung selbst wird mit der Prozedur *SetTextStyle* festgelegt.
Folgende Konstanten sind für den Parameter *horizontal* in der Unit **Graph** deklariert:

LeftText	=0; Der Text wird ab der Position des Graphik-Cursors ausgegeben.
CenterText	=1; Ein Text wird so ausgegeben, daß seine Mitte auf die Position des Graphik-Cursors zu liegen kommt.
RightText	=2; Das Ende eines Textes liegt auf der Position des Graphik-Cursors.

Die folgenden, in der Unit **Graph** definierten Konstanten können dem Parameter *vertikal* übergeben werden:

BottomText	=0; Der ausgegebene Text liegt oberhalb der Position des Graphik-Cursors.
CenterText	=1; Der Graphik-Cursor liegt in der Mitte eines Textes.
TopText	=2; Der ausgegebene Text liegt unterhalb der Position des Graphik-Cursors.

Siehe auch
GetTextSettings, OutText, SetTextStyle

SetTextStyle

Graphik (nur Version 4.0)

Zweck
Legt den Zeichensatz, die Schreibrichtung und die Zeichengröße fest.

Struktur

```
PROCEDURE SetTextStyle(zeichensatz,richtung,groesse:WORD);
```

Bemerkung
SetTextStyle ist in der Unit **Graph** enthalten.

Zur Zeit verfügt Turbo Pascal 4.0 über fünf Zeichensätze, die im Graphik-Modus mit den beiden Prozeduren *OutText* und *OutTextXY* verwendet werden können. Einer davon steht immer zur Verfügung und wird aus 8x8 Punkten gebildet, die anderen vier sind Vektorzeichensätze, die auch bei einer Vergrößerung ein gutes Schriftbild ermöglichen. Sie befinden sich als .CHR-Dateien auf einer der Systemdisketten und werden bei Bedarf in den Speicher (Heap) geladen. Mit *RegisterBGIfont* besteht die Möglichkeit, die Vektorzeichensätze direkt in ein Programm einzubinden, so daß ein Nachladen von der Diskette/Festplatte wegfällt.
Folgende Konstanten sind in der Unit **Graph** definiert und können dem Parameter *zeichensatz* übergeben werden:

DefaultFont	=0; 8x8-Raster, kann immer verwendet werden und wird nie von der Diskette/Festplatte in den Speicher geladen.
TriplexFont	=1; Vektorzeichensatz, Schriftart "Triplex", als Datei TRIP.CHR vorhanden.
SmallFont	=2; Vektorzeichensatz mit kleinen Zeichen, als Datei LITT.CHR vorhanden.
SansSerifFont	=3; Vektorzeichensatz, Schriftart "Sans Serif", als Datei SANS.CHR vorhanden.
GothicFont	=4; Vektorzeichensatz, Schriftart "Gothic", als Datei GOTH.CHR vorhanden.

Mit dem Parameter *richtung* kann die Schreibrichtung festgelegt werden. Hierzu sind zwei Konstanten in der Unit **Graph** deklariert:

HorizDir	=0; Horizontale Schreibrichtung (von links nach rechts), entspricht der Standardeinstellung.
VertDir	=1; Vertikale Schreibrichtung (von unten nach oben).

groesse schließlich ermöglicht das Verändern der Schriftgröße und kann im Bereich 0..10 liegen. Falls *groesse* den Wert 0 (vordefinierte Konstante *UserCharSize*) erhält, läßt sich mit der Prozedur *SetUserCharSize* die Zeichenbreite und -höhe unabhängig voneinander verändern.
Fehler, die während der Prozedur *SetTextStyle* auftreten, können mit der Funktion *GraphResult* ermittelt werden. Hierzu sind folgende Konstanten in der Unit **Graph** definiert:

grFontNotFound	=-8; Zeichensatz-Datei (*.CHR) nicht gefunden
grNoFontMem	=-9; Nicht genug Speicherplatz für Zeichensatz
grIOError	=-12; I/O-Fehler beim Laden der Datei
grInvalidFont	=-13; Zeichensatz-Datei zerstört oder ungültig
grInvalidFontNum	=-14; Zeichensatz-Nummer unbekannt

Siehe auch
GetTextSettings, OutText, RegisterBGIfont, SetTextJustify, SetUserCharSize

SetTime

MS-DOS (nur Version 4.0)

Zweck
Ermöglicht das Setzen der Systemzeit.

Struktur

```
PROCEDURE SetTime(VAR std,min,sek,sek100:WORD);
```

Bemerkung
SetTime ist in der Unit **Dos** enthalten.
Die einzelnen Parameter müssen in folgenden Bereichen liegen:

std	0..23
min	0..59
sek	0..59
sek100	0..99

Falls sich aus den übergebenen Parameter keine gültige Zeit bilden läßt, wird die Systemzeit nicht verändert.

Siehe auch
GetDate, GetTime, SetDate

SetUserCharSize

Graphik (nur Version 4.0)

Zweck
Ermöglicht beliebige Schriftgrößen.

Struktur

```
PROCEDURE SetUserCharSize(mx,dx,my,dy:WORD);
```

Bemerkung
SetUserCharSize ist in der Unit **Graph** enthalten.
Mit *SetUserCharSize* können die einzelnen Maße eines Zeichens in X- und Y-Richtung verändert werden.

Die Veränderung in X-Richtung ergibt sich aus *mx/dx*, diejenige in Y-Richtung aus *my/dy*. Der Aufruf *SetUserCharSize(2,1,3,2);* vergrößert ein Zeichen in X-Richtung um 2, in Y-Richtung um 1.5.
Damit die mit *SetUserCharSize* gesetzte Zeichengröße verwendet wird, muß bei der Prozedur *SetTextStyle* die Größe 0 (entspricht der definierten Konstanten *UserCharSize*) übergeben werden:

```
SetUserCharSize(2,1,13,2);
SetTextStyle(TriplexFont,HorizDir,UserCharSize);
OutText('Leicht verzogen');
```

Siehe auch
OutText, OutTextXY, SetTextStyle

SetViewPort

Graphik (nur Version 4.0)

Zweck
Definiert einen Teil des Bildschirmes als Graphik-Fenster.

Struktur

```
PROCEDURE SetViewPort(x1,y1,x2,y2:INTEGER; clip:BOOLEAN);
```

Bemerkung
SetViewPort ist in der Unit **Graph** enthalten.
(x1,y1) legen die linke obere, *(x2,y2)* die rechte untere Ecke des Graphik-Fensters fest. Das voreingestellte Fenster entspricht der gesamten Bildschirmgröße und ist wie folgt festgelegt:

```
SetViewPort(0,0,GetMaxX,GetMaxY,TRUE);
```

Graphiken, die über die Grenzen des aktuellen Fensters hinausgehen, werden nur dann abgeschnitten, wenn dem Parameter *clip* bei der Festlegung des Graphik-Fensters der Wert TRUE übergeben worden ist. Die folgenden Konstanten (definiert in der Unit **Graph**) können hierfür verwendet werden:

ClipOn	=TRUE; Graphiken werden an den Fensterrändern abgeschnitten.
ClipOff	=FALSE; Graphiken werden nicht abgeschnitten.

Mit Hilfe der Prozedur *SetViewPort* kann der Ursprung des Koordinatensystems ohne Schwierigkeiten in die Mitte des Bildschirmes gelegt werden:

```
SetViewPort(GetMaxX DIV 2,GetMaxY DIV 2,GetMaxX,GetMaxY,ClipOff);
```

Da hier Graphiken am Rande des Fensters nicht abgeschnitten werden, steht der gesamte Bildschirm zur Verfügung.
SetViewPort speichert den Bildschirmausschnitt, der vom neuen Graphikfenster verdeckt wird, nicht selbständig ab. Dieser kann bei Bedarf mit der Prozedur *GetImage* gesichert werden.

Beispiel
Folgendes Programm füllt den Bildschirm mit einem Muster, definiert schließlich ein Graphikfenster und speichert den verdeckten Bildschirmausschnitt auf dem Heap ab.

```
PROGRAM SetViewPort_Test;
USES
  Graph;
VAR
  gr,mo:INTEGER;
  gross,i:WORD;
  p:POINTER;
BEGIN
  gr:=Detect;
  InitGraph(gr,mo,'');
  SetFillStyle(WideDotFill,1);
  Bar3D(0,0,GetMaxX,GetMaxY,0,TopOff);
  gross:=ImageSize(20,20,120,120);
  GetMem(p,gross);
  GetImage(20,20,120,120,p^);
  SetViewPort(20,20,120,120,ClipOn);
  ClearViewPort;
  Randomize;
  FOR i:=1 TO 200 DO
    LineTo(Random(100),Random(100));
  OutTextXY(0,0,'Weiter mit <RETURN> ...');
  ReadLn;
  SetViewPort(0,0,GetMaxX,GetMaxY,ClipOn);
  PutImage(20,20,p^,NormalPut);
  FreeMem(p,gross);
  OutTextXY(0,0,'Ende mit <RETURN> ...');
  ReadLn;
```

```
  CloseGraph
END.
```

Siehe auch
ClearDevice, ClearViewPort, GetViewSettings

SetVisualPage

Graphik (nur Version 4.0)

Zweck
Zeigt eine von mehreren Graphikseiten.

Struktur

```
PROCEDURE SetVisualPage(seite:WORD);
```

Bemerkung
SetVisualPage ist in der Unit **Graph** enthalten.
Einige Graphikkarten (EGA, VGA und Hercules) stellen mehrere Graphikseiten zur Verfügung; jede entspricht einem gesamten Bildschirm. Mit der Prozedur *SetVisualPage* läßt sich festlegen, welche dieser Seiten angezeigt werden soll.
Bitte beachten Sie, daß der ersten Bildschirmseite die Nummer 0 entspricht.
Die Prozedur *SetActivePage* teilt dem System mit, auf welcher Seite die einzelnen Graphik-Routinen zeichnen sollen. So ist es möglich, Graphiken im Hintergrund entstehen und sie dann auf einen Schlag anzeigen zu lassen.

Beispiel
Folgendes Programm verwendet zwei Graphikseiten, die auf Tastendruck abwechselnd angezeigt werden.
Bitte beachten Sie, daß dieses Programm nur mit einer EGA-, VGA- oder Hercules-Graphikkarte den erwünschten Effekt zeigt.
Das Programm kann mit <ESC> abgebrochen werden.

```
PROGRAM SetVisualPage_Test;
USES
  Crt,Graph;
VAR
  gr,mo,
  i,mx,my:INTEGER;
  ch:CHAR;
```

```
BEGIN
  gr:=Detect;
  InitGraph(gr,mo,'');
  mx:=GetMaxX;
  my:=GetMaxY;
  SetVisualPage(0);
  SetActivePage(0);
  FOR i:=1 TO 10 DO
    Circle(mx DIV 2,my DIV 2,i*4);
  SetActivePage(1);
  FOR i:=1 TO 10 DO
    Rectangle(i*4,i*4,mx-i*4,my-i*4);
  i:=0;
  REPEAT
    ch:=ReadKey;
    Inc(i);
    IF i>1 THEN i:=0;
    SetVisualPage(i)
  UNTIL ch=#27;
  CloseGraph
END.
```

Siehe auch
SetActivePage

SHL

Operator

Zweck
Verschiebt das Bitmuster eines Integer-Wertes nach links.

Bemerkung
i1 SHL *i2* verschiebt das Bitmuster der Zahl *i1* um *i2* Stellen nach links. Die Bits, die links hinausfallen, gehen verloren. Bits, die rechts dazukommen, werden auf Null gesetzt.
Das Verschieben um eine Stelle nach links entspricht einer Multiplikation mit 2 (i SHL 1 ist bedeutend schneller als i*2).

Typ der Operanden <i1> und <i2>	Ergebnistyp	
BYTE	BYTE	
INTEGER	INTEGER	
SHORTINT	SHORTINT	(nur 4.0)
WORD	WORD	(nur 4.0)
LONGINT	LONGINT	(nur 4.0)

Beispiel

```
1 SHL 2 = 4
3 SHL 1 = 6
```

Siehe auch
SHR

SHR

Operator

Zweck
Verschiebt das Bitmuster eines Integer-Wertes nach rechts.

Bemerkung
i1 SHR *i2* verschiebt das Bitmuster der Zahl *i1* um *i2* Stellen nach rechts. Die Bits, die rechts hinausfallen, gehen verloren. Bits, die links dazukommen, werden auf Null gesetzt.
Das Verschieben um eine Stelle nach rechts entspricht einer Division durch 2 (i SHR 1 ist bedeutend schneller als i DIV 2).

Typ der Operanden <i1> und <i2>	Ergebnistyp	
BYTE	BYTE	
INTEGER	INTEGER	
SHORTINT	SHORTINT	(nur 4.0)
WORD	WORD	(nur 4.0)
LONGINT	LONGINT	(nur 4.0)

Beispiel

```
8 SHR 2  = 2
23 SHR 3 = 2
```

Siehe auch
SHL

SHORTINT

Datentyp (nur Version 4.0)

Zweck
Datentyp, der einen Bereich von -128..127 zuläßt.

Bemerkung
Ein Datentyp definiert die Beschaffenheit der Werte, die eine Variable annehmen kann. Dieser kann in einem Programm nur ein einziger Datentyp zugeordnet werden.
Der Datentyp SHORTINT stellt einen Teilbereich des Typs INTEGER dar. Aus diesem Grund sind beide Typen zuweisungskompatibel:

```
VAR
  b:BYTE;
  s:SHORTINT;
  i:INTEGER;
  w:WORD;
  l:LONGINT;
  r:REAL;
BEGIN
  b:=255;
  s:=b;

  s:=-127;
  b:=s;

  i:=12345;
  b:=i; s:=i;

  i:=-12345;
  b:=i; s:=i; w:=i;

  l:=123456;
  w:=l; i:=l; b:=l; s:=l;
```

```
    r:=123;
    l:=Trunc(r); i:=Trunc(r); w:=Trunc(r);
    r:=l; r:=i; r:=w;
  END.
```

Falls eine Variable des Typs SHORTINT einem Variablenparameter übergeben wird, der nicht selbst vom Typ SHORTINT ist, wird ein Fehler bei der Compilation ausgegeben:

```
  VAR
    s:SHORTINT;

    PROCEDURE ja(n:INTEGER);
    BEGIN
    END;

    PROCEDURE nein(VAR n:INTEGER);
    BEGIN
    END;

  BEGIN
    ja(s);    { Kein Fehler }
    nein(s);  { Fehler!     }
```

Siehe auch

BOOLEAN, CHAR, INTEGER, REAL, STRING, TYPE, WORD

ShowTurtle

Turtle-Graphik (nur Version 3.0)

Zweck

Zeigt die Schildkröte am Bildschirm an.

Struktur

```
  PROCEDURE ShowTurtle;
```

Bemerkung

Die Prozedur *ShowTurtle* ist erst durch das Einbinden der Datei GRAPH.P verfügbar. Die Version 4.0 stellt *ShowTurtle* in der Unit **Graph3** zur Verfügung, um zur Version 3.0 kompatibel zu bleiben.
Zu Beginn ist die Schildkröte nicht sichtbar. Mit *ShowTurtle* kann die Schildkröte als kleines Dreieck am Bildschirm angezeigt werden.

Siehe auch
HideTurtle

Sin

Arithmetik

Zweck
Errechnet den Sinus.

Struktur

```
FUNCTION Sin(r:REAL):REAL;
```

Bemerkung
Das Argument ist im Bogenmaß anzugeben.

```
Bogenmaß       = Grad*Pi/180
ArcusSinus(x) = ArcTan(x/Sqrt(1-Sqr(x))
```

Siehe auch
ArcTan, Cos, Exp, Ln, Sqr, Sqrt

SINGLE

Datentyp (nur Version 4.0)

Zweck
Datentyp, die Bereiche 1.5e-45 bis 3.4e38 und -1.5e-45 bis 3.4e38 zuläßt.

Bemerkung
Ein Datentyp definiert die Beschaffenheit der Werte, die eine Variable annehmen kann. Dieser kann in einem Programm nur ein einziger Datentyp zugeordnet werden.
Der Datentyp SINGLE ist nur bei vorhandenem mathematischen Coprozessor verfügbar (siehe Compiler-Befehl **N** im Anhang D.2).
SINGLE ist ein reeller Datentyp mit einer Genauigkeit von 7 bis 8 signifikanten Dezimalstellen; eine Variable diesen Typs belegt 4 Bytes Speicher.
Folgende Regeln sind beim Typ SINGLE zu beachten:

a) Die Funktionen *Pred* und *Succ* sowie die Prozeduren *Dec* und *Inc* sind nicht erlaubt.
b) Der Datentyp SINGLE kann nicht als Kontrollvariable in den Anweisungen FOR oder CASE verwendet werden.

c) Der Datentyp SINGLE darf nicht als Index eines Arrays verwendet werden.
d) Teilbereiche des Typs SINGLE sind nicht erlaubt.

Siehe auch
COMP, DOUBLE, EXTENDED, REAL

SizeOf

System

Zweck
Ermittelt den Speicherbedarf einer Variablen oder eines Typs.

Struktur

```
FUNCTION SizeOf(variable):INTEGER;  { nur 3.0 }
FUNCTION SizeOf(datentyp):INTEGER;  { nur 3.0 }
FUNCTION SizeOf(variable):WORD;     { nur 4.0 }
FUNCTION SizeOf(datentyp):WORD;     { nur 4.0 }
```

Bemerkung
Die Funktion *SizeOf* übergibt die Anzahl Bytes, die eine Variable oder ein Typ im Speicher beansprucht.

Beispiel

```
PROGRAM SizeOf_Test;
TYPE
  tier=(maus,katze,hund);
  karte=RECORD
    name:STRING[20];
    nr:INTEGER
  END;
VAR
  c:CHAR;
  r:REAL;
  s:SET OF CHAR;
BEGIN
  WriteLn('Werte von SizeOf');
  WriteLn('für <tier> : ',SizeOf(tier));       { ergibt 1  }
  WriteLn('für <karte>: ',SizeOf(karte));      { ergibt 23 }
  WriteLn('für <c>    : ',SizeOf(c));          { ergibt 1  }
  WriteLn('für <char> : ',SizeOf(CHAR));       { ergibt 1  }
  WriteLn('für <r>    : ',SizeOf(r));          { ergibt 6  }
```

```
  WriteLn('für <s>    : ',SizeOf(s))          { ergibt 32 }
END.
```

Siehe auch
FillChar, Move

Sound

Zweck
Erzeugt einen Ton in angegebener Höhe.

Struktur

```
PROCEDURE Sound(hoehe:INTEGER);  { nur 3.0 }
PROCEDURE Sound(hoehe:WORD);     { nur 4.0 }
```

Bemerkung
Die Prozedur *Sound* erzeugt einen Ton von unbeschränkter Dauer.
Das Argument *hoehe* gibt die Tonhöhe in Hertz (Hz) an. 440 Hz entspricht dem Kammerton a.
Die Prozedur *Sound* wird zusammen mit den Prozeduren *NoSound* und *Delay* verwendet. *NoSound* schaltet den Tongenerator aus.

Version 4.0: *Sound* ist in der Unit **Crt** enthalten.

Beispiel

```
PROGRAM Sound_Test;
USES          { für 3.0: Diese beiden Zeilen ... }
  Crt;        { ... ersatzlos streichen.         }
VAR
  r:REAL;
BEGIN
  r:=100;
  REPEAT
    Sound(Trunc(r));
    Delay(10);
    r:=r*1.1
  UNTIL r>20000;
  NoSound
END.
```

Siehe auch
Delay, NoSound

SPtr

System (nur Version 4.0)

Zweck
Ermittelt den Offset der Stack-Spitze.

Struktur

```
FUNCTION SPtr:WORD;
```

Bemerkung
Auf dem Stack befinden sind lokale Variablen und Zwischen-Ergebnisse von rekursiven Prozeduren und Funktionen.
SPtr ermittelt die Offset-Adresse der Stack-Spitze (entspricht dem CPU-Register SP).
Turbo Pascal definiert beim Programmstart eine fixe Stackgröße, die mit dem Compiler-Befehl M (siehe Anhang D.2) verändert werden kann.
Die Funktion *SSeg* stellt das Segment des Stacks zur Verfügung.

Siehe auch
SSeg

Sqr

Arithmetik

Zweck
Berechnet das Quadrat einer Zahl.

Struktur

```
FUNCTION Sqr(x:typ):wie_argument;
```

Bemerkung
Sqr(x) entspricht $x*x$.

y^x = Exp(x*Ln(y))

Beispiel

```
Sqr(-4)   = 16
Sqr(1.25) = 1.5625
```

Siehe auch
ArcTan, Cos, Exp, Ln, Sin, Sqrt

Sqrt

Arithmetik

Zweck
Berechnet die Quadratwurzel einer Zahl.

Struktur

```
FUNCTION Sqrt(r:REAL):REAL;
```

Bemerkung
*Sqrt(x)*Sqrt(x)* entspricht *x*.
Die Funktion Sqrt ist im reellen Zahlenbereich nur für Argumente x >= 0 definiert.

```
x
 y = Exp(1/x*Ln(y))
```

Beispiel

```
Sqrt(9) = 3
Sqrt(2) = 1.4142135624...
```

Siehe auch
ArcTan, Cos, Exp, Ln, Sin, Sqr

SSeg

System

Zweck
Ermittelt die Adresse des Stacksegmentes.

Struktur

```
FUNCTION SSeg:INTEGER;  { nur 3.0 }
FUNCTION SSeg:WORD;     { nur 4.0 }
```

Bemerkung
Jede Speicherzelle im RAM-Bereich wird durch zwei Werte, dem Segment und dem Offset, definiert.
Die Funktion *SSeg* ermittelt den Wert (entspricht dem SS-Register) des Segmentes, bei dem der Stack beginnt.
Diese Funktion ändert ihren Wert während eines Programmes normalerweise nicht.
Der Stack wird für lokale Variablen, Zwischenergebnisse bei der Berechnung von Ausdrücken und für Parameter verwendet.
Die Funktion *SPtr* (nur Version 4.0) ermittelt die Offset-Adresse der Stackspitze.

Siehe auch
Addr, CSeg, DSeg, Ofs, Seg, SPtr

Str **String**

Zweck
Wandelt numerische Werte in Zeichenketten um.

Struktur

```
PROCEDURE Str(x:INTEGER; VAR s:STRING);
PROCEDURE Str(x:REAL; VAR s:STRING);
```

Bemerkung
Der numerische Wert *x* kann beim Aufruf von *Str* formatiert angegeben werden.
Die Stringlänge ist gleich der Breite des Feldes; falls diese nicht ausreicht, wird sie automatisch erweitert.
Ist *s* zu groß, wird die Zahl rechtsbündig geschrieben (vor der Zahl werden Leerzeichen eingefügt).
Reelle Zahlen werden, wenn nötig, gerundet.

Beispiel

```
r:=3.264556E2;
i:=1243;

Str(r:10:2,s) ergibt für s="    326.46"
Str(r:10:5,s) ergibt für s=" 326.45560"
Str(r:10:9,s) ergibt für s="326.455600000"
Str(r,s)      ergibt für s="3.264556E2"
```

```
Str(i:10,s)   ergibt für s="      1243"
Str(i:2,s)    ergibt für s="1243"
Str(i,s)      ergibt für s="1243"
```

Siehe auch
Val

STRING

Reserviertes Wort

Zweck
Datentyp, der eine Zeichenkette bezeichnet.

Bemerkung
Ein Datentyp definiert die Beschaffenheit der Werte, die eine Variable annehmen kann; dieser wird in einem Programm nur ein einziger Datentyp zugeordnet.
Die Definition des Datentyps STRING kann (für 3.0 muß) die maximale Anzahl Zeichen, die eine Variable speichern soll, enthalten.
Die Definition besteht aus dem reservierten Wort STRING, dem in eckigen Klammern die Maximallänge folgt. Diese liegt im Bereich 1..255:

```
VAR datei:STRING[14];
```

Stringvariablen besetzen den Speicher mit (Maximallänge+1) Bytes. Im Byte 0 ist die aktuelle Länge des Strings abgespeichert.
Auf die einzelnen Zeichen einer Stringvariablen kann zugegriffen werden, indem der Variablen ein Index in rechteckigen Klammern folgt:

```
datei[10]:=UpCase(datei[10]);
```

Folgende Anweisung setzt die aktuelle Länge der String-Variablen *datei*:

```
datei[0]:=CHAR(14);
```

Soll eine Stringvariable gelöscht werden, kann ihr ein leerer Text (entspricht zwei Anführungszeichen, die kein Zeichen umschließen) zugewiesen werden. Die Länge der Stringvariablen wird dann auf 0 gesetzt:

```
datei:='';
```

Wird einer Stringvariablen ein zu langer Text zugewiesen, werden die Zeichen rechts abgeschnitten (im folgenden Beispiel werden nur die ersten 14 Zeichen übernommen):

```
datei:='In der Sonne steht die Maus und lacht.';
```

Version 4.0: Folgende beiden Zeilen zeigen dieselbe Wirkung:

```
datei1:STRING;
datei2:STRING[255];
```

Siehe auch
BOOLEAN, BYTE, CHAR, INTEGER, REAL, TYPE

Succ

Zweck
Ermittelt den Nachfolger eines skalaren Typs.

Struktur

```
FUNCTION Succ(x:skalar):skalar;
```

Bemerkung
Falls beim Aufruf von *Succ* kein Nachfolger existiert, wird eine Fehlermeldung ausgegeben.

Beispiel

```
Succ(1)   = 2
Succ('A') = 'B'

PROGRAM Succ_Test;
  { Ein Deutschprofessor würde sich die Haare färben lassen,  }
  { Ernst Jandl aber leidend flüstern: "Oh, du arme Maus ..." }
TYPE
  tier=(hund,katze,maus);
VAR
  werjagtwen:tier;
  i:INTEGER;
BEGIN
  werjagtwen:=hund;
  FOR i:=1 TO 3 DO BEGIN
```

```
    CASE werjagtwen OF
      hund:Write('Der Hund jagt ');
      katze:Write('die Katze jagt ');
      maus:Write('die Maus wird gejagt.')
    END;
    werjagtwen:=Succ(werjagtwen)
  END
END.
```

Siehe auch
Ord, Pred

Swap

Zweck
Tauscht das höherwertige Byte gegen das niederwertige aus.

Struktur

```
FUNCTION(i:INTEGER):INTEGER;  { nur 3.0 }
FUNCTION(i:WORD):WORD;        { nur 4.0 }
```

Bemerkung
Ein WORD- oder INTEGER-Ausdruck besteht aus zwei Bytes.
Die Funktion *Swap* tauscht diese Bytes miteinander aus.

Beispiel

```
Swap($1122) = $2211
Swap($1234) = $3412
```

Siehe auch
Hi, Lo

System

Unit (nur Version 4.0)

Zweck
Die Unit **System** stellt alle grundlegenden Funktionen und Prozeduren für die Programmierung zur Verfügung (Dateisystem, Arithmetik usw.).

Bemerkung
Die Unit **System** wird automatisch in jedes Programm aufgenommen und darf **nicht** durch eine USES-Anweisung eingebunden werden.
Folgende Prozeduren und Funktionen stellt System zur Verfügung:

Abs	Absoluter Betrag einer Zahl
Addr	Zeigerwert einer Variablen
Append	Erweitern einer Textdatei
ArcTan	Arcustangens
Assign	Ordnet einer Dateivariablen einen Dateinamen zu
BlockRead	Lesen eines Blockes von 128 Bytes
BlockWrite	Schreiben eines Blockes von 128 Bytes
ChDir	Wechseln eines Verzeichnisses
Chr	ASCII-Zeichen zum entsprechenden Ordinalwert
Close	Schließen einer Datei
Concat	Zusammenfügen mehrerer Zeichenketten
Copy	Teil einer Zeichenkette wird ausgegeben
Cos	Cosinus
CSeg	Aktuelles Code-Segment
Dec	Erniedrigen einer Variablen
Delete	Teil einer Zeichenkette wird gelöscht
Dispose	Freigabe des belegten Speicherplatzes auf dem Heap
DSeg	Daten-Segment
Eof	TRUE, wenn Ende einer Datei erreicht
EoLn	TRUE, wenn Ende einer Zeile erreicht
Erase	Löschen einer Datei
Exit	Verlassen des aktuellen Blockes
Exp	Exponentialfunktion (e "hoch" x)
FilePos	Position des Dateizeigers
FileSize	Anzahl Datensätze einer Datei
FillChar	Initialisiert Variablen mit einem beliebigen Wert
Flush	Inhalt des Textdatei-Puffers wird geschrieben
Frac	Dezimalbruch einer Zahl
FreeMem	Gibt Block auf dem Heap frei
GetDir	Ermittelt aktuellen Pfad
GetMem	Reserviert Block auf dem Heap
Halt	Programmabbruch
Hi	Höherwertiges Byte
Inc	Erhöhen einer Variablen
Insert	Einfügen einzelner Zeichen in einen String
Int	Ganzzahliger Real-Wert einer Zahl
IOresult	Ermittelt Ein- und Ausgabefehler
Length	Ermittelt die Länge einer Zeichenkette
Ln	Natürlicher Logarithmus
Lo	Niederwertiges Byte

Mark	Wert des Heap-Zeigers einer Variablen zuweisen
MaxAvail	Bestimmt größten, zusammenhängenden Block auf dem Heap
MemAvail	Bestimmt freien Speicherplatz auf dem Heap
MkDir	Erzeugen eines Verzeichnisses
Move	Kopieren ganzer Speicherbereiche
New	Reserviert auf dem Heap Speicherplatz für eine Variable
Odd	TRUE, wenn Argument ungerade
Ofs	Offset von Variablen, Prozeduren, Funktionen
Ord	Ermittelt Ordinalwert
ParamCount	Anzahl vorliegender Parameter
ParamStr	Übergabe einzelner Parameter als Zeichenkette
Pi	Ermittelt die Zahl Pi (3.14159...)
Pos	Ausgabe der Position einer Zeichenkette, die in einer anderen vollständig enthalten ist
Pred	Vorgänger
Ptr	Wandelt einen Segment- und Offsetwert in einen Zeigerwert um
Random	Ermittelt eine Zufallszahl
Randomize	Bringt den Zufallszahlengenerator in einen unbekannten Zustand
Read	Lesen aus Datei
ReadLn	Lesen aus Datei bis ans Zeilenende
Release	Freigabe des Heaps ab einer bestimmten Adresse
Rename	Umbenennen einer Datei
Reset	Öffnen einer Datei
Rewrite	Erzeugen einer Datei
RmDir	Löschen eines Verzeichnisses
Round	Runden einer reellen Zahl
Seek	Dateizeiger auf beliebige Komponente stellen
SeekEof	TRUE, wenn nach Leer- und Tabulatorzeichen Dateiende erkannt wird
SeekEoLn	TRUE, wenn nach Leer- und Tabulatorzeichen Zeilenende erkannt wird
Seg	Ermittelt Segment von Variablen, Prozeduren, Funktionen
SetTextBuf	Weist einer Textdatei einen Datenpuffer zu
Sin	Sinus
SizeOf	Ermittelt den Speicherbedarf von Variablen
SPtr	Ermittelt den aktuellen Wert des Stack-Zeigers
Sqr	Quadrat einer Zahl
Sqrt	Quadratwurzel einer Zahl
SSeg	Ermittelt die Adresse des Stack-Segmentes

Str	Wandelt einen numerischen Wert in eine Zeichenkette um
Succ	Nachfolger
Swap	Vertauscht höher- und niederwertiges Byte
Trunc	Wandelt reellen Wert in eine ganze Zahl um
Truncate	Schneidet eine Datei an der aktuellen Position ab
UpCase	Wandelt Kleinbuchstaben in die entsprechenden Großbuchstaben um
Val	Wandelt eine Zeichenkette in einen numerischen Wert um
Write	Schreiben in eine Datei
WriteLn	Schreiben in eine Datei, Abschluß mit CR/LF

Folgende globalen Variablen können verwendet werden (genaue Beschreibung im lexikalischen Teil):

ErrorAddr	:POINTER; Adresse des letzten Laufzeitfehlers
ExitCode	:INTEGER; Fehlernummer eines Laufzeitfehlers
ExitProc	:POINTER; Enthält die Speicheradresse einer benutzerdefinierten Prozedur, die beim Ende eines Programmes ausgeführt werden soll.
FileMode	:BYTE; Legt fest, mit welchen Zugriffsberechtigungen typisierte und untypisierte Dateien eröffnet werden.
FreeMin	:WORD; Legt die Minimalgröße des Speicherplatzes zwischen der Heapspitze und der Fragmentliste fest.
FreePtr	:POINTER; Startadresse der Fragmentliste
HeapError	:POINTER; Enthält die Speicheradresse einer benutzerdefinierten Prozedur, die bei einem Fehler im Zusammenhang mit der Heapverwaltung aufgerufen wird.
HeapOrg	:POINTER; Speicheradresse des Heapbeginns
HeapPtr	:POINTER; Speicheradresse der Heapspitze
INPUT	:TEXT; Standard-Eingabe
OUTPUT	:TEXT; Standard-Ausgabe
PrefixSeg	:WORD; Enthält das Segment des Programmsegment-Präfix (PSP). Dieser Speicherbereich wird automatisch jedem Programm vorangestellt und umfaßt 256 Bytes.
RandSeed	:LONGINT; Enthält den Startwert des Zufallszahlengenerators.
SaveInt00	:POINTER; Originalvektor des Interrupts $00, der bei einer Division durch null ausgelöst wird.
SaveInt02	:POINTER; Originalvektor eines nichtmaskierbaren Interrupts.
SaveInt23	:POINTER; Originalvektor für die Ctrl-C-Behandlung

SaveInt24 :POINTER; Originalvektor für Fehlerbehandlungen (Platten- oder Diskettenfehler)

SaveInt75 :POINTER; Originalvektor des Interrupts $75

Siehe auch

Crt, Dos, Graph, Graph3, Printer, Turbo3

TEXT

Reserviertes Wort

Zweck
Definiert einen Bezeichner als Textdatei.

Bemerkung
Textdateien werden wie folgt definiert:

```
VAR
  roman:TEXT;
```

Im Gegensatz zu allen anderen Dateiarten sind Textdateien nicht Folgen von Werten des gleichen Typs. Die grundlegenden Komponenten sind Zeichen, die in Zeilen unterteilt sind.
Die Zeilen werden am Ende mit der Markierung CR/LF (#10, #13) versehen.
Das Dateiende wird mit ^Z (#26) bezeichnet.
Da die Länge der Zeilen meist nicht einheitlich ist, kann die Position einer bestimmten Zeile nicht berechnet werden. Aus diesem Grunde werden Textdateien nur sequentiell bearbeitet.
Bei einer Textdatei kann nicht gleichzeitig gelesen und geschrieben werden. Die erste Aktion nach dem Öffnen einer Textdatei entscheidet, ob sie nur zum Lesen oder zum Schreiben geöffnet worden ist.
Die voreingestellte Puffergröße einer Textdatei beträgt 128 Bytes. Für die meisten Anwendungen reicht diese Puffergröße aus.
Bei Programmen, die besonders viele Ein- und Ausgabeoperationen durchführen (z.B. Kopierprogramme), ist es möglich, die Puffergröße zu verändern:

```
PROGRAM TextPuffer_Turbo3;
VAR
  quelle,ziel:TEXT[2048];    { Version 3.0 }
  .
  .

PROGRAM TextPuffer_Turbo4;
VAR
  quelle,ziel:TEXT;
  puf1,puf2:ARRAY [1..2048] OF CHAR;
BEGIN
  Assign(quelle,<dateiname>);
  SetTextBuf(quelle,puf1);  { Version 4.0 }
  Assign(ziel,<dateiname>);
```

```
SetTextBuf(ziel,puf2);    { Version 4.0 }
.
.
```

Die Textdatei-Variablen *quelle* und *ziel* besitzen nun einen Puffer von 2 KByte.
Textdateien können mit *Append* sehr leicht erweitert werden.

Beispiel
Dieses Programm zählt die Häufigkeit der einzelnen Buchstaben.

```
PROGRAM TEXT_Test;
VAR
  datei:TEXT;        { für 3.0: datei:TEXT[$1000]; }
  name:STRING[14];
  buchstabe:ARRAY[65..90] OF INTEGER;
  zeile:STRING[255];
  i:INTEGER;
  ch:BYTE;
  puffer:ARRAY [1..$1000] OF CHAR;  { bei 3.0 streichen }
BEGIN
  FillChar(buchstabe,SizeOf(buchstabe),0);
  Write('Dateiname: ');
  ReadLn(name);
  Assign(datei,name);
  SetTextBuf(datei,puffer);            { bei 3.0 streichen }
  Reset(datei);
  WHILE NOT Eof(datei) DO BEGIN
    ReadLn(datei,zeile);
    FOR i:=1 TO Length(zeile) DO BEGIN
      ch:=BYTE(UpCase(zeile[i]));
      IF ch in [65..90] THEN
        buchstabe[ch]:=Succ(buchstabe[ch])
    END
  END;
  Close(datei);
  WriteLn('Übersicht');
  FOR i:=65 TO 90 DO
    Write(CHAR(i):2,': ',buchstabe[i]:4);
  WriteLn
END.
```

Siehe auch
FILE

TextAttr

Systemvariable (nur Version 4.0)

Zweck
Enthält die aktuelle Text- und Hintergrundfarbe.

Struktur

```
VAR
  TextAttr:BYTE;
```

Bemerkung
TextAttr ist in der Unit **Crt** enthalten.
Die beiden Prozeduren *TextColor* und *TextBackground* ändern den Inhalt der Systemvariablen *TextAttr*, der der Farbe eines Textzeichens und dessen Hintergrund entspricht. Eine Veränderung des Variableninhaltes beeinflußt direkt die Textfarbe. Den einzelnen Bits der Variablen *TextAttr* kommen folgende Bedeutung zu:

7	6	5	4	3	2	1	0	Bit-Nummer
b	h	h	h	v	v	v	v	Bedeutung

Die Bits 0..3 legen die Vordergrundfarbe fest und 4..6 die Hintergrundfarbe. Falls Bit 7 gesetzt ist, wird ein Text blinkend dargestellt. Mit folgender Formel kann das Farbattribut leicht berechnet werden:

```
farbattribut:=vordergrund+hintergrund*16
farbattribut:=vordergrund+hintergrund*16+128    { blinkend }
```

Zu beachten ist:

```
vordergrund liegt im Bereich 0..15
hintergrund liegt im Bereich 0..7
```

Für die Vorder- und Hintergrundfarben können die in der Unit **Crt** definierten Konstanten *Black..White* und *Blink* verwendet werden (siehe hierzu *TextColor* und *TextBackground*).

Siehe auch
TextBackground, TextColor

TextBackground

Textbildschirm

Zweck

Bestimmt den Hintergrund einzelner Zeichen.

Struktur

```
PROCEDURE TextBackground(farbe:BYTE);
```

Bemerkung

TextBackground wählt die Umgebungsfläche eines Textes (nicht des ganzen Bildschirmes).
Bei Farbbildschirmen sind folgende Hintergrundfarben möglich:

Farbe	Konstante	Wert	Farbe	Konstante	Wert
Schwarz	Black	0	Rot	Red	4
Blau	Blue	1	Lila	Magenta	5
Grün	Green	2	Braun	Brown	6
Türkis	Cyan	3	Hellgrau	LightGray	7

Black, Blue, ..., LightGray sind vordefinierte Konstanten und können zur Farbangabe verwendet werden.
Bei Monochrom-Bildschirmen gelten folgende Zustände:

```
TextBackground(0) und TextColor(0 oder 8): unsichtbar
TextBackground(7) und TextColor(0 oder 8): invertiert
TextBackground(0) und TextColor(1 oder 9): unterstrichen
```

Im Graphikmodus bleibt *TextBackground* ohne Wirkung.

Version 4.0: *TextBackground* ist im Unit **Crt** enthalten.

Beispiel

```
TextBackground(green);          { grüne Umgebungsfläche }
TextBackground(2);              { grüne Umgebungsfläche }
```

Siehe auch

LowVideo, NormVideo, TextColor

TextColor

Textbildschirm

Zweck

Wählt die Farbe des Textes.

Struktur

```
PROCEDURE TextColor(farbe:BYTE);
```

Bemerkung

Die Funktionsweise der Prozedur *TextColor* ist abhängig vom vorhandenden Bildschirm (Farb-, Monochrom-Bildschirm).
Beim Farbbildschirm sind folgende Textfarben möglich:

Farbe	Konstante	Wert
Schwarz	Black	0
Blau	Blue	1
Grün	Green	2
Türkis	Cyan	3
Rot	Red	4
Lila	Magenta	5
Braun	Brown	6
Hellgrau	LightGray	7

Farbe	Konstante	Wert
Dunkelgr.	DarkGray	8
Hellblau	LightBlue	9
Hellgrün	LightGreen	10
Helltürk.	LightCyan	11
Hellrot	LightRed	12
Rosa	LightMagen.	13
Gelb	Yellow	14
Weiß	White	15

Black, Blue, ..., White sind vordefinierte Konstanten und können zur Farbangabe verwendet werden.
Bei Monochrom-Bildschirmen gelten folgende Richtlinien:

```
TextColor(0..7)      : dunkler Text
TextColor(8..15)     : heller Text
TextColor(1 oder 9): Text unterstrichen
```

Manche Monitoren erkennen das Intensitätssignal zur Erzeugung der hellen Farben (8..15) nicht; diese werden deshalb wie die entsprechenden dunklen Farben (0..7) dargestellt.
Bei Farbbildschirmen ist es nicht möglich, unterstrichenen Text zu erzeugen.
Falls die Textfarbe mit 16 (vordefinierte Konstante: *Blink*) addiert wird, erscheint der Text blinkend:

```
TextColor(Red+Blink);
```

Im Graphikmodus bestimmt *TextColor* ebenfalls die Farbe des Textes. Gültige Werte für *farbe* sind:

```
GraphColorMode: 0..3
Hires         : 0..1
```

Version 4.0: *TextColor* ist in der Unit **Crt** enthalten.

Beispiel

Dieses Programm zeigt alle möglichen Kombinationen von Text- und Hintergrund-Farben im Textmodus.

```
PROGRAM TextColor_Test1;
USES               { für 3.0: Diese beiden Zeilen ... }
  Crt;             { ... ersatzlos streichen.         }
VAR
  i,k:INTEGER;
BEGIN
  ClrScr;
  FOR k:=0 TO 7 DO BEGIN
    TextBackground(k);
    FOR i:=0 TO 15 DO BEGIN
      TextColor(i);
      GotoXY(1,i+1);
      Write('Texthintergrund:',k:3,' ******** Color:',i:3);
      TextColor(i+16);
      Write('  ******** Color:',i+16:3)
    END;
    REPEAT UNTIL KeyPressed
  END
END.
```

Folgendes Programm demonstriert die Verwendung der Prozeduren *TextColor* und *Palette* im Graphikmodus.

```
PROGRAM TextColor_Test2;
USES                      { für 3.0: Diese beiden Zeilen ... }
  Crt,Graph3,Turbo3;      { ... ersatzlos streichen.         }
VAR
  i:INTEGER;
  ch:CHAR;
BEGIN
  GraphColorMode;
  Palette(3);
```

```
  FOR i:=0 TO 3 DO BEGIN
    TextColor(i);
    WriteLn('**************',i:5)
  END;
  i:=2;
  REPEAT
    Palette(i);
    i:=Pred(i);
    IF i<1 THEN i:=3;
    Read(KBD,ch)
  UNTIL ch=#27;
  TextMode
END.
```

Siehe auch
LowVideo, NormVideo, TextBackground

TextHeight

Graphik (nur Version 4.0)

Zweck
Ermittelt die Höhe (in Punkten) einer Zeichenkette im Graphik-Modus.

Struktur

```
FUNCTION TextHeight(zeichenkette:STRING):WORD;
```

Bemerkung
TextHeight ist in der Unit **Graph** enthalten.
Die Funktion *TextHeight* berechnet für den übergebenen String den Platzbedarf in vertikaler Richtung; dabei werden Zeichensatz und Schriftgröße beachtet.
Zeichensatz und Schriftgröße können mit den Prozeduren *SetTextStyle* und *SetUserCharSize* verändert werden.

Beispiel
Folgendes Programm setzt einen Text in die Mitte des Graphik-Bildschirmes.

```
PROGRAM TextHeight_Test;
USES
  Graph;
VAR
  gr,mo,
```

```
    mx,my:INTEGER;
    s:STRING;
  BEGIN
    gr:=Detect;
    InitGraph(gr,mo,'');
    mx:=GetMaxX;
    my:=GetMaxY;
    s:='Hundertwasser, Dunkelbunt';
    OutTextXY((mx-TextWidth(s)) DIV 2,(my-TextHeight(s)) DIV 2,s);
    ReadLn;
    CloseGraph
  END.
```

Siehe auch
OutText, OutTextXY, SetTextJustify, TextWidth

TextMode

Textbildschirm

Zweck
Setzt den Bildschirm in den Textmodus.

Struktur

```
PROCEDURE TextMode;               { nur 3.0 }
PROCEDURE TextMode(i:INTEGER);    { nur 3.0 }
PROCEDURE TextMode(i:WORD);       { nur 4.0 }
```

Bemerkung
Mit *TextMode* läßt sich der Modus des Bildschirmes bestimmen. Ein Aufruf von *TextMode* löscht den Bildschirm.

Version 3.0: *TextMode* ohne Parameter fordert den gegenwärtigen Textmodus an. Diese Prozedur sollte am Schluß eines Graphikprogrammes aufgerufen werden, damit der aktuelle Textmodus wieder aktiv ist. Dem Parameter *i* können folgende vordefinierten Konstanten übergeben werden:

BW40	=0; 40x25 Zeichen, schwarz-weiß
C40	=1; 40x25 Zeichen, farbig
BW80	=2; 80x25 Zeichen, schwarz-weiß
C80	=3; 80x25 Zeichen, farbig

Version 4.0: *TextMode* ist im Unit **Crt** enthalten. Folgende Konstanten sind definiert:

BW40	=0; 40x25 Zeichen, schwarz-weiß
C40	=1; 40x25 Zeichen, farbig
BW80	=2; 80x25 Zeichen, schwarz-weiß
C80	=3; 80x25 Zeichen, farbig
Mono	=7; 80x25 Zeichen, Monochrom-Karte
Font8x8	=256; 80x43 Zeichen für EGA oder 80x50 Zeichen für VGA (z.B. *TextMode(Font8x8+C80);*)

Die Systemvariable *LastMode* (in der Unit **Crt** definiert) enthält den aktuellen Textmodus.
TextMode ordnet *DirectVideo* automatisch den Wert TRUE zu.

Beispiel

```
TextMode(BW40);  { Schwarz-Weiß-Modus mit 40 Zeichen/Zeile. }
TextMode(C40);   { Modus in Farbe mit 40 Zeichen/Zeile.     }
TextMode(BW80);  { Schwarz-Weiß-Modus mit 80 Zeichen/Zeile. }
TextMode(C80);   { Modus in Farbe mit 80 Zeichen/Zeile.     }
```

Siehe auch
TextBackground, TextColor, Window

TextWidth

Graphik (nur Version 4.0)

Zweck
Ermittelt die Höhe einer Zeichenkette in Punkten.

Struktur

```
FUNCTION TextWidth(zeichenkette:STRING):WORD;
```

Bemerkung
TextWidth ist in der Unit **Graph** enthalten.
Die Prozedur *TextWidth* ermittelt die aktuelle Länge eines Strings, wobei der aktuelle Zeichensatz und die Schriftgröße berücksichtigt werden.
Der Zeichensatz und die Schriftgröße lassen sich mit den Prozeduren *SetTextStyle* und *SetUserCharSize* festlegen.

Beispiel
Folgendes Programm teilt den Inhalt einer String-Variablen in mehrere Zeilen und gibt diese linksbündig formatiert aus.

```
PROGRAM TextWidth_Test;
USES
  Graph;
VAR
  gr,mo,
  hoch,pos:INTEGER;
  s:STRING;

  PROCEDURE WriteLine(VAR s:STRING);
  VAR
    h:STRING;
    m,i,k:BYTE;
  BEGIN
    IF TextWidth(s)<=GetMaxX THEN BEGIN
      OutText(s);
      s:='';
      Exit
    END;
    m:=Length(s);
    FOR i:=m-1 DOWNTO 1 DO BEGIN
      s[0]:=CHAR(i);
      IF TextWidth(s)<=GetMaxX THEN BEGIN
        FOR k:=i DOWNTO 1 DO BEGIN
          IF s[k]=' ' THEN BEGIN
            s[0]:=CHAR(m);
            h:=Copy(s,1,k-1);
            Delete(s,1,k);
            OutText(h);
            Exit
          END { IF }
        END { FOR }
      END { IF }
    END { FOR }
  END;

BEGIN
  gr:=Detect;
  InitGraph(gr,mo,'');
  s:='"Die reichsten Menschen bekommen meist auch das, was man fuer Geld';
  s:=s+' nicht kaufen kann", sagte einst Jacques Tati.';
  SetTextStyle(TriplexFont,HorizDir,3);
```

```
    hoch:=Round(TextHeight(s)*1.25);
    pos:=0;
    WHILE s<>'' DO BEGIN
      MoveTo(0,pos);
      WriteLine(s);
      Inc(pos,hoch)
    END;
    ReadLn;
    CloseGraph
  END.
```

Siehe auch
OutText, OutTextXY, SetTextJustify, TextHeight

TRM

Standarddatei (nur Version 3.0)

Zweck
Bezeichnet das Terminal.

Bemerkung
Die auszugebenden Daten werden über das Betriebssystem zum Bildschirm geschickt. Eingegebene Daten werden von der Tastatur gelesen. Der Unterschied zu CON (Konsole) besteht darin, daß bei TRM die Tastatureingabe nicht gepuffert ist.
Eine logische Geräteeinheit wird wie eine Textdatei behandelt, auf sie kann über die vorbezeichneten Dateien (z.B. TRM) zugegriffen werden.
Die Prozedur *Close* zeigt keine Wirkung.
Der Versuch, eine Standarddatei zu löschen, erzeugt eine I/O-Fehlermeldung.
Die beiden Standardfunktionen *Eof* und *EoLn* arbeiten bei Standarddateien anders als bei Diskettendateien.
TRM benützt die beiden Gerätetreiber *ConIn* und *ConOut* (siehe hierzu *ConInPtr* und *ConOutPtr*).

Siehe auch
AUX, CON, INPUT, KBD, LST, OUTPUT, USR

TRUE

Konstante

Zweck
Entspricht dem Wahrheitswert WAHR.

Bemerkung
TRUE ist vom Typ BOOLEAN.

```
Ord(TRUE) = 1.
```

Siehe auch
BOOLEAN, FALSE

Trunc

Arithmetik

Zweck
Wandelt einen reellen Wert in einen ganzzahligen Wert um.

Struktur

```
FUNCTION Trunc(r:REAL):INTEGER;   { nur 3.0 }
FUNCTION Trunc(r:REAL):LONGINT;   { nur 4.0 }
```

Bemerkung
Trunc schneidet die Dezimalstellen einer reellen Zahl ab. Für *Trunc* gilt:

Falls x>=0, dann ist *Trunc(x)*<=x,
falls x<0, dann ist *Trunc(x)*>=x.

Beispiel

```
Trunc(2.9)  = 2
Trunc(2.1)  = 2

Trunc(-2.9) = -2
Trunc(-2.1) = -2
```

Siehe auch
Abs, Int, Odd, Round

Truncate

Datei

Zweck
Schneidet eine Datei an der Position des Zeigers ab.

Struktur

```
PROCEDURE Truncate(VAR f:dateityp);
```

Bemerkung
Alle Daten jenseits des Datenzeigers werden mit der Prozedur *Truncate* abgeschnitten.

Beispiel
Dieses Programm schneidet die Hälfte der Dateikomponenten ab.

```
PROGRAM Truncate_Test;
VAR
  f:FILE OF REAL;
BEGIN
  Assign(f,'DATEN.DBF');
  Reset(f);
  Seek(f,FileSize(f) DIV 2);
  Truncate(f);
  Close(f)
END.
```

Siehe auch
FileSize, LongFileSize

Turbo3

Unit (nur Version 4.0)

Zweck
Stellt alle Routinen der Version 3.0 zur Verfügung, die in der Version 4.0 nicht mehr existieren oder in der Wirkungsweise etwas verändert worden sind.

Bemerkung
Falls Sie ein Programm, daß Sie für Turbo Pascal 3.0 geschrieben haben, mit der Version 4.0 compilieren wollen, können Sie die Unit **Turbo3** einbinden, um Kompatibilitätsproblemen weitgehend auszuweichen. Auf diese Weise mußte ich bei einem 5000-Zeilen-Programm nur wenige Änderungen vornehmen.
Folgende Prozeduren und Funktionen sind in der Unit **Turbo3** enthalten:

AssignKbd Ordnet die Tastatur einer Textdatei zu und wird automatisch aufgerufen

HighVideo	Setzt Textfarbe auf Gelb und die Hintergrundfarbe auf Schwarz
IOresult	Liefert Turbo Pascal-Fehlercodes, die nicht dem DOS entsprechen
LongFilePos	Ermittelt die Position des Dateizeigers
LongFileSize	Ermittelt die Anzahl der Datensätze einer Datei
LongSeek	Setzt den Dateizeiger auf eine bestimmte Position
LowVideo	Setzt die Textfarbe auf Grau und die Hintergrundfarbe auf Schwarz
MaxAvail	Ermittelt den größten Block auf dem Heap (in Paragraphen)
MemAvail	Ermittelt den gesamten Speicherplatz auf dem Heap (in Paragraphen)
NormVideo	Setzt die Textfarbe auf Gelb und die Hintergrundfarbe auf Schwarz

Weiter sind folgende Variablen in der Unit **Turbo3** deklariert:

CBreak	:BOOLEAN; Entspricht der Systemvariablen *CheckBreak* und ermöglicht das lokale Ausschalten der Prüfung von Ctrl-C
KBD	:TEXT; Ist der Tastatur zugeordnet (mit *AssignKbd*) und ermöglicht das direkte Lesen eines Zeichens, das im Tastaturspeicher steht. In der Version 4.0 steht hierfür die Funktion *ReadKey* zur Verfügung. Tasten, die zwei Codes liefern (z.B. Funktionstasten), liefern in der Version 3.0 als ersten Code #27 (ESC), in der Version 4.0 hingegen #0. Diese Umwandlung wird von **Turbo3** selbständig ausgeführt.

Siehe auch
Graph3

TurnLeft/TurnRight

Turtle-Graphik (nur Version 3.0)

Zweck
Dreht die Schildkröte nach links/rechts.

Struktur

```
PROCEDURE TurnLeft(winkel:INTEGER);
PROCEDURE TurnRight(winkel:INTEGER);
```

Bemerkung
Die Prozeduren *TurnLeft* und *TurnRight* sind erst durch das Einbinden der Datei GRAPH.P verfügbar. Die Version 4.0 stellt diese Prozeduren in der Unit **Graph3** zur Verfügung, um zur Version 3.0 kompatibel zu bleiben.
Das Argument *winkel* ist in Grad anzugeben. Ist bei *TurnLeft winkel* positiv, wird die Schildkröte nach links gedreht, bei negativem *winkel* nach rechts (entsprechend bewirkt bei der Prozedur *TurnRight* ein positives Argument eine Rotation nach rechts).

Siehe auch
Heading, SetHeading

TurtleDelay

Turtle-Graphik (nur Version 3.0)

Zweck
Bewirkt eine Verzögerung nach jedem Schritt der Schildkröte.

Struktur

```
PROCEDURE TurtleDelay(millisekunden:INTEGER);
```

Bemerkung
Die Prozedur *TurtleDelay* ist erst durch das Einbinden der Datei GRAPH.P verfügbar. Die Version 4.0 stellt *TurtleDelay* in der Unit **Graph3** zur Verfügung, um zur Version 3.0 kompatibel zu bleiben.
TurtleDelay bewirkt eine Verzögerung in Millisekunden nach jedem Schritt der Schildkröte.
Der eingestellte Wert der Verzögerung gilt in einem Programm solange, bis er geändert wird.

```
TurtleDelay(0);  { Voreinstellung }
```

Beispiel
Dieses Programm zeichnet ohne Hast ein Sechseck. Zwischen jeder Seite verschnauft die Schildkröte eine halbe Sekunde lang.

```
PROGRAM TurtleDelay_Test;
{$I graph.p  }
VAR
  i:INTEGER;
BEGIN
  GraphColorMode;
```

```
    TurtleDelay(500);
    FOR i:=1 TO 6 DO BEGIN
      TurnLeft(30);
      Forwd(20)
    END
  END.
```

Siehe auch
Delay

TurtleThere

Turtle-Graphik (nur Version 3.0)

Zweck
Ermittelt, ob sich die Schildkröte im aktiven Fenster befindet.

Struktur

```
FUNCTION TurtleThere:BOOLEAN;
```

Bemerkung
Die Funktion *TurtleThere* ist erst durch das Einbinden der Datei GRAPH.P verfügbar. Die Version 4.0 stellt *TurtleThere* in der Unit **Graph3** zur Verfügung, um zur Version 3.0 kompatibel zu bleiben.
Die Funktion *TurtleThere* ist TRUE, wenn sich die Schildkröte im aktiven Fenster befindet und die Prozedur *ShowTurtle* aufgerufen worden ist, andernfalls ist sie FALSE.

Siehe auch
NoWrap, ShowTurtle, Wrap

TurtleWindow

Turtle-Graphik (nur Version 3.0)

Zweck
Bestimmt einen Bereich des Bildschirmes als aktives Fenster.

Struktur

```
PROCEDURE TurtleWindow(x,y,b,h:INTEGER);
```

Bemerkung
Die Prozedur *TurtleWindow* ist erst durch das Einbinden der Datei GRAPH.P verfügbar. Die Version 4.0 stellt *TurtleWindow* in der Unit **Graph3** zur Verfügung, um zur Version 3.0 kompatibel zu bleiben.
TurtleWindow definiert einen Bereich des Bildschirmes als aktives Fenster.
Die Argumente *x* und *y* bestimmen die Koordinaten der Mitte, die Argumente *b* und *h* die Breite und die Höhe des neuen Fensters.
Im Graphikmodus 320x200 ist *TurtleWindow(159,99,320,200);* voreingestellt; im Graphikmodus 640x200 entspricht *TurtleWindow(319,99, 640,200);* der Voreinstellung.
Falls ein Turtle-Fenster über die physischen Grenzen des Bildschirmes reicht, wird es an den Rändern abgeschnitten.
Die Schildkröte wird am Rande des aktiven Fensters gestoppt, wenn versucht wird, sie außerhalb des Fensters zu bringen. Zeichnungen werden also an den Rändern des aktuellen Fensters abgeschnitten.
Beim Definieren eines Fensters wird die Schildkröte auf den Punkt mit den Koordinaten (0,0) gesetzt; sie schaut nach oben (in Richtung Null oder Norden).
Wenn der Bildschirmmodus verändert wird, entspricht das aktive Fenster wieder der vollen Bildschirmgröße.
Der Ausgangspunkt (0,0) in einem Turtle-Fenster entspricht immer dem Mittelpunkt des aktiven Fensters. Positive Werte erstrecken sich nach oben und rechts, negative Werte nach unten und links.
Der Bereich des gesamten Bildschirmes ist:

```
320x200 Graphik-Modus: x:-159..0..160, y:-99..0..100
640x200 Graphik-Modus: x:-319..0..320, y:-99..0..100
```

TYPE

Reserviertes Wort

Zweck
Ermöglicht das Definieren von eigenen Datentypen.

Bemerkung
Es stehen mehrere Standarddatentypen zur Verfügung (z.B. CHAR, INTEGER).
Ein neuer Datentyp kann direkt im Variablen-Deklarationsteil beschrieben werden.
Datentypen mit einem eigenen Namen werden im Typen-Deklarationsteil definiert. Das reservierte Wort TYPE steht am Anfang einer Definition, dem eine oder mehrere Zuweisungen folgen. Mehrere Zuweisungen werden durch einen Strichpunkt (;) getrennt. Die Zuweisung besteht aus einem Bezeichner, einem Gleichheitszeichen (=) und einem Datentyp:

```
TYPE
  umlaute=SET OF ['ä','ö','ü'];
  bereich=12..34;
VAR
  test:umlaute;
  meier,moser:bereich;
```

Ein großer Vorteil von Pascal ist, daß sich sehr komplexe Datentypen bilden lassen:

```
TYPE
  akte=RECORD
    anrede:STRING[10];
    name,
    vorname,
    beruf:STRING[20];
    plz:STRING[4];
    ort,
    land:STRING[15]
  END;
VAR
  f:FILE OF akte;
  einer:akte;
```

Neben den skalaren Standard-Typen (z.B. BOOLEAN, CHAR) unterstützt Pascal auch vom Benutzer definierte skalare Datentypen. Die Definition eines skalaren Datentyps gibt in aufsteigender Ordnung alle seine möglichen Werte an. Die Werte des neuen Datentyps werden durch Bezeichner repräsentiert:

```
TYPE
  bewertung=(sehrgut,gut,standardleistung,keinkommentar);
VAR
  pruefung:ARRAY [1..10] OF bewertung;
  i:INTEGER;
BEGIN
  FOR i:=1 TO 10 DO
    pruefung[i]:=bewertung(Random(4))
END;
```

Typendefinitionen müssen im Programmtext immer vor dem ersten Gebrauch geschrieben werden. Eine Ausnahme bilden hier die Zeigertypen:

```
TYPE
  wo=^txt;
  txt=RECORD
    vorn,
    dann:wo;
    linie:STRING[255]
  END;
VAR
  meintext,starttext:wo;
```

Version 4.0: Bitte beachten Sie, daß folgender Programmcode bei der Compilation einen Fehler erzeugt, da die zusammengesetzten Datentypen (mit ARRAY oder RECORD) nicht als identisch betrachtet werden:

```
VAR
  r1:ARRAY [1..2] OF CHAR;
  r2:ARRAY [1..2] OF CHAR;
BEGIN
  r1:=r2  { Fehler, da der strengen Typenprüfung zum Opfer gefallen }
END.
```

Folgende Typendeklarationen sind einwandfrei:

```
VAR
  r1,r2:ARRAY [1..2] OF CHAR;
BEGIN
  r1:=r2
END.

TYPE
  typ=ARRAY [1..2] OF CHAR;
VAR
  r1:typ;
  r2:typ;
BEGIN
  r1:=r2
END.
```

Siehe auch
BOOLEAN, BYTE, CHAR, INTEGER, REAL, STRING

UpCase

Zweck
Wandelt Kleinbuchstaben in die entsprechenden Großbuchstaben um.

Struktur

```
FUNCTION UpCase(c:CHAR):CHAR;
```

Bemerkung
Das Funktionsargument wird in den entsprechenden Großbuchstaben umgewandelt.
Sonderzeichen, Zahlen und Großbuchstaben werden unverändert zurückgegeben.
Die deutschen Sonderzeichen 'ä', 'ö', 'ü' und 'ß' werden nicht verändert.

Beispiel

```
UpCase('o') = 'O'
UpCase('ä') = 'ä'
UpCase('1') = '1'
UpCase('.') = '.'
```

UNIT

Reserviertes Wort (nur Version 4.0)

Zweck
Kopf einer Unit.

Bemerkung
Eine Unit stellt eine Einheit dar, die Prozeduren, Funktionen und weiteres mehr deklariert (und codiert), die bei Bedarf in ein Hauptprogramm eingebunden werden können (mittels USES).
Units werden einzeln compiliert; dies hat den Vorteil, daß die gesamten Compilations-Zeiten von umfangreichen Hauptprogrammen wesentlich verkürzt werden und Sie Units auf dem Software-Markt anbieten können, ohne den Quellcode preiszugeben.
Der Erfolg eines großen Software-Projektes hängt immer von der Übersichtlichkeit der Programme ab. Da Units die Zergliederung eines Pascal-Programmes in kleine Einheiten fördern, steht großen Software-Projekten nichts mehr im Wege (ich selbst halte die Möglichkeit, eigene Units zu bauen, für die bedeutendste Neuerung von Turbo Pascal 4.0, die ein Eintauschen der alten Version 3.0 mehr als nur rechtfertigt).
Eine Unit besteht aus folgenden Teilen:

- Unitkopf
- INTERFACE-Teil
- IMPLEMENTATION-Teil
- Initialisierungs-Teil

Folgender Code zeigt kurz den Aufbau einer Unit:

```
UNIT <name>;
INTERFACE
  USES <liste>    { Einbinden benötigter Units, fakultativ }
  { Öffentliche Deklarationen, Schnittstelle zur Außenwelt }

IMPLEMENTATION
  { Private Deklarationen                                  }
  { Programm-Code der Prozeduren und Funktionen            }

BEGIN
  { Initialisierung, fakultativ                            }
END.
```

Unitkopf: Dem reservierten Wort UNIT folgt ein Name, der zur Identifizierung der Unit dient und mit dem Dateinamen identisch sein muß:

```
UNIT standard;
```

INTERFACE-Teil: Er beginnt mit dem reservierten Wort INTERFACE und endet mit IMPLEMENTATION. Hier werden alle Prozeduren, Funktionen, Konstanten, Datentypen und Variablen deklariert, die von Programmen verwendet werden dürfen und somit öffentlich sind. Prozeduren und Funktionen werden hier nur mit ihren Namen und den Parameter-Listen aufgeführt, der eigentliche Programmcode wird im IMPLEMENTATION-Teil geschrieben.
Units, die von einer selbstgeschriebenen Unit verwendet werden, sind mit USES einzubinden (ausgenommen die Unit **System**):

```
UNIT standard;

INTERFACE
USES
  Crt;
VAR
  esc:BOOLEAN;

  PROCEDURE Beep;
    { Kurzer Signalton                      }
  PROCEDURE Upper(VAR zeile:STRING);
    { Wandelt eine Zeile in Großbuchstaben um }
  FUNCTION GetError:BYTE;
    { Ermittelt eine Fehlernummer           }
  FUNCTION ReadNumber:BYTE;
    { Liest eine Zahl im Bereich 0..9 ein   }
.
.
```

IMPLEMENTATION-Teil: Er beginnt mit dem reservierten Wort IMPLEMENTATION und enthält den eigentlichen Programmcode der im INTERFACE-Teil deklarierten Prozeduren und Funktionen. Alle weiteren Begriffe (Konstanten, Prozeduren ...), die im IMPLEMENTATION-Teil definiert werden, sind unsichtbar, d.h. sie können in einem Programm, das die entsprechende Unit eingebunden hat, nicht verwendet werden.
Der Kopf der einzelnen Routinen, die bereits im INTERFACE-Teil deklariert sind, ist im IMPLEMENTATION-Teil verstümmelt, denn ihm fehlt die Parameterliste oder der Funktionstyp (siehe hierzu auch FORWARD):

```
.
.
IMPLEMENTATION
VAR
  fehler:BYTE;        { Diese beiden Variablen ... }
  altexit:POINTER;    { ... sind unsichtbar.       }

  PROCEDURE Beep;
  VAR
    i:BYTE;
  BEGIN
    FOR i:=1 TO 4 DO BEGIN
      Sound(440);
      Delay(100);
      Sound(880);
```

```
      Delay(100)
    END;
    NoSound
  END;

  PROCEDURE Upper;
  VAR
    i:BYTE;
  BEGIN
    FOR i:=1 TO Length(zeile) DO
      IF Pos(zeile[i],'äöü')<>0 THEN
        fehler:=i
      ELSE
        zeile[i]:=UpCase(zeile[i])
  END;

  FUNCTION GetError;
  BEGIN
    GetError:=fehler;
    fehler:=0
  END;

  FUNCTION ReadNumber;
  VAR
    ch:CHAR;
  BEGIN
    esc:=FALSE;
    REPEAT
      ch:=ReadKey;
      IF Pos(ch,'0123456789'#27)=0 THEN Beep
    UNTIL Pos(ch,'0123456789'#27)<>0;
    IF ch=#27 THEN
      esc:=TRUE
    ELSE
      ReadNumber:=BYTE(ch)-48
  END;

{$F+}
  PROCEDURE FehlerOderEnde;  { Diese Prozedur ist unsichtbar }
  BEGIN
    Beep;
```

```
      ExitProc:=altexit
    END;
  {$F-}
  .
  .
```

Initialisierungs-Teil: Jeder Unit kann fakultativ ein Teil hinzugefügt werden, der genau einmal ausgeführt wird, nämlich dann, wenn die Unit in ein Programm eingebunden wird. Er enthält Programm-Anweisungen, die einzelnen Variablen einen Wert zuweisen, auf dem Heap einen Puffer einrichten oder eine Exit-Prozedur installiert (siehe auch *ExitProc*), Dateien schließt oder den Heap freigibt. Der Initialisierungs-Teil wird zwischen den beiden reservierten Wörtern BEGIN und END geschrieben.

```
  .
  .
  BEGIN
    esc:=FALSE;
    fehler:=0;
    altexit:=ExitProc;
    ExitProc:=Addr(FehlerOderEnde)
  END.
```

Units werden wie gewöhnliche Programme mit dem integrierten Editor geschrieben und compiliert (es entstehen dabei .TPU-Dateien, siehe auch Anhang B.2), jedoch können sie zu Testzwecken nicht gestartet werden. Schreiben Sie hierzu ein kleines Programm, das die zu überprüfende Unit einbindet.
Einzelne Begriffe, die in einer Unit öffentlich definiert sind, können mit ihrem Namen aufgerufen werden, sobald dieses Unit von einem Programm oder einem anderen Unit eingebunden worden ist. Es besteht die Möglichkeit, einem Begriff den Unit-Namen und ein Punkt voranzustellen. Dies ist besonders dann notwendig, wenn mehrere Units bestehen, die die gleichen Namen für Bezeichner verwendet haben.

```
PROGRAM test;
USES
  unit1,unit2;
BEGIN
  unit1.beep;  { Verwendet <beep> aus der Unit <unit1> }
  unit2.beep   { Verwendet <beep> aus der Unit <unit1> }
END.
```

Folgendes Programm bindet die oben beschriebene Unit *Standard* ein:

```
PROGRAM UNIT_Test;
USES
  Standard;
VAR
  i:BYTE;
  s:STRING;
BEGIN
  Write('Ziffer (0..9): ');
  i:=ReadNumber;
  IF NOT esc THEN
    WriteLn(i)
  ELSE
    WriteLn('ESC gedrückt ...');
  Write('Text: ');
  ReadLn(s);
  Upper(s);
  i:=GetError;
  IF i<>0 THEN
    WriteLn('Fehler an der Stelle ',i);
  WriteLn(s);
  WriteLn('Nun wird <FehlerOderEnde> aufgerufen.')
END.
```

Prozeduren und Funktionen, die in einer Unit definiert sind, jedoch in einem Programm unbenutzt bleiben, werden nicht eingebunden. Außerdem nimmt ein Programm den Code einer Unit nur einmal auf, auch dann, es mehrere Units diese einbinden. Beispielsweise benötigt die Unit **Turbo3** die Unit **Crt** und bindet diese mit der Anweisung USES ein. **Crt** wird aber nur dann eingebunden, wenn sie nicht schon durch das Hauptprogramm oder eine andere Unit eingebunden worden ist.
Variablen und typisierte Konstanten aller Units und des Hauptprogrammes werden in demselben Datensegment abgelegt (maximal 65'520 Bytes), auch dann, wenn sie nicht benützt werden. Deshalb sollten die einzelnen Units das Datensegment nicht allzu stark belasten und Variablen mit großem Speicherbedarf dynamisch auf dem Heap erzeugen:

```
PROGRAM dynamische_variablen;
TYPE
  sehrgross=ARRAY [1..MaxInt] OF CHAR;
VAR
  test:^sehrgross;
BEGIN
  New(test);     { Legt Variable auf dem Heap an }
  test^[1]:='a';
  test^[2]:='z';
```

```
    WriteLn(test^[1],'..',test^[2]);
    Dispose(test)  { Gibt den Heap wieder frei      }
  END.
```

Jede Unit erhält ein eigenes Codesegment von maximal 64 kByte, somit ist die Code-Größe des gesamten Programmes nur durch den Hauptspeicher begrenzt.

Zu Turbo Pascal werden mehrere Units mitgeliefert (siehe Crt, Dos, Graph, Graph3, Printer, System und Turbo3), die den Sprachumfang wesentlich erweitern, wenn sie in den Programm-Code eingebunden werden (bitte beachten Sie, daß die Unit **System** immer automatisch in ein Programm eingefügt wird und deshalb nicht in einer USES-Anweisung erscheinen darf). Der Speicherbedarf im Datensegment betägt (in Bytes):

```
Crt       26
Dos        6
Graph    834
Graph3     0
Printer  256
System   585
Turbo3   256
        -----
Total   1963
```

Falls Sie also nur die Unit System in einem Programm verwenden, stehen Ihnen noch 65'520-585=64'935 Bytes im Datensegment zur Verfügung.

Die meisten Units von Turbo Pascal sind in der Datei TURBO.TPL zusammengefaßt. Das auf einer der Systemdisketten vorhandene Programm TPUMOVER.EXE ermöglicht das Hinzufügen oder Löschen einzelner Units.
TPUMOVER.EXE wird folgendermaßen gestartet:

```
TPUMOVER [datei1 datei2]
```

datei1 wird ins erste, *datei2* ins zweite Fenster von TPUMOVER geladen; falls Sie jedoch keine Dateinamen angegeben, erscheint TURBO.TPL selbständig im ersten Fenster, das zweite bleibt leer.

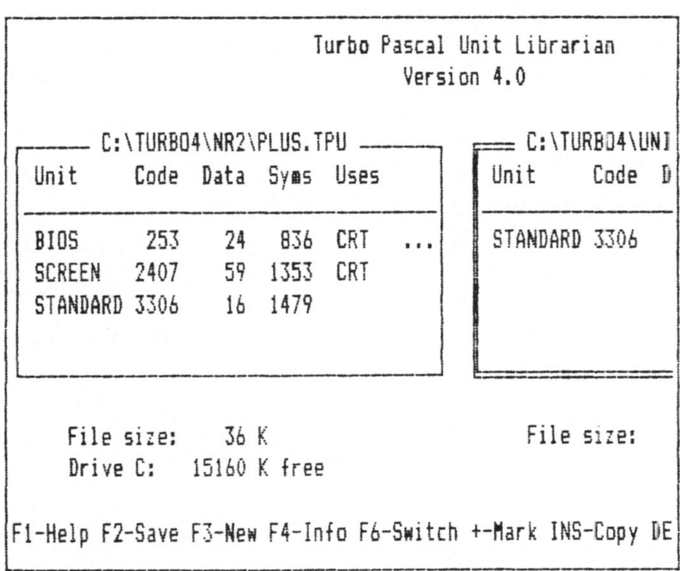

Folgend möchte ich kurz die einzelnen Befehle von TPUMOVER.EXE beschreiben:

F1 Aktiviert ein Hilfefenster.
F2 Schreibt die sich im aktuellen Fenster befindende Datei auf die Diskette/Festplatte.
F3 Erkundigt sich nach einem Dateinamen und lädt diesen, falls vorhanden, ins aktuelle Fenster, andernfalls wird eine neue Datei erzeugt.
F4 Öffnet ein Fenster, das Informationen (Größe der einzelnen Segmente, benötigte Units ...) über die mit dem Leuchtbalken gekennzeichnete Unit enthält.
F6 Wechselt zwischen den beiden Fenstern.
+ Markiert die mit dem Leuchtbalken gekennzeichnete Unit.
Ins Kopiert alle mit + markierten Units vom aktuellen Fenster ins andere.
Del Löschte alle mit + markierten Units im aktuellen Fenster.
Esc Beendet TPUMOVER.EXE, ohne den aktuellen Stand zu speichern.

Units, die in eine .TPL-Datei aufgenommen werden sollen, sind in eines der Fenster zu laden (Taste **F3**), mit + zu markieren und mit **Ins** zu kopieren.

Beim Programmstart wird automatisch die Unit System eingebunden, weitere benötigte Units werden zuerst in der Datei TURBO.TPL gesucht, dann (falls nicht gefunden) als .TPU-Datei im aktuellen Directory und zu guter Letzt in den unter *Options, Directories, Unit directories* (siehe Anhang B.2) angegebenen Verzeichnissen (siehe auch Compiler-Befehl U im Anhang D.2).

Siehe auch
Crt, Dos, Graph, Graph3, Printer, System, Turbo3, USES

UnpackTime

MS-DOS (nur Version 4.0)

Zweck
Wandelt eine kompakte Zeitangabe in eine lesbare Form um.

Struktur

```
PROCEDURE UnpackTime(zeit:LONGINT; VAR dt:DateTime);
```

Bemerkung
UnpackTime ist in der Unit **Dos** enthalten.
Der Parameter *zeit* enthält Datum und Uhrzeit in kompaktem Format. Die Prozedur *UnpackTime* wandelt dieses Format um und übergibt das Resultat dem Parameter *dt*. Der datei notwendige Datentyp *DateTime* ist in der Unit **Dos** folgendermaßen definiert:

```
TYPE
  DateTime=RECORD
    Year,Month,      { Jahr: 1980..2099, Monat: 1..12 }
    Day,Hour,        { Tag: 1..31, Stunde: 0..23      }
    Min,Sec:WORD     { Minute und Sekunde: 0..59      }
  END;
```

Bitte beachten Sie, daß die Prozedur *UnpackTime* nicht prüft, ob *zeit* einen gültigen Wert enthält.

Beispiel
Folgendes Programm liest Zeit und Datum einer Datei und wandelt den dabei ermittelten Wert in ein lesbares Format um.

```
PROGRAM UnpackTime_Test;
USES
  Dos;
VAR
  zeit:LONGINT;
```

```
    dt:DateTime;
    f:FILE;
    name:STRING;
  BEGIN
    Write('Dateiname: ');
    ReadLn(name);
    Assign(f,name);
    Reset(f);
    GetFTime(f,zeit);
    Close(f);
    UnpackTime(zeit,dt);
    WITH dt DO BEGIN
      WriteLn('Datum: ',day,'.',month,'.',year);
      WriteLn(' Zeit: ',hour,':',min,':',sec)
    END
  END.
```

Siehe auch
PackTime

USES

Reserviertes Wort (nur Version 4.0)

Zweck
Bindet eine Unit in ein Programm ein.

Bemerkung
Eine Unit enthält Prozeduren, Funktionen, Konstanten ..., die erst dann verfügbar sind, wenn sie mit der USES-Anweisung in ein Programm eingebunden wird.
Beim Programmstart wird automatisch die Unit **System** eingebunden, weitere benötigte Units werden zuerst in der Datei TURBO.TPL gesucht, dann (falls nicht gefunden) als .TPU-Datei im aktuellen Directory und zu guter Letzt in den unter *Options, Directories, Unit directories* (siehe Anhang B.2) angegebenen Verzeichnissen (siehe auch Compiler-Befehl **U** im Anhang D.2).
Falls zwei Units für einen Bezeichner denselben Namen verwenden, kann dem Bezeichner der Unitname und ein Punkt vorangestellt werden.

Beispiel

```
PROGRAM USES_Test;
USES
  Crt;
```

```
VAR
  i:BYTE;

  PROCEDURE ClrEol;
  VAR
    i,x,y:BYTE;
  BEGIN
    x:=WhereX;
    y:=WhereY;
    FOR i:=x TO 70 DO Write(' ');
    GotoXY(x,y)
  END;

BEGIN
  ClrScr;
  FOR i:=1 TO 160 DO Write('*');
  GotoXY(1,1);
  Write(Font8x8);
  Crt.ClrEol;         { Benutzt <ClrEol> aus dem Unit <Crt> }
  GotoXY(1,2);
  Write(Font8x8);
  ClrEol              { Verwendet unsere Prozedur <ClrEol>  }
END.
```

Siehe auch
Crt, Dos, Graph, Graph3, Printer, System, Turbo3, UNIT

USR

Standarddatei (nur Version 3.0)

Zweck
Bezeichnet den Benutzer.

Bemerkung
USR ist dem Benutzergerät zugeordnet.
Mit USR kann der Benutzer seine eigenen Eingabe- und Ausgaberoutinen schreiben (mit *UsrInPtr* und *UsrOutPtr*), ohne auf eine der Standarddateien AUX, CON, KBD, LST, TRM verzichten zu müssen.
Eine logische Geräteeinheit wird wie eine Textdatei behandelt, auf sie kann über die vorbezeichneten Dateien (z.B. USR) zugegriffen werden.
Die Prozedur *Close* zeigt keine Wirkung.
Der Versuch, eine Standarddatei zu löschen, erzeugt eine I/O-Fehlermeldung.

Die beiden Standardfunktionen *Eof* und *EoLn* arbeiten bei Standarddateien anders als bei Diskettendateien.
USR benützt die beiden Gerätetreiber *UsrIn* und *UsrOut*.

Siehe auch
AUX, CON, INPUT, KBD, LST, OUTPUT, TRM

UsrInPtr

I/O-Treiber (nur Version 3.0)

Zweck
Zeigt auf die interne Funktion *UsrIn*.

Struktur

```
VAR
  UsrInPtr:INTEGER;
```

Bemerkung
Die Variable *UsrInPtr* enthält die Offset-Adresse der Funktion *UsrIn*.
UsrIn hat folgende Struktur:

```
FUNCTION UsrIn:CHAR;
```

UsrIn ist dem DOS-System-Aufruf 08H zugeordnet.
UsrIn wartet auf eine Tastatureingabe. Das eingegebene Zeichen wird nicht auf dem Bildschirm angezeigt.
Die Funktion *UsrIn* kann vom Programmierer geändert werden, indem die Offset-Adresse einer selbstdefinierten Treiberfunktion der Standardvariablen *UsrInPtr* zugewiesen wird.
Die Treiberfunktion muß die gleiche Struktur wie *UsrIn* haben.

Siehe auch
ConInPtr, UsrOutPtr

UsrOutPtr

I/O-Treiber (nur Version 3.0)

Zweck
Zeigt auf die interne Prozedur *UsrOut*.

Struktur

```
VAR
  UsrOutPtr:INTEGER;
```

Bemerkung
Die Variable *UsrOutPtr* enthält die Offset-Adresse der Prozedur *UsrOut*. *UsrOut* hat folgende Struktur:

```
PROCEDURE UsrOut(ch:CHAR);
```

UsrOut ist dem DOS-System-Aufruf 02H zugeordnet.
UsrOut schreibt ein Zeichen auf den Bildschirm.
Die Prozedur *UsrOut* kann vom Programmierer geändert werden, indem die Offset-Adresse einer selbstdefinierten Treiberprozedur der Standardvariablen *UsrOutPtr* zugewiesen wird.
Die Treiberprozedur muß die gleiche Struktur wie *UsrOut* aufweisen.

Siehe auch
ConOutPtr, UsrInPtr

VAR

Reserviertes Wort

Zweck
Ermöglicht das Definieren von Variablen.

Bemerkung
Jede Variable, die in einem Programm erscheint, muß vor dem Gebrauch definiert werden.
Die Variablendeklaration besteht aus dem reservierten Wort VAR, dem eine Liste von Bezeichnern folgt. Die Bezeichner werden mit einem Komma (,) voneinander getrennt. Am Ende der Liste steht ein Doppelpunkt (:), dem der Variablentyp folgen muß:

```
VAR
  x,y:INTEGER;
  ch:CHAR;
```

Variablen können an ganz bestimmten Stellen des Arbeitsspeichers abgelegt werden (näheres bei ABSOLUTE).
Variablen enthalten bei Programmstart einen undefinierten Wert. Typisierte Konstanten aber können wie initialisierte Variablen verwendet werden (siehe hierzu CONST).

Version 4.0: Bitte beachten Sie, daß folgender Programmcode bei der Compilation einen Fehler erzeugt, da die zusammengesetzten Datentypen (mit ARRAY oder RECORD) nicht als identisch betrachtet werden:

```
VAR
  r1:ARRAY [1..2] OF CHAR;
  r2:ARRAY [1..2] OF CHAR;
BEGIN
  r1:=r2  { Fehler, da der strengen Typenprüfung zum Opfer gefallen }
END.
```

Folgende Typendeklarationen sind einwandfrei:

```
VAR
  r1,r2:ARRAY [1..2] OF CHAR;
BEGIN
  r1:=r2
END.

TYPE
  typ=ARRAY [1..2] OF CHAR;
```

```
VAR
  r1:typ;
  r2:typ;
BEGIN
  r1:=r2
END.
```

Siehe auch
ABSOLUTE, CONST, FUNCTION, LABEL, PROCEDURE, PROGRAM, TYPE

Val

String

Zweck
Wandelt eine Zeichenkette in einen numerischen Wert um.

Struktur

```
PROCEDURE Val(s:STRING; VAR r:REAL; VAR test:INTEGER);
PROCEDURE Val(s:STRING; VAR i,test:INTEGER);              { nur 3.0 }
PROCEDURE Val(s:STRING; VAR l:LONGINT; VAR test:INTEGER);  { nur 4.0 }
```

Bemerkung
Der String *s*, der in einen numerischen Wert umgewandelt werden soll, darf keine Zeichen enthalten, die nicht zu einer Zahl gehören.
Erlaubte Zeichen sind + - $. E 0 1 2 3 4 5 6 7 8 und 9.
Die Variable *test* enthält nach der Ausführung der Prozedur *Val* einen Code. Dieser ist 0, wenn *Val* ohne Fehler ausgeführt werden konnte; andernfalls zeigt *test* auf die fehlerhafte Stelle (*s[test]* ist die fehlerhafte Stelle).

Beispiel

```
s:='1234';
Val(s,i,test);  { ergibt für i=1234 und test=0            }

s:=' 344';
Val(s,i,test);  { i ist undefiniert, test=1 (Leerzeichen) }

s:='123.21';
Val(s,r,test);  { ergibt für r=123.21 und test=0          }
```

```
s:='$FF';
Val(s,i,test);  { ergibt für i=255 (=$FF)               }
```

Siehe auch

Str

WhereX/WhereY

Textbildschirm

Zweck

Bestimmen die Koordinaten der gegenwärtigen Cursorposition.

Struktur

```
FUNCTION WhereX:BYTE;
FUNCTION WhereY:BYTE;
```

Bemerkung

WhereX ermittelt die X-Koordinate, *WhereY* die Y-Koordinate des Cursors.
Die obere linke Ecke des Bildschirmes entspricht dem Punkt (1,1).

Version 4.0: *WhereX* und *WhereY* sind in der Unit **Crt** enthalten.

Beispiel

Dieses Programm zeichnet auf den Textbildschirm eine schiefe Linie, bestehend aus dem Zeichen '*'.

```
PROGRAM WhereY_Test;
USES            { für 3.0: Diese beiden Zeilen ... }
  Crt;          { ... ohne Ersatz streichen.       }
VAR
  i:INTEGER;
BEGIN
  ClrScr;
  FOR i:=1 TO 24 DO BEGIN
    GotoXY(i,WhereY+1);
    Write('*')
  END
END.
```

Siehe auch

GotoXY

WHILE ... DO

Reserviertes Wort

Zweck

Schleife mit der Abbruchbedingung am Anfang.

Bemerkung
Der Ausdruck (die Abbruch-Bedingung), der die Wiederholung kontrolliert, muß vom Typ BOOLEAN sein.
Die Schleife wird ausgeführt, wenn der Kontroll-Ausdruck TRUE ist.
Ist der Ausdruck zu Beginn bereits FALSE, wird die Schleife nicht ein einziges Mal ausgeführt.
Sollen mehrere Anweisung in der While-Schleife ausgeführt werden, müssen sie von den beiden reservierten Wörtern BEGIN und END eingeschlossen werden.

Beispiel

```
PROGRAM WHILE_Test;
VAR
  f,g:TEXT;
  quelle,ziel:STRING[14];
  zeile:STRING[255];
BEGIN
  WriteLn('Welche Textdatei soll kopiert werden?');
  Write('Quelldatei: '); ReadLn(quelle);
  Write(' Zieldatei: '); ReadLn(ziel);
  Assign(f,quelle);
  Reset(f);
  Assign(g,ziel);
  Rewrite(g);
  WHILE NOT Eof(f) DO BEGIN
    ReadLn(f,zeile);
    WriteLn(g,zeile)
  END;
  Close(f);
  Close(g)
END.
```

Siehe auch
FOR ... TO/DOWNTO ... DO, REPEAT ... UNTIL

WindMax/WindMin

Systemvariable (nur Version 4.0)

Zweck
Enthalten die absoluten Koordinaten des aktuellen Textfensters.

Struktur

```
VAR
  WindMin,
  WindMax:WORD;
```

Bemerkung
WindMin und *WindMax* sind in der Unit **Crt** enthalten.
Die Variable *WindMin* enthält die obere linke, *WindMax* die untere rechte Ecke des aktuellen Fensters. Das höherwertige Byte der beiden Variablen entspricht der y-, das niederwertige der x-Koordinate:

```
x1:=Lo(WindMin);
y1:=Hi(WindMin);
x2:=Lo(WindMax);
y1:=Hi(WindMax);
```

Bitte beachten Sie, daß die linke obere Ecke des Bildschirm dem Punkt (0,0) und nicht dem Punkt (1,1) (wie bei *Window*, *GotoXY*, *WhereX* und *WhereY*) entspricht.

Siehe auch
GotoXY, WhereX, WhereY, Window

Window

Textbildschirm

Zweck
Definiert ein aktives Textfenster.

Struktur

```
PROCEDURE Window(x1,y1,x2,y2:BYTE);
```

Bemerkung
Mit der Prozedur *Window* kann jeder Bereich des Bildschirmes als aktives Textfenster erklärt werden.
Der Punkt *(x1,y1)* bestimmt die linke obere Ecke des neuen Fensters, der Punkt *(x2,y2)* die rechte untere Ecke.
Der voreingestellte Zustand entspricht dem ganzen Bildschirm mit 80x25, bzw. 40x25 Zeichen.
In einem neuen Fenster entspricht die linke obere Ecke dem Punkt (1,1).
Der Bildschirm außerhalb des aktuellen Fensters ist nicht ansprechbar.

Im aktuellen Fenster kann Text gelöscht, verschoben oder eingefügt werden, ohne daß sich der Inhalt der Bildschirmes außerhalb des Fensters verändert.

Version 4.0: *Window* ist in der Unit **Crt** enthalten.

Beispiel
Dieses Programm füllt den gesamten Bildschirm mit dem Zeichen '*' und definiert schließlich ein neues Fenster, in das zufällig gewählte Zeichen geschrieben werden.

```
PROGRAM Window_Test;
USES              { für 3.0: Diese beiden Zeilen ... }
  Crt;            { ... ersatzlos streichen.         }
VAR
  x,y:INTEGER;
BEGIN
  ClrScr;
  FOR y:=1 TO 25 DO BEGIN
    FOR x:=1 TO 79 DO
      Write('*');
    WriteLn
  END;
  Window(20,5,60,20);
  ClrScr;             { löscht den Bereich des neuen Fensters }
  FOR x:=1 TO 2000 DO
    Write(Random(200));
  Window(1,1,80,25)
END.
```

WITH

Reserviertes Wort

Zweck
Verkürzt Ausdrücke, die bei der Verwendung von Datensätzen entstehen können.

Bemerkung
Der Gebrauch von Datensätzen führt manchmal zu langen Anweisungen. Es wäre bedeutend einfacher, wenn auf die einzelnen Felder wie auf Variablen zugegriffen werden könnte. Diesen Wunsch erfüllt die WITH-Anweisung: Sie eröffnet einen Datensatz und ermöglicht so den Zugriff auf die einzelnen Felder.

WITH-Anweisungen können geschachtelt werden. Die Schachtelungstiefe ist bei MS-DOS auf 9 beschränkt.

Siehe auch
RECORD

WORD

Datentyp (nur Version 4.0)

Zweck
Datentyp, der einen Bereich von 0..65'535 zuläßt.

Bemerkung
Ein Datentyp definiert die Beschaffenheit der Werte, die eine Variable annehmen kann; dieser kann in einem Programm nur ein Datentyp zugeordnet werden.
Der Datentyp WORD bezeichnet ganze Zahlen und belegt 2 Bytes Speicher. Ein Überlauf bei arithmetischen Operationen wird vom Compiler nicht angezeigt.
Einer Variablen des Typs WORD können hexadezimale Zahlen übergeben werden; ihnen wird ein Dollar-Zeichen ($) vorangestellt:

```
VAR
  w:WORD;
BEGIN
  w:=$12FF;
```

Hexadezimale Zahlen für eine Variable des Typs WORD liegen im Bereich $0000..$FFFF.
Folgende Zuweisungen sind zugelassen:

```
VAR
  b:BYTE;
  s:SHORTINT;
  i:INTEGER;
  w:WORD;
  l:LONGINT;
  r:REAL;
BEGIN
  b:=255;
  s:=b;

  s:=-127;
  b:=s;
```

```
    i:=12345;
    b:=i; s:=i;

    i:=-12345;
    b:=i; s:=i; w:=i;

    l:=123456;
    w:=l; i:=l; b:=l; s:=l;

    r:=123;
    l:=Trunc(r); i:=Trunc(r); w:=Trunc(r);
    r:=l; r:=i; r:=w;
  END.
```

Falls eine Variable des Typs WORD einem Variablenparameter übergeben wird, der nicht selbst vom Typ WORD ist, wird ein Fehler bei der Compilation ausgegeben:

```
  VAR
    w:WORD;

    PROCEDURE ja(n:INTEGER);
    BEGIN
    END;

    PROCEDURE nein(VAR n:INTEGER);
    BEGIN
    END;

  BEGIN
    ja(w);    { Kein Fehler }
    nein(w);  { Fehler!     }
```

Siehe auch
BYTE, INTEGER, LONGINT, SHORTINT

Wrap

Turtle-Graphik (nur Version 3.0)

Zweck
Die Schildkröte erscheint auf der entgegengesetzten Seite, wenn ein Rand des aktuellen Fensters überschritten wird.

Struktur

```
PROCEDURE Wrap;
```

Bemerkung

Die Prozedur *Wrap* ist erst durch das Einbinden der Datei GRAPH.P verfügbar. Die Version 4.0 stellt *Wrap* in der Unit **Graph3** zur Verfügung, um zur Version 3.0 kompatibel zu bleiben.
Normalerweise bleibt die Schildkröte am Fensterrand stehen, wenn versucht wird, sie aus dem aktuellen Fenster zu bewegen. Nach dem Ausführen der Prozedur *Wrap* erscheint sie in einem solchen Fall auf der gegenüberliegenden Seite des aktuellen Fensters.

Siehe auch

NoWrap

Write

Datei

Zweck

Ausgabe von Zeichen, Zeichenketten, Zahlen und logischen Werten.

Struktur

```
PROCEDURE Write(VAR f:FILE OF typ_1; VAR x:typ_1);
PROCEDURE Write(x:typ_2);
PROCEDURE Write(VAR f:TEXT; x:typ_2);

- typ_1: beliebiger Typ
- typ_2: BYTE, INTEGER, REAL, CHAR oder STRING
```

Bemerkung

Write schreibt Zeichen, Strings, Boolesche Werte und Zahlen auf den Bildschirm, den Drucker oder in eine Datei. Falls *Write* einen feststehenden TEXT ausgeben soll, ist dieser mit Hochkommas (') zu umschließen:

```
Write('Direkte Bildschirmausgabe');
```

Folgende Anweisung ermöglicht die Ausgabe eines Hochkommas:

```
Write('Wie geht''s?');  { Ausgabe: Wie geht's? }
```

Write kann einen Parameter enthalten, der die Ausgabedatei bezeichnet (Diskettendatei oder Ausgabegerät). Folgenden Anweisung:

```
Write(LST,'Druckerausgabe');
```

bewirkt eine Druckerausgabe (siehe auch LST). Um einen Seitenvorschub beim Drucker zu erreichen, muß mit *Write* ein Druckersteuerzeichen gesendet werden:

```
Write(LST,#12);
```

Diese Anweisung erzeugt bei einem zu EPSON kompatiblen Drucker einen Seitenvorschub (für Zeilenvorschub siehe WriteLn).
Die Dateiausgabe wird genauer bei den Begriffen FILE und TEXT beschrieben.
Es können mehrere Parameter *x* angegeben werden; diese werden mit einem Komma (',') voneinander getrennt.
Der Parameter *x* kann formatiert ausgegeben werden. Hierzu muß *x* ein Doppelpunkt (':') folgen und anschließend die Feldbreite angegeben werden. *x* wird immer rechtsbündig in einem Feld plaziert.
Folgende Tabelle erläutert die Bedeutung und Symbole der Formatierung:

ch	Das Zeichen *ch* vom Typ CHAR wird ausgegeben.
ch:n	Das Zeichen *ch* wird rechtsbündig in ein Feld von *n* Zeichen geschrieben. Das restliche Feld wird mit Leerzeichen gefüllt.
s	Die Zeichenkette *s* wird ausgegeben. Wenn Zeichen-Arrays zu Strings kompatibel sind, können auch sie ausgegeben werden (als Beispiel: *wort:ARRAY [1..20] OF CHAR;* sei vereinbart. Mit *Write(wort);* wird eine Zeichenkette ausgegeben).
s:n	Der String *s* wird linksbündig in einem Feld von *n* Zeichen ausgegeben. Die restlichen, nicht beschriebenen Zeichen eines Feldes werden mit Leerzeichen gefüllt.
b	Ausgabe des Booleschen Wortes TRUE oder FALSE.
b:n	Ein Boolescher Wert wird rechtsbündig in einem Feld mit *n* Zeichen ausgegeben.
i	Ein ganzzahliger Wert wird ausgegeben.
i:n	*i* wird in einem Feld, das *n* Zeichen umfaßt, rechtsbündig ausgegeben.
r	Die reelle Zahl *r* wird in einem Feld von 18 Zeichen ausgegeben. Hierfür wird das Gleitkommaformat verwendet:

r>=0: ___#.##########E±##
r<0: __-#.##########E±##

_ entspricht einer Leerstelle
entspricht einer Ziffer
. entspricht dem Dezimalkomma
- entspricht dem Minuszeichen
± entspricht einem Plus oder Minus

r:n Die reelle Zahl *r* wird in ein Feld mit *n* Zeichen geschrieben. Wieder wird das Gleitkommaformat verwendet.

r:n:m Die reelle Zahl *r* wird in ein Feld mit *n* Zeichen geschrieben. *m* bezeichnet die Anzahl der darzustellenden Kommastellen, mit der eine Zahl im Festkommaformat angezeigt werden soll. Der Dezimalpunkt nimmt im Feld mit den *n* Zeichen genau einen Platz ein. Nicht angezeigte Kommastellen werden bei der Rundung berücksichtigt.

Tastaturumleitungen sind unter Turbo Pascal möglich (siehe hierzu *Read*).

Beispiel
Folgendes Programm erzeugt 100 INTEGER-Werte und schreibt diese in eine Textdatei, um sie schließlich wieder zu lesen und auf den angeschlossenen Drucker auszugeben.
Bitte beachten Sie, daß die einzelnen Zahlen so in eine Textdatei geschrieben werden müssen, daß sie durch mindestens ein Leerzeichen getrennt sind. Folgendes Programm belegt 5 Bytes für jeden INTEGER-Wert.

```
PROGRAM Write_Test1;
USES             { Diese beiden Zeilen bei der ... }
  Printer;       { ... Version 3.0 streichen.      }
VAR
  f:TEXT;
  i,zahl:INTEGER;
BEGIN
  Assign(f,'ZAHLEN.TXT');
  Rewrite(f);
  FOR i:=1 TO 100 DO BEGIN
    zahl:=Random(200)-100;
    Write(f,zahl:5)                    { Formatierte Datei-Ausgabe }
  END;
  Close(f);        { Schließen und Öffnen der Textdatei setzt ... }
  Reset(f);        { ... den Dateizeiger an den Anfang der Datei. }
  FOR i:=1 TO 100 DO BEGIN
```

```
      Read(f,zahl);
      Write(LST,zahl)
    END;
    Write(LST,#12);
    Close(f)
  END.
```

Folgendes Programm zeigt dieselben Resultate wie oben, es werden lediglich die einzelnen Zahlen in eine typisierte Datei geschrieben. Dies hat den Vorteil, daß jede Zahl nur 2 Bytes belegt und nicht formatiert zu werden braucht.

```
  PROGRAM Write_Test2;
  USES              { Diese beiden Zeilen bei der ... }
    Printer;        { ... Version 3.0 streichen.      }
  VAR
    f:FILE OF INTEGER;
    i,zahl:INTEGER;
  BEGIN
    Assign(f,'ZAHLEN.INT');
    Rewrite(f);
    FOR i:=1 TO 100 DO BEGIN
      zahl:=Random(200)-100;
      Write(f,zahl)
    END;
    Seek(f,0);
    FOR i:=1 TO 100 DO BEGIN
      Read(f,zahl);
      Write(LST,zahl:10)
    END;
    Write(LST,#12);
    Close(f)
  END.
```

Siehe auch
BlockWrite, Read, ReadLn, WriteLn

WriteLn

Datei

Zweck
Ausgabe von Zeichen, Zeichenketten, Zahlen und logischen Werten.

Struktur

```
PROCEDURE WriteLn(VAR f:FILE OF typ_1; VAR x:typ_1);
PROCEDURE WriteLn(x:typ_2);
PROCEDURE WriteLn(VAR f:TEXT; x:typ_2);
PROCEDURE WriteLn;
PROCEDURE WriteLn(VAR f:TEXT);

- typ_1: beliebiger Typ
- typ_2: BYTE, INTEGER, REAL, CHAR oder STRING
```

Bemerkung
Die Prozedur *WriteLn* entspricht der Prozedur *Write*, sie gibt jedoch nach dem letzten ausgegebenen Wert die Sequenz CR/LF (Zeilenende und Zeilenvorschub) aus. Ein erneutes Schreiben mit *Write* oder *WriteLn* beginnt somit auf einer neuen Zeile.
WriteLn(LST); erzeugt beim Drucker einen Zeilenvorschub (genaueres bei LST).
Die einzelnen Werte der Prozedur *WriteLn* können wie bei der Prozedur *Write* formatiert werden.

Beispiel
Dieses Programm schreibt eine reelle Zahl in verschiedenen Formaten auf den Bildschirm. *Pi* ist eine vordefinierte reelle Konstante.

```
PROGRAM WriteLn_Test;
VAR
  i:INTEGER;
BEGIN
  WriteLn('Gleitkommaformat: ',Pi);
  FOR i:=1 TO 15 DO WriteLn('Festkommaformat: ',Pi:20:i)
END.
```

Siehe auch
BlockWrite, Read, ReadLn, Write

Xcor/Ycor

Turtle-Graphik (nur Version 3.0)

Zweck
Bestimmen die Koordinaten der Schildkröte.

Struktur

```
FUNCTION Xcor:INTEGER;
FUNCTION Ycor:INTEGER;
```

Bemerkung
Die Prozeduren *Xcor* und *Ycor* sind erst durch das Einbinden der Datei GRAPH.P verfügbar. Die Version 4.0 stellt diese Prozeduren in der Unit **Graph3** zur Verfügung, um zur Version 3.0 kompatibel zu bleiben.
Xcor übergibt die gegenwärtige x-Koordinate, *Ycor* die gegenwärtige y-Koordinate der Schildkröte.

Siehe auch
Heading, SetHeading

XOR

Operator

Zweck
Arithmetisches oder logisches EXCLUSIV-ODER.

Bemerkung
Der Operator EXCLUSIV-ODER verknüpft zwei Werte folgender Typen:

Typ der Operanden	Ergebnistyp	
BOOLEAN	BOOLEAN	
BYTE	BYTE	
INTEGER	INTEGER	
SHORTINT	SHORTINT	(nur 4.0)
WORD	WORD	(nur 4.0)
LONGINT	LONGINT	(nur 4.0)

EXCLUSIV-ODER liegt folgender Logiktabelle zugrunde:

Operand 1	Operand 2	Ergebnis
TRUE	TRUE	FALSE
TRUE	FALSE	TRUE
FALSE	TRUE	TRUE
FALSE	FALSE	FALSE

XOR wird meist bei Verknüpfungen von Tests verwendet:

```
IF (a=11) XOR (c=b) THEN ...
WHILE (i<Length(s)) XOR (p<>NIL) DO ...
REPEAT ... UNTIL (i>endwert) XOR verlassen;
```

XOR wird immer vor den Relations-Operatoren (z.B. =, <) ausgeführt, deshalb müssen in den obigen Beispielen Klammern gesetzt werden (siehe Anhang G).
Mit EXCLUSIV-ODER können auch zwei INTEGER-Werte miteinander verknüpft werden. In diesem Falle werden die einzelnen Bits der beiden Werte nach obiger Logiktabelle verknüpft (TRUE entspricht 1, FALSE entspricht 0):

Bit-Nummer	7	6	5	4	3	2	1	0
Operand 1	1	1	0	1	1	0	0	1
Operand 2	0	1	0	0	1	1	0	0
Ergebnis	1	0	0	1	0	1	0	1

Beispiel
Dieses Programm verschlüsselt einen Text und entschlüsselt ihn wieder:

- *InitKey* generiert einen zufälligen Verschlüsslungs-Code.
- *Change* verknüpft den Text mit dem Verschlüsslungs-Code.

```
PROGRAM XOR_Test;
TYPE
  str255=STRING[255];
```

```
VAR
  key,eingabe:str255;

  PROCEDURE InitKey(VAR key:str255);
  VAR
    i:INTEGER;
  BEGIN
    key:='';
    FOR i:=1 to 255 DO
      key:=key+CHAR(Random(256))
  END;

  PROCEDURE Change(VAR ein,key:str255);
  VAR
    i:INTEGER;
  BEGIN
    FOR i:=1 TO Length(ein) DO
      ein[i]:=CHAR(BYTE(ein[i]) XOR BYTE(key[i]))
  END;

BEGIN
  InitKey(key);
  Write('Worteingabe: ');
  ReadLn(eingabe);
  Change(eingabe,key);
  WriteLn('Verschlüsselt: ',eingabe);
  Change(eingabe,key);
  WriteLn('Entschlüsselt: ',eingabe)
END.
```

Siehe auch
AND, NOT, OR

Anhang

Anhang A.1
Begriffe nach Gruppen geordnet (Version 3.0)

Reservierte Worte

ABSOLUTE	Variable an bestimmte Speicherstelle legen
ARRAY	Definieren eines Feldes
BEGIN ... END	Umschließt zusammengehörigen Block
CASE ... OF	Auswahl aus mehreren Möglichkeiten
CONST	Deklarieren von Konstanten
EXTERNAL	Routinen von außen holen
FILE	Definieren einer Datei
FOR ... TO	Schleife
FORWARD	Routine vor ihrem Auftreten bekannt machen
FUNCTION	Definition einer Funktion
GOTO	Sprung
IF ... THEN	Bedingte Ausführung
INLINE	Einbinden von Maschinencode
LABEL	Deklarieren von Sprungmarken
OVERLAY	Routinen in Datei verlagern
PACKED	Von Turbo Pascal unbenutzt
PROCEDURE	Definition einer Prozedur
PROGRAM	Programmkopf (fakultativ)
RECORD	Definieren eines Datensatzes
REPEAT ... UNTIL	Schleife, Abbruchbedingung am Schluß
SET	Definition einer Menge
TEXT	Definieren einer Textdatei
TYPE	Eigene Datentypen definieren
VAR	Deklarieren von Variablen
WHILE ... DO	Schleife, Abbruchbedingung am Anfang
WITH	Vereinfachen von RECORD-Ausdrücken

Datentypen

BOOLEAN	Falsch, wahr
BYTE	0..255
CHAR	#0..#255 (ASCII-Zeichen)
INTEGER	-32768..32767
REAL	2.9e-39 bis 1.7e38, -2.9e-39 bis 1.7e38
STRING	Zeichenketten

Operatoren

AND	Logisches, arithmetisches UND
DIV	Division ohne Rest
IN	Prüft, ob Element in Menge enthalten ist
MOD	Restbetrag bei einer Division
NOT	Logisches, arithmetisches NICHT
OR	Logisches, arithmetisches ODER
SHL	Verschieben der Bits nach links
SHR	Verschieben der Bits nach rechts
XOR	Logisches, arithmetisches ENTWEDER-ODER

Arithmetik

Abs	Absoluter Betrag einer Zahl
ArcTan	Arcustangens
Cos	Cosinus
Exp	Exponentialfunktion (e^x)
Frac	Dezimalbruch einer Zahl
Int	Ganzzahliger Real-Wert einer Zahl
Ln	Natürlicher Logarithmus zur Basis e
Round	Runden einer reellen Zahl
Sin	Sinus
Sqr	Quadrat einer Zahl
Sqrt	Quadratwurzel einer Zahl
Trunc	Ganzzahliger Integer-Wert einer Zahl

Standard-Funktionen und Prozeduren

Chr	Ermittelt den Ordinalwert eines ASCII-Zeichen
Delay	Warten in Millisekunden
Exit	Prozedur, Funktion verlassen
FillChar	Variable mit einem Wert initialisieren
Halt	Programmabbruch
Hi	Höherwertiges Byte eines Integer-Wertes
KeyPressed	Wahr, wenn Zeichen im Tastaturspeicher
Lo	Niederwertiges Byte eines Integer-Wertes
Move	Bytes übertragen
NoSound	Ausschalten des Tongenerators
Odd	Wahr, wenn Argument ungerade
Ord	Ermittelt Ordinalwert
Pred	Vorgänger
Random	Zufallszahl ermitteln

Randomize	Zufallszahlengenerator setzen
Sound	Tongenerator einschalten
Succ	Nachfolger
Swap	Höher- und niederwertiges Byte vertauschen

Strings

Concat	Zusammenfügen zweier oder mehrerer Zeichenketten
Copy	Teil einer Zeichenkette wird ausgegeben
Delete	Löschen einzelner Zeichen in einem String
Insert	Einfügen einzelner Zeichen in einen String
Length	Länge einer Zeichenkette
Pos	Ausgabe der Position eines Teilstrings, der in einer Zeichenkette vollständig enthalten ist
Str	Umwandeln eines Zahlenwertes in eine Zeichenkette
UpCase	Umwandeln von Kleinbuchstaben in die entsprechenden Großbuchstaben
Val	Umwandeln einer Zeichenkette in einen Zahlenwert

System

Addr	Zeigerwert einer Variablen
Chain	Ausführen einer .CHN-Datei
ChDir	Wechseln eines Verzeichnisses
CSeg	Code-Segment
DSeg	Daten-Segment
ErrorPtr	Zeigt auf Fehlerbehandlungs-Routine
Execute	Ausführen einer .COM-Datei
GetDir	Ermitteln des aktuellen Verzeichnisses
IOresult	Eingabe-, Ausgabefehler ermitteln
Mem	Speicherzugriff (byteweise)
MemW	Speicherzugriff (wortweise)
MkDir	Erstellen eines Verzeichnisses
Ofs	Offset von Variablen, Prozeduren, Funktionen
OvrPath	Festlegen eines Pfades für Overlay-Prozeduren und Funktionen
ParamCount	Anzahl vorliegender Parameter
ParamStr	Übergabe einzelner Parameter als String
Port	Portzugriff (byteweise)
PortW	Portzugriff (wortweise)
Ptr	Umwandeln einer Segment- und Offsetadresse in einen Zeigerwert
RmDir	Löschen eines Verzeichnisses

Seg	Segment von Variablen
SizeOf	Speicherbedarf einer Variablen oder eines Datentyps
SSeg	Stack-Segment

I/O-Treiber

AuxInPtr	Lesen der Daten, die von der seriellen Schnittstelle kommen
AuxOutPtr	Schreiben der Daten für die serielle Schnittstelle
ConInPtr	Lesen der Tastatureingaben
ConOutPtr	Schreiben der Bildschirmausgaben
ConStPtr	Prüft, ob Tastaturspeicher leer
LstOutPtr	Schreiben der Daten für den parallelen Ausgang (Drucker)
UsrInPtr	Eigene Eingaberoutine des Benutzers
UsrOutPtr	Eigene Ausgaberoutine des Benutzers

Dynamische Speicherverwaltung

Dispose	Freigabe eines Speicherplatzes
FreeMem	Block auf dem Heap freigeben
GetMem	Block auf dem Heap reservieren
HeapPtr	Zeigt auf die Spitze des Heaps
Mark	Wert des Heap-Zeigers einer Variablen zuweisen
MaxAvail	Größten, zusammenhängenden Speicherblock bestimmen
MemAvail	Freien Speicherplatz bestimmen
New	Auf dem Heap Platz für eine Variable reservieren
Release	Freigabe des Heaps ab einer bestimmten Adresse

MS-DOS

Intr	Aufrufen einer Interrupt-Routine
MsDos	Aufrufen einer Routine des Interrupts $21

Datei

Assign	Weist einer Dateivariablen einen String-Ausdruck zu, der dem Dateinamen entspricht
BlockRead	Lesen eines Blockes von 128 Bytes
BlockWrite	Schreiben eines Blockes von 128 Bytes

Close	Schließen einer Datei
Eof	Wahr, wenn das Ende einer Datei erreicht wird
Erase	Löschen einer Datei
Read	Lesen aus Datei
ReadLn	Lesen aus Datei bis ans Zeilenende
Rename	Datei umbenennen
Reset	Bestehende Datei öffnen
Rewrite	Neue Datei öffnen
Truncate	Löschen aller Datensätze ab Dateizeiger
Write	Schreiben in eine Datei
WriteLn	Schreiben in eine Datei und CR/LF Ausgabe

Standarddateien

AUX	Serieller Ausgang, COM1:
CON	Konsole
INPUT	Eingabegerät erster Ordnung (CON oder TRM)
KBD	Tastatur
LST	Drucker (paralleler Ausgang)
OUTPUT	Ausgabegerät erster Ordnung (CON oder TRM)
TRM	Terminal
USR	Benutzergerät

Textdatei

Append	Text an eine Datei anfügen
EoLn	Wahr, wenn das Ende einer Zeile erreicht ist
Flush	Entleeren des Textpuffers
SeekEof	Wahr, wenn nach Leerzeichen und Tabulator das Dateiende erkannt wird
SeekEoLn	Wahr, wenn nach Leerzeichen und Tabulator das Zeilenende erkannt werden kann

Datei mit direktem Zugriff

FilePos	Position des Datenzeigers
FileSize	Anzahl Datensätze einer Datei
LongFilePos	Position des Datenzeigers
LongFileSize	Anzahl Datensätze einer Datei
LongSeek	Datenzeiger auf beliebigen Datensatz stellen
Seek	Datenzeiger auf beliebigen Datensatz stellen

Textbildschirm

ClrEol	Löschen bis ans Zeilenende
ClrScr	Bildschirm löschen
CrtExit	Terminal Reset String
CrtInit	Terminal Initialization String
DelLine	Löschen einer Zeile
GotoXY	Cursor an beliebige Position setzen
HighVideo	Helle Schrift (wie NormVideo)
InsLine	Einfügen einer Zeile
LowVideo	Dunkle Schrift
NormVideo	Helle Schrift
TextBackground	Umgebungsfarbe eines Zeichens
TextColor	Zeichenfarbe
TextMode	Einschalten des Textmodus
WhereX	Cursorposition (Spalte)
WhereY	Cursorposition (Reihe)
Window	Festlegen eines Textfensters

Graphik

Draw	Zeichnen einer Linie
GraphBackground	Hintergrundfarbe
GraphColorMode	Graphikmodus, 320x200 Punkte (farbig)
GraphMode	Graphikmodus, 320x200 Punkte (schwarz-weiß)
GraphWindow	Festlegen eines Graphikfensters
Hires	Hochauflösende Graphik, 640x200 Punkte
HiresColor	Punktfarbe bei hochauflösender Graphik
Palette	Festlegen einer Farbpalette
Plot	Setzen eines Punktes

Erweiterte Graphik

Arc	Kreisbogen
Circle	Kreis
ClearsCreen	Löschen des Graphik-Bildschirmes
ColorTable	Farbübersetzungstafel
FillPattern	Fläche mit Muster füllen
FillScreen	Aktuelles Fenster mit einer Farbe füllen
FillShape	Beliebige Formen mit einer Farbe füllen
GetDotColor	Ermittelt, ob ein Punkt gesetzt ist
GetPic	Lesen eines Bildes

Graphics	Graphikmodus, identisch zu GraphMode
Pattern	Festlegen eines Musters
PutPic	Schreiben eines Bildes

Turtle-Graphik

Back	Rückwärtsgehen
Forwd	Vorwärtsgehen
Heading	Aktuelle Richtung
HideTurtle	Verstecken der Schildkröte
Home	Schildkröte auf den Punkt (0,0) setzen
NoWrap	Schildkröte bleibt am Rande eines Fensters stehen
PenDown	Zeichenstift ab
PenUp	Zeichenstift auf
SetHeading	Richtung der Schildkröte festlegen
SetPenColor	Festlegen der Zeichenfarbe
SetPosition	Position der Schildkröte festlegen
ShowTurtle	Schildkröte anzeigen
TurnLeft	Drehen nach links
TurnRight	Drehen nach rechts
TurtleDelay	Verzögerung
TurtleThere	Wahr, wenn Schildkröte sichtbar
TurtleWindow	Fenster festlegen
Wrap	Schildkröte wird am Rand eines Fensters nicht gestoppt
Xcor	X-Koordinate der Schildkröte
Ycor	Y-Koordinate der Schildkröte

Vordefinierte Konstanten

Black	INTEGER = 0;
Blink	INTEGER = 16;
Blue	INTEGER = 1;
Brown	INTEGER = 6;
BufLen	INTEGER = 127;
BW40	INTEGER = 0;
BW80	INTEGER = 2;
C40	INTEGER = 1;
C80	INTEGER = 3;
CBreak	BOOLEAN = TRUE;
Cyan	INTEGER = 3;
DarkGray	INTEGER = 8;
FALSE	Wahrheitswert FALSCH

East	INTEGER = 90;
Green	INTEGER = 2;
LightBlue	INTEGER = 9;
LightCyan	INTEGER = 11;
LightGray	INTEGER = 7;
LightGreen	INTEGER = 10;
LightMagenta	INTEGER = 13;
LightRed	INTEGER = 12;
Magenta	INTEGER = 5;
MaxInt	INTEGER = 32767;
NIL	Zeigerwert, zwei Null-Wörter
North	INTEGER = 0;
Pi	REAL = 3.1415926536;
Red	INTEGER = 4;
TRUE	Wahrheitswert WAHR
South	INTEGER = 180;
West	INTEGER = 270;
White	INTEGER = 15;
Yellow	INTEGER = 14;

Anhang A.2
Begriffe nach Gruppen geordnet (Version 4.0)

Reservierte Worte

ABSOLUTE	Variable an bestimmte Speicherstelle legen
ARRAY	Definieren eines Feldes
BEGIN ... END	Umschließt einen zusammengehörigen Block
CASE ... OF	Auswahl aus mehreren Möglichkeiten
CONST	Deklarieren von Konstanten
EXTERNAL	Routinen von außen holen
FILE	Definieren einer Datei
FOR ... TO	Schleife
FORWARD	Routine vor ihrem Auftreten bekannt machen
FUNCTION	Definition einer Funktion
GOTO	Unbedingter Sprung
IF ... THEN	Bedingte Ausführung
IMPLEMENTATION	Definiert den eigentlichen Programmcode in einer Unit
INLINE	Einbinden von Maschinencode
INTERFACE	Definiert alle Bezeichner in einem Units, die der Außenwelt bekannt sein sollen
INTERRUPT	Eine Prozedur kann als Interrupt-Routine verwendet werden
LABEL	Deklarieren von Sprungmarken
PACKED	Von Turbo Pascal unbenutzt
PROCEDURE	Definition einer Prozedur
PROGRAM	Programmkopf (fakultativ)
RECORD	Definieren eines Datensatzes
REPEAT ... UNTIL	Schleife, Abbruchbedingung am Schluß
SET	Definition einer Menge
TEXT	Definieren einer Textdatei
TYPE	Eigene Datentypen definieren
UNIT	Kopf einer Unit (Modul-Kopf)
USES	Einbinden von Units
VAR	Deklarieren von Variablen
WHILE ... DO	Schleife, Abbruchbedingung am Anfang
WITH	Vereinfachen von RECORD-Ausdrücken

Units

Crt	Routinen für den Textbildschirm
Dos	Stellt Dos-Funktionen zur Verfügung

Graph	Graphik-Routinen
Graph3	Graphik-Routinen, kompatibel zur Version 3.0
Printer	Drucker-Definition
System	Standard- und System-Funktionen
Turbo3	Routinen, kompatibel zur Version 3.0

Datentypen

BOOLEAN	Falsch, wahr
BYTE	0..255
CHAR	#0..#255 (ASCII-Zeichen)
COMP	-9.2e18..9.2e18 (ganzzahlig)
DOUBLE	5.0e-324 bis 1.7e308, -5.0e-324 bis -1.7e308 (15-16 Stellen, nur bei mathematischem Coprozessor 80x87)
EXTENDED	1.9e-4951 bis 1.1e4932, -1.9e-4951 bis -1.1e4932 (19-20 Stellen, nur bei mathematischem Coprozessor 80x87)
INTEGER	-32'768..32'767
LONGINT	-2'147'483'648..2'147'483'647
POINTER	Zeigerwert (4 Bytes)
REAL	2.9e-39 bis 1.7e38, -2.9e-39 bis -1.7e38 (11-12 Stellen)
SHORTINT	-128..127
SINGLE	1.5e-45 bis 3.4e38, -1.5e-45 bis -3.4e38 (7-8 Stellen, nur bei mathematischem Coprozessor 80x87)
STRING	Zeichenkette
WORD	0..65'535

Operatoren

AND	Logisches, arithmetisches UND
DIV	Division ohne Rest
IN	Prüft, ob Element in Menge enthalten
MOD	Restbetrag bei einer Division
NOT	Logisches, arithmetisches NICHT
OR	Logisches, arithmetisches ODER
SHL	Verschieben der Bits nach links
SHR	Verschieben der Bits nach rechts
XOR	Logisches, arithmetisches ENTWEDER-ODER

Arithmetik

Abs	Absoluter Betrag einer Zahl
ArcTan	Arcustangens
Cos	Cosinus
Exp	Exponentialfunktion (e^x)
Frac	Dezimalbruch einer Zahl
Int	Ganzzahliger Real-Wert einer Zahl
Ln	Natürlicher Logarithmus zur Basis e
Pi	Kreiszahl Pi (3.14159...)
Round	Runden einer reellen Zahl
Sin	Sinus
Sqr	Quadrat einer Zahl
Sqrt	Quadratwurzel einer Zahl
Trunc	Ganzzahliger Integer-Wert einer Zahl

Standard-Prozeduren und -Funktionen

Chr	Ermittelt den Ordinalwert eines ASCII-Zeichens
Dec	Erniedrigen einer ordinalen Variablen
Delay	Warten in Millisekunden
Exit	Prozedur, Funktion verlassen
FillChar	Variable mit einem Wert initialisieren
Halt	Programmabbruch
Hi	Höherwertiges Byte eines Integer- oder Word-Wertes
Inc	Erhöhen einer ordinalen Variablen
KeyPressed	Wahr, wenn Zeichen im Tastaturpuffer
Lo	Niederwertiges Byte eines Integer- oder Word-Wertes
Move	Bytes übertragen von der einen Variablen zur anderen
NoSound	Ausschalten des Tongenerators
Odd	Wahr, wenn Argument ungerade
Ord	Ermittelt Ordinalwert des Argumentes
Pred	Ermittelt unmittelbaren Vorgänger
Random	Ermittelt eine Zufallszahl
Randomize	Zufallszahlengenerator in undefinierten Zustand bringen
Sound	Tongenerator einschalten
Succ	Ermittelt unmittelbaren Nachfolger
Swap	Vertauscht höher- und niederwertiges Byte einer Integer- oder Word-Variablen
UpCase	Wandelt Kleinbuchstaben in die entsprechenden Großbuchstaben um

Strings

Concat	Fügt zwei (oder mehrere) Zeichenketten zusammen
Copy	Gibt einen Teil einer Zeichenkette aus
Delete	Löscht einzelne Zeichen eines Strings
Insert	Fügt einzelne Zeichen in einen String ein
Length	Ermittelt die Länge einer Zeichenkette
Pos	Ermittelt die Position eines Teilstrings, der in einer zeichenkette vollständig enthalten ist
Str	Wandelt einen Zahlenwert in eine Zeichenkette um
Val	Wandelt eine Zeichenkette in einen Zahlenwert um

System

Addr	Ermittelt den Zeigerwert einer Variablen
ChDir	Wechselt das aktuelle Verzeichnis
CSeg	Ermittelt das aktuelle Code-Segment (für jede Unit einen anderen Wert)
DSeg	Ermittelt das Daten-Segment
GetDir	Ermittelt das aktuelle Verzeichnis (inkl. Laufwerksangabe)
IOresult	Ermittelt Eingabe- und Ausgabefehler
Mem	Speicherzugriff (byteweise)
MemL	Speicherzugriff (je 4 Bytes)
MemW	Speicherzugriff (wortweise)
MkDir	Erstellt ein neues Verzeichnis
Ofs	Bestimmt die Offset-Adresse von Variablen, Prozeduren und Funktionen
ParamCount	Ermittelt die Anzahl der vorliegenden Parameter
ParamStr	Übergibt einzelne Parameter als String
Port	Portzugriff (byteweise)
PortW	Portzugriff (wortweise)
Ptr	Wandelt eine Segment- und Offsetadresse in einen Zeigerwert um
RmDir	Löscht ein Verzeichnis
Seg	Ermittelt die Segment-Adresse von Variablen, Prozeduren und Funktionen
SizeOf	Ermittelt den Speicherbedarf einer Variablen oder eines Datentyps
SPtr	Ermittelt die Offset-Adresse der Stackspitze
SSeg	Ermittelt die Segment-Adresse des Stacks

Dynamische Speicherverwaltung

Dispose	Gibt Speicherplatz auf dem Heap frei
FreeMem	Gibt einen Speicherblock auf dem Heap frei
FreeMin	Minimaler Platz für die Fragmentliste
FreePtr	Zeigt auf die Fragmentliste
GetMem	Reserviert einen Speicherblock auf dem Heap
HeapError	Zeigt auf eine Routine, die bei einem Heap-Fehler aufgerufen wird
HeapOrg	Zeigt auf den Beginn des Heaps
HeapPtr	Zeigt auf die Spitze des Heaps
Mark	Weist den Wert des Heap-Zeigers einer Variablen zu
MaxAvail	Bestimmt den größten zusammenhängenden Speicherblock
MemAvail	Bestimmt den freien Speicherplatz auf dem Heap
New	Reserviert auf dem Heap für eine Variable Speicherplatz
Release	Gibt den Heap ab einer bestimmten Speicheradresse frei

MS-DOS

DiskFree	Ermittelt den freien Speicherplatz auf einem Datenträger
DiskSize	Ermittelt die gesamte Speicherkapazität eines Datenträgers
DosExitCode	Liefert den Exit-Code eines Programmes
Exec	Startet ein Programm (.EXE-, .COM- oder .BAT-Datei)
FindFirst	Sucht nach einem bestimmten Dateinamen
FindNext	Sucht nach einem weiteren Dateinamen
GetDate	Ermittelt das Systemdatum
GetFAttr	Ermittelt das Attribut einer Datei
GetFTime	Ermittelt Datum und Uhrzeit einer Datei
GetIntVec	Ermittelt die Adresse einer Interrupt-Routine
GetTime	Ermittelt die Systemzeit
Intr	Ruft eine Interrupt-Routine auf
Keep	Beendet ein Programm, ohne den Programmcode aus dem Speicher zu löschen
MsDos	Ruft eine DOS-Funktion auf (Interrupt $21)
PackTime	Konvertiert Datum und Uhrzeit in eine kompakte Form (4 Bytes)
SetDate	Setzt das Systemdatum
SetFAttr	Setzt das Attribut einer Datei

SetFTime	Setzt Datum und Zeit einer Datei
SetIntVec	Setzt die Adresse einer Interrupt-Routine neu
SetTime	Setzt die Systemzeit
UnpackTime	Konvertiert die kompakte Form für Datum und Uhrzeit in eine lesbare Form

Datei

Assign	Weist einer Dateivariablen einen Dateinamen zu
BlockRead	Liest einen Block von 128 Bytes
BlockWrite	Schreibt einen Block von 128 Bytes
Close	Schließt eine Datei
Eof	Wahr, wenn das Dateiende erreicht ist
Erase	Löscht eine Datei
Read	Liest aus der Datei
ReadLn	Liest aus der Datei eine Zeile
Rename	Benennt eine Datei um
Reset	Öffnet eine Datei
Rewrite	Erstellt eine noch nicht existierende Datei
Truncate	Löscht alle Daten, die nach der aktuellen Position des Dateizeigers stehen
Write	Schreibt in eine Datei
WriteLn	Schreibt eine Zeile in die Datei

Standarddateien

INPUT	Eingabegerät (Tastatur)
LST	Drucker (paralleler Ausgang, LPT1:)
OUTPUT	Ausgabegerät (Bildschirm)

Textdatei

Append	Erweitert eine Textdatei
EoLn	Wahr, wenn das Ende einer Zeile erreicht ist
Flush	Entleert den Textpuffer und schreibt dessen Inhalt auf Diskette
SeekEof	Wahr, wenn nach Leerzeichen und Tabulator das Dateiende erkannt wird
SeekEoLn	Wahr, wenn nach Leerzeichen und Tabulator das Zeilenende erkannt werden kann
SetTextBuf	Setzt für eine Datei einen Datenpuffer

Datei mit direktem Zugriff

FilePos	Ermittelt die Position des Datenzeigers
FileSize	Ermittelt die Anzahl der Datensätze
Seek	Setzt den Datenzeiger an eine beliebige Position

Textbildschirm

AssignCrt	Weist einer Dateivariablen den Bildschirm zu
ClrEol	Löscht bis ans Zeilenende
ClrScr	Löscht den Inhalt des aktuell gesetzten Fensters
DelLine	Löscht eine Zeile
GotoXY	Setzt den Cursor an eine beliebige Position
HighVideo	Eine Textfarbe im Bereich 8..15 wird in die entsprechende Textfarbe 0..7 gesetzt
InsLine	Fügt eine Leerzeile ein
LowVideo	Eine Textfarbe im Bereich 0..7 wird in die entsprechende Textfarbe 8..15 gesetzt
NormVideo	Setzt die Textfarbe auf den Anfangswert zurück
ReadKey	Liest ein einzelnes Zeichen von der Tastatur
TextBackground	Setzt die Hintergrundfarbe eines Zeichens
TextColor	Setzt die Zeichenfarbe
TextMode	Setzt einen Textmodus
WhereX	Ermittelt die aktuelle X-Koordinate des Cursors
WhereY	Ermittelt die aktuelle Y-Koordinate des Cursors
Window	Legt ein Textfenster fest

Graphik

Arc	Zeichnet eine Kreisbogen
Bar	Zeichnet einen Balken
Bar3D	Zeichnet einen dreidimensionalen Balken
Circle	Zeichnet einen Kreis
ClearDevice	Löscht den gesamten Bildschirm
ClearViewPort	Löscht den Inhalt des aktuellen Fensters
CloseGraph	Entfernt Graphik-Treiber und -Zeichensätze
DetectGraph	Sucht einen passenden Graphik-Treiber
DrawPoly	Zeichnet ein Vieleck
Ellipse	Zeichnet eine Ellipse
FillPoly	Zeichnet ein gefülltes Vieleck
FloodFill	Füllt eine Figur beliebiger Form mit einem Muster
GetArcCoords	Ermittelt die Endpunkte eines Kreisbogens

GetAspectRatio	Ermittelt das Seiten-/Höhenverhältnis eines Bildschirmes
GetBkColor	Ermittelt die aktuelle Hintergrundfarbe
GetColor	Ermittelt die aktuelle Zeichenfarbe
GetFillPattern	Ermittelt das aktuelle Füllmuster (vom Programmierer entworfen)
GetFillSettings	Ermittelt die aktuelle Nummer des Füllmusters
GetGraphMode	Ermittelt den aktuell gesetzten Graphik-Modus
GetImage	Liest einen rechteckigen Bildausschnitt
GetLineSettings	Ermittelt die Linienart
GetMaxColor	Ermittelt die höchste Farbnummer
GetMaxX	Ermittelt die größte X-Koordinate des Bildschirmes
GetMaxY	Ermittelt die größte Y-Koordinate des Bildschirmes
GetModeRange	Ermittelt den zulässigen Bereich für den Graphik-Modus
GetPalette	Ermittelt die aktuellen Farbpalette
GetPixel	Ermittelt die Farbe eines Bildpunktes
GetTextSettings	Ermittelt die Schriftart, Schreibrichtung und Zeichengröße
GetViewSettings	Ermittelt die Eckpunkte des aktuellen Graphik-Fensters
GetX	Ermittelt die aktuelle Position des Graphik-Cursors (X-Koordinate)
GetY	Ermittelt die aktuelle Position des Graphik-Cursors (Y-Koordinate)
GraphDefaults	Setzt alle Parameter des Graphik-Paketes auf ihre Standardwerte zurück
GraphErrorMsg	Stellt eine englische Fehlermeldung zur Verfügung
GraphResult	Ermittelt eine Fehlernummer
ImageSize	Ermittelt den Speicherbedarf eines Bildausschnittes
InitGraph	Lädt einen Graphik-Treiber
Line	Zeichnet eine Linie
LineRel	Zeichnet eine Linie relativ zur aktuellen Cursor-Position
LineTo	Verbindet die aktuelle Cursor-Position mit einem beliebigen Punkt
MoveRel	Bewegt den Graphik-Cursor relativ zur aktuellen Cursor-Position
MoveTo	Setzt den Graphik-Cursor an einen beliebigen Punkt
OutText	Gibt einen Text aus
OutTextXY	Gibt an einem bestimmten Punkt einen Text aus
PieSlice	Zeichnet ein gefülltes Kuchenstück
PutImage	Kopiert den Inhalt einer Puffervariablen in den Graphik-Bildschirm
PutPixel	Setzt einen Bildschirm-Punkt

Rectangle	Zeichnet ein Rechteck
RegisterBGIdriver	Registriert einen Graphik-Treiber
RegisterBGIfont	Registriert einen Zeichensatz
RestoreCrtMode	Schalten in den Textmodus um
SetActivePage	Legt die aktuelle Graphik-Seite fest
SetAllPalette	Setzt die gesamte Farbpalette neu
SetBkColor	Setzt die Hintergrundfarbe
SetColor	Setzt die Zeichenfarbe
SetFillPattern	Definiert ein vom Programmierer entworfenes Füllmuster
SetFillStyle	Wählt ein vordefiniertes Füllmuster
SetGraphBufSize	Setzt einen Puffer für Graphik-Daten
SetGraphMode	Setzt einen bestimmten Graphik-Modus
SetLineStyle	Setzt die Linienart
SetPalette	Setzt einen Eintrag der Palette neu
SetTextJustify	Legt die Formatierung einzelner Zeilen fest
SetTextStyle	Legt die Schriftart, Schreibrichtung und Zeichengröße fest
SetUserCharSize	Ermöglicht das Setzen einer beliebigen Zeichengröße
SetViewPort	Definiert einen Bildausschnitt als Textfenster
SetVisualPage	Legt fest, welche der Graphik-Seiten angezeigt werden soll
TextHeight	Ermittelt die Höhe (in Punkten) eines Textes
TextWidth	Ermittelt die Länge (in Punkten) eines Textes

Vordefinierte Datentypen

ArcCoordsType	Definiert für *GetArcCoords*
DateTime	Definiert für *PackTime* und *UnpackTime*
FileRec	Definiert für den internen Gebrauch im Zusammenhang mit typisierten und untypisierten Dateien
FillPatternType	Definiert für *GetFillPattern*, *SetFillPattern*
FillSettingsType	Definiert für *GetFillSettings*
LineSettingsType	Definiert für *GetLineSettings*
PaletteType	Definiert für *GetPalette*
PointType	Definiert für *DrawPoly* und *FillPoly*
Registers	Definiert für *Intr* und *MsDos*
SearchRec	Definiert für *FindFirst* und *FindNext*
TextBuf	Standard-Puffer für Textdateien (kann mit *SetTextBuf* vergrößert werden)
TextRec	Definiert für den internen Gebrauch im Zusammenhang mit Textdateien
TextSettingsType	Definiert für *GetTextSettings*
ViewPortType	Definiert für *GetViewSettings*

Vordefinierte Konstanten

FALSE	Wahrheitswert FALSCH
MaxInt	=32'767;
MaxLongInt	=2'147'483'647
NIL	Zeigerwert, zwei Null-Wörter
TRUE	Wahrheitswert WAHR

Weitere Konstanten sind in den Units **Crt**, **Dos** und **Graph** definiert.

Vordefinierte Variablen

CheckBreak	Prüfung auf Ctrl-Break
CheckEof	Prüfung auf Ctrl-Z
CheckSnow	Unterdrückung von Bildschirmstörungen
DirectVideo	Direkter Zugriff auf den Bildschirmspeicher
DosError	Fehlernummer der letzten DOS-Funktion
ErrorAddr	Adresse des Laufzeitfehlers
ExitCode	Exitcode eines Programmes
ExitProc	Zeigt auf eine Prozedur, die bei Programmende ausgeführt wird
FileMode	Zugriffsmöglichkeiten bei einer Datei
GraphFreeMemPtr	Zeigt auf eine Graphik-Routine, die auf dem Heap Speicherplatz reserviert
GraphGetMemPtr	Zeigt auf eine Graphik-Routine, die auf dem Heap Speicherplatz freigibt
LastMode	Aktueller Textmodus
PrefixSeg	Segment-Adresse des Programmvorspanns
RandSeed	Startwert für Zufallszahlengenerator
SaveInt00	Interrupt $00, Division durch null
SaveInt02	Interrupt $02, Nichtmaskierbarer Interrupt
SaveInt1B	Interrupt $1B, Ctrl-C-Behandlung
SaveInt23	Interrupt $23, Ctrl-C-Behandlung
SaveInt24	Interrupt $24, Behandlung von kritischen Fehlern
SaveInt75	Interrupt $75
TextAttr	Aktuelle Textfarbe (inklusiv Hintergrund)
WindMax	Linke obere Ecke des aktuellen Fensters
WindMin	Rechte untere Ecke des aktuellen Fensters

Anhang B.1
Die Entwicklungsumgebung (Version 3.0)

Das Hauptmenü gibt eine Übersicht über alle verfügbaren Kommandos. Der heller leuchtende Buchstabe eines Kommandos zeigt an, mit welcher Tastatureingabe es aufgerufen werden kann (Compile wird also durch die Eingabe des Buchstabens **C** aufgerufen. Es spielt dabei keine Rolle, ob Sie einen Klein- oder Großbuchstaben eingeben):

```
Logged drive:
Active directory:

Work file:
Main file:

Edit       Compile  Run      Save
Dir        Quit     compiler Options

Text:0      bytes
Free:65057  bytes

>
```

Logged drive
Mit der Eingabe des Buchstabens **L** können Sie das aktuelle Laufwerk bestimmen. Es erscheint folgender Text:

```
New Drive:
```

Geben Sie jetzt an (Eingabe eines Buchstabens), mit welchem Laufwerk Sie hauptsächlich arbeiten wollen.

Active directory
Mit der Eingabe des Buchstabens A können Sie das aktuelle Verzeichnis (oder Unterverzeichnis) bestimmen:

```
New directory:
```

Die einzelnen Pfadnamen müssen durch einen Backslash (\) voneinander getrennt sein:

```
New directory: \turbo\mimi
```

Work file
Jedes Programm, das Sie schreiben, muß einen Dateinamen erhalten. Dieser besteht aus maximal acht Zeichen (dem eigentlichen Dateinamen) und einer Erweiterung, die bis zu 3 Zeichen umfaßt. Zwischen Dateiname und erweiterung ist ein Punkt zu setzen. Beispiele für Dateinamen sind:

```
MIMI.PAS
CODE1.MIM
```

Drücken Sie den Buchstaben W, wenn Sie nach dem Dateinamen Ihres Programmes gefragt werden wollen:

```
Work file name:
```

Falls Sie nur den Dateinamen schreiben (ohne Punkt und Erweiterung), wird er automatisch mit .PAS erweitert:

```
Work file name: MIMI (wird zu MIMI.PAS)
```

Wollen Sie einer Datei keine Erweiterung geben, müssen Sie den Dateinamen und einen Punkt schreiben:

```
Work file name: NURHALB. (wird keine Erweiterung erhalten)
```

Main file
Ein Turbo-Pascal-Programm kann einen Compilerbefehl enthalten, der weitere Teilprogramme (meist Prozeduren und Funktionen) von der Diskette liest und sie bei der Compilierung verwendet (genaueres beim Compiler-Befehl **I** im Anhang D.1).
Das Programm, das solche Compilerbefehle enthält, wird Hauptdatei (main file) genannt.
Drücken Sie also den Buchstaben M, wenn Sie eine Hauptdatei spezifizieren wollen:

```
Main file name:
```

Edit
Edit startet einen Editor (ein kleines Textsystem), mit dem Sie Ihr Programm schreiben können. Der Editor wird weiter unten beschrieben (siehe Anhang C.1: Der Editor).

Compile
Ein Pascal-Programm, das Sie mit dem Editor geschrieben haben, muß zuerst für den Computer in eine verständliche Sprache gebracht werden (Maschinencode). Dieser Vorgang wird Compilieren (Übersetzen) genannt. Während der Compilierung wird die Nummer der Zeile, mit der Turbo-Pascal gerade beschäftigt ist, angezeigt.
Geben Sie also **C** ein, wenn Sie Ihr Programm compilieren wollen. Beachten Sie auch etwas weiter unten das Menü Compiler Options.
Wenn ein Programm compiliert ist, wird angezeigt, wieviel Speicherplatz das Code- und Datensegment einnehmen werden (in Bytes und Paragraphen). Diese Angaben können bei den Compiler-Optionen (weiter unten) unerläßlich sein.

Run
Run bringt ein compiliertes Programm zur Ausführung.
Falls ein Programm noch nicht compiliert ist, leitet *Run* diesen Vorgang selbständig ein.

Save
Mit *Save* können Sie das mit dem Editor geschriebene Programm auf der Diskette/Festplatte abspeichern.
Der Editor selbst besitzt keine eigentliche Funktion, die den Programmtext auf die Diskette/Festplatte schreibt (eventuell ganzes Programm markieren und mit **Ctrl K W** sichern, siehe unten), der Text bleibt jedoch im Arbeitsspeicher erhalten, wenn Sie den Editor verlassen.
Speichern Sie ein Programm, das Sie geschrieben haben, immer vor dem ersten Programmstart ab, denn es kommt schon mal vor, daß sich irgendwo im Programm eine Endlosschleife eingeschlichen hat, in der Ihr Computer stundenlang kreisen könnte. Ein solches Programm ist meistens verloren, da bei Turbo-Pascal ein laufendes Programm normalerweise nicht unterbrochen werden kann.

Quit
Mit *Quit* wird Turbo-Pascal verlassen. Falls Sie Ihr Programm noch nicht abgespeichert haben, werden Sie von Turbo-Pascal darauf hingewiesen.

Dir
Dir ermöglicht das Anzeigen des Inhaltsverzeichnisses einer Diskette:

```
Dir mask:
```

Falls Sie keine Dateimaske eingeben, werden alle Dateien des aktuellen Laufwerkes und Verzeichnisses angezeigt.

Eine Dateimaske gibt an, welche Dateien angezeigt werden sollen. Hierfür können die beiden Stellvertreter * und ? (genaueres darüber im DOS-Handbuch) verwendet werden:

```
Dir mask: \writer\turbolex\*.lex
```

Nach obiger Eingabe werden alle Dateien, die sich im Unterverzeichnis **\writer\turbolex** befinden, angezeigt. Die Dateierweiterung muß jedoch LEX heißen.

Compiler Options
Mit diesem Menüpunkt wird folgendes Unter-Menü aufgerufen:

```
compile  -> Memory
            Com-file
            cHn-file

commandline Parameter:

Find run-time error    Quit
```

Memory (Menü Compiler Options)
Pascal-Programm wird in den Arbeitsspeicher compiliert (entspricht der Voreinstellung).

Com-file und **cHn-file** (Menü Compiler Options)
Mit der Eingabe von **C** wird das Pascal-Programm bei der Compilierung als .COM-Datei auf das aktuelle Laufwerk geschrieben. Diese Datei stellt ein lauffähiges Programm dar (Maschinencode), das nicht mehr auf Turbo Pascal angewiesen ist.
Mit **H** werden die Programme beim Compilieren ebenfalls auf das aktuelle Laufwerk geschrieben. Die so entstandenen Dateien sind mit der Dateierweiterung .CHN gekennzeichnet. Dieser Programm-Code kann vom Betriebssystem aber nicht ausgeführt werden, da ihm die Laufzeit-Bibliothek von Turbo Pascal fehlt. Diese Dateien werden von der Prozedur *Chain* aufgerufen.
Wenn Sie einen dieser beiden Compiler-Modi wählen, erscheinen vier weitere Zeilen auf dem Bildschirm. Sie geben darüber Auskunft, welche Größe den einzelnen Segmenten (z.B. Code- oder Datensegment) zukommt. Die einzelnen Segment-Größen werden in Paragraphen angegeben (ein Paragraph entspricht 16 Bytes):

Minimale Codesegmentgröße: Mit dem Buchstaben **O** kann die minimale Codegröße angegeben werden. Das Codesegment enthält typisierte Konstanten und den Programm-Code.
Minimale Datensegmentgröße: Der Buchstabe **D** läßt die minimale Größe des Datensegmentes festlegen. Im Datensegment werden globale Variablen plaziert.
Minimale und **Maximale Größe** des **dynamischen Speichers:** Wählen Sie mit dem Buchstaben **I** die minimale, mit dem Buchstaben **A** die maximale Größe des dynamischen Speichers. Der dynamische Speicher nimmt den Stack und den Heap auf. Der Stack speichert lokale Variablen, der Heap Zeigervariablen. Wenn Sie die maximale Größe des dynamischen Speichers um rund $1000 verkleinern, wird ein .COM-Programm nach dem Programmende nicht mehr die Datei COMMAND.COM nachladen müssen.
Diese einzelnen Segmente müssen bei zusammenarbeitenden Programmen gleich groß gewählt werden (siehe Prozeduren *Chain* und *Execute*).

commandline Parameter (Menü Compiler Options)
Turbo-Pascal-Programmen, die als .COM-Datei vorliegen, können beim Programmstart wahlweise Parameter (z.B. einen Dateinamen) übergeben werden. Um diese Parametereingabe auch dann zu ermöglichen, wenn das Programm in den Arbeitsspeicher compiliert worden ist, existiert der Untermenü-Punkt *commandline Parameter.*
Nach dem Drücken des Buchstabens **P** können Sie also Parameter eingeben, die durch einen Leerschritt voneinander getrennt sind:

```
commandline parameter: WERBUNG.TXT ADRESSEN.DBF
```

Obige Eingabe spezifiziert zwei Parameter, die nun dem Programm (compiliert in den Arbeitsspeicher) beim Start übergeben werden.
Parameter werden mit den Prozeduren *ParamCount* und *ParamStr* ins Programm importiert.

Find run-time error (Menü Compiler Options)
Wenn sich in .COM- oder .CHN-Dateien noch Fehler befinden, die unter bestimmten Voraussetzungen entstehen, bricht Turbo-Pascal die Programmausführung ab und gibt eine Fehlermeldung aus, die den Fehlercode und den aktuellen Stand des Programmzählers enthält:

```
Run-time error 01, PC=2AB3
```

Die Fehlerstelle kann nun mit Hilfe des Quelltextes (dem Programm in der Sprache Pascal) und dem Untermenü *Find run-time error* gefunden werden:

```
Enter PC: 2AB3
```

Turbo Pascal sucht nun die Fehlerstelle im Quellprogramm und zeigt sie, wenn gefunden, im Editor an.

Quit (Menü Compiler Options)
Mit der Eingabe von **Q** kann wieder ins Hauptmenü gelangt werden.

Anhang B.2
Die Entwicklungsumgebung (Version 4.0)

Turbo Pascal stellt in der Version 4.0 eine vorzügliche Entwicklungsumgebung zur Verfügung, die mit Hilfe von Pull-Down-Menüs ein einfaches und schnelles Arbeiten erlaubt. Der mit den Systemdisketten mitgeliefert Kommandozeilen-Compiler TPC.EXE wird in diesem Buch nicht besprochen, da er einerseits einen separaten Editor benötigt und andererseits die Entwicklungsarbeiten eines Programmierers eher bremst. Folgende Menüs werden in der Entwicklungsumgebung angezeigt:

File	Zeigt ein Untermenü an, das die gesamte Dateiverwaltung steuert.
Edit	Ruft den integrierten Editor auf.
Run	Startet ein Programm.
Compile	Zeigt ein Untermenü, mit dem sich Programme compilieren lassen.
Options	Ruft ein Untermenü auf, das das Einstellen von verschiedensten Optionen ermöglicht.

Das Menü File
Dieses Menü stellt die gesamte Dateiverwaltung von Turbo Pascal zur Verfügung. Folgende Menüpunkte können gewählt werden:

Load	Laden einer Datei in den Editor
Pick	Anzeigen einer Liste der zuletzt bearbeiteten Dateien
New	Löscht den im Editor befindlichen Text
Save	Sichert den Text im Editor auf Diskette/Festplatte
Write to	Sichert einen Text unter einem beliebigen Namen
Directory	Zeigt, welche Dateien sich auf einem Datenträger befinden
Change dir	Ermöglicht das Wechseln des aktuellen Laufwerkes oder Directories
OS shell	Kehrt kurzfristig zur DOS-Ebene zurück
Quit	Beendet die Entwicklungsumgebung von Turbo Pascal und kehrt zum MS-DOS zurück

Load (Menü File)
Mit *Load* werden Sie nach dem Namen einer Datei (maximal acht Zeichen) gefragt, die in den Editor geladen werden soll. Falls Sie die Dateierweiterung (maximal drei Zeichen) nicht schreiben, wird automatisch .PAS angefügt. Beispiele für Dateinamen sind:

```
MIMI.PAS
MENUSYST.MIM
```

Falls Sie bei der Dateinameneingabe die Stellvertreterzeichen * und ? verwenden, werden (den Regeln von DOS entsprechend) eine ganze Reihe von Dateien angezeigt. mit Hilfe der folgenden Tasten können Sie einen der aufgeführten Dateien auswählen:

<Pfeiltaste>	Bewegt den Cursor in die entsprechende Richtung.
Home	Setzt den Cursor auf den ersten Eintrag.
End	Setzt den Cursor auf den letzten Eintrag.
<Buchstabe>	Setzt den Cursor auf den ersten Dateinamen, dessen erster Buchstabe mit dem eingegebenen übereinstimmt. Bei einem erneuten Drücken derselben Buchstabentaste wird der zweite entsprechende Dateiname angesprungen. Wenn die Buchstabentaste zusammen mit SHIFT gedrückt wird, springt der Cursor zu einem entsprechende Directory.
Return	Lädt die ausgewählte Datei oder öffnet das mit dem Cursor markierte Directory.

Wenn Sie versuchen, eine neue Datei zu laden, obwohl sich im Editor eine Datei befindet, die noch nicht auf der Diskette/Festplatte gesichert worden ist, werden Sie von Turbo Pascal darauf aufmerksam gemacht und erhalten die Möglichkeit, die alte Datei auf Diskette/Festplatte zu schreiben.
F3 entspricht diesem Menüpunkt.

Pick (Menü File)
Wenn Sie an einem großen Projekt arbeiten, werden Sie gezwungen sein, zwischen mehreren Dateien hin und her zu springen. Turbo Pascal speichert automatisch die letzten acht Namen der Dateien, mit denen Sie gearbeitet haben. Wollen Sie diese Dateinamen sehen, rufen Sie *Pick* auf. Mit den Cursortasten auf und ab können Sie einen Dateinamen auswählen und mit einem Druck auf RETURN wird die gewünschte Datei in den Editor geladen.
Der Eintrag *--load file--* in der Pick-Liste bewirkt dasselbe wie der Menüpunkt Load.
Im Menüpunkt *Options, Directories, Pick file name* können Sie der aktuelle Pick-Liste einen Dateinamen geben, unter dem sie beim Verlassen von Turbo Pascal gesichert wird. Bei einem erneuten Starten haben Sie dann wieder die alte Pick-Liste zur Verfügung.
Mit dem Tastenbefehl **Alt F3** können Sie ebenso die Pick-Liste aktivieren.

New (Menü File)
Die aktuelle Datei des Editors wird gelöscht (und zuerst auf Wunsch gespeichert). Die neue Datei erhält den Dateinamen NONAME.PAS. Mit *File, Write to* kann diese Datei zu einem späteren Zeitpunkt unter einem anderen Namen abgespeichert werden.

Save (Menü File)
Mit *Save* wird die im Editor befindliche Datei auf den Datenträger geschrieben. Die Taste **F2** zeigt dieselbe Wirkung.
Die ältere Version einer Datei befindet sich als .BAK-Datei auf der Diskette, falls der Schalter *Backup source* (im Menü *Options, Environment*) auf **ON** steht.

Write to (Menü File)
Schreibt die aktuelle Datei unter einem bestimmten Namen auf den Datenträger. Falls Sie bei der Namensgebung auf eine Erweiterung verzichten, wird automatisch .PAS angehängt.
Existiert eine so benannte Datei bereits, werden Sie vom System darauf aufmerksam gemacht.
Der neue Dateiname ersetzt den alten Arbeitsdateinamen und wird am oberen Rand des Editors angezeigt.

Directory (Menü File)
Gibt ein Verzeichnis der vorhandenen Dateien in einem Directory oder Laufwerk aus. Mit den beiden Stellvertreterzeichen * und ? kann (den Regeln von DOS entsprechend) ein Verzeichnis nach gewissen Kriterien erstellt werden.
Zur Bewegung des Cursors sind dieselben Tasten wie bei *File, Load* zu verwenden (siehe oben).

Change dir (Menü File)
Mit diesem Wahlpunkt kann das aktuelle Directory oder Laufwerk gewechselt werden. Mögliche Eingaben sind:

```
C:\TURBO4\MIMI\
A:\
```

Neben diesem Standard-Directory, das meist nur kurzfristig gesetzt wird, arbeitet Turbo Pascal mit fünf weiteren Directories, die bei *Options, Directories* gesetzt werden können (siehe weiter unten).

OS shell (Menü File)
Wählen Sie *OS shell*, wenn Sie kurz auf der DOS-Ebene etwas ausprobieren wollen (Dateien kopieren, .EXE- oder .COM-Dateien ausführen lassen).

TURBO.EXE und die aktuelle Datei im Editor bleiben erhalten. Falls der Schalter *Edit auto save* auf ON steht (siehe Menüpunkt *Options, Environment*), wird der Quelltext zuerst auf den Datenträger geschrieben. Dies kann vor unerwünschtem Datenverlust schützen.
Mit dem internen DOS-Befehl EXIT gelangen Sie wieder in die Entwicklungsumgebung von Turbo Pascal.

Quit (Menü File)
Mit Quit wird Turbo Pascal verlassen. Falls die aktuelle Datei im Editor noch nicht gesichert ist, werden Sie darauf hingewiesen.
Alt X hat die gleiche Wirkung wie *File, Quit*.

Der Befehl Edit
Edit ruft den integrierten Editor von Turbo Pascal auf. Er wird immer dann gebraucht, wenn ein Quelltext verändert oder erweitert werden muß. Der Befehlssatz des Editors ist weitgehend mit dem Textverarbeitungsprogramm WordStar identisch. Er wird im Anhang C.2 beschrieben.

Der Befehl Run
Run startet ein Programm. Falls dieses noch nicht compiliert ist, wird dieser Vorgang automatisch eingeleitet (Aufruf von *Compile, Make*, siehe weiter unten).
Falls mittels *Compile, Primary file* (siehe weiter unten) eine Hauptdatei angegeben wurde, wird nicht die im Editor enthaltene Datei, sondern diese Hauptdatei gestartet.
Die bei *Options, Parameters* (siehe weiter unten) angegebenen Parameter werden dem zu startenden Programm übergeben.

Das Menü Compile
Dieses Menü zeigt ein Untermenü mit folgenden Einträgen:

Compile	Compiliert die aktuelle Datei im Editor
Make	Compiliert ein modulares Programm, wobei nur diejenigen Units compiliert werden, die seit der letzten Compilation verändert wurden
Build	Compiliert ein modulares Programm, wobei alle Units neu compiliert werden
Destination	Zeigt an, ob ein Programm in den Arbeitsspeicher oder auf eine Diskette/Festplatte compiliert wird
Find error	Sucht an einer angegebenen Speicherstelle einen Laufzeitfehler

Primary file	Die hier angegebene Datei wird compiliert; steht hier kein Dateiname, wird der Quelltext im Editor compiliert
Get info	Liefert Informationen zur aktuellen Datei im Editor

Compile (Menü Compile)
Mit *Compile* wird das im Editor befindliche Programm in Maschinencode übersetzt. Mit dem Schalter *Compile, Destination* kann festgelegt werden, ob das Programm in den Speicher oder auf Diskette/Festplatte compiliert werden soll.
Während der Compilation wird der aktuelle Stand der Arbeit angezeigt. Bei einem Syntax-Fehler wird die fehlerhafte Stelle im Programmtext angezeigt und eine Fehlermeldung erscheint im oberen Teil des Bildschirmes. Bei einer erfolgreichen Compilation erscheint die Meldung *Success: Press any key.*
Es ist empfehlenswert, Programme nur dann mit dem Menüpunkt *Compile* zu übersetzen, wenn sie keine selbstgeschriebenen Units (die ständig erweitert und verbessert werden) aufnehmen.
Die Compilation (und deren Produkt) kann mit verschiedenen Compilerbefehlen (siehe Anhang D.2 und Menüpunkt *Options, Compiler*) beeinflußt werden.

Make (Menü Compile)
Mit *Make* wird ein Programm compiliert, das modular (aufgeteilt in Units) aufgebaut ist. Folgende Punkte sind zu beachten:

a) Wenn bei *Compile, Primary file* eine Hauptdatei angegeben wurde, wird diese compiliert, andernfalls die Datei im Editor.
b) Alle Units, die im zu compilierenden Programm mit dem reservierten Wort USES angegeben sind, werden nur dann compiliert, wenn ihr Datum jünger ist als das des zu compilierenden Programmes.
c) Bei einer Veränderung des Interface-Teils einer Unit werden alle Units, die diese Unit benützen, compiliert.
d) Bindet eine Unit mit dem Compilerbefehl **I** (siehe Anhang D.2) Dateien ein, wird es neu compiliert, wenn die einzubindenden Dateien jünger sind als die Unit.
e) Falls eine Unit eine .OBJ-Datei mit dem Compilerbefehl **L** aufnimmt, wird sie compiliert, wenn die .OBJ-Datei jünger als die Unit ist.

Die Compilation (und deren Produkt) kann mit verschiedenen Compilerbefehlen (siehe Anhang D.2 und Menüpunkt *Options, Compiler*) beeinflußt werden.

Build (Menü Compile)
Hier werden modular aufgebaute Programme (mit Units) compiliert. Im Gegensatz zu *Compile, Make* compiliert *Build* alle an einem Programm beteiligten Dateien.
Build ist besonders dann nützlich, wenn die Compilierung mit Symbolen (siehe Anhang D.2) unterschiedlichen Code erzeugt, abhängig von der Hardware-Ausstattung.

Destination (Menü Compile)
Schaltet um zwischen *Memory* und *File* und zeigt an, ob ein Programm in den Arbeitsspeicher oder als .EXE-Datei compiliert wird.
Unabhängig vom aktuellen Stand dieses Schalters werden Units immer als .TPU-Dateien auf dem Datenträger erzeugt.

Find error (Menü Compile)
Sucht einen Laufzeitfehler an einer bestimmten Adresse. Dies ist nur dann wichtig, wenn ein als .EXE-Datei compiliertes Programm durch einen Fehler abgebrochen wird:

```
Runtime error 207 at 10FF:4A0D
```

Gehen Sie in diesem Fall wie folgt vor:

a) Laden Sie den Compiler TURBO.EXE.
b) Lesen Sie das fehlerhafte Quellprogramm ein.
c) Setzen Sie den Schalten *Compiler, Destination* auf *Disk*.
d) Wenn nicht bereits geschehen: Setzen Sie den Schalter *Options, Compiler, Debug information* auf ON.
e) Rufen Sie nun *Compile, Find error* auf und geben Sie die genaue Fehleradresse (z.B. 10FF:4A0D) ein. Jetzt sucht der Compiler die Fehleradresse und zeigt sie, wenn gefunden, im Editor an.

Bei Programmen, die in der Entwicklungsumgebung von Turbo Pascal gestartet werden, wird die Fehlerstelle automatisch im Editor angezeigt. Im Editor kann mit dem Befehl **Ctrl Q W** beliebig oft die letzte Fehlerstelle gefunden werden.

Get info (Menü Compile)
Dieser Menüpunkt öffnet ein Fenster, das folgende Informationen über den im Editor befindlichen Programmcode enthält:

Primary file: Name der Hauptdatei, falls vorhanden.
Current file: Aktueller Dateiname.
File size: Größe der Datei.
Available memory: Verfügbare Speichergröße.

Lines compiled: Anzahl der compilierten Zeilen.
Code size: Größe des Programmcodes.
Data size: Anzahl Bytes für Daten (Variablen).
Stack size: Größe des Stacks.
Minimum heap size: Minimale Größe des Heaps.
Maximum heap size: Maximale Größe des Heaps.
Program exit code: Exit-Code eines Programmes.
Error message: Fehlermeldung.
Error module: Name der Unit, in der Fehler aufgetreten ist.
Error address: Speicheradresse des Fehlers.

Das Informationsfenster kann mit beliebigem Tastendruck geschlossen werden.

Das Menü Options
Dieses Menü ermöglicht das Festlegen zahlreicher Schalter, die die Compilation und weitere Vorgänge steuern und beeinflussen.
Folgende Untermenüpunkte werden beim Aufruf von *Options* angeboten:

Compiler	Legt verschiedene Schalter für die Compilation fest
Environment	Legt verschiedene Eigenschaften der Entwicklungsumgebung von Turbo Pascal fest
Directories	Gibt zahlreiche Suchpfade für die verschiedenartigen Dateien an
Parameters	Ermöglicht die Eingabe von Parametern, die von den Programmen beim Start übernommen werden können
Load options	Lädt eine Konfigurations-Datei für die Entwicklungsumgebung von Turbo Pascal
Save options	Sichert die aktuellen Einstellungen der Entwicklungsumgebung in einer Datei

Compiler (Menü Options)
Dieser Wahlpunkt stellt verschiedene Schalter zur Verfügung, die die Compilation beeinflussen. Compilerbefehle, die in einem Programm geschrieben werden (z.B. {$I-}), setzten die im Menüpunkt *Options, Compiler* ersichtlichen Schalter außer Kraft.
Im integrierten Editor können die momentan gesetzten Compilerbefehle mit dem Befehl **Ctrl F7** in den Programmtext eingefügt werden.
Folgend werden die einzelnen Schalter beschrieben (genauere Informationen erhalten Sie im Anhang D.2):

Range-checking: Entspricht dem Compilerbefehl **R** und legt fest, ob der Compiler zusätzlichen Prüfcode generieren soll bei der Indizierung von

Strings und Arrays und bei der Zuordnung von skalaren Datentypen und Unterbereichen.
Stack-checking: Entspricht dem Compilerbefehl **S** und legt fest, ob Prüfcode generiert werden soll, der den Stack kontrolliert.
I/O checking: Entspricht dem Compilerbefehl **I** und legt fest, ob bei Ein- und Ausgabeoperationen bei einem Fehler das Programm abgebrochen werden soll. Ein allfälliger Fehler kann mit der Funktion *IOresult* ermittelt werden.
Debug information: Entspricht dem Compilerbefehl **D** und legt fest, ob bei der Compilation zusätzliche Informationen (Zeilennummern und Symbolnamen) erzeugt werden sollen. Um einen Laufzeitfehler in einer .EXE-Datei zu finden, muß dieser Schalter auf ON stehen.
Turbo Pascal map file: Entspricht dem Compilerbefehl **T** und teilt dem System mit, ob bei der Compilation eine Datei mit der Erweiterung .TPM erstellt werden soll. Diese Datei kann von symbolischen Debuggern verwendet werden.
Force far calls: Entspricht dem Compilerbefehl **F** und legt fest, ob Prozeduren und Funktionen immer als *far* definiert werden sollen.
Var-string checking: Entspricht dem Compilerbefehl **V** und bestimmt, wie streng die Typenprüfung von VAR-Parametern zu nehmen ist.
Boolean evaluation: Entspricht dem Compilerbefehl **B** und zeigt an, ob ein zusammengesetzter Boolescher Ausdruck ausführlich geprüft wird.
Numeric processing: Entspricht dem Compilerbefehl **N** und legt fest, ob ein vorhandener arithmetischer Coprozessor (8087, 80287 oder 80387) verwendet werden soll.
Link buffer: Entspricht dem Compilerbefehl **L** und teilt dem System mit, wo der integrierte Linker seine Informationen ablegt (Arbeitsspeicher oder Diskette, Festplatte).
Conditional defines: Ermöglicht eine Compilation, die, abhängig von den Hardware-Voraussetzungen, verschiedene Maschinen-Codes generiert.
Memory sizes: Entspricht dem Compilerbefehl **M** und legt drei Werte (Stack-, minimale und maximale Heap-Größe) fest.

Environment (Menü Options)
In diesem Menüpunkt können verschiedene Eigenschaften des Entwicklungssystems von Turbo Pascal gesetzt werden:

Backup source files: Wenn auf ON gesetzt, bleibt beim Sichern einer Datei die letzte Version als .BAK-Datei erhalten.
Edit auto save: Wenn auf ON gesetzt, wird die aktuelle Datei beim Ausführen von *Run* oder *File, OS shell* automatisch auf die Diskette geschrieben.
Config auto save: Wenn auf ON gesetzt, wird die Konfiguration der Entwicklungsumgebung beim Beenden durch *File, Quit* oder **Alt X** automatisch auf der Diskette gesichert.

Retain saved screen: Wenn auf ON gesetzt, reserviert das System immer Speicherplatz für den Ausgabe-Bildschirm, der während der Laufzeit von einem Programm beschrieben wird. Dieser Ausgabebildschirm kann im Editor mit **F6** angesehen werden. Falls *Retain saved screen* auf OFF gesetzt ist, wird nur dann Speicherplatz zur Verfügung gestellt, wenn dieser nicht anderswo gebraucht wird.
Zoom windows: Wenn auf OFF gesetzt, werden gleichzeitig die Fenster des Editors und der Programmausgabe angezeigt. Bei ON ist eines der beiden in voller Größe sichtbar. Im Editor kann auch mit **F5** zwischen diesen beiden Zuständen umgeschaltet werden. **F6** wechselt zwischen den Fenstern Editor und Programmausgabe.
Screen size: In Abhängigkeit der Bildschirmkarte kann die maximale Anzahl der angezeigten Zeilen festgelegt werden (25 Zeilen für jede Bildschirmkarte, 43 für EGA oder VGA, 50 für VGA).
Tab size: Legt den Abstand der Tabulatorenstopps im Editor fest. Um eine Wirkung zu erzielen, muß der automatische Tabulator mit dem Editorbefehl **Ctrl O T** ausgeschaltet werden.

Directories (Menü Options)
In diesem Menüpunkt können verschiedene Suchwege für die einzelnen Dateiarten festgelegt werden. Falls Sie mehrere Suchwege angeben, sind diese durch einen Strichpunkt (;) voneinander zu trennen. Bitte beachten Sie, daß zwischen zwei Pfaden keine Leerzeichen stehen dürfen:

```
C:\TURBO4\INC;C:\TURBO4\MOD
```

Folgende Pfade können gesetzt werden:

Turbo directory: In diesem Directory werden beim Start von TURBO.EXE die Dateien TURBO.TPL (Laufzeitbibliothek), TURBO.PCK (Pick-Datei) und TURBO.TP (Konfigurationsdatei) gesucht, falls diese nicht im aktuellen Directory zu finden sind.
Executable directory: In dem hier angegebenen Directory werden die .EXE-Dateien abgelegt.
Include directories: In den hier angegebenen Directories werden Include-Dateien (eingebunden durch den Compilerbefehl *{$I dateiname }*) gesucht, falls sie nicht im aktuellen Directory enthalten sind.
Unit directories: In den hier angegebenen Directories werden Units (mit der Dateierweiterung .TPU) gesucht, wenn sie nicht im aktuellen Directory zu finden sind.
Object directories: In den hier angegebenen Directories werden .OBJ-Dateien gesucht (eingebunden durch den Compilerbefehl **L**), falls sie im aktuellen Directory nicht zu finden sind.

Pick file name: Der Inhalt der hier angegebenen Pick-Datei wird bei *File, Pick* automatisch angezeigt.
Current pick file: Zeigt den Namen der gesetzten Pick-Datei an.

Parameters (Menü Options)
Programmen können beim Start Parameter übergeben werden (siehe auch *ParamCount* und *ParamStr*), die ein bestimmtes Verhalten der Programme provozieren können. Die hier angegebenen Wörter, getrennt durch eine Leerstelle, werden dem Programm als Parameter übergeben.
Bitte beachten Sie, daß die Entwicklungsumgebung von Turbo Pascal die Umleitung der Ein- und Ausgabe (die auf DOS-Ebene aber ohne weiteres möglich ist) nicht unterstützt. Solche Umleitungen werden mit den Zeichen <, | und > eingeleitet (weiteres hierzu bei *Write* und *Read*).

Load options (Menü Options)
Ermöglicht das Laden einer Konfigurationsdatei (mit der Erweiterung .TP), die zuvor mit *Options, Save options* auf Diskette/Festplatte geschrieben worden ist.

Save options (Menü Options)
Sichert die momentane Konfiguration der Entwicklungsumgebung von Turbo Pascal. Diese wird in eine Datei mit der Erweiterung .TP geschrieben. Beim Starten von TURBO.EXE sucht Turbo Pascal automatisch nach der Konfigurationsdatei TURBO.TP und setzt darauf die verschiedenen Schalter im Menü *Option.*

Anhang C.1
Der Editor (Version 3.0)

Turbo-Pascal stellt einen Bildschirm-Editor zur Verfügung, dessen Bedienung dem Textsystem WordStar weitgehend entspricht. Sie können an beliebigen Stellen Zeilen einfügen oder löschen, Blöcke markieren und verschieben oder kopieren, den Programmtext nach einem bestimmten Wort durchsuchen lassen und weiteres mehr.
Viele Kommandos werden mit der Taste **Ctrl** eingeleitet. So bedeutet **Ctrl Y** beispielsweise, daß Sie die Taste **Ctrl** gedrückt halten müssen, wenn Sie den Buchstaben Y eingeben (genauso, wie wenn Sie einen Großbuchstaben schreiben wollen: Sie drücken eine der Umschalttasten (SHIFT) und dann eine Buchstabentaste).

Editor verlassen

Ctrl K D	Verlassen des Editors (ohne Speichern)

Cursor-Steuerung

<-	Zeichen nach links
->	Zeichen nach rechts
Ctrl <-	Wort nach links
Ctrl ->	Wort nach rechts
Pfeil auf	Zeile auf
Pfeil ab	Zeile ab
Home	Zeilenanfang
End	Zeilenende
Ctrl Home	Bildschirm oben
Ctrl End	Bildschirm unten
PgUp	Seite nach oben
PgDn	Seite nach unten
Ctrl PgUp	Textanfang
Ctrl PgDn	Textende
Ctrl W	Aufwärtsrollen
Ctrl Z	Abwärtsrollen

Tabulator

->| (Tab) Sprung zum nächsten Tabulatorstopp
Ctrl Q I Automatischer Tabulator ein/aus

Löschen

Del Löschen des Zeichens unter dem Cursor
|<- (BS) Löschen des Zeichens links des Cursors

Ctrl T Löschen eines Wortes
Ctrl Y Löschen einer Zeile
Ctrl Q Y Löschen ab Cursorposition bis ans Zeilenende

Einfügen

Ins Einfügmodus ein/aus
Ctrl N Zeile einfügen
Ctrl Q L Veränderungen in aktueller Zeile stornieren

Blockoperationen

Ctrl K B Blockanfang markieren
Ctrl K K Blockende markieren
Ctrl K T Wort markieren
Ctrl K H Markierung eines Blockes ein/aus

Ctrl K V Block verschieben (Text umstellen)
Ctrl K C Block kopieren (Text verdoppeln).
Ctrl K Y Block löschen

Ctrl K R Datei von Diskette einlesen
Ctrl K W Block auf Diskette schreiben

Springen

Ctrl Q B Blockanfang
Ctrl Q K Blockende
Ctrl Q P Zur letzen Cursorposition springen

Suchen und Ersetzen

Ctrl Q F	Suchen eines Wortes
Ctrl Q A	Suchen und Ersetzen eines Wortes
Ctrl L	Letzten Such-, Ersetzvorgang wiederholen
Ctrl U	Suchvorgang unterbrechen

Optionen beim Suchen und Ersetzen

G	Gesamten Text durchsuchen
N	Ersetzen ohne Rückfrage
B	Suchen/Ersetzen rückwärts
U	Groß- und Kleinschreibung vernachlässigen
W	Suchen nur von ganzen Wörtern
<n>	Suchen/Ersetzen beim <n>-ten Vorkommen

Sonderzeichen

Ctrl P	Nächstes Zeichen ist kein Steuerbefehl

Anhang C.2
Der Editor (Version 4.0)

Der Editor von Turbo Pascal wird von der Entwicklungsumgebung aus mit **E** oder **ALT E** aufgerufen. Die gesamte Länge einer Datei ist auf 64 KByte begrenzt, eine einzelne Zeile kann höchstens 249 Zeichen umfassen, wobei der Compiler nur die ersten 126 Zeichen bearbeitet.
Viele Kommandos werden mit der Taste **Ctrl**, einige mit der Taste **Alt** eingeleitet. Beispielsweise bedeute **Alt R**, daß Sie die Taste **Alt** gedrückt halten müssen, wenn Sie den Buchstaben **R** eingeben.
Die Tastenbefehle des integrierten Editors entsprechen weitgehend dem Textverarbeitungsprogramm WordStar, die ich folgend kurz beschreiben möchte.

Editor verlassen

Ctrl K D	Verlassen des Editors ohne Speicherung des Textes (dieser bleibt jedoch im Arbeitsspeicher erhalten), entspricht **F10**

Text sichern

Ctrl K S	Sichern des Textes auf Diskette und im Editor bleiben, entspricht **F2**

Cursor-Steuerung

<-	Zeichen nach links
->	Zeichen nach rechts
Ctrl <-	Wort nach links
Ctrl ->	Wort nach rechts
Pfeil auf	Zeile auf
Pfeil ab	Zeile ab
Home	Zeilenanfang
End	Zeilenende
Ctrl Home	Bildschirm oben
Ctrl End	Bildschirm unten
PgUp	Seite nach oben

PgDn Seite nach unten
Ctrl PgUp Dateianfang
Ctrl PgDn Dateiende

Ctrl W Aufwärtsrollen
Ctrl Z Abwärtsrollen

Tabulator

->| (Tab) Sprung zum nächsten Tabulatorstopp
Ctrl O T Automatischer Tabulator ein/aus
Ctrl O I Automatisches Einrücken am Anfang einer Zeile ein/aus

Löschen

Del Löschen des Zeichens, das sich unter dem Cursor befindet
|<- (BS) Löschen des Zeichens, das sich links des Cursors befindet

Ctrl T Löschen des Wortes rechts
Ctrl Y Löschen einer Zeile
Ctrl Q Y Löschen ab Cursorposition bis ans Ende der Zeile
Ctrl K Y Löschen des markierten Blockes

Einfügen

Ins Einfügmodus ein/aus
Ctrl N Einfügen einer Zeile
Ctrl Q L Verwerfen von Veränderungen in einer Zeile

Blockoperationen

Ctrl K B Markieren des Blockanfanges
Ctrl K K Markieren des Blockendes
Ctrl K T Markieren eines Wortes
Ctrl K H Markierung eines Blockes ein/aus

Ctrl K V Verschieben eines Blockes
Ctrl K C Kopieren eines Blockes

Ctrl K Y	Löschen eines Blockes
Ctrl K R	Einlesen einer Datei. Dieser Tastenbefehl öffnet ein Fenster, in dem Sie nach dem einzulesenden Dateinamen gefragt werden. Falls Sie hier die Return-Taste drücken, erscheinen in einem weiteren Fenster die vorhandenen Dateinamen, die Sie mit den Cursorsteuertasten markieren und einen davon auswählen können (siehe hierzu im Anhang B.2 die Beschreibung zum Menü *File*).
Ctrl K W	Schreiben eines Blockes auf Diskette
Ctrl K P	Drucken eines Blockes

Springen

Ctrl Q B	Blockanfang
Ctrl Q K	Blockende
Ctrl Q <n>	Springen zur Marke <n> (Setzen einer Marke mit Ctrl K <n>)
Ctrl Q P	Zur letzten Cursorposition springen

Suchen und Ersetzen

Ctrl Q F	Suchen eines Wortes
Ctrl Q A	Suchen und Ersetzen eines Wortes
Ctrl L	Letzten Suchvorgang wiederholen
Ctrl U	Suchvorgang abbrechen

Optionen beim Suchen und Ersetzen

G	Gesamten Text durchsuchen
N	Ersetzen ohne Rückfrage
B	Gesamten Text durchsuchen, wobei der Text rückwärts durchsucht wird
U	Groß- und Kleinschreibung vernachlässigen
W	Suchen nur von ganzen Wörtern
<n>	Suchen beim <n>-ten Vorkommen, <n> Mal ersetzen

Spezielle Steuerbefehle

Ctrl P	Nächstes Zeichen ist kein Steuerzeichen
Ctrl Q W	Letzte Fehlermeldung anzeigen lassen
Ctrl Q [	Falls sich der Cursor auf einem der Zeichen [, {, (, <, ' oder " befindet, wird er durch diesen Steuerbefehl automatisch auf das passende Gegenstück gesetzt.
Ctrl Q]	Sucht für eines der Zeichen], },), >, ' oder " das passende Gegenstück. Die Suche beginnt bei der aktuellen Cursor-Position und erstreckt sich in Richtung Textanfang.

Funktionstasten

F1	Hilfestellung aufrufen
Ctrl F1	Beschreibung des Schlüsselwortes an der aktuellen Cursorposition
Alt F1	Zeigt den zuletzt aktivierten Hilfetext
F2	Sichern des Textes auf Diskette/Festplatte (entspricht Ctrl K S)
F3	Laden einer Datei in den Editor
Alt F3	Zuvor geladene Dateinamen werden angezeigt (siehe auch *Pick* im Anhang B.2)
F5	Aktives Fenster vergrößern/verkleinern
Alt F5	Gesamter Ausgabebildschirm wird angezeigt
F6	Umschalten zwischen Editor und Ausgabebildschirm
Ctrl F7	Aktuelle Compilerbefehle einfügen
F9	Aufrufen von MAKE
Alt F9	Aufrufen des Compilers
F10	Editor ohne Sichern verlassen (entspricht Ctrl K D)
Alt F10	Anzeigen der Versionsnummer und Copyrightmeldung

Kurzbefehle

Alt F	Menü *File* aktivieren
Alt R	Einleiten der Compilation (entspricht F9) und Starten des Programmes
Alt C	Menü *Compile* aktivieren
Alt O	Menü *Options* aktivieren
Alt X	Turbo Pascal beenden

Anhang D.1
Compilerbefehle (Version 3.0)

Compilerbefehle teilen dem Compiler mit, wie er einen Maschinencode zu erzeugen hat. Meist handelt es sich hierbei um die Frage, ob Prüfroutinen in ein Programm eingebaut werden sollen (und somit aus Sicherheitsgründen auf maximale Geschwindigkeit zu verzichten ist) oder nicht.
Compilerbefehle werden wie Kommentare geschrieben: Einer geschweiften Klammer folgt ein Dollarzeichen, darauf wird ein Buchstabe geschrieben, der einen der Compilerbefehle bezeichnet. Das letzte Zeichen, ein Plus (+) oder Minus (-), zeigt an, ob die Eigenschaften eines Compilerbefehls aktiv oder passiv sein sollen:

```
{$I-}
(*$I-*)
```

Die geschweiften Klammern können durch **(*** und ***)** ersetzt werden. Sollen mehrere Compilerbefehle eingesetzt werden, kann auch eine ganze Liste angegeben werden:

```
{$I-,C-,R+}
```

Bitte beachten Sie, daß vor und nach dem Dollarzeichen ($) kein Leerzeichen geschrieben wird, da der Compiler sonst die Befehle nicht mehr erkennen würde.
Jene Compilerbefehle, die in einem Programm nur einmal gesetzt werden dürfen, sind am besten in den ersten Programmzeilen eines Programmes zu plazieren, denn es darf kein Code vor diesen Compilerbefehlen erzeugt werden.

I/O-Modusauswahl
Voreinstellung: aktiv (+)
Buchstabe: B

Der Compilerbefehl **B** bestimmt, welcher Ein- und Ausgabemodus beim Bildschirm gewählt werden soll:

{$B+}	Ein-, Ausgabemodus CON: (Eingaben sind gepuffert)
{$B-}	Ein-, Ausgabemodus TRM: (Eingaben nicht gepuffert)

Dieser Compilerbefehl kann nur einmal im Programm bestimmt und später nicht mehr verändert werden.
Weiteres über Ein- und Ausgabe finden Sie bei CON und TRM.

Ctrl S und Ctrl C
Voreinstellung: aktiv (+)
Buchstabe: C

Dieser Compilerbefehl bestimmt, wie die Tastatureingaben **Ctrl S** und **Ctrl C** interpretiert werden müssen.

{$C+} Ctrl C unterbricht die Programmausführung, wenn Sie sich gerade in einer Eingabe (Read oder ReadLn) befinden oder wenn gerade eine Bildschirmausgabe erfolgt. Ctrl S stoppt die Ein- oder Ausgabe.

{$C-} Ctrl S und Ctrl C können als Codes in einem Programm verwendet werden, denn sie zeigen nun keine der obigen Wirkungen mehr.

Dieser Compilerbefehl ist wieder nur einmal im Programm zu setzen und eine Veränderung innerhalb des Programmes nicht möglich (lesen Sie bitte hierzu *CBreak*, der ein Umschalten dennoch ermöglicht).
Bei {$C+} wird bei einer Bildschirmausgabe automatisch der Tastaturpuffer gelöscht, was nicht immer wünschenswert ist (siehe *KeyPressed*).

Geräteüberprüfung
Voreinstellung: aktiv (+)
Buchstabe: D

Wenn eine Textdatei mit Reset, Rewrite oder Append geöffnet wird, fragt Turbo Pascal von MS-DOS den Status der Datei ab.
Wenn MS-DOS angibt, daß die Datei ein Gerät ist (Standarddatei LST bezeichnet beispielsweise den Drucker), wird die Pufferung ausgeschaltet, die bei Textdateien üblicherweise stattfindet.
Alle Ein- und Ausgabeoperationen folgen bei deaktivierter Pufferung Zeichen für Zeichen.

{$D+} Überprüfung findet statt, keine Pufferung bei Standarddateien (z.B. AUX, LST).

{$D-} Es findet keine Überprüfung statt. Ein- und Ausgabeoperationen werden auch bei Standarddateien gepuffert. Am Schluß der Ausgabe garantiert die Prozedur *Flush* dafür, daß der Puffer entleert wird und die Daten zum Gerät gesendet werden.

Dieser Compilerbefehl läßt sich innerhalb eines Programmes beliebig oft anwenden.

Handhabung der Ein- und Ausgabefehler
Voreinstellung: aktiv (+)
Buchstabe: I

Beim Arbeiten mit Dateien entstehen immer wieder Fehler. Da wollen Sie zum Beispiel eine neue Datei anlegen, jedoch kann das Directory keine weitere Eintragung aufnehmen, oder es ist eine Datei auszudrucken, die gar nicht existiert.

{$I+} Bei einem Fehler wird das Programm abgebrochen und eine I/O-Fehlermeldung ausgegeben.

{$I-} Es wird keine Fehlermeldung mehr angezeigt, wenn ein Fehler beim Arbeiten mit Dateien entsteht. Mit der Funktion *IOresult* kann überprüft werden, ob ein Fehler aufgetreten ist.

Dieser Compilerbefehl läßt sich innerhalb eines Programmes beliebig oft anwenden. *IOresult* setzt die Fehlernummer bei ihrem Aufruf auf Null.

Include-Dateien
Turbo Pascal-Programme können in einzelne Module (Bausteine) aufgeteilt werden. Jedes Modul stellt eine eigene Datei dar und enthält meist Funktionen und Prozeduren im Quelltext (diese Module werden Include-Dateien genannt, da sie beim Compilieren ins Hauptprogramm eingefügt werden müssen).

```
{$I GRAPH.P}
{$I ASCII.MIM}
```

Diese Beispiele binden die Dateien GRAPH.P und ASCII.MIM ins Hauptprogramm (*Main-file*, siehe "Das Eingangsmenü" oben) ein.
Dateien, die eingebunden werden, dürfen selbst keine Include-Anweisung enthalten.
Bitte beachten Sie, daß die Compiler-Befehle {$I-} und {$I+} denselben Buchstaben wie die Include-Anweisung benützen.

Stack-Überprüfung
Voreinstellung: aktiv (+)
Buchstabe: K

Heap und Stack wachsen sich im Arbeitsspeicher entgegen. Bei einem Zusammenstoß wird eine Fehlermeldung ausgegeben.

{$K+} Überprüfung aktiv.
{$K-} Ausschalten der Überprüfung.

Dieser Compilerbefehl läßt sich innerhalb eines Programmes beliebig oft anwenden.

Index-Bereichsprüfung
Voreinstellung: passiv (-)
Buchstabe: R

Einer Array-Variablen mit 3 Elementen können ohne weiteres 30 Werte zugewiesen werden, da Turbo Pascal nicht überprüft, ob ein Index im erlaubten Bereich liegt:

```
VAR
  varianten:ARRAY [1..3] OF INTEGER;
  i:INTEGER;          { ^ sollte 30 heißen, sehr schnell ... }
BEGIN                 { ... geschehen.                       }
  FOR i:=1 TO 30 DO
    varianten[i]:=i { meldet normalerweise keinen Fehler }
END.
```

In der Entwicklungsphase eines Programmes empfiehlt es sich, die Index-Bereichsüberprüfung mit {$R+} einzuschalten, die jedoch die Ausführungszeiten des Programmes verlängert.

{$R+} Einschalten der Bereichsüberprüfung
{$R-} Ausschalten der Bereichsüberprüfung

Dieser Compilerbefehl läßt sich innerhalb eines Programmes beliebig oft anwenden.

Benutzerunterbrechung
Voreinstellung: passiv (-)
Buchstabe: U

Ein Turbo Pascal-Programm kann während der Ausführung gewöhnlich nicht mit **Ctrl C** unterbrochen werden.

{$U+} Unterbrechung während der Programmausführung möglich. Die Ausführungsgeschwindigkeit des Programmes nimmt merklich ab.
{$U-} Unterbrechung unmöglich. Ein Programm, das sich in einer Endlosschleife befindet, kann nur noch mit einem Systemstart unterbrochen werden.

Der Compilerbefehl {$U+} verträgt sich nicht besonders mit der Funktion *KeyPressed*. Dies kann mit der folgend beschriebenen Funktion umgangen werden:

```
FUNCTION KeyPressed:BOOLEAN;
  { Diese Funktion ersetzt die von Turbo Pascal bereitge-   }
  { stellte Funktion KeyPressed.                            }
BEGIN
  KeyPressed:=MemW[0:$41a]<>MemW[0:$41c]
END;
```

Dieser Compilerbefehl läßt sich innerhalb eines Programmes beliebig oft anwenden.

Prüfung eines Variablenparameters vom Typ STRING
Voreinstellung: aktiv (+)
Buchstabe: V

Strings, die einer Prozedur oder Funktion als Variablenparameter übergeben werden, werden einer strengen Typenprüfung unterzogen, d.h. die maximale Länge der String-Variablen, die der Prozedur oder Funktion übergeben wird, muß genau derjenigen des Variablenparameters entsprechen.

{$V+} Einschalten der Überprüfung.
{$V-} Ausschalten der Überprüfung.

Dieser Compilerbefehl läßt sich innerhalb eines Programmes beliebig oft anwenden.

Zahl der offenen Dateien
Voreinstellung: 16
Buchstabe: F

Mit dem Compilerbefehl **F** wird angegeben, wieviele Dateien gleichzeitig geöffnet sein können:

{$F16} Sechzehn Dateien können maximal gleichzeitig offen sein.

Auch wenn mit dem **F**-Befehl genügend Platz für Dateien zur Verfügung gestellt wird, kann die Fehlermeldung "Zu viele Dateien geöffnet" auftreten. In diesem Fall muß in der Datei **CONFIG.SYS** der Systemvariablen **FILES** ein höherer Wert zugewiesen werden (z.B. FILES=16). Die Voreinstellung von MS-DOS erlaubt nur acht gleichzeitig geöffnete Dateien (FILES=8).

Eingabedatei-Puffer
Voreinstellung: 0
Buchstabe: G

Mit dem **G**-Befehl (get) können Eingaben umgeleitet werden. Dies bedeutet, daß die Eingaben nicht mehr von der Tastatur gelesen werden, sondern von einer Datei:

{$G512} Legt einen Puffer von 512 Bytes an, der von einer Eingabedatei verwendet wird.

Der **G**-Befehl unterstützt die Möglichkeit von MS-DOS, Ein- und Ausgaben umzuleiten (z.B. wird mit SORT <TEST.TXT der Text in der Datei TEST.TXT sortiert).
Der **G**-Befehl arbeitet oft mit dem **P**-Befehl (put) zusammen.
Dieser Compilerbefehl muß im Programm vor dem Deklarationsteil geschrieben werden, da er sonst keine Wirkung zeigt.

Ausgabedatei-Puffer
Voreinstellung: 0
Buchstabe: P

Mit dem **P**-Befehl (put) werden Ausgaben umgeleitet. D.h. die Ausgaben erscheinen nicht mehr auf dem Bildschirm, sondern werden in eine Datei geschrieben:

{$P1024} Legt einen Puffer von 1 KByte an, der für die Ausgabedatei verwendet wird.

Der **P**-Befehl unterstützt die Möglichkeit von MS-DOS, Ein- und Ausgaben umzuleiten (z.B. wird mit DIR >TEST.TXT das Inhaltsverzeichnis in die Datei TEST.TXT geschrieben).
Der **P**-Befehl arbeitet oft mit dem **G**-Befehl (get) zusammen.
Dieser Compilerbefehl muß im Programm vor dem Deklarationsteil geschrieben werden, da er sonst keine Wirkung zeigt.

Beispiel
Folgendes Programm demonstriert die Verwendung der beiden Compilerbefehle **G** und **P**.
Geben Sie diesem Programm bitte den Dateinamen TEST.PAS und compilieren Sie es schließlich in eine .COM-Datei. Starten Sie dieses Programm im DOS:

```
TEST <TEST.PAS >TEST.TXT
```

TEST.PAS wird als Eingabedatei verwendet, TEST.TXT als Ausgabedatei. Unser Programm wandelt alle Buchstaben der Eingabedatei in Großbuchstaben um (und umgekehrt) und schreibt das Ergebnis in die Ausgabedatei TEST.TXT.

```
PROGRAM Test;
{$G1024,P1024}
VAR
  ch:CHAR;
BEGIN
  WHILE NOT Eof(INPUT) DO BEGIN
    Read(ch);
    CASE ch OF
      'A'..'Z':ch:=CHAR(BYTE(ch)+32);
      'a'..'z':ch:=UpCase(ch)
    END;
    Write(ch)
  END
END.
```

Anhang D.2
Compilerbefehle (Version 4.0)

Compilerbefehle teilen dem Compiler mit, wie er einen Maschinencode zu erzeugen hat. Meist handelt es sich hierbei um die Frage, ob Prüfroutinen in ein Programm eingebaut werden sollen (und somit aus Sicherheitsgründen auf maximale Geschwindigkeit zu verzichten ist) oder nicht.
Compilerbefehle werden wie Kommentare geschrieben: Einer geschweiften Klammer folgt ein Dollarzeichen ($), darauf wird ein Buchstabe geschrieben, der einen der Compilerbefehle bezeichnet. Das letzte Zeichen, ein Plus (+) oder Minus (-), zeigt an, ob die Eigenschaften eines Compilerbefehls aktiv oder passiv sein sollen:

```
{$D+}
```

Die geschweiften Klammern können durch (* und *) ersetzt werden:

```
(*$D+*)
```

Es ist möglich, eine ganze Liste mit Compilerbefehlen anzugeben, wenn mehrere Schalter gleichzeitig gesetzt werden sollen:

```
{$I-,F+,V-}
```

Bitte beachten Sie, daß vor und nach dem Dollarzeichen kein Leerzeichen geschrieben werden darf, da sonst der Compiler die gesetzten Befehle nicht mehr richtig erkennen würde.
Einige Compilerbefehle sind global, d.h. sie können in einem Programm nur einmal (am Anfang) gesetzt werden. Diese müssen unmittelbar nach dem Programmtitel (z.B. PROGRAM test;) oder dem Unitnamen (z.B. UNIT sonstwas;) geschrieben werden, da sie sonst keine Wirkung zeigen.
Compilerbefehle können auch im Menü *Options, Compiler* gesetzt werden. Wird jedoch ein Compilerbefehl im Programm geschrieben, hebt er die Wirkung der aktuellen Schalterstellung im Menü *Options, Compiler* auf. Mit dem Editorbefehl **Ctrl F7** lassen sich die aktuellen Compilerbefehle ins Programm einfügen.
Alle gesetzten Compilerbefehle gelten nur innerhalb eines Hauptprogramm oder einer Unit. So ist es also möglich, daß die Compilerschalter der einzelnen Module, die an einem Programm beteiligt sind, nicht übereinstimmen und diese somit auf Fehler verschieden reagieren können.

Auswertung Boolescher Ausdrücke
Voreinstellung: passiv (-)
Buchstabe: B

Der Compilerbefehl **B** legt fest, wie zusammengesetzte Boolesche Ausdrücke (mit AND oder OR) behandelt werden sollen.

{$B+} Zusammengesetzte Boolesche Ausdrücke werden vollständig ausgewertet, auch dann, wenn das Gesamtresultat bereits zu Beginn bekannt ist.

{$B-} Zusammengesetzte Boolesche Ausdrücke werden nur solange ausgewertet, bis das Gesamtresultat feststeht. So erzeugte Programme werden schneller ausgeführt.

Bei passiver Schalterstellung (-) werden Boolesche Ausdrücke wie folgt behandelt:

a AND b
```
WENN a="wahr" DANN
  gesamtresultat:=b
SONST
  gesamtresultat:="falsch";
```

a OR b
```
WENN a="wahr" DANN
  gesamtresultat:="wahr"
SONST
  gesamtresultat:=b;
```

Dieser Compilerbefehl kann auch mit dem Menüpunkt *Options, Compiler, Boolean evaluation* gesetzt werden.
Der Compilerbefehl **B** läßt sich in einem Programm beliebig oft anwenden.

Zusatzinformationen zur Fehlersuche
Voreinstellung: passiv (-)
Buchstabe: D

Mit diesem Compilerbefehl kann festgelegt werden, ob bei der Compilation zusätzliche Informationen über den Programmcode erzeugt werden sollen:

{$D+} Zusatzinformationen zur Fehlersuche werden erzeugt. Sie bestehen aus einer Tabelle mit Zeilennummern für jede Routine, mit deren Hilfe eine Verbindung zwischen den Speicheradressen und den einzelnen Routinen im Quelltext hergestellt werden können. Diese Informationen werden zur Lokalisierung von Laufzeitfehlern (siehe Beschreibung im Anhang B.2 zu *Compile, Find error*) benötigt.

{$D-} Zusatzinformationen werden nicht erzeugt.

Bei der Compilation von Units werden die erzeugten Informationen direkt in der entsprechenden .TPU-Datei gespeichert. Bei Hauptprogrammen, die in den Arbeitsspeicher compiliert werden, werden die Zusatzinformationen ebenfalls im Arbeitsspeicher abgelegt. Eine Compilation als .EXE-Datei ignoriert den Befehl {$**D+**}, wenn der Compilerbefehl **T** passiv (-) ist, andernfalls wird ein Datei mit der Erweiterung .TPM erstellt, die mit dem Programm TPMAP.EXE (befindet sich auf einer der Systemdisketten) in eine .MAP-Datei umgewandelt werden kann. Diese neu erzeugte Datei kann von symbolischen Debuggern (z.B. Periscope) verwendet werden.
Der Compilerbefehl {$**D+**} vergrößert zwar .TPU-Dateien und belegt mehr Arbeitsspeicher, beeinflußt aber nicht die Ausführungsgeschwindigkeit eines Programmes.
Dieser Compilerbefehl kann auch mit dem Menüpunkt *Options, Compiler, Debug information* gesetzt werden.
Der Compilerbefehl **D** kann nur einmal im Programm gesetzt werden.

Erzwingen von *far*-Aufrufen
Voreinstellung: passiv (-)
Buchstabe: F

Teilt dem Compiler mit, ob Prozeduren oder Funktionen als *far* codiert werden sollen.

{$F+} Prozeduren und Funktionen werden immer als *far* codiert, es sei denn, sie sind lokal zu einer anderen Prozedur oder Funktion deklariert. Dies wird bei Routinen nötig, die bei einem Interrupt aufgerufen werden sollen (siehe auch INTERRUPT im lexikalischen Teil).

{$F-} Prozeduren und Funktionen werden nur dann als *far* codiert, wenn sie im Interface-Teil einer Units erscheinen und somit anderen Modulen zur Verfügung stehen sollen.

Folgende Prozedur wird als *far* codiert:

```
{$F+}
 PROCEDURE WriteUpper(wort:STRING);
 VAR
   i:INTEGER;
```

```
  BEGIN
    FOR i:=1 TO Length(wort) DO Write(UpCase(wort[i]))
  END;
{$F-}
```

Dieser Compilerbefehl kann auch mit dem Menüpunkt *Options, Compiler, Force far calls* gesetzt werden.
Der Compilerbefehl **F** läßt sich in einem Programm beliebig oft anwenden.

Handhabung der Ein- und Ausgabefehler
Voreinstellung: aktiv (+)
Buchstabe: I

Beim Arbeiten mit Dateien können immer wieder Fehler auftreten. So wollen Sie beispielsweise auf die Diskette im Laufwerk A zugreifen, obwohl sich darin keine Diskette befindet oder dann möchten Sie eine Datei öffnen, die gar nicht existiert.

{$I+} Bei einem Ein- oder Ausgabefehler wird das Programm abgebrochen und eine Fehlermeldung wird ausgegeben.

{$I-} Ein- und Ausgabefehler unterbrechen ein Programm nicht. Mit der Funktion *IOresult* kann überprüft werden, ob ein Fehler aufgetreten ist; eine Zusammenstellung der möglichen Fehler finden Sie im Anhang E.2.

Dieser Compilerbefehl kann auch mit dem Menüpunkt *Options, Compiler, I/O checking* gesetzt werden.
Der Compilerbefehl **I** läßt sich in einem Programm beliebig oft anwenden.

Include-Dateien
Struktur: {$I *dateiname*}

Mit dieser Anweisung wird der Compiler veranlaßt, einen Pascal-Quelltext ins Programm einzulesen; somit wird es möglich, ein Programm in Teile zu gliedern, ohne Units zu verwenden:

```
{$I CODE2.MIM}
{$I A:\INC\FUNC.INC}
```

Wenn bei Include-Dateien der Dateiname weggelassen wird, hängt Turbo Pascal automatisch .PAS an.

Include-Dateien, denen kein Suchpfad vorangestellt wird, werden zuerst im aktuellen Directory und dann in allen Verzeichnissen gesucht, die beim Menüpunkt *Options, Directories, Include directories* angegeben sind.
Include-Dateien können bis zu einer Tiefe von acht Ebenen geschachtelt werden, d.h. eine Include-Datei kann selbst wieder Include-Anweisungen enthalten.
Bitte beachten Sie, daß die Compilerbefehle **{$I+}** und **{$I-}** denselben Buchstaben wie die Include-Anweisung benützen.

Link-Puffer
Voreinstellung: aktiv (+)
Buchstabe: L

Ein Programm, das aus mehreren Modulen (Units) besteht, muß bei der Compilation durch einen Link-Vorgang zusammengebunden werden.

{$L+} Der für den Link-Vorgang notwendige Speicherplatz wird im Arbeitsspeicher belegt.

{$L-} Eine temporäre Datei wird als Speicher für den Link-Vorgang verwendet. Dies kann bei umfangreichen Programmen notwendig werden.

Dieser Compilerbefehl kann auch mit dem Menüpunkt *Options, Compiler, Link buffer* gesetzt werden.
Der Compilerbefehl **L** läßt sich in einem Programm nur einmal setzen.

Einbinden von Objekt-Dateien
Struktur: {$L *dateiname*}

Weist den Linker (der beim Compilieren automatisch zum Einsatz kommt) an, eine Objektdatei in das Programm aufzunehmen:

```
{$L TEST.OBJ}
{$L C:\TURBO4\GRAPH\GOTH.OBJ}
```

Wenn keine Dateierweiterung angegeben wird, hängt Turbo Pascal selbständig .OBJ an. Wird dem Dateinamen kein Suchpfad vorangestellt, durchsucht Turbo Pascal zuerst das aktuelle Verzeichnis und dann all diejenigen Directories, die beim Menüpunkt *Options, Compiler, Oject directories* angegeben sind.
Eine Objekt-Datei muß dem *Intel-Object-Format* entsprechen, also von einem Assembler erzeugt worden sein.

Bezeichner einer Objekt-Datei, auf die von Turbo Pascal zugegriffen werden sollen, sind innerhalb der Objekt-Datei als PUBLIC und im Pascal-Programmtext als EXTERNAL zu deklarieren.
Mit Hilfe dieser Compiler-Anweisung können die dem System beiliegenden Graphik-Zeichensätze und Treiber ins bestehende Programm eingebunden werden (siehe hierzu im lexikalischen Teil *RegisterBGIfont* und *RegisterBGIdriver*).
Bitte beachten Sie, daß die Compiler-Befehle {$L+} und {$L-} denselben Buchstaben verwenden wie die hier beschriebene Compiler-Anweisung.

Speicherbelegung
Struktur: {$M *stack,heapmin,heapmax*}
Voreinstellung: 16384,0,655360
Buchstabe: M

Mit diesem Compilerbefehl wird es möglich, die Größe des Stacks und des Heaps festzulegen.
Die Größe des Stacks muß im Bereich 1024..65520, die minimale und maximale Heapgröße im Bereich 0..655360 liegen (diese Zahlen geben eine Größe in Bytes an), wobei darauf zu achten ist, daß *heapmin* nie größer als *heapmax* angegeben wird. Dieser Compilerbefehl wird dann gebraucht, wenn die voreingestellte Stackgröße nicht ausreicht (bei rekursiver Programmierung beispielsweise) oder die Prozeduren *Keep* oder *Exec* verwendet werden.
Dieser Compilerbefehl kann auch mit dem Menüpunkt *Options, Compiler, Memory sizes* gesetzt werden.
Der Compilerbefehl M läßt sich in einem Programm nur einmal setzen.

Numerische Operationen
Voreinstellung: passiv (-)
Buchstabe: N

Legt fest, ob Operationen mit reellen Zahlen vom vorhandenen arithmetischen Coprozessor (8087, 80287 oder 80387) übernommen werden sollen.

{$N+} Der vorhandene Coprozessor übernimmt arithmetische Operationen mit reellen Zahlen. In diesem Modus stehen Ihnen neben REAL weitere reelle Datentypen zur Verfügung (SINGLE, DOUBLLE, EXTENDED und COMP, siehe im lexikalischen Teil).

{$N-} In diesem Modus werden Operationen mit reellen Zahlen von der Laufzeitbibliothek ausgeführt.

Weitere Informationen finden Sie etwas weiter unten bei *Bedingte Compilierung*.
Dieser Compilerbefehl kann auch mit dem Menüpunkt *Options, Compiler, Numeric processing* gesetzt werden.
Der Compilerbefehl **N** läßt sich in einem Programm nur einmal setzen.

Bereichs-Prüfung
Voreinstellung: passiv (-)
Buchstabe: R

Legt fest, ob der Compiler bei der Indizierung von Strings und Arrays, bei der Zuordnung von skalaren Typen und Unterbereichen die zulässigen Grenzen überprüfen soll.

{$R+} Überprüfungsroutinen werden in den Programmcode eingefügt, was die Ausführungszeiten eines Programmes verlängert. Es empfiehlt sich, in der Entwicklungsphase eines Programmes diesen Schalter zu setzen.

{$R-} Es findet keine Bereichsüberprüfung statt.

Dieser Compilerbefehl kann auch mit dem Menüpunkt *Options, Compiler, Range checking* gesetzt werden.
Der Compilerbefehl **R** läßt sich in einem Programm beliebig oft anwenden.

Stack-Prüfung
Voreinstellung: aktiv (+)
Buchstabe: S

Legt fest, ob ein Stacküberlauf einen Programmabbruch zur Folge hat.

{$S+} Der Stack wird zur Speicherung von Rücksprungadressen, Parametern und lokalen Variablen verwendet. Bei einem Überlauf wird das ausgeführte Programm unterbrochen. Es empfiehlt sich, während der Programmentwicklung diesen Schalter zu setzen.

{$S-} Ein Stacküberlauf wird nicht gemeldet. Dieser hat aber in der Regel einen Systemabsturz zur Folge, deshalb sollte dieser Schalter nur dann inaktiv gesetzt werden, wenn das entwikkelte Programm sicher keinen Stacküberlauf produziert.

Dieser Compilerbefehl kann auch mit dem Menüpunkt *Options, Compiler, Stack checking* gesetzt werden.

Der Compilerbefehl S läßt sich in einem Programm beliebig oft anwenden.

Erzeugung von .TPM-Dateien
Voreinstellung: passiv (-)
Buchstabe: T

Diese Compiler-Anweisung legt fest, ob bei der Compilierung zusätzlich eine .TPM-Datei erzeugt werden soll, die Informationen über Bezeichner, Zeilennummern und Speicheradressen enthält (Der Menüpunkt *Compile, Find error* setzt diese Datei voraus). Bitte beachten Sie, daß zusätzlich der Compiler-Befehl D aktiv sein muß, damit alle Laufzeit-Fehler gefunden werden können.
Das Programm TPMAP.EXE (auf einer der Systemdisketten enthalten) konvertiert .TPM-Dateien in .MAP-Dateien, die von den handelsüblichen Debuggern (z.B. Periscope) gelesen werden können.
Falls ein Programm in den Speicher compiliert wird, zeigt {$T+} keine Wirkung.

{$T+}	Erzeugt zusätzlich eine .TPM-Datei
{$T-}	Erzeugt keine .TPM-Datei

Dieser Compilerbefehl kann auch mit dem Menüpunkt *Options, Compiler, Turbo Pascal map file* gesetzt werden.
Der Compilerbefehl T läßt sich in einem Programm nur einmal setzen.

Unit-Dateiname
Struktur: {$U *dateiname*}

Mit dieser Compiler-Anweisung wird es möglich, Units in einem Programm zu verwenden, die in einer Datei zusammengefaßt sind. Dies kann mit dem Programm TPUMOVER.EXE (das sich auf einer der Systemdisketten befindet) erreicht werden (genaueres hierzu lesen Sie bitte im lexikalischen Teil bei UNIT).
Die {$U}-Anweisung muß in der USES-Anweisung unmittelbar dem gewünschten Unit-Namen vorangestellt werden:

```
USES
  {$U c:\units\biblio} Func;
```

Im obigen Beispiel wird in der Datei BIBLIO.TPU (die sich im Directory \UNITS und auf dem Laufwerk C befindet) die Unit *Func* gesucht und ins Programm eingebunden.

Wird, wie in unserem Beispiel, die Dateierweiterung weggelassen, hängt Turbo Pascal selbständig .TPU an.
Falls dem Dateinamen kein Suchweg vorangestellt ist, werden neben dem aktuellen Directory auch alle Verzeichnisse durchsucht, die im Menüpunkt *Options, Directories, Unit directories* (siehe Anhang B.2) angegeben sind.

Überprüfung von VAR-Strings
Voreinstellung: aktiv (+)
Buchstabe: V

Strings, die einer Prozedur oder Funktion als Variablenparameter übergeben werden, unterliegen einer strengen Typenprüfung, d.h. die maximale Länge der String-Variablen, die der Prozedur oder Funktion übergeben wird, muß genau derjenigen des Variablenparameters entsprechen.

{$V+} Einschalten der Überprüfung
{$V-} Ausschalten der strengen Überprüfung

Dieser Compilerbefehl kann auch mit dem Menüpunkt *Options, Compiler, Var-string checking* gesetzt werden.
Der Compilerbefehl V läßt sich in einem Programm beliebig oft anwenden.

Bedingte Compilierung
Turbo Pascal erlaubt es, Programmteile unter gewissen Bedingungen von der Compilation auszuschließen oder bei der Compilation zu berücksichtigen.
Folgende Befehle zur bedingten Compilierung sind definiert:

DEFINE Definiert Symbole, die bis an das Programmende erhalten bleiben. Diese lassen sich auch im Menüpunkt *Options, Compiler, Conditional defines* definieren (Beispiel: {$DEFINE test}).
UNDEF Löscht ein zuvor mit DEFINE definiertes Symbol (Beispiel: {$UNDEF test}).
IFDEF Prüft, ob ein bestimmtes Symbol definiert ist. Der nachfolgende Programmtext (bis ENDIF) wird nur bei definiertem Symbol in die Compilation eingeschlossen (Beispiel: {$IFDEF test}).
IFNDEF Prüft, ob ein Symbol bis zu diesem Zeitpunkt ein Symbol nicht definiert ist. Der nachfolgende Programmtext (bis ENDIF) wird nur dann compiliert, wenn das geprüfte Symbol nicht definiert ist (Beispiel: {$IFNDEF etwas}).

IFOPT Prüft, ob ein gewisser Compiler-Befehl aktiv/inaktiv ist; wenn ja, wird der folgende Programmtext (bis ENDIF) in die Compilation eingeschlossen (Beispiel: {$IFOPT N+}).

ELSE Dieser optionalen Anweisung folgen Programmzeilen, die genau dann compiliert werden, wenn eine der Anweisungen IFDEF, IFNDEF oder IFOPT keine Compilation bewirken.

ENDIF Schließt einen bedingt zu compilierenden Programmblock ab, eingeleitete durch eine der Anweisungen IFDEF, IFNDEF oder IFOPT. ENDIF gehört immer zur letzten IF*xx*-Anweisung.

Die Befehle zur bedingten Compilation lassen sich bis zu einer Tiefe von 16 Ebenen schachteln.
Zur Namensbildung von Symbolen sind die gleichen Regeln zu beachten wie bei Bezeichnern: Das erste Zeichen ist ein Buchstabe, dem eine beliebige Folge aus Buchstaben, Ziffern und dem Tiefstrich (_) folgen kann (Umlaute und das "ß" sind nicht erlaubt, Groß- und Kleinbuchstaben werden nicht unterschieden). Die Symbollänge ich nicht beschränkt, jedoch werden nur die ersten 63 Zeichen betrachtet.
Folgende Symbole werden von Turbo Pascal unter gewissen Voraussetzungen selbständig definiert:

VER40 Zeigt, daß mit der Turbo Pascal-Version 4.0 gearbeitet wird.

MSDOS Zeigt, daß der Compiler unter MS-DOS arbeitet.

CPU86 Zeigt, daß der Compiler einen Prozessor der Familie 80x86 voraussetzt.

CPU87 Dieses Symbol ist nur dann definiert, wenn ein mathematischen Coprozessor (8087 ...) vorhanden ist.

Folgendes Programm zeigt, wie die einzelnen Befehle zur bedingten Compilation eingesetzt werden:

```
PROGRAM bedingte_Compilation;
{$IFDEF CPU87}
  {$N+}
{$ELSE}
  {$N-}
{$ENDIF}
{$IFDEF CPU87}
  TYPE
    REAL=EXTENDED;
{$ENDIF}
VAR
  r:REAL;
```

```
BEGIN
  {$IFOPT N+}
    WriteLn('Sie arbeiten mit einem mathematischen Coprozessor');
  {$ENDIF}
  {$IFDEF VER40}
    WriteLn('Turbo Pascal, Version 4.0');
    {$IFNDEF MSDOS}
      WriteLn('Sie arbeiten nicht unter MS-DOS');
    {$ELSE}
      WriteLn('Betriebssystem: MS-DOS');
    {$ENDIF}
  {$ENDIF}
END.
```

Anhang E.1 Fehlermeldungen (Version 3.0)

Laufzeit-Fehlermeldungen

Fehler, die während der Programmausführung auftreten, bewirken einen Programmabbruch. Auf dem Bildschirm wird die Fehlernummer und die Adresse im Programmcode angezeigt. Mit Hilfe der Variablen *ErrorPtr* kann eine eigene Fehlerbehandlungsroutine geschrieben werden.

$01	Gleitkommaüberlauf
$02	Division durch Null
$03	Funktion *Sqrt* mit negativem Argument
$04	Funktion *Ln* mit einem Argument kleiner gleich Null
$10	Falsche Länge bei einem String. - Verkettung von Strings ergab einen Gesamtstring, dessen Länge mehr als 255 Zeichen ergeben würde. - Einer Variablen vom Typ CHAR wurde ein String zugewiesen, dessen Länge größer als 1 ist.
$11	Der Index eines Strings liegt bei *Copy*, *Delete* oder *Insert* nicht im Bereich 1..255.
$90	Der Index eines Arrays liegt nicht im gültigen Bereich (kann mit dem Compilerbefehl **R** beeinflußt werden).
$91	Der Skalar- oder Teilbereich liegt nicht im gültigen Bereich.
$92	*Trunc* oder *Round* ergeben eine Zahl, die nicht im Integer-Bereich (-32768..32767) liegt.
$FF	Kollision zwischen Heap und Stack, tritt bei rekursiver Programmierung oder beim Aufruf der Prozedur *New* und *GetMem* auf. Mit dem Compilerbefehl **K** kann eine Überprüfung ausgeschaltet werden.

I/O-Fehlermeldungen

Im Zusammenhang mit den Peripheriegeräten können I/O-Fehlermeldungen auftreten, die einen Programmabbruch zur Folge haben. Diese Fehlermeldungen lassen sich grundsätzlich mit dem Compilerbefehl I abschalten, die Fehlernummer selbst kann mit der Funktion *IOresult* ermittelt werden.

$01	Datei nicht vorhanden.
$02	Lesen der Datei nicht möglich: - Datei nicht geöffnet - Textdatei noch leer - logisches Gerät LST: nur für Ausgabe

$03	Ausgabe in Datei nicht möglich: - Datei nicht geöffnet - Textdatei mit *Reset* geöffnet - logisches Gerät KBD: nur für Eingabe
$04	Datei nicht offen, tritt auf bei *BlockRead* und *BlockWrite*.
$10	Fehler im numerischen Format, tritt auf, wenn von einer Textdatei ein numerischer Wert eingelesen wird, der mit dem gültigen Format nicht übereinstimmt.
$20	Operation auf einem logischen Gerät (z.B. Tastatur, Drucker) nicht zugelassen.
$21	Im Direktmodus nicht zugelassen. Tritt auf, wenn *Execute* oder *Chain* von einem Programm aufgerufen wird, das in den Speicher compiliert worden ist.
$22	Zuordnung als Standard-Datei nicht zulässig.
$90	Unpassende Recordlänge.
$91	Die Prozedur *Seek* geht über das Dateiende hinaus.
$99	Unerwartetes Dateiende.
$F0	Diskettenschreibfehler. Tritt auf, wenn die Diskette keinen Platz für weitere Daten mehr findet.
$F1	Directory ist voll. Die Anzahl der Dateien auf einer Diskette oder in einem Verzeichnis der Festplatte ist beschränkt.
$F2	Dateigrößenüberschreitung. Nicht relevant für MS-DOS.
$FF	Datei verschwunden. Tritt auf, wenn eine Datei geschlossen wird, die sich nicht mehr im Laufwerk befindet (Diskettenwechsel).

Anhang E.2
Fehlermeldungen (Version 4.0)

Turbo Pascal kennt zwei Klassen von Laufzeitfehlern:

Ein- und Ausgabefehler: Ein auftretender Fehler liefert einen Code, der im Bereich 1..199 liegt. Mit dem Compiler-Befehl **I** (siehe Anhang D.2) läßt sich dieser Fehler abfangen (siehe auch *IOresult*).
Fatale Fehler: Der Code dieses Fehlers liegt im Bereich 200..255. Ein Fehler dieser Art bricht die Programmausführung in der Regel ab (siehe hierzu *ExitProc* und *ErrorAddr*).

Falls ein Programm durch einen Laufzeitfehler unterbrochen wird, erhalten sie folgende Meldung:

```
Runtime error nnn at xxxx:yyyy
```

nnn steht für die Fehlernummer (dezimal), *xxxx:yyyy* für die Speicheradresse des Befehls, der den Fehler ausgelöst hat (*xxxx* entspricht dem Segment, *yyyy* dem Offset).

DOS-Fehlercodes
Diese Fehler lassen sich mit dem Compiler-Befehl **I** und der Funktion *IOresult* abfangen.

2 Datei nicht gefunden (ausgelöst von *Append*, *Reset*, *Rename* und *Erase*)
3 Suchpfad nicht gefunden (ausgelöst von *Append*, *Reset*, *Rewrite*, *Rename*, *Erase*, *ChDir* oder *RmDir*)
4 Zuviele Dateien offen (wenn dieser Fehler auftritt, erweitern Sie bitte die Datei CONFIG.SYS um die Anweisung FILES=20)
5 Dateizugriff verweigert
6 Datei-Handler zerstört oder nicht definiert (sollte unter Turbo Pascal nicht auftreten)
12 Ungültige Zugriffsart
15 Unzulässige Laufwerksnummer
16 Aktuelles Verzeichnis kann nicht gelöscht werden
17 *Rename* kann nicht ausgeführt werden (tritt auf, wenn Sie versuchen, eine Datei mittels *Rename* von einem Laufwerk in ein anderes zu kopieren)

Fehler bei der Bearbeitung von Dateien
Diese Fehler können mit dem Compiler-Befehl **I** und der Funktion *IOresult* abgefangen werden.

100	Fehler beim Lesen der Diskette (es wurde versucht, über das Ende der Datei hinaus zu lesen)
101	Fehler beim Beschreiben der Diskette (Diskette voll)
102	Dateivariable ist keiner Datei zugeordnet (siehe *Assign*)
103	Datei ist nicht geöffnet
104	Datei ist nicht für Leseoperationen geöffnet (nur bei Textdateien)
105	Datei ist nicht für Schreiboperationen geöffnet (nur bei Textdateien)
106	Numerisches Format ungültig (tritt bei *Read* oder *ReadLn* auf, wenn die von einer Textdatei gelesenen Werte nicht dem numerischen Format der Variablen entsprechen)

Kritische Fehler
Diese Fehler können mit dem Compiler-Befehl **I** und der Funktion *IOresult* abgefangen werden und treten auf, wenn beispielsweise die Laufwerksklappe offen ist oder der Drucker nicht antwortet. Damit ein Abfangen dieser Fehler möglich ist, verbiegt Turbo Pascal den Interrupt-Vektor $24 (siehe auch *SaveInt24*).

150	Diskette ist schreibgeschützt
151	Peripheriegerät (z.B. Drucker) nicht bekannt oder nicht angeschlossen
152	Laufwerk nicht bereit (Klappe offen)
153	Ungültige DOS-Funktion
154	Prüfsumme beim Lesen vom Datenträger nicht korrekt
155	Ungültiger Laufwerks-Parameterkopf
156	Positionierungsfehler des Schreib-/Lesekopfes (Datenträger)
157	Unbekanntes Sektorformat
158	Diskettensektor nicht gefunden
159	Drucker ohne Papier
160	Schreibfehler beim Peripheriegerät
161	Lesefehler beim Peripheriegerät
162	Nicht definierbarer Hardware-Fehler

Fatale Fehler
Diese Fehler führen immer zu einem Programmabbruch, dennoch besteht die Möglichkeit, ein Programm ordnungsgemäß zu verlassen (siehe *ErrorAddr* und *ExitProc*).

200	Division durch null.
201	Bei der Bereichsüberprüfung ist ein Fehler aufgetreten (tritt nur dann auf, wenn der Compiler-Befehl **R** aktiv ist)
202	Bei der Stacküberprüfung ist ein Fehler aufgetreten (tritt nur dann auf, wenn der Compiler-Befehl **S** aktiv ist; die Stackgröße läßt sich mit dem Compiler-Befehl **M** setzen)
203	Kein Platz mehr auf dem Heap (siehe hierzu auch *HeapError*)
204	Ungültige Zeiger-Operation (tritt auf, wenn die Fragmentliste keine weiteren Einträge aufnehmen kann (siehe *FreeMin*) oder versucht wird, mit *New* oder *FreeMem* Speicher freizugeben und die Zeigervariable dabei den Wert NIL hat oder auf eine Speicheradresse außerhalb des Heaps zeigt)
205	Überlauf bei Fließkomma-Zahlen
206	Unterlauf bei Fließkomma-Zahlen (nur bei der Verwendung eines mathematischen Coprozessors)
207	Fließkomma-Fehler (z.B. bei *Sqrt(-4);*)

Anhang F
Spezielle Zeichen im Programmtext

$	Bezeichnet eine hexadezimale Zahl
#	Bezeichnet ein ASCII-Zeichen (z.B. #65 = 'A')
^	Bezeichnet einen Druckcode (z.B. ^G = Glocke)
+	Addition
-	Subtraktion
*	Multiplikation
/	Division
.	Dezimalpunkt bei reellen Zahlen (z.B. 3.14)
:=	Zuweisung (z.B. a:=7; { 7 in a speichern })
=	gleich
<>	ungleich
<	kleiner als
<=	kleiner gleich
>	größer als
>=	größer gleich
..	Trennt Start- und Endwert eines Teilbereiches
[,]	Umschließen Index (Array) oder Menge
(,)	Umschließen Parameterliste; Mathematik
{, }	Umschließen einen Kommentar
(*	Bezeichnet den Anfang eines Kommentars
*)	Bezeichnet das Ende eines Kommentars
'	Umschließt einen Text, der ausgegeben wird
@	Entspricht der Funktion *Addr* (nur Version 4.0)

Anhang G
Prioritäten der Operatoren

Operatoren werden in fünf Rangstufen (Prioritäten) aufgeteilt. Ein Operator mit niedriger Rangstufe wird bei der Berechnung vor denjenigen mit höherer Rangstufe behandelt.

Rangstufe 1	Monadisches Minus (z.B. -3)
Rangstufe 2	NOT
Rangstufe 3	*, /, AND, DIV, MOD, SHL, SHR
Rangstufe 4	+, -, OR, XOR
Rangstufe 5	=, <>, <, <=, >, >=, IN

Operationen gleicher Rangstufen werden von links nach rechts abgearbeitet.
Mit den runden Klammern lassen sich die Prioritäten beliebig verändern, da ein Ausdruck in Klammern immer zuerst berechnet wird.
Bitte beachten Sie, daß Boolesche Operatoren AND, OR, XOR vor den Relations-Operatoren =, <>, <, <=, >, >= behandelt werden. Dies erzwingt ein Setzen von Klammern:

```
richtig: IF (a=5) AND (b>7) THEN ...
falsch : IF a=5 AND b>7 THEN ...
                └───┘
                  └── würde zuerst verknüpft werden
```

Anhang H
Tastencodes

Bei der Programmierung werden oft die Tastaturcodes von Funktionstasten oder Cursor-Steuertasten benötigt. Diese erzeugen, wenn sie gedrückt werden, zwei Eintragungen im Tastaturpuffer.
Die Codes der einzelnen Tasten wurden mit folgendem Programm ermittelt (Version 3.0):

```
PROGRAM Tastencodes_Turbo3;
{$C-}
VAR
  ch:CHAR;
BEGIN
  ClrScr;
  WriteLn('Dieses Programm kann mit <ESC> abgebrochen werden.');
  WriteLn;
  WriteLn('Bitte drücken Sie eine Taste ...');
  REPEAT
    Read(KBD,ch);
    IF ch=#27 THEN BEGIN
      IF KeyPressed THEN BEGIN
        Read(KBD,ch);
        WriteLn('2 Codes: 27, ',BYTE(ch)) END
      ELSE
        WriteLn('ESC-Taste, Code 27')
      END
    ELSE
      WriteLn('Code: ',BYTE(ch))
  UNTIL ch=#27
END.
```

Folgendes Programm ermittelt die einzelnen Tastencodes für Turbo Pascal 4.0:

```
PROGRAM Tastencodes_Turbo4;
USES
  Crt;
VAR
  ch:CHAR;
BEGIN
  ClrScr;
  WriteLn('Dieses Programm kann mit <ESC> abgebrochen werden.');
  WriteLn;
```

```
    WriteLn('Bitte drücken Sie eine Taste ...');
    REPEAT
      ch:=ReadKey;
      IF ch=#0 THEN BEGIN
        ch:=ReadKey;
        WriteLn('2 Codes: 0, ',BYTE(ch)) END
      ELSE
        WriteLn('Code: ',BYTE(ch)
    UNTIL ch=#27
  END.
```

Achtung: Funktionstasten und Cursorsteuertasten liefern bei der Version 4.0 als ersten Tastatureintrag den Code 0, bei der Version 3.0 hingegen 27.

Funktionstasten

Taste	allein	Shift	Ctrl	Alt
F1	0 59	0 84	0 94	0 104
F2	0 60	0 85	0 95	0 105
F3	0 61	0 86	0 96	0 106
F4	0 62	0 87	0 97	0 107
F5	0 63	0 88	0 98	0 108
F6	0 64	0 89	0 99	0 109
F7	0 65	0 90	0 100	0 110
F8	0 66	0 91	0 101	0 111
F9	0 67	0 92	0 102	0 112
F10	0 68	0 93	0 103	0 113

Bitte beachten Sie, daß in der Version 3.0 der erste Tastencode 27 ist.

Cursor-Steuertasten

Taste	allein	Shift	Ctrl	Alt
<-	0 75	52	0 115	4
->	0 77	54	0 116	6
Pfeil auf	0 72	56	--	8
Pfeil ab	0 80	50	--	2
Home	0 71	55	0 119	7
End	0 79	49	0 117	1
PgUp	0 73	57	0 132	9
PgDn	0 81	51	0 118	3

Bitte beachten Sie, daß in der Version 3.0 der erste Tastencode 27 ist.

Sonstige Tasten

Taste	allein	Shift	Ctrl	Alt
Ins	0 82	48	--	--
Del	0 83	46	--	80
Esc	27	27	27	--
¦<- (BS)	8	8	127	--
->¦ (Tab)	9	0 15	--	--
Return	13	13	10	--

Bitte beachten Sie, daß in der Version 3.0 der erste Tastencode 27 ist.

Buchstaben-Tasten

	Q	W	E	R	T	Z	U	I	O	P
Shift	81	87	69	82	84	90	85	73	79	80
allein	113	119	101	114	116	122	117	105	111	112
Ctrl	17	23	5	18	20	26	21	9	15	16
Alt	0 16	0 17	0 18	0 19	0 20	0 44	0 22	0 23	0 24	0 25

	A	S	D	F	G	H	J	K	L
Shift	65	83	68	70	71	72	74	75	76
allein	97	114	100	102	103	104	106	107	108
Ctrl	1	19	4	6	7	8	10	11	12
Alt	0 30	0 31	0 32	0 33	0 34	0 35	0 36	0 37	0 38

	Y	X	C	V	B	N	M
Shift	89	88	67	86	66	78	88
allein	121	120	99	118	98	110	109
Ctrl	25	24	3	22	2	14	13
Alt	0 21	0 45	0 46	0 47	0 48	0 49	0 50

Jeder Buchstabentaste sind vier verschiedene Codes zugeordnet.

Bitte beachten Sie, daß in der Version 3.0 der erste Tastencode 27 ist.

Anhang I
Graphikzeichen für Tabellen

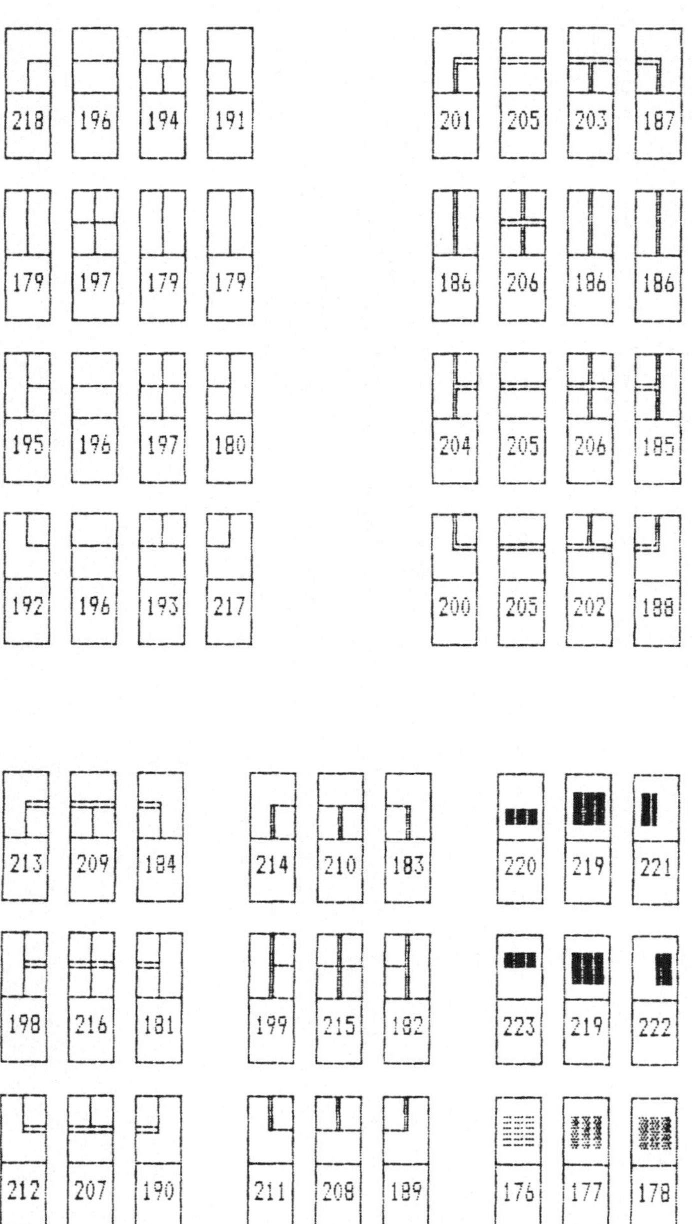

Anhang J
IBM-Zeichensatz

Dez	Hex	Zch	Dez	Hex	Zch	Dez	Hex	Zch	Dez	Hex	Zch
0	0	NUL	32	20		64	40	@	96	60	`
1	1	SOH	33	21	!	65	41	A	97	61	a
2	2	STX	34	22	"	66	42	B	98	62	b
3	3	ETX	35	23	#	67	43	C	99	63	c
4	4	EOT	36	24	$	68	44	D	100	64	d
5	5	ENQ	37	25	%	69	45	E	101	65	e
6	6	ACK	38	26	&	70	46	F	102	66	f
7	7	BEL	39	27	'	71	47	G	103	67	g
8	8	BS	40	28	(	72	48	H	104	68	h
9	9	HT	41	29	)	73	49	I	105	69	i
10	A	LF	42	2A	*	74	4A	J	106	6A	j
11	B	VT	43	2B	+	75	4B	K	107	6B	k
12	C	FF	44	2C	,	76	4C	L	108	6C	l
13	D	CR	45	2D	-	77	4D	M	109	6D	m
14	E	SO	46	2E	.	78	4E	N	110	6E	n
15	F	SI	47	2F	/	79	4F	O	111	6F	o
16	10	DLE	48	30	0	80	50	P	112	70	p
17	11	DC1	49	31	1	81	51	Q	113	71	q
18	12	DC2	50	32	2	82	52	R	114	72	r
19	13	DC3	51	33	3	83	53	S	115	73	s
20	14	DC4	52	34	4	84	54	T	116	74	t
21	15	NAK	53	35	5	85	55	U	117	75	u
22	16	SYN	54	36	6	86	56	V	118	76	v
23	17	ETB	55	37	7	87	57	W	119	77	w
24	18	CAN	56	38	8	88	58	X	120	78	x
25	19	EM	57	39	9	89	59	Y	121	79	y
26	1A	SUB	58	3A	:	90	5A	Z	122	7A	z
27	1B	ESC	59	3B	;	91	5B	[	123	7B	{
28	1C	FS	60	3C	<	92	5C	\	124	7C	¦
29	1D	GS	61	3D	=	93	5D	]	125	7D	}
30	1E	RS	62	3E	>	94	5E	^	126	7E	~
31	1F	US	63	3F	?	95	5F	_	127	7F	DEL

Dez	Hex	Zch	Dez	Hex	Zch	Dez	Hex	Zch	Dez	Hex	Zch
128	80	Ç	160	A0	á	192	C0	└	224	E0	α
129	81	ü	161	A1	í	193	C1	┴	225	E1	ß
130	82	é	162	A2	ó	194	C2	┬	226	E2	Γ
131	83	â	163	A3	ú	195	C3	├	227	E3	π
132	84	ä	164	A4	ñ	196	C4	─	228	E4	Σ
133	85	à	165	A5	Ñ	197	C5	┼	229	E5	σ
134	86	å	166	A6	ª	198	C6	╞	230	E6	µ
135	87	ç	167	A7	º	199	C7	╟	231	E7	τ
136	88	ê	168	A8	¿	200	C8	╚	232	E8	Φ
137	89	ë	169	A9	⌐	201	C9	╔	233	E9	Θ
138	8A	è	170	AA	¬	202	CA	╩	234	EA	Ω
139	8B	ï	171	AB	½	203	CB	╦	235	EB	δ
140	8C	î	172	AC	¼	204	CC	╠	236	EC	∞
141	8D	ì	173	AD	¡	205	CD	═	237	ED	φ
142	8E	Ä	174	AE	«	206	CE	╬	238	EE	ε
143	8F	Å	175	AF	»	207	CF	╧	239	EF	∩
144	90	É	176	B0	░	208	D0	╨	240	F0	≡
145	91	æ	177	B1	▒	209	D1	╤	241	F1	±
146	92	Æ	178	B2	▓	210	D2	╥	242	F2	≥
147	93	ô	179	B3	│	211	D3	╙	243	F3	≤
148	94	ö	180	B4	┤	212	D4	╘	244	F4	⌠
149	95	ò	181	B5	╡	213	D5	╒	245	F5	⌡
150	96	û	182	B6	╢	214	D6	╓	246	F6	÷
151	97	ù	183	B7	╖	215	D7	╫	247	F7	≈
152	98	ÿ	184	B8	╕	216	D8	╪	248	F8	°
153	99	Ö	185	B9	╣	217	D9	┘	249	F9	∙
154	9A	Ü	186	BA	║	218	DA	┌	250	FA	·
155	9B	¢	187	BB	╗	219	DB	█	251	FB	√
156	9C	£	188	BC	╝	220	DC	▄	252	FC	ⁿ
157	9D	¥	189	BD	╜	221	DD	▌	253	FD	²
158	9E	₧	190	BE	╛	222	DE	▐	254	FE	■
159	9F	ƒ	191	BF	┐	223	DF	▀	255	FF	

Literaturhinweise

Jeder Autor müßte eigentlich, um sein Buchthema vollständig auszuschöpfen und jede Unklarheit zu bereinigen, mehrere tausend Seiten schreiben. Da solche Bücher jedoch nicht besonders handlich sind und der Autor noch viele Interessen hat (Familie, Sonntagsbraten), verweist er gerne auf Bücher, die ihm gefallen und weitergeholfen haben. Nun gut:

J. W. Coffron: Programmierung des 8086/8088, Sybex-Verlag, Düsseldorf

R. Duncan: MS-DOS für Fortgeschrittene, Vieweg-Verlag, Wiesbaden

W. Höfs: MS-DOS, Sybex-Verlag, Düsseldorf

H.-G. Joepgen: Turbo Pascal, Hanser-Verlag, München

E. Kaier/E. Rudolfs: Turbo Pascal-Wegweiser für Mikrocomputer (Grundkurs), Vieweg-Verlag, Wiesbaden

E. Kaier/E. Rudolfs: Turbo Pascal-Wegweiser für Mikrocomputer (Aufbaukurs), Vieweg-Verlag, Wiesbaden

P. Norton: Die verborgenen Möglichkeiten des IBM PC, Hanser-Verlag, München

P. Norton: MS-DOS und PC-DOS, Hanser-Verlag, München

P. Norton: Programmierhandbuch für den IBM PC, Vieweg-Verlag, Wiesbaden

V. Wolverton: MS-DOS, Vieweg-Verlag, Wiesbaden

R. Zaks: Einführung in Pascal und UCSD/Pascal, Sybex-Verlag, Düsseldorf